L'INTELLIGEN

DU MÊME AUTEUR

chez le même éditeur

L'INTELLIGENCE ÉMOTIONNELLE 1

DANIEL GOLEMAN

L'INTELLIGENCE ÉMOTIONNELLE 2

Cultiver ses émotions pour s'épanouir dans son travail

traduit de l'américain par Daniel Roche

ROBERT LAFFONT

Titre original : WORKING WITH EMOTIONAL INTELLIGENCE

ISBN 2-221-08702-X
(édition originale : ISBN 0-553-10462-4 Bantam Books, New York)

Ce livre est dédié à tous ceux
qui m'ont appris l'intelligence émotionnelle.

Mes parents, Fay et Irving Goleman
Mon oncle, Alvin M. Weinberg
Mon professeur, David C. McClelland.

Première partie

PAR-DELÀ L'EXPERTISE

1

Le nouvel étalon

Les règles du travail sont en train de changer. Nous sommes jugés à l'aune d'un nouvel étalon. Il n'y va plus seulement de notre intelligence, de notre formation ou de nos compétences ; désormais, dans l'entreprise, on nous évalue aussi sur la qualité de notre rapport à nous-même et aux autres. Cet étalon est de plus en plus utilisé pour choisir qui sera licencié et qui restera, qui on laissera partir et qui on essaiera de retenir, qui sera « oublié » et qui décrochera la promotion.

Ces nouvelles règles permettent de pronostiquer qui va très probablement devenir un collaborateur d'exception et qui échouera sur une voie de garage. Quel que soit le domaine dans lequel nous travaillons, on peut désormais énoncer les critères décisifs pour apprécier notre valeur sur le marché et donc nos futures opportunités de travail.

Ces règles ont peu à voir avec ce qu'on nous a appris à l'école. La nouvelle évaluation fait abstraction de la plupart des aptitudes scolaires. Elle considère comme acquis les aptitudes intellectuelles et le savoir-faire technique requis pour notre travail. En revanche, elle cible les qualités personnelles comme l'initiative et l'empathie, l'adaptabilité et la capacité à convaincre.

Il ne s'agit pas là d'un engouement passager ni de la dernière et plus ou moins douteuse panacée de management. Les données qui établissent le sérieux de ces critères sont issues d'études conduites sur des dizaines de milliers de salariés occupant les postes les plus divers.

Celles-ci révèlent avec une précision inédite les qualités qui distinguent un collaborateur d'exception et celles qui constituent les ingrédients essentiels de l'excellence dans le travail — notamment pour les fonctions de direction.

Si vous travaillez dans une grande entreprise, on a sans doute déjà évalué ces aptitudes chez vous sans que vous le sachiez. Si vous postulez pour un travail, vous allez certainement être examiné sous cette loupe, même si, encore une fois, personne ne vous le dit explicitement. Quel que soit votre travail, il est essentiel pour la réussite de votre carrière que vous compreniez comment cultiver ces aptitudes.

Si vous faites partie d'une équipe de cadres dirigeants, vous devez savoir si votre entreprise favorise ce type de compétences ou les décourage. La productivité et l'efficacité de l'entreprise sont fonction de sa capacité à les développer. De ce développement dépendent en effet l'optimisation de l'intelligence collective et la synergie des talents de tous les collaborateurs.

Si vous travaillez dans une petite entreprise ou pour votre propre compte, votre capacité à parvenir au sommet de vos possibilités dépend dans une très large mesure de ces compétences — qu'on ne vous a sans doute jamais inculquées à l'école. Même si c'est le cas, votre carrière dépendra toujours de la façon dont vous les avez assimilées et maîtrisées.

À une époque où l'emploi est si précaire, et alors que souplesse et adaptabilité définissent de plus en plus la notion même de « travail », ces qualités sont au premier rang de celles qui sont nécessaires pour trouver et conserver un emploi. Nous disposons enfin d'une compréhension plus précise de ces talents humains diversement reconnus et nommés depuis des décennies (le « caractère », la « personnalité » ou encore les « compétences douces »...) et d'un nom pour les définir : l'intelligence émotionnelle.

UNE AUTRE MANIÈRE D'ÊTRE INTELLIGENT

« J'avais les plus mauvaises notes de ma promotion à l'école d'ingénieurs où j'ai fait mes études, me confie ce directeur d'un cabinet de consultants. Mais quand je me suis engagé dans l'armée et que j'ai postulé pour devenir officier, je suis devenu le premier de ma classe parce que j'étais jugé sur ma façon de me comporter, mes rapports avec les autres, le travail en équipe, le sens du commandement. Et ce sont ces valeurs qui me semblent les plus importantes dans la vie professionnelle. »

En d'autres termes, on est jugé sur une autre forme d'intelligence. Dans mon livre *L'Intelligence émotionnelle 1*, il était principalement question d'éducation, même si j'ai brièvement abordé la question de l'intelligence émotionnelle dans le travail et la vie de l'entreprise.

J'ai été totalement surpris — et enchanté — par l'énorme intérêt qu'a suscité ce livre dans le monde des affaires. J'ai dû faire face à un torrent d'appels téléphoniques, de fax, d'e-mails, de demandes de consultation, d'invitations à parler devant des cadres. Bref, je me suis trouvé embarqué dans une odyssée, j'ai discuté avec des milliers de gens, des présidents de société aussi bien que des secrétaires, de mes découvertes sur l'intelligence émotionnelle et de leur application à la vie professionnelle.

Ce que me répétaient tous ces gens a fini par devenir une litanie familière. Des consultants de haut niveau m'ont expliqué que selon eux l'intelligence émotionnelle, et non l'expertise technique ou le savoir livresque, était l'ingrédient essentiel de l'excellence. Mon livre, disaient-ils, leur permettait d'aborder franchement la question du coût de l'incompétence émotionnelle et ainsi de remettre en question une vision étriquée et déséquilibrée de la compétence. Ils avaient l'impresson d'avoir acquis une nouvelle façon de penser à leur entreprise et à ce qu'ils voulaient en faire.

Les gens parlaient avec une candeur extraordinaire de problèmes qu'un directeur de la communication interne aurait été bien incapable de soulever. Beaucoup insistaient sur ce qui ne fonctionnait pas (nous rapporterons leurs propos sans révéler leur identité). Mais beaucoup d'autres m'ont relaté des exemples réussis d'utilisation de l'intelligence émotionnelle dans les relations de travail, confirmant ainsi la validité de mes hypothèses.

Et c'est ainsi qu'a commencé l'enquête de deux ans qui est à l'origine de ce livre.

Dès le début, je me suis appuyé sur les méthodes du journalisme pour collecter les faits et pour en tirer mes conclusions. Je suis aussi retourné à mon métier de psychologue pour coordonner l'examen exhaustif des travaux de recherche qui font apparaître le rôle décisif de l'intelligence émotionnelle dans les hautes performances des individus, des équipes et des entreprises. J'ai enfin réalisé ou commandé plusieurs nouvelles analyses scientifiques de données émanant de centaines de sociétés pour mettre au point un système d'évaluation précis de l'intelligence émotionnelle.

Cette enquête m'a ramené aux recherches que j'ai menées pour mon doctorat et à mes débuts d'enseignant à l'université Harvard. Ces recherches tendaient déjà à remettre en question la mystique du QI — une notion fausse mais largement répandue selon laquelle le principal facteur de réussite professionnelle est l'intellect. Ce travail a donné naissance à une mini-industrie. Celle-ci analyse les véritables compétences qui conditionnent la réussite des gens dans leur travail et leur entreprise, quels qu'ils soient, et les découvertes que j'ai faites à ce sujet sont surprenantes : le QI se place en seconde position derrière l'intelligence émotionnelle pour expliquer les performances exceptionnelles des individus testés.

Les analyses réalisées par des dizaines d'experts différents dans près de cinq cents entreprises, agences gouvernementales et associations du monde entier présentent des conclusions étonnamment similaires et leurs découvertes sont d'autant plus probantes qu'elles sont exemptes des préventions ou des limites inhérentes au travail d'un seul individu ou groupe. Leurs conclusions soulignent unanimement le rôle prépondérant de l'intelligence émotionnelle dans l'excellence au travail — et ce dans presque tous les types de travaux.

Certes, ces idées sur les relations dans l'entreprise ne sont pas nouvelles. La question du comportement de chacun et de ses rapports avec les autres joue un rôle important dans de nombreuses théories classiques du management. Ce qui est nouveau ce sont les données : nous disposons aujourd'hui de vingt-cinq années d'études empiriques qui montrent avec une précision inconnue jusqu'ici l'importance de l'intelligence émotionnelle dans la réussite socioprofessionnelle.

Autre piste de recherche : depuis mes études de psycho-biologie, je n'ai cessé de travailler sur les découvertes de pointe de la neurologie, ce qui me permet de proposer un schéma d'interprétation neurologique de l'intelligence émotionnelle. Beaucoup de dirigeants d'entreprise sont traditionnellement sceptiques devant la psychologie « douce » et se méfient des théories qui disparaissent aussi soudainement qu'elles ont surgi, mais la neurologie explique avec une limpidité parfaite l'importance cruciale de l'intelligence émotionnelle.

Les centres cérébraux archaïques de l'émotion abritent aussi les aptitudes nécessaires pour moduler efficacement notre conduite et gérer nos rapports avec autrui. Ces aptitudes sont donc ancrées dans notre héritage génétique.

Cette région émotionnelle du cerveau, nous explique la neurologie, n'apprend pas de la même façon que le cerveau rationnel. Cette idée a joué un rôle décisif dans l'élaboration de ce livre et m'a conduit à remettre en question beaucoup d'idées reçues en matière de formation et de développement professionnels.

Je ne suis pas seul à avoir entrepris cette révision. Ces deux dernières années, j'ai animé, en tant que directeur adjoint, l'Association pour la recherche sur l'intelligence émotionnelle sur le lieu de travail. Celle-ci rassemble des chercheurs issus d'écoles de commerce, d'agences gouvernementales et de l'industrie. Nos recherches ont révélé des insuffisances déplorables dans la façon dont on forme les salariés à l'écoute et au commandement, au travail d'équipe et à la gestion des changements.

La plupart des programmes de formation reproduisent des schémas scolaires, ce qui constitue une énorme erreur et entraîne un gâchis de millions d'heures et de dizaines de milliards de francs. Nous avons besoin d'une manière de penser entièrement nouvelle pour élaborer une méthode qui permette aux gens de stimuler leur intelligence émotionnelle.

QUELQUES IDÉES FAUSSES

En parcourant le monde et au cours des discussions que j'ai eues avec des chefs d'entreprise et des responsables économiques, j'ai rencontré certains malentendus très répandus à propos de l'intelligence émotionnelle. Je voudrais corriger certains de ces malentendus sans attendre.

D'abord, l'intelligence émotionnelle ne signifie pas seulement « être gentil », mais plutôt savoir « déballer » carrément une vérité inconfortable mais lourde de conséquences que les gens ont refusé de voir.

Ensuite, l'intelligence émotionnelle ne consiste pas à donner libre cours à ses sentiments, à se « défouler ». Elle signifie plutôt qu'on gère ses sentiments de manière à les exprimer de façon appropriée et efficace afin de permettre aux autres de collaborer harmonieusement aux objectifs communs.

De même, les femmes ne sont pas « plus intelligentes » que les hommes quand il s'agit d'intelligence émotionnelle. Chacun de nous possède son profil personnel de forces et de faiblesses à cet égard. Certains peuvent être extrêmement empathiques mais se révéler peu aptes à affronter leur propre désarroi. D'autres seront très conscients des plus infimes modifications de l'humeur d'autrui mais se montreront inaptes aux rapports sociaux.

Il est vrai que les hommes et les femmes ont des profils distincts, chaque genre ayant ses points forts et ses points faibles. Une analyse de l'intelligence émotionnelle chez des milliers d'hommes et de femmes montre que les femmes sont généralement plus conscientes de leurs émotions, montrent plus d'empathie et sont plus à l'aise dans les rapports interpersonnels. Les hommes, en revanche, montrent plus de confiance en eux, d'optimisme, s'adaptent plus facilement et gèrent mieux leur stress.

Mais les similitudes l'emportent généralement de loin sur les différences. Certains hommes manifestent plus d'empathie que les femmes les plus sensibles dans les rapports intersubjectifs alors que certaines femmes sont largement aussi capables de supporter le stress que les hommes émotionnellement les plus résistants. Si l'on s'en tient à la moyenne générale des estimations pour les deux sexes, on ne peut mettre en évidence de différence d'intelligence émotionnelle entre les sexes [1].

Enfin notre niveau d'intelligence émotionnelle n'est pas fixé génétiquement, pas plus qu'il ne se développe durant la petite enfance. À la différence du QI qui évolue peu à partir de l'adoles-

1. Pas de différences sexuelles : Reuven Bar-On, le chercheur qui a effectué cette étude, me dit qu'il a mis en évidence des profils de forces et de faiblesses identiques pour les hommes et les femmes dans le monde entier, que ce soit chez les Igbos du Nigeria ou les Tamouls du Sri Lanka, en Allemagne, en Israël, aux États-Unis, bref, dans toutes les cultures qu'il a étudiées. Les conclusions de Bar-On sont fondées sur une étude systématique de l'intelligence émotionnelle de plus de quinze mille personnes appartenant à une douzaine de pays et à quatre continents différents.

cence, l'intelligence émotionnelle est pour la plus grande part apprise et elle continue à se développer au fur et à mesure que s'accroît notre expérience de la vie : notre compétence émotionnelle ne cesse s'enrichir. En fait, les études qui ont essayé de définir le niveau d'intelligence émotionnelle des individus montrent que plus la vie avance, plus ceux-ci deviennent capables de gérer leurs émotions et impulsions, de se motiver et d'affiner leur empathie et leur aisance sociale. Un mot désigne depuis longtemps cet épanouissement de l'intelligence émotionnelle : la maturité.

INTELLIGENCE ÉMOTIONNELLE : LA PRIORITÉ MÉCONNUE

De plus en plus d'entreprises découvrent que la stimulation de l'intelligence émotionnelle de leurs employés est un facteur vital. « Ce ne sont plus seulement les produits mais aussi la façon dont vous utilisez les hommes qui vous positionnent dans la compétition », m'expliquait ce responsable de Telia, la société de télécommunications suédoise. Comme me le rappelait Linda Keegan, vice-présidente des ressources humaines dans une grande banque : « L'intelligence émotionnelle est l'arrière-pensée constante de toute formation aux techniques du management. »

C'est un refrain que j'entends partout. Le président d'un cabinet de recrutement spécialisé dans l'aéronautique, qui emploie une centaine de personnes, m'expliquait qu'une grande société pour laquelle travaillait son cabinet exigeait quc lui et ses employés soient formés à l'omniprésente méthode des « cercles de qualité ». « Ils voulaient que nous travaillions mieux en équipe — pourquoi pas ? — mais ça nous a posé de gros problèmes... Comment voulez-vous former une équipe sans une véritable cohésion entre les individus ? Et pour obtenir cette cohésion nous devions d'abord stimuler notre intelligence émotionnelle. »

« Nous sommes très bien parvenus à accroître notre rentabilité en réorganisant les méthodes de travail et en réduisant l'immobilisation des nouveaux produits. Mais malgré notre grande réussite, notre courbe d'amélioration tend à nouveau vers l'horizontale, me confiait ce dirigeant de Siemens, le grand groupe allemand. Nous éprouvons le besoin de mieux utiliser nos employés, d'optimiser notre capital humain, pour faire à nouveau grimper la courbe. Alors nous essayons de rendre l'entreprise plus intelligente émotionnellement. »

Un ancien chef de projets chez Ford raconte comment il a appliqué la méthode de l'« apprentissage d'entreprise » mise au point dans le célèbre MIT (Massachusetts Institute of Technology) pour renouveler la conception des automobiles de la marque. Il explique que la découverte de l'intelligence émotionnelle a été une véritable révélation pour lui : « Ce sont exactement les capacités que nous devions développer pour devenir une entreprise effectivement capable d'apprendre. »

Une étude de 1997 sur les pratiques des grandes sociétés internationales montre que quatre cinquièmes d'entre elles essaient de promouvoir l'intelligence émotionnelle de leurs employés par la formation et le développement, dans l'évaluation de leurs performances et dans leur recrutement.

Mais alors pourquoi écrire ce livre ? Parce que les efforts consentis par les entreprises pour développer l'intelligence émotionnelle sont restés vains et qu'ils ont pour l'essentiel abouti à un grand gaspillage de temps, d'énergie et d'argent. Ainsi l'étude la plus systématique sur le retour sur investissement des sommes consacrées à la formation des cadres dirigeants (voir le chapitre 4) montre qu'un séminaire — très réputé — d'une semaine réservé à des dirigeants de haut niveau a en fait un effet légèrement négatif sur leurs performances professionnelles.

Les entreprises découvrent que la formation la plus coûteuse peut s'avérer contre-productive et que c'est souvent le cas. Et cette inadéquation apparaît alors que l'intelligence émotionnelle chez les individus et au niveau des entreprises demeure l'ingrédient méconnu dans la recette de la compétitivité.

POURQUOI CE PROBLÈME APPARAÎT-IL AUJOURD'HUI ?

En présentant son premier bilan, le PDG d'une entreprise de biotechnologie californienne énumérait fièrement les caractéristiques qui faisaient de son entreprise une réussite exceptionnelle : personne, pas même lui, n'avait de bureau fixe, tout le monde se déplaçait avec un petit ordinateur portable, bureau portatif relié à tous les autres. On avait supprimé les titres ronflants, les employés travaillaient dans des équipes polyvalentes et cet endroit bouillonnait d'énergie créatrice. Ses collaborateurs effectuaient souvent des semaines de soixante-dix ou quatre-vingts heures de travail.

« Quel est donc l'aspect négatif ? lui ai-je demandé

— Il n'y en a pas. »

Ce n'était malheureusement pas vrai. Dès que j'ai pu parler à ses collaborateurs, j'ai entendu un autre son de cloche : le rythme de travail frénétique épuisait les employés et leur interdisait toute vie privée. Et, bien qu'étant tous reliés par ordinateur, ils avaient l'impression que personne ne les écoutait vraiment.

Ces gens ressentaient un besoin énorme de relations, d'empathie, de communication humaine.

Dans le nouveau climat économique de « dégraissage », ces réalités humaines pèseront plus que jamais. Le changement massif est une constante : la surenchère des innovations techniques, de la compétition globale et les pressions des investisseurs institutionnels ne cessent de s'accroître.

Une autre réalité rend l'intelligence émotionnelle encore plus cruciale : les entreprises se réduisant à cause des compressions d'effectifs successives, les employés qui restent deviennent plus responsables et plus « visibles ». Alors qu'autrefois un employé de niveau intermédiaire pouvait facilement dissimuler un caractère colérique ou de la timidité, maintenant, le fait de savoir surmonter ses émotions, gérer une rencontre, travailler en équipe et, le cas échéant, la diriger se « voit » et compte plus que jamais.

La globalisation de la force de travail rend l'intelligence émotionnelle singulièrement précieuse dans les pays développés. Les salaires élevés qui y sont pratiqués ne pourront être maintenus qu'à condition de développer un nouveau type de productivité. Et les solutions organisationnelles ou les progrès technologiques ne suffiront pas à eux seuls : comme dans le cas de cette société de biotechnologie californienne, la nouvelle organisation du travail ou les autres innovations créent souvent de nouveaux problèmes qui appellent un développement encore accru de l'intelligence émotionnelle.

Avec la transformation de l'économie, les qualités qu'on demande aux employés changent. Les enquêtes qui analysent les aptitudes des collaborateurs d'exception sur plusieurs décennies montrent que deux qualités qui n'avaient qu'un faible impact sur la réussite dans les années soixante-dix sont devenues d'une importance décisive dans les années quatre-vingt-dix : la capacité à diriger une équipe et l'adaptation au changement. Et des aptitudes entièrement nouvelles ont commencé à apparaître chez ces collaborateurs d'exception, notamment l'art de provoquer ces changements et l'exploitation de la diversité. Les nouveaux défis exigent de nouveaux talents.

LA ROTATION DU TRAVAIL ET LA NOUVELLE MENACE

Un ami qui travaillait dans une des entreprises les plus prospères du pays m'a expliqué un jour : « C'est terrible, tant de gens que je connaissais depuis des années ont été fichus dehors, rétrogradés ou mutés. Ça a été une épreuve pour tout le monde. J'ai pu garder mon travail, mais je ne me sentirai plus jamais sûr de mon poste. Ça fait trente ans que je travaille ici et pendant tout ce temps on nous a donné le sentiment que, tant que nous faisions notre travail honnêtement, la direction de l'entreprise nous soutiendrait. Et soudain, sans prévenir, on nous a dit : "Désormais, plus personne n'a aucune garantie d'emploi ici." »

Il semble bien que plus personne n'ait de garantie d'emploi nulle part. Les salariés du secteur privé sont entrés dans une période de perturbations importantes. Le sentiment rampant qu'aucun travail n'est sûr alors même que la société pour laquelle on travaille est prospère ne peut que propager peur, anxiété et confusion.

Un signe supplémentaire de ce malaise grandissant : une firme de chasseurs de têtes a rapporté que plus de la moitié des gens qui appelaient pour trouver un travail étaient toujours en poste mais redoutaient tellement de perdre leur emploi qu'ils avaient déjà commencé à en chercher un autre. Le jour où la compagnie de téléphone AT & T a notifié leur licenciement aux premiers des quarante mille travailleurs qu'elle avait décidé de congédier — une année où ses bénéfices atteignaient un niveau record de 25 milliards de francs — un sondage montra qu'un

Américain sur trois vivait dans la crainte qu'un proche perde bientôt son emploi.

De telles peurs persistent toujours alors que l'économie américaine crée plus d'emplois qu'elle n'en supprime. La précarité de l'emploi, que les experts ont baptisée par euphémisme « flexibilité du marché du travail », est devenue un facteur de stress supplémentaire dans la vie professionnelle. Et ce n'est qu'un des aspects du raz de marée qui submerge toutes les économies du monde développé, que ce soit en Europe, en Asie ou en Amérique. Même la prospérité a cessé d'être une garantie d'emploi puisque les licenciements continuent en période d'expansion économique. Comme l'explique l'économiste Paul Krugman, ce paradoxe est « le prix malheureux que nous devons payer pour avoir une économie aussi dynamique que la nôtre ».

Le nouveau paysage professionnel est donc devenu bien morose.

« L'atmosphère dans laquelle nous travaillons ressemble beaucoup à une sorte de paix armée, me confiait ce cadre supérieur d'un groupe multinational. Il n'est plus question d'offrir votre loyauté à une entreprise et d'attendre que celle-ci vous la rende. Si bien que chaque personne devient une sorte d'électron libre dans l'entreprise : vous devez être capable de faire partie d'une équipe, mais vous devez aussi être prêt à partir et à être autosuffisant. »

Pour beaucoup de travailleurs plus âgés, ces enfants de la méritocratie à qui l'on a inculqué que l'éducation et le savoir-faire technique étaient la clé éternelle du succès, cette nouvelle façon de penser sera peut-être vécue comme un traumatisme. Les gens commencent à comprendre que la réussite suppose d'autres qualités que la seule excellence intellectuelle ou les prouesses techniques et que nous avons besoin de nouvelles compétences pour survivre et prospérer dans le marché de l'emploi du futur. Des qualités comme la capacité de rebondir, l'initiative, l'optimisme et l'adaptabilité sont de plus en plus recherchées.

UNE CRISE IMMINENTE : LA CROISSANCE DU QE ET LA CHUTE DU QI

Depuis 1918, époque où l'administration décida le premier usage massif des tests de QI sur les recrues de l'armée américaine, le QI moyen des Américains a augmenté de vingt-quatre points et l'on a observé une hausse similaire dans les pays développés du monde entier. Parmi les raisons de cette hausse on trouve une meilleure alimentation, un plus grand nombre d'enfants parvenant à un niveau scolaire plus élevé, des jeux informatiques et des puzzles qui aident les enfants à acquérir certaines compétences — et aussi la taille plus petite des familles (qui va généralement de pair avec un QI plus élevé chez les enfants).

On assiste pourtant à l'aggravation d'une situation paradoxale et inquiétante. Plus les enfants obtiennent un score élevé au test du QI, plus leur intelligence émotionnelle régresse. Des études systématiques très troublantes menées auprès de parents et de professeurs révèlent que la présente génération d'enfants est émotionnellement plus perturbée que la précédente. En général, les enfants deviennent plus solitaires et plus déprimés en grandissant, plus irritables, moins disciplinés, plus nerveux et angoissés, plus impulsifs et agressifs.

Deux échantillons représentatifs d'enfants américains âgés de sept à seize ans ont été testés par leurs parents et leurs professeurs, des adultes qui les connaissaient bien. Le premier groupe a été évalué au milieu des années soixante-dix et un groupe comparable a été testé dans les années quatre-vingt. Dans cet intervalle de quinze ans environ, l'intelligence émotionnelle des enfants d'un groupe à l'autre marque une nette détérioration. Sans doute les enfants de condition modeste montraient-ils un handicap de départ comparés aux autres, mais le taux de déclin est sensiblement le même d'un groupe social à l'autre, et le décrochement est aussi brutal dans les banlieues aisées que dans les quartiers les plus défavorisés.

Thomas Aschenbach, le psychologue qui a conduit ces études simultanément aux États-Unis et dans d'autres pays, m'a confirmé que le déclin de l'intelligence émotionnelle des enfants est un phénomène planétaire. L'indice le plus parlant est l'aggravation des problèmes psychologiques des adolescents : dépression, violence et échec scolaire.

Ce que cette tendance présage pour la vie professionnelle est assez préoccupant : des déficiences croissantes en intelligence émotionnelle chez les salariés et particulièrement chez ceux qui sont nouveaux dans leur travail. La plupart des enfants qu'Aschenbach a étudiés à la fin des années quatre-vingt auront environ vingt ans en l'an deux mille. La génération qui arrive sur le marché du travail aujourd'hui présente donc un important déficit d'intelligence émotionnelle.

CE QUE VEULENT LES EMPLOYEURS

Selon une enquête conduite auprès des chefs d'entreprise, ceux-ci estiment que plus de la moitié de leurs employés manquent de motivation pour continuer à apprendre et s'améliorer dans leur travail. 40 % d'entre eux seraient incapables de coopérer avec leurs collègues et seulement 19 % de ceux qui postulent pour un premier travail font preuve d'assez d'autodiscipline dans leurs habitudes de travail.

De plus en plus d'employeurs se plaignent de carences dans les rapports humains chez leurs recrues les plus récentes. Comme le dit le dirigeant d'une importante chaîne de restaurants : « Trop de jeunes gens ne supportent pas les critiques : quand on commente leur façon de travailler ils adoptent un comportement de défense ou d'hostilité. Ils réagissent comme si ces critiques étaient des attaques personnelles. »

Ce problème ne concerne pas seulement les jeunes travailleurs, mais aussi des dirigeants expérimentés. Dans les années soixante et soixante-dix, les gens assuraient leur carrière en commençant par choisir les bonnes écoles et en y faisant de brillantes études. Mais le monde est plein d'hommes et de femmes bien formés qui ont été autrefois prometteurs avant de stagner dans leur carrière ou même d'échouer, à cause de carences décisives de leur intelligence émotionnelle.

Dans une enquête nationale consacrée aux desiderata des employeurs concernant leurs employés nouvellement recrutés, les compétences techniques spécifiques sont désormais moins importantes que l'aptitude à apprendre sur le terrain. Après cela les employeurs mentionnent :

- l'écoute et la communication orale ;
- l'adaptabilité et les réponses créatives devant les revers et les obstacles ;
- le comportement personnel, la confiance, la capacité à se fixer un but et à travailler pour l'atteindre, la volonté de progresser et la fierté devant ses réussites ;
- une réelle aptitude aux rapports humains, à travailler en équipe, une capacité de négocier pour régler les différends ;
- un sens de la stratégie de l'entreprise, la volonté d'y apporter sa contribution, un potentiel de direction.

Sur les sept qualités souhaitées, une seule était d'ordre scolaire : savoir lire, écrire et compter.

Comme me le disait Jill Fadule, une responsable de la Harvard Business School, « l'empathie, la capacité à prendre du recul, le sens des rapports et de la coopération » sont, entre autres, les qualités que nous demandons à nos candidats.

NOTRE VOYAGE

La mission que je me suis fixée en écrivant ce livre est de guider le lecteur dans l'examen scientifique de l'intelligence émotionnelle et de son impact sur sa vie professionnelle. À chaque étape de ce travail, j'ai cherché à valider mes arguments scientifiques par des témoignages de gens exerçant des fonctions variées dans toutes sortes d'entreprises et je ferai appel à ces expériences tout au long de notre parcours.

Dans la première partie, je développe l'argument selon lequel l'intelligence émotionnelle compte plus que le QI ou le savoir-faire « technique » pour déterminer qui va exceller dans un travail — quel qu'il soit — et que pour la direction d'une entreprise elle est par excellence la compétence requise. L'argument financier est probant : les entreprises qui exploitent cet avantage accroissent sensiblement leurs profits.

La deuxième partie énumère douze qualités professionnelles spécifiques toutes fondées sur la maîtrise de soi — parmi lesquelles l'initiative, la fiabilité, la confiance en soi et l'exigence de résultats — et décrit l'atout que chacune apporte au travail du collaborateur d'exception.

Dans la troisième partie nous examinons treize aptitudes clés dans le domaine des relations humaines — comme l'empathie, le sens politique, l'exploitation de la diversité, l'aptitude à travailler en équipe et le savoir-diriger. Ce sont ces talents qui nous permettent de traverser les remous et les tourbillons que génère toute collectivité humaine, quand d'autres s'enfoncent et coulent.

Dans ce chapitre, les lecteurs prendront la mesure de leurs propres ressources en intelligence émotionnelle pour leur vie professionnelle. Comme je le montrerai dans le chapitre 3, les meilleures performances ne nécessitent pas que nous excellions dans toutes ces compétences, mais plutôt que nous en possédions assez pour atteindre le « seuil critique » qui garantit le succès.

Avec la quatrième partie viendra la bonne nouvelle. Quelles que soient nos déficiences dans certaines de ces compétences, nous pouvons toujours apprendre à nous améliorer. Pour aider les lecteurs qui veulent améliorer leur intelligence émotionnelle et pour leur éviter de gaspiller du temps et de l'argent, je propose des axes pratiques, fondés sur une démarche scientifique, qui permettront à chacun de progresser.

Enfin, dans la cinquième partie, je m'intéresserai à ce que cela signifie pour une entreprise d'être émotionnellement intelligente. Je décrirai une société qui l'est et montrerai pourquoi la mise en pratique de l'intelligence émotionnelle non seulement améliore les performances économiques mais fait de l'entreprise un cadre satisfaisant qui fixe des objectifs de travail motivants. Je montrerai aussi comment les sociétés qui ignorent les réalités émotionnelles de leurs employés le font à leurs risques et périls alors que les entreprises qui sont dotées d'intelligence émotionnelle sont les mieux équipées pour survivre — et prospérer — dans la période économiquement très turbulente qui nous attend.

Bien que mon but soit d'être utile, ce livre n'est en aucun cas un guide, comme ces nombreux livres qui promettent imprudemment des progrès spectaculaires en intelligence émotionnelle. Ces ouvrages, quoi que sans doute pleins de bonnes intentions, véhiculent des idées fausses sur les efforts qu'exige une véritable amélioration de ces capacités essentielles. Mon livre ne propose pas de solutions miracles mais des axes de travail pour un authentique développement de la compétence émotionnelle du lecteur. Ces axes de travail reflètent de façon équilibrée une nouvelle pensée mais aussi des découvertes scientifiques et des pratiques exemplaires de multiples entreprises à travers le monde.

Nos perspectives d'avenir dépendent de plus en plus de notre aptitude à gérer notre comportement et nos rapports avec autrui de façon plus adroite. Puisse ce livre offrir au lecteur une orientation qui l'aidera à affronter les défis personnels et professionnels cruciaux qui nous attendent tous au tournant du troisième millénaire.

2

Les compétences des meilleurs

L'histoire que je vais vous raconter se passe au tout début des années soixante-dix, à l'apogée des protestations étudiantes contre la guerre au Viêt-nam. Une bibliothécaire travaillant dans une agence d'information à l'étranger venait de recevoir de mauvaises nouvelles : un groupe d'étudiants menaçait de mettre le feu à sa bibliothèque. Heureusement, elle comptait quelques amis dans ce groupe d'activistes. Sa réaction peut à première vue paraître naïve ou imprudente — ou les deux : elle a invité le groupe à utiliser le local de la bibliothèque pour certaines de ses réunions.

Mais elle a également invité des Américains vivant dans ce pays à débattre avec eux, instaurant ainsi une atmosphère de dialogue et non de confrontation.

En agissant de la sorte, elle misait sur ses relations personnelles avec la poignée de leaders étudiants qu'elle connaissait assez bien pour sentir qu'elle pouvait se fier à eux — et qu'ils lui feraient confiance.

Cette tactique a amélioré la compréhension réciproque et renforcé les rapports d'amitié de la bibliothécaire avec ces leaders étudiants. Ils ne s'en sont jamais pris à sa bibliothèque.

Cette personne a montré en l'occurrence de magnifiques talents de négociatrice et de réconciliatrice, elle a su déchiffrer les tenants et les aboutissants d'une situation tendue, explosive, même, et apporter une réponse qui unissait les gens au lieu de les dresser les uns contre les autres. Elle a su épargner à sa bibliothèque les déprédations qu'ont connues, à cette époque, d'autres bâtiments officiels américains à l'étranger parce qu'ils étaient dirigés par des fonctionnaires à l'évidence moins doués pour les rapports humains.

Cette bibliothécaire faisait partie d'un groupe de jeunes diplomates en qui le ministère des Affaires étrangères a reconnu des « superstars » et qui ont été, à ce titre, interviewés par une équipe d'universitaires sous l'égide du professeur McClelland de Harvard.

À cette époque, McClelland était mon directeur de thèse et il m'avait demandé de participer à ses recherches. Les résultats de cette étude ont amené McClelland à publier un article qui a changé radicalement la façon de comprendre les fondements de l'excellence.

En examinant les facteurs qui définissent une performance professionnelle hors pair, McClelland poursuivait une aventure scientifique qui a connu son premier essor au début du XXe siècle avec le travail de F. Taylor. Les experts en efficacité tayloriste ont révolutionné le monde du travail en s'efforçant d'optimiser d'un point de vue mécanique les gestes qu'effectue le corps du travailleur : la machine était devenue la mesure du travail humain.

Dans le sillage du taylorisme a surgi un nouveau critère d'évaluation : le test mesurant le quotient intellectuel des individus (QI). La mesure adéquate de l'excellence, arguaient ses inventeurs, est celle des capacités de l'intellect humain.

Puis, avec l'essor de la pensée freudienne, une autre vague d'experts a expliqué qu'outre le QI la personnalité était un ingrédient de l'excellence. Dans les années soixante, les tests de personnalité et les typologies (on classait les êtres en intro- ou extravertis, en intuitifs ou cérébraux...) faisaient partie des tests censés mesurer le potentiel professionnel des individus.

Mais la plupart de ces tests avaient été élaborés pour de tout autres raisons — en général pour diagnostiquer des troubles mentaux — et constituaient en fait des indicateurs bien pauvres du potentiel professionnel des personnes testées. Les tests de QI n'étaient pas non plus infaillibles. Les personnes possédant un QI élevé obtenaient souvent de maigres résultats dans leur travail, tandis que ceux dotés d'un QI moyen s'en sortaient souvent très bien.

L'article de McClelland de 1973, intitulé « Tester la compétence plutôt que l'intelligence », a modifié les termes du débat. Il démontrait que les aptitudes scolaires, les diplômes et les titres les plus éminents ne fournissaient aucune garantie de succès dans la vie professionnelle ou même la vie tout court. Il proposait donc d'évaluer certaines compétences dont l'empathie, l'autodiscipline et l'initiative qui, expliquait-il, distinguent ceux qui réussissent le mieux dans leur carrière par opposition à ceux qui sont simplement assez bons pour conserver leur emploi. Pour découvrir les compétences qui signalent un collaborateur d'exception dans un travail donné, suggérait McClelland, intéressez-vous d'abord à ces champions et isolez leurs compétences les plus manifestes.

Son article proposait une évaluation entièrement nouvelle de l'excellence et définissait les compétences des gens en fonction du travail spécifique qu'ils sont appelés à effectuer. Dans cette perspective, une « compétence » est une qualité personnelle ou un ensemble d'habitudes qui génèrent une performance professionnelle plus efficace, meilleure, en d'autres termes une aptitude qui apporte de la valeur ajoutée aux efforts d'une personne dans son travail.

Cette idée a, au cours des vingt-cinq dernières années, inspiré des recherches sur des centaines de milliers de salariés, des petits employés aux plus hauts dirigeants d'entreprise dans les plus grandes sociétés et jusqu'au sein de l'administration américaine, mais aussi dans de toutes petites entreprises, ne comptant parfois qu'une seule personne. Dans toutes ces recherches un faisceau commun d'aptitudes sociales et personnelles s'est avéré l'ingrédient clé de la réussite : c'est ce faisceau d'aptitudes que j'appelle intelligence émotionnelle.

LE PROGRAMMEUR DÉPHASÉ

Deux informaticiens expliquent comment ils accomplissent leur travail qui consiste à élaborer des programmes pour satisfaire les besoins urgents de leurs clients. L'un d'eux raconte :

« Je l'ai entendu dire qu'il avait besoin de toutes les données sous une forme abrégée qui pouvait tenir sur une page. » Le programmeur suit les instructions à la lettre et livre le produit qu'on lui a demandé.

Le second, en revanche, a apparemment quelques difficultés à comprendre ce qu'on lui demande. À la différence du premier, il ne parle pas des besoins de ses clients. Il préfère se lancer dans une longue explication technique qu'il conclut ainsi : « Le compilateur HP 3000 était trop lent alors j'ai opéré directement en langage machine. » En d'autres termes ce qui l'intéresse avant tout ce sont les machines et non les hommes.

Le premier programmeur est considéré comme remarquable dans son travail et capable de concevoir des programmes faciles d'utilisation. Le second est considéré au mieux comme médiocre dans cette tâche. Il a d'emblée mis ses clients hors jeu. Le premier programmeur fait preuve d'intelligence émotionnelle. Le second montre clairement qu'il en est dépourvu. Tous deux ont été interviewés suivant une méthode mise au point par McClelland pour détecter les compétences qui signalent les collaborateurs d'exception dans des métiers de toutes sortes.

L'idée initiale de McClelland lui venait de missions qu'il avait remplies pour le compte du ministère des Affaires étrangères : on lui avait demandé d'évaluer les aptitudes des jeunes diplomates qui allaient représenter les États-Unis à l'étranger. Comme des directeurs des ventes ou des directeurs commerciaux dans de grandes entreprises, le vrai travail de ces hauts fonctionnaires consiste à vendre les États-Unis à l'étranger.

La sélection pour ces postes était extrêmement dure, seuls ceux qui avaient les meilleurs diplômes pouvaient espérer franchir l'obstacle. Le test mis au point par les hauts diplomates du Département d'État faisait la part belle aux disciplines scolaires, histoire et culture américaines, qualités d'expression et connaissances approfondies dans un domaine spécifique comme l'économie. Mais cet examen ne faisait que refléter les résultats scolaires plus ou moins bons des candidats. Leurs scores étaient bien incapables de prédire la façon dont ces jeunes gens se comporteraient à Francfort, Buenos Aires ou Singapour[1]. En fait leurs notations sur le terrain démentaient souvent leurs résultats aux tests. La pure maîtrise des sujets universitaires était étrangère — voire nuisible — aux compétences qui comptent pour cette forme de savoir-vendre qu'on appelle diplomatie.

1. Les tests universitaires sont incapables de prédire quels seront les meilleurs diplomates : Kenneth Clark a découvert que les résultats obtenus par les candidats aux concours des Affaires étrangères (États-Unis) ne recoupaient pas les notations de leur dossier administratif au cours de leur carrière.

C'était une tout autre forme de compétence qui comptait. Quand McClelland a interviewé les « superstars » — ceux que le ministère avait identifiés comme ses jeunes diplomates les plus brillants et efficaces — et les compara à leurs pairs plus médiocres, les différences les plus parlantes se rattachaient à un faisceau d'aptitudes humaines élémentaires qu'un test scolaire ou de QI reste incapable de détecter.

McClelland s'est tourné vers des tests radicalement différents et en a essayé un, mis au point par un collègue de Harvard, qui mesurait la capacité à déchiffrer correctement des émotions. On passe aux candidats des bandes vidéo qui montrent des personnages parlant de situations à contenu émotionnel fort comme un divorce ou une dispute au travail. Un filtre électronique altère le son, ce qui fait qu'on ne perçoit plus les mots eux-mêmes, mais plutôt l'intonation et les nuances qui révèlent ce que ressent celui qui parle.

McClelland a découvert que les diplomates les plus doués obtenaient des scores beaucoup plus élevés que les médiocres quand il s'agissait de déchiffrer correctement ces émotions. Ce qui signifiait qu'ils étaient capables de lire des messages émotionnels émanant de personnes originaires de milieux ou de cultures très différents du leur, même quand ils ne comprenaient pas la langue — compétence cruciale non seulement pour un diplomate mais dans la vie professionnelle d'aujourd'hui où cohabitent et collaborent toutes les cultures.

Les diplomates décrivaient souvent des situations critiques analogues à celle qu'avait rencontrée la bibliothécaire ayant réussi à faire parler ensemble des adversaires déclarés. Alors que leur incapacité à comprendre et à manier leurs interlocuteurs conduisait régulièrement les diplomates moins adroits à des fiascos retentissants.

LES FACETTES DE L'EXCELLENCE ET LES LIMITES DU QI

Voici l'histoire de deux êtres parmi les plus intelligents (dans le sens scolaire du terme) que j'ai connus, qui ont suivi des trajectoires professionnelles complètement différentes. Le premier était un camarade de première année d'université qui avait obtenu des résultats exceptionnels à son examen d'entrée. Mais il n'était pas motivé, séchait les cours et rendait ses copies en retard. Il a décroché pendant quelque temps et a fini par passer sa licence au bout de dix ans. Aujourd'hui il est consultant en informatique à son compte et se dit satisfait de son sort.

Mon autre ami était un prodige en mathématique. Il a passé son bac à douze ans et obtenu son doctorat à dix-huit ans. Au lycée, il était un peu petit pour son âge et comme il était de toute façon plus jeune que nous, nous le dépassions facilement de trente centimètres. Il était plus brillant que les autres et beaucoup d'élèves le jalousaient, se moquaient de lui et le rudoyaient souvent. Mais malgré sa petite taille, il ne reculait pas. Comme un petit coq agressif, il tenait la dragée haute aux types les plus costauds du lycée. Sa confiance en lui était à la hauteur de ses dons intellectuels, et c'est peut-être ce qui explique qu'il est devenu, aux dernières nouvelles, le chef d'un des plus prestigieux départements de mathématiques au monde.

Compte tenu de l'importance que les écoles et les tests d'admission attachent au QI, celui-ci s'avère étonnamment peu probant pour expliquer la réussite. Quand on met en regard le QI et les performances professionnelles réelles, on découvre une corrélation seulement dans environ 25 % des cas. Et si l'on examine la question d'encore plus près, l'incidence effective du QI sur la réussite professionnelle n'est établie véritablement que dans 5 à 10 % des cas.

Ce qui signifie que le QI n'explique au mieux que 25 % des réussites professionnelles et qu'il ne peut donc être considéré, à lui seul, comme un miroir fidèle de la réussite ou de l'échec des individus.

Une étude conduite sur des étudiants de troisième cycle de Harvard (en droit, médecine, sciences de l'éducation et management) a montré que les résultats aux examens d'entrée, qui sont des ersatz de tests de QI, n'ont aucune incidence — voire ont une incidence négative — sur leur éventuel succès professionnel.

Paradoxalement, c'est précisément dans les matières qui demandent l'accumulation de connaissances la plus impressionnante que le QI est le moins révélateur et que l'intelligence émotionnelle devient déterminante : dans des domaines comme l'économie et la gestion, l'ingénierie, le droit et la médecine — où la sélection professionnelle est presque exclusivement fondée sur les capacités intellectuelles — l'intelligence émotionnelle est beaucoup plus déterminante que le QI pour pronostiquer quel étudiant va s'affirmer comme un leader.

Cette importance paradoxale de l'intelligence émotionnelle dans les disciplines les plus exigeantes intellectuellement est une conséquence de la sélection rigoureuse qui en limite l'accès. Le quotient intellectuel nécessaire pour accéder à ces études est de 110 à 120. Comme tous les candidats qui réussissent à franchir le barrage initial ont un QI relativement comparable, celui-ci n'offre plus ensuite qu'un mince avantage compétitif. Les concurrents sont en effet ceux qui ont réussi à franchir toutes les barrières de la scolarité pour s'imposer comme les meilleurs dans le domaine qu'ils ont choisi. Comme l'intelligence émotionnelle n'est pas un paramètre de sélection aussi important que le QI pour accéder à ces carrières, l'écart existant entre les compétiteurs est par définition plus important sur ce plan. Entre ceux qui affichent un haut niveau d'intelligence émotionnelle et ceux qui sont gravement déficients sur ce plan, l'écart est béant et le sommet de l'IE procure un avantage concurrentiel décisif : les compétences « douces » ont encore plus d'importance pour réussir dans les domaines « cérébraux ».

LE SECOND DOMAINE : L'EXPERTISE

Voici un dilemme : vous êtes conseiller culturel dans une ambassade d'un pays d'Afrique du Nord et votre ministère vous ordonne de présenter un film montrant un homme politique de votre pays, personnage honni, pour une raison quelconque, dans celui où vous vous trouvez.

Si vous présentez ce film, les gens du cru vont considérer cet acte comme une provocation. Si vous vous en abstenez, vous contrarierez les responsables du ministère des Affaires étrangères.

Que faire ?

Ce dilemme n'est pas un simple cas d'école, mais une situation réelle à laquelle a été confronté un des jeunes diplomates étudiés par McClelland. Comme il l'a raconté lui-même : « Je savais que si je passais ce film, l'ambassade serait incendiée le lendemain par cinq cents étudiants en colère. Mais Washington trouvait le film génial. Il ne me restait donc plus qu'à trouver une solution pour montrer le film et contenter le ministère sans outrager les gens du cru. »

Sa solution ? Il a projeté le film un jour de fête religieuse car il savait que personne ne viendrait.

Un brillant exemple de bon sens ou d'intelligence pratique qui mêle compétence et expérience. Outre le QI, ce sont ces aptitudes pratiques et nos compétences techniques qui déterminent la qualité de notre travail au jour le jour. Bref, quel que soit notre potentiel intellectuel, c'est notre compétence globale — qui mêle savoir spécialisé et intelligence pratique — qui nous qualifie pour un travail spécifique.

Les médecins les plus compétents, par exemple, sont ceux qui ne cessent d'étendre leurs connaissances initiales en se tenant au courant des dernières découvertes et ont une vaste expérience pratique. Ce renouvellement continu de leurs connaissances compte beaucoup plus dans la qualité des soins qu'ils procurent à leurs patients que les notes obtenues à l'examen d'entrée en faculté de médecine.

La compétence, c'est donc pour une large part du bon sens et un savoir spécialisé auxquels viennent s'ajouter des talents spécifiques acquis au cours de notre carrière. La compétence s'acquiert sur le terrain. C'est la connaissance de toutes les ficelles d'un métier, le véritable savoir-faire que seule l'expérience peut apporter.

Ces capacités empiriques ont été étudiées en détail par le psychologue R. Sternberg, un spécialiste reconnu de l'intelligence et de la réussite. Dans des tests effectués sur les dirigeants des plus grandes entreprises américaines, Sternberg a découvert que l'intelligence pratique semble au moins aussi importante que le QI dans la réussite sur le terrain.

Mais cette intelligence pratique est rarement le facteur principal.

« Parmi les centaines d'études que nous avons menées sur des collaborateurs exceptionnels en les comparant aux employés moyens dans des entreprises du monde entier, ce n'est jamais la compétence technique qui faisait la différence », confirme

R. Jacobs, consultante dans un important cabinet de recrutement de Boston.

« La compétence technique est une condition sine qua non : vous en avez besoin pour obtenir le travail et vous en acquitter, mais c'est la façon dont vous effectuerez ce travail — et cela dépend de vos autres compétences — qui situera le niveau de votre performance, ajoute R. Jacobs. Êtes-vous capable de traduire votre compétence par la mise au point d'un produit qui ait une valeur sur le marché, qui sorte du lot ? Sinon, votre compétence ne vous sert pas à grand-chose. »

Les contremaîtres qui dirigent les ouvriers qualifiés et les techniciens doivent posséder une certaine compétence dans leur domaine. Mais cette compétence est une exigence minimale. Les aptitudes qui distinguent les contremaîtres hors pair dans les domaines techniques ne sont pas techniques, elles ont plutôt à voir avec leur façon de gérer les gens.

Jusqu'à un certain point, l'expérience et l'expertise technique comptent, comme le QI, mais l'excellence proprement dite requiert d'autres qualités.

LE TROISIÈME DOMAINE : L'INTELLIGENCE ÉMOTIONNELLE

R. Sternberg raconte l'édifiante histoire de deux étudiants, Jim et Jack. Jim est un étudiant brillant et créatif, l'archétype de ce que Yale peut offrir de mieux. Le problème est qu'il sait qu'il est exceptionnel et que, comme le dit un professeur, cela le rend « incroyablement arrogant ». Jim rebute donc les gens les mieux disposés, surtout ceux qui sont censés travailler avec lui.

Mais, malgré ses défauts, il a un profil exceptionnel, en théorie. Quand il obtient son diplôme, Jim est sollicité de tous les côtés. Son dossier universitaire semble en faire une recrue de premier ordre. Mais l'arrogance de Jim éclate dans ses entretiens et la seule proposition ferme qu'il reçoit émane d'une société de second ordre.

Jack, un autre étudiant de la même université, dans la même matière, est moins brillant mais se montre très à l'aise dans les rapports humains. Tous ceux qui travaillent avec lui l'apprécient.

Sur huit entretiens, Jack reçoit sept offres d'embauche, et il réussit brillamment sa carrière alors que Jim est licencié après deux ans à son premier poste.

Contrairement à Jack, Jim manque d'intelligence émotionnelle.

Les aptitudes émotionnelles sont en synergie avec les aptitudes purement intellectuelles. Les très grands professionnels allient les deux types de compétences. Plus le travail est complexe, plus l'intelligence émotionnelle compte, ne serait-ce que parce qu'une carence en IE peut gêner le libre jeu des compétences techniques ou intellectuelles de quelqu'un.

Prenons, par exemple, le cas de cet homme qui venait d'être embauché comme PDG d'une entreprise familiale de moyenne importance. C'était la première fois que ce poste allait être occupé par quelqu'un d'étranger à la famille.

Après un entretien avec lui, un spécialiste qui voulait estimer son aptitude à maîtriser intellectuellement une situation complexe a estimé que sa capacité était absolument remarquable : cet homme était tout à fait apte à occuper les fonctions de PDG d'une grande entreprise. Mais pendant cet entretien, l'enquêteur a abordé une question délicate : pourquoi avait-il quitté son précédent poste ? (Il avait été licencié parce qu'il n'avait pas su critiquer ouvertement ses subordonnés alors que, parfois, la médiocrité flagrante de leur travail l'aurait exigé.)

« Cette question a provoqué un déclic émotionnel, m'a expliqué l'enquêteur. Il est devenu écarlate, il a commencé à s'agiter, il était visiblement très perturbé. Il s'est avéré que son nouveau patron, le propriétaire de l'entreprise, l'avait critiqué le matin même pour cette raison précise et il m'a expliqué longuement à quel point c'était dur pour lui de heurter de front des employés sous-productifs, surtout quand ils appartenaient à l'entreprise depuis longtemps. Et, a remarqué l'enquêteur, sous l'effet de cette violente contrariété, sa capacité de gérer intellectuellement une situation complexe marquait un net fléchissement. »

Bref, des émotions dont nous perdons le contrôle peuvent rendre stupides les gens les plus intelligents.

LA GRANDE SÉPARATION

C'était le jour de la finale du championnat de football américain, ce jour sacro-saint que la plupart des mâles américains passent devant leurs postes de télé. Un vol reliant New York à Detroit affichait un retard de deux heures et la tension parmi les passagers — presque tous des hommes d'affaires — était montée d'un cran. Quand ils sont arrivés enfin à Detroit, un mystérieux problème de passerelle absente a obligé l'avion à stopper à une centaine de mètres de la porte de débarquement. Bouillant d'impatience, les passagers se sont levés comme un seul homme.

Une des hôtesses a pris le micro. Comment obtenir qu'ils se rassoient en attendant que l'avion se gare normalement ?

Elle s'est bien gardée d'annoncer d'une voix sévère : « Les règlements fédéraux exigent que vous vous rasseyiez pendant que nous gagnons la porte de débarquement. »

C'est au contraire sur le ton chantant et faussement fâché d'une puéricultrice sermonnant de vilains garnements qu'elle leur a lancé : « Mais vous vous êtes le-vés ! »

Tous les passagers se sont rassis en riant. Ces passagers très impatients sont descendus de l'avion en arborant des sourires étonnamment détendus, étant donné les circonstances.

La grande séparation entre les compétences oppose l'esprit au cœur, la connaissance à l'émotion. Certaines compétences sont purement cognitives, comme le raisonnement analytique ou les connaissances techniques. D'autres mêlent pensée et sentiment. Ce sont celles que j'appelle « compétences émotionnelles ».

Toutes les compétences émotionnelles impliquent une certaine maîtrise de ses sentiments ainsi que des éléments cognitifs qui sont en jeu dans une situation donnée. Elles s'opposent en cela aux compétences purement cognitives pour lesquelles un ordinateur adéquatement programmé rivalise avec un être humain. Une voix numérisée aurait pu annoncer : « Les règlements fédéraux exigent que tous les passagers restent assis pendant que nous gagnons la porte. »

Mais les intonations reconstituées d'une voix numérisée n'auraient jamais eu l'effet apaisant de la plaisanterie de cette hôtesse. Les gens auraient peut-être obtempéré à contrecœur à cette directive cybernétique, mais elle n'aurait pas opéré le revirement d'humeur obtenu par notre hôtesse. Elle a su faire vibrer la note émotionnelle juste.

Prenons le cas de la communication. Au moment où je tape ce texte, je peux demander à mon logiciel de traitement de texte de vérifier la correction grammaticale de ce que j'écris. Mais je ne peux pas lui demander de vérifier la résonance affective ou la passion de ce que j'écris, ni le pouvoir de mon texte d'intéresser et d'influencer des lecteurs. Ces autres éléments cruciaux de la communication dépendent de mes capacités émotionnelles : la capacité à évaluer les réactions de mon public, à présenter mes idées de façon à leur conférer un impact émotionnel optimal.

Les arguments les plus convaincants parlent autant au cœur qu'à l'esprit. Cette concordance étroite de la pensée et des sentiments est rendue possible par une des grandes « autoroutes » du cerveau, un ensemble de neurones qui connectent les lobes frontaux, le poste de commandement cérébral, la région où toutes les décisions sont prises, avec une zone située à l'arrière du cerveau et qui abrite nos émotions [1].

Quand cette connexion est endommagée, les gens deviennent émotionnellement incompétents, même si leurs capacités purement intellectuelles restent indemnes. En d'autres termes, de telles personnes peuvent encore obtenir d'excellents scores à des tests de quotient intellectuel — et à d'autres tests qui mesurent les facultés cognitives. Mais sur le terrain — et dans la vie en général — elles sont incapables de cette aptitude émotionnelle qui caractérise notre hôtesse de l'air. La séparation entre ces compétences, intellectuelles et émotionnelles, reflète donc une division entre deux fonctions neurologiques distinctes.

1. Les dommages au cortex cérébral diminuent notre capacité de réflexion et de perception. Les dommages aux zones sub-corticales détruisent notre capacité à exprimer nos émotions. Ce sont les dommages dans les circuits centrés sur l'amygdale qui ont les effets les plus dévastateurs sur la capacité à exprimer des émotions. La rupture des connexions entre les couches superficielles du cerveau et ces centres émotionnels détruit les compétences émotionnelles qui supposent toutes une coordination étroite de la pensée et de l'affectivité.

LA COMPÉTENCE ÉMOTIONNELLE

La compétence émotionnelle est une capacité acquise fondée sur l'intelligence émotionnelle et sans laquelle une performance professionnelle hors pair est impossible. Reprenons l'exemple de l'hôtesse de l'air. Elle a fait preuve d'une grande compétence émotionnelle. Au cœur de cette compétence, on trouve deux aptitudes, l'empathie — la capacité à déchiffrer les sentiments d'autrui — et un talent pour les rapports humains qui nous permet de gérer adroitement ces sentiments.

Notre *intelligence* émotionnelle, c'est notre capacité à apprendre les diverses aptitudes pratiques qui sont fondées sur ces cinq composantes : la conscience de soi, la motivation, la maîtrise de soi, l'empathie et la maîtrise des relations humaines.

Notre *compétence* émotionnelle révèle à quel point nous avons su traduire ce potentiel dans nos compétences sur le terrain. Par exemple, savoir servir ses clients est une compétence émotionnelle fondée sur l'empathie. De même la fiabilité est une compétence fondée sur la maîtrise de soi, la capacité de maîtriser impulsions et émotions. Aussi bien le service à la clientèle que la fiabilité sont des compétences qui peuvent générer des performances professionnelles remarquables.

Un haut degré d'intelligence émotionnelle ne garantit pas qu'une personne va acquérir les compétences émotionnelles nécessaires à son travail, mais indique que cette personne a un excellent potentiel pour les apprendre. Quelqu'un peut être extrêmement empathique, par exemple, sans avoir pour autant acquis les compétences fondées sur l'empathie qui garantissent au client un service de haut niveau ou encore l'aptitude à faire travailler ensemble une équipe disparate.

Prenons un exemple analogue dans la musique : une personne qui serait douée d'un timbre parfait, aurait pris des cours de chant et serait devenue un brillant ténor d'opéra. Sans leçons, pas de carrière de chanteur d'opéra, quel que soit le potentiel — un nouveau Pavarotti n'aura aucune chance de percer.

Les compétences émotionnelles se répartissent en plusieurs groupes, chacun illustrant une facette particulière de l'intelligence émotionnelle. Ces différentes facettes sont vitales pour un apprentissage fructueux des compétences nécessaires à la vie professionnelle. Ainsi ceux qui ne sont pas très sociables auront du mal à persuader ou à inspirer les autres, à conduire des équipes ou à imposer des changements. S'ils manquent de conscience de soi, ils seront incapables de discerner leurs propres faiblesses et manqueront de la confiance en soi qu'inspire la certitude de ses propres forces.

Le tableau n° 1 expose la relation entre les cinq facettes de l'intelligence émotionnelle et les vingt-cinq compétences émotionnelles. Bien entendu, aucun de nous ne possède toutes ces compétences. Nous avons tous inévitablement nos forces et nos limites. Mais, comme nous le verrons, pour réaliser d'excellentes performances professionnelles, nous n'avons besoin que d'un nombre limité de compétences émotionnelles — environ six —, pourvu que ces compétences se répartissent entre les cinq zones de l'intelligence émotionnelle.

Ces capacités d'intelligence émotionnelle sont :

• indépendantes : chacune apporte une contribution unique à la dynamique de l'entreprise ;

• interdépendantes : chacune puise dans certaines autres avec lesquelles il existe de fortes interactions ;

• hiérarchisées : les capacités d'intelligence émotionnelle s'édifient les unes sur les autres. Ainsi la conscience de soi est cruciale pour la maîtrise de soi et l'empathie. La maîtrise de soi et la conscience de soi contribuent à la motivation. Et ces quatre facultés sont importantes pour une bonne sociabilité ;

• nécessaires mais pas suffisantes : une aptitude à l'intelligence émotionnelle ne garantit pas que les êtres développeront ou présenteront les compétences associées, comme la capacité à collaborer ou à diriger. Des facteurs comme l'atmosphère qui règne dans une entreprise, ou l'intérêt d'une personne pour son travail décideront du développement de cette compétence ;

• génériques : la liste générale est jusqu'à un certain point applicable à tous les travaux. Mais certains métiers requièrent des compétences émotionnelles spécifiques.

Cette liste propose une façon d'inventorier nos forces et d'indiquer des compétences que nous aimerions peut-être stimuler. La deuxième et la troisième partie du livre détaillent et analysent de manière plus approfondie chacune de ces compétences et montrent ce qui se produit quand elles s'exercent dans leur plénitude ou, au contraire, quand elles sont absentes. Les lecteurs pourront se reporter directement aux compétences qui les concernent le plus. Les chapitres se suivent certes selon un ordre défini (comme les compétences qu'ils décrivent) mais il n'est pas indispensable de les lire dans cet ordre.

TABLEAU 1

LA COMPÉTENCE ÉMOTIONNELLE

LA COMPÉTENCE PERSONNELLE

Ces compétences déterminent la façon dont nous nous comportons.

La conscience de soi

Connaître ses propres états intérieurs, ses préférences, ses ressources et ses intuitions (voir chapitre 4)

• La conscience de soi émotionnelle : savoir reconnaître ses émotions et leurs effets.

• Une autoévaluation précise : connaître ses forces et ses limites.

• La confiance en soi : être sûr de sa valeur et de ses capacités.

La maîtrise de soi

Savoir gérer ses états intérieurs, ses impulsions, ses ressources (voir chapitre 5).

• Le contrôle de soi : gérer les émotions et les impulsions.

• La fiabilité : se montrer honnête et intègre en toute circonstance.

• La conscience professionnelle : s'acquitter de son travail de manière responsable.

• L'adaptabilité : faire preuve de souplesse devant les changements.

• L'innovation : être à l'aise avec les approches, les idées, et les informations nouvelles.

La motivation

Les tendances émotionnelles qui nous aident à atteindre nos buts (voir chapitre 6).

• L'exigence de perfection : l'effort pour atteindre un niveau d'excellence, ou pour l'améliorer.

• L'engagement : savoir épouser les objectifs du groupe ou de l'entreprise.

• L'initiative : être prêt à saisir les opportunités.

• L'optimisme : poursuivre ses objectifs avec ténacité malgré obstacles et déconvenues.

LA COMPÉTENCE SOCIALE

Les compétence regroupées sous ce titre concernent notre façon de gérer nos relations aux autres.

L'empathie

La conscience des sentiments, des besoins et des soucis d'autrui (voir chapitre 7).

• La compréhension des autres : capter les sentiments et les points de vue des autres et éprouver un intérêt réel pour leurs soucis.

• La passion du service : anticiper, reconnaître et satisfaire les besoins des clients.

• L'enrichissement des autres : sentir les besoins et les carences des autres et stimuler leurs capacités.

• L'exploitation de la diversité : savoir concilier des sensibilités différentes pour mieux saisir les opportunités.

• Le sens politique : savoir déchiffrer les flux émotionnels sous-jacents d'un groupe et ses relations de pouvoir.

Les aptitudes sociales

Induire des réponses favorables chez les autres (voir chapitres 8 et 9).

• L'ascendant : savoir employer la tactique efficace pour persuader.

• La communication : envoyer des messages clairs et convaincants.

• La direction : inspirer et guider les groupes et les gens.

• Cristalliser les changements : savoir initier ou gérer des changements.

• Le sens de la médiation : savoir négocier et résoudre les conflits.

• Nouer des liens : savoir cultiver des relation utiles.

• Le sens de la collaboration et de la coopération : travailler avec les autres à des objectifs communs.

• Mobiliser une équipe : créer une synergie de groupe au service d'objectifs communs.

CE QUE VEUT DIRE ÊTRE LE MEILLEUR

Les mêmes compétences permettent d'exceller dans des métiers différents. Ainsi les délégués d'une grande compagnie d'assurances font preuve d'un contrôle de soi, d'une conscience professionnelle et d'une empathie remarquables dans leurs rapports à la clientèle. Pour des magasins de vente au détail, les compétences clés sont les mêmes, auxquelles il faut ajouter la passion du service. Les compétences dont quelqu'un a besoin pour réussir varient avec son ascension professionnelle. Dans les grandes entreprises les dirigeants doivent posséder un sens politique plus développé que les cadres de niveau intermédiaire. Et certains postes requièrent des compétences spécifiques. Pour les meilleures infirmières, c'est le sens de l'humour, pour un banquier le respect de la confidentialité, pour un excellent directeur d'école, une aptitude à entretenir des rapports fructueux avec professeurs et parents d'élèves. Pour un bon inspecteur des impôts, savoir compter ne suffit pas, il doit aussi savoir mettre à l'aise le contribuable. Un policier chargé du maintien de l'ordre doit savoir limiter le recours à la force.

Les compétences clés varient d'une entreprise à l'autre. Chaque entreprise, chaque industrie possède son propre climat émotionnel et les qualités les plus adéquates pour un employé varient en conséquence.

Hormis ces caractéristiques spécifiques, la plupart des études montrent que dans beaucoup de métiers la recette de l'excellence fait la part belle aux compétences émotionnelles au détriment des aptitudes cognitives. Que les compétences clés des commerciaux les plus remarquables soient étroitement liées à leur intelligence émotionnelle n'a rien de surprenant. Mais même parmi les métiers scientifiques et techniques, la pensée analytique vient en troisième position après la capacité à persuader et l'exigence de perfection. La virtuosité intellectuelle ne suffira pas à propulser un scientifique au sommet s'il ne possède pas un certain charisme, la capacité de persuader les autres, et la discipline intérieure qui seule permet d'atteindre des objectifs ambitieux. Un génie paresseux ou taciturne a peut-être toutes les réponses dans sa tête, mais elles ne lui serviront à rien si personne ne le sait ou ne s'en soucie !

Prenez les « cerveaux » par excellence que sont les ingénieurs consultants intégrés dans une entreprise. Les entreprises spécialisées en technologies de pointe gardent ces dépanneurs sous la main pour sauver les projets à la dérive. Ils sont tellement prisés que les rapports annuels les mentionnent juste après les dirigeants. Qu'est-ce qui rend ces gourous technologiques si spéciaux ?

« Ce qui fait la différence, ce n'est pas tant leur puissance intellectuelle — presque tout le monde dans ce genre de société est à peu près aussi intelligent, mais leur compétence émotionnelle, explique Suzanne Ennis, qui a travaillé pour l'une de ces sociétés, leur capacité à écouter, à s'imposer, à collaborer, à motiver les gens. »

Il est clair que beaucoup de gens parviennent au sommet malgré une absence évidente d'intelligence émotionnelle. Ce fait a longtemps été l'un des aspects de la vie des entreprises. Mais le travail devient de plus en plus complexe et suppose un niveau de collégialité toujours plus grand et les entreprises dont les employés collaborent harmonieusement ont une longueur d'avance.

L'organisation de l'avenir insiste déjà sur la flexibilité, le travail en équipe et un fort sens du service dû au client ; cette combinaison décisive de compétences émotionnelles est appelée à jouer un rôle essentiel.

3

Vive les compétences douces !

Chez Lucent Technologies, les équipes qui gèrent les stocks de matières premières ne sont pas seulement techniquement compétentes — elles savent écouter et comprendre, et sont capables de souplesse et de travail en équipe. Elles doivent aussi pouvoir communiquer leur énergie aux autres, s'investir dans leur travail, et avoir confiance en ceux avec qui elles travaillent.

À l'université du Nebraska, l'expertise technique et les capacités d'analyse sont bien sûr précieuses, mais pas plus que les compétences émotionnelles : l'aisance dans les rapports humains, le sens de l'innovation, de la direction, du partenariat et du travail en commun.

Dans la grande firme pétrochimique Amoco, l'expertise technique et la pensée analytique font partie des qualités des bons ingénieurs. Mais la confiance en soi, la souplesse, le goût de la perfection, l'exigence du service, l'ascendant, le sens du travail en équipe et de la coopération sont tout aussi importants.

Ces profils de compétence, tirés de centaines d'interviews, résument la réalité. En me penchant sur ces interviews, je me suis rendu compte qu'une question n'avait jamais été posée : quelle est exactement l'importance respective de la compétence émotionnelle, des aptitudes techniques et de l'intellect dans la réussite professionnelle ?

LA PART DE L'EXCELLENCE

J'ai eu la possibilité d'examiner des profils de compétence pour 181 postes différents dans 121 entreprises et institutions à travers le monde entier, qui emploient des millions de salariés. Ces profils montrent ce que les dirigeants de chacune de ces entreprises considèrent comme la condition préalable de l'excellence pour un emploi donné.

Mon analyse est simple : j'ai comparé les compétences purement cognitives ou techniques aux compétences d'ordre émotionnel. Ainsi quinze compétences clés sont énumérées par Amoco pour les responsables de projets en technologies de l'information. Parmi celles-ci, quatre sont purement cognitives ou techniques alors que les autres relèvent de la catégorie de l'intelligence émotionnelle, et un rapide calcul permet d'affirmer que 73 % des capacités identifiées par Amoco comme essentielles au travail considéré sont des compétences émotionnelles.

Quand j'ai appliqué cette méthode à mes 181 profils de compétence, j'ai découvert que les deux tiers des compétences requises étaient des compétences émotionnelles. La compétence émotionnelle compte donc deux fois plus que le QI et l'expertise technique. Cette conclusion se vérifie dans toutes les catégories de postes et tous les types d'entreprises.

Pour m'assurer que mes découvertes étaient statistiquement inattaquables j'ai demandé au cabinet Hay-McBer d'effectuer une étude indépendante sur ce sujet (voir l'appendice 2 pour plus de détails). Leurs chercheurs ont réanalysé les données brutes provenant de plus de quarante sociétés différentes pour mesurer la différence de compétence existant entre un employé moyen et un collaborateur d'exception — une manière légèrement différente de répondre à ma question.

L'analyse du cabinet Hay-McBer est fondée sur les meilleures données disponibles, les résultats d'interviews approfondies, de tests systématiques et d'évaluation de centaines de salariés. Encore une fois les compétences émotionnelles sont apparues comme contribuant deux fois plus à l'excellence que l'intellect pur et l'expertise professionnelle.

UNE DIRECTION BEAUCOUP PLUS EFFICACE

La compétence émotionnelle est particulièrement importante quand il s'agit d'obtenir des autres qu'ils travaillent plus efficacement. Les carences des dirigeants d'entreprise dans les rapports humains pénalisent les performances de l'ensemble des employés. Elles font perdre du temps, provoquent du ressentiment, et affectent la motivation et l'engagement des salariés. Ceux-ci développent une hostilité plus ou moins larvée qui prend souvent la forme de l'apathie. Les forces et les faiblesses en compétence émotionnelle d'un dirigeant se soldent pour l'entreprise par une optimisation ou au contraire un fléchissement des capacités de ses employés.

J'ai rencontré le dirigeant d'une société qui conseille des entreprises spécialisées dans les nouvelles technologies. Il supervise deux cents chercheurs disséminés dans le monde entier. Ceux-ci doivent rencontrer les experts qui ont développé de nouvelles idées de produits et décider si ce concept doit être lancé sur le marché ; épauler, le cas échéant, des responsables de produits dont la part de marché tend à baisser et guider des chercheurs qui tournent en rond et ont besoin d'être remis sur la bonne voie.

« Les émotions jouent un rôle crucial dans ce genre de réunions, m'explique ce dirigeant. Vous devez rester pondéré, désamorcer les tensions, garder votre sang-froid. Les gens qui ont un problème avec un produit qu'ils ont développé et veulent lancer sur le marché sont sujets à de violentes sautes d'humeur. C'est à vous de savoir soutenir votre point de vue et de nouer un rapport tel qu'ils vous feront confiance et vous respecteront.

« La plupart de nos collaborateurs sont bardés de diplômes ; ils connaissent toutes les méthodes d'analyse, remarque-t-il. Mais quand les gens viennent les voir avec leurs angoisses et leurs problèmes, ils doivent être capables d'épouser leurs soucis tout en prenant du recul. Ils disposent des outils techniques, mais ils doivent être capables de saisir l'idée novatrice ou de suggérer un moyen accessible et pratique de transformer une idée en un produit utile. »

La gestion d'une situation émotionnelle requiert des capacités de « dépanneur » : il faut savoir créer rapidement un rapport de confiance, écouter, persuader et vendre une recommandation. Comme il l'explique : « Vous avez besoin de capacités comme la conscience de soi, l'aptitude à prendre du recul, une façon d'affirmer votre présence pour devenir la personne en qui tout le monde va avoir confiance. »

Robert Worden, directeur de la recherche de marchés chez Eastman Kodak, est d'un avis identique :

« Il ne suffit pas d'être capable d'effectuer une analyse sophistiquée, si l'idée de présenter ces résultats à un conseil d'administration vous donne la nausée. La capacité à expliquer, à défendre un projet et à convaincre, à jouer ce rôle avec aisance, voilà le genre d'aptitudes qui font la différence. »

Les autres facteurs de l'excellence chez Kodak, selon Worden : « Jusqu'où savez-vous faire valoir vos arguments ? Vous contentez-vous d'effectuer vos huit heures de présence quotidienne plus ou moins poussivement ou bien mobilisez-vous toute votre énergie et êtes-vous disposé à faire quelques sacrifices personnels ? Est-il difficile de travailler avec vous ou êtes-vous capable de vous imposer comme un leader naturel ? Et puis il y a la diplomatie : êtes-vous réceptif aux sensibilités diverses de ceux qui vous entourent, capable de déchiffrer les non-dits qui déterminent leur comportement ? Êtes-vous capable de prendre des risques créatifs et de vous adapter ? Êtes-vous combatif, sapez-vous la confiance des autres ou bien savez-vous les inspirer et les guider ? Et enfin il y a l'anticipation : êtes-vous tendu vers l'action, allez-vous au bout de vos efforts ? »

Chez Kodak, beaucoup de cadres supérieurs sont issus du département de la recherche de marchés, y compris le président, qui y a passé sept ans. Mais l'instinct du marché que la recherche donne aux collaborateurs n'est qu'un début. « La moitié des compétences dont vous avez besoin est technique mais l'autre moitié relève de ce domaine plus difficile à cerner, l'intelligence émotionnelle. Et il est étonnant de voir à quel point cette dernière qualité distingue les collaborateurs exceptionnels. »

UNE RÈGLE EMPIRIQUE

En étudiant des centaines d'entreprises, il m'est apparu clairement que plus on grimpe dans la hiérarchie, plus l'importance de l'intelligence émotionnelle s'accroît. Cette intuition est confirmée par une étude systématique conduite sur une très grande institution qui emploie deux millions de personnes : le gouvernement américain. C'est une des rares institutions à posséder un profil de compétences pour presque tous les postes qu'elle propose. En travaillant avec l'économiste Robert Buchele, nous avons découvert que plus le poste est élevé, moins les compétences techniques et les capacités intellectuelles pures sont importantes et plus la compétence émotionnelle compte.

Peut-être le gouvernement est-il un cas à part ? C'est en me faisant cette réflexion que j'ai à nouveau demandé au cabinet Hay-McBer de réanalyser les données disponibles, cette fois pour évaluer l'importance de l'intelligence émotionnelle pour les postes de direction. Les résultats, fondés sur des centaines de cas de dirigeants dans quinze grandes sociétés parmi lesquelles IBM, Pepsi-Cola et Volvo, sont impressionnants.

Une seule aptitude cognitive distinguait les dirigeants exceptionnels : la capacité de percevoir les dynamiques sous-jacentes et la capacité d'anticipation qui permettent aux dirigeants de saisir les tendances significatives dans le fatras d'informations qui les submerge afin d'élaborer des stratégies à long terme.

Mais, hormis cette exception unique, la supériorité intellectuelle ou technique ne joue aucun rôle dans la réussite des dirigeants. Au sommet de la pyramide, tout le monde a besoin de capacités intellectuelles, mais le leader n'est pas celui qui surclasse les autres sur ce plan : c'est la compétence émotionnelle qui fait la différence entre les meilleurs et les moins bons. Les meilleurs possèdent à un plus haut degré toute une gamme de compétences émotionnelles, parmi lesquelles l'ascendant, le sens de la direction, le sens politique, la confiance en soi et l'exigence de perfection. Leur réussite est due, à 90 %, à l'intelligence émotionnelle.

LA VALEUR DE LA MAGIE

Patrick McCarthy est un magicien de la vente. Il l'a démontré récemment à Donald Peterson, l'ex-président de Ford. Peterson cherchait une certaine veste de sport dans une taille difficile à trouver. Il appelle McCarthy qui est vendeur dans un magasin d'articles de sport à Seattle. Celui-ci cherche dans son stock, mais en vain. Peterson téléphone à d'autres magasins similaires, mais il s'avère qu'aucun d'eux n'a la veste qu'il recherche.

Quelques jours plus tard, McCarthy rappelle Peterson : son fournisseur a accepté de fabriquer spécialement pour lui la veste en question et il l'attend d'un jour à l'autre.

McCarthy est une légende dans cette chaîne de vêtements réputée pour la qualité de son service : il est depuis plus de quinze ans leur vendeur numéro 1. McCarthy a su gagner la confiance de plus de six mille clients permanents en faisant mieux que leur apporter son assistance quand ils viennent à la boutique. Il prend sur lui de les appeler régulièrement quand il reçoit des articles susceptibles de les intéresser. Il appellera même la famille d'un client pour lui suggérer un cadeau quand l'anniversaire de ce client approche.

Toutes les enquêtes confirment que des employés de ce type peuvent accroître considérablement les bénéfices d'une société. De combien ? Les ventes annuelles personnelles de McCarthy s'élèvent à 6 millions de francs alors que la moyenne des autres vendeurs est de 500 000 francs. Et c'est sa compétence émotionnelle qui explique environ les deux tiers de sa performance.

La meilleure estimation de la valeur ajoutée qu'apportent de tels « champions » se trouve dans une étude sur des milliers de salariés à des postes qui vont de l'employé des postes à l'avocat d'un grand cabinet. Cette enquête menée par des universitaires compare la valeur économique de professionnels d'exception comme Patrick McCarthy (1 % de l'ensemble) avec celle des employés moyennement ou peu productifs. Cette valeur augmente avec la complexité du travail.

Pour les travaux les plus simples, comme ceux des ouvriers qualifiés ou des employés de guichet, les plus productifs (1 %) produisent trois fois plus que les moins productifs (1 %) ; ils ont donc une valeur économique trois fois supérieure.

Pour les postes exigeant des compétences moyennes, comme vendeur ou mécanicien, un employé modèle peut être jusqu'à douze fois plus productif qu'un employé médiocre. C'est-à-dire qu'une personne représentant le 1 % le plus efficace en vaut douze des moins efficaces.

Pour les travaux les plus complexes (directeurs commerciaux, avocats et médecins) les termes de la comparaison sont légèrement différents. On a comparé les plus performants d'entre eux à des professionnels moyens plutôt qu'aux moins bons. Même dans ce cas, la valeur ajoutée d'un professionnel d'exception s'avère cent vingt-sept fois plus élevée.

PLUS ON S'APPROCHE DU SOMMET, PLUS LA COMPÉTENCE PAIE

La promotion du PDG d'une succursale d'un conglomérat sud-américain à un poste plus important déclenche une compétition pour sa succession entre six dirigeants. La qualité de leur travail en souffre et la direction du conglomérat doit bientôt recruter un consultant pour évaluer les forces et les faiblesses des concurrents et les départager.

Le dirigeant numéro 1 a la plus grande expérience et est le plus intelligent du lot. Selon les critères traditionnels, c'est lui qui devrait être choisi. Mais ce personnage présente un handicap : de sérieuses carences en intelligence émotionnelle dont souffrent son travail et ses rapports humains.

Le responsable numéro 2 possède le profil d'un excellent candidat : une excellente expérience, une grande compétence émotionnelle et un esprit brillant.

Le responsable numéro 3 est aussi un prétendant tout à fait valable, il possède l'intelligence émotionnelle la plus développée des trois, mais il est légèrement moins brillant que les deux premiers sur le plan de l'expérience et du QI.

Lequel choisir ?

C'est le troisième qui obtient le poste, notamment parce qu'une des tâches importantes du nouveau PDG est de gérer l'équipe dirigeante et de la faire travailler harmonieusement, mission qui exige une très bonne intelligence des rapports humains.

Comme le dit le consultant : « La très grande intelligence émotionnelle du nouveau PDG a facilité l'acceptation de sa promotion par les cinq autres candidats. Sous la direction de ce nouveau PDG la société est devenue la plus rentable du pays dans son secteur et a connu ses bénéfices les plus élevés. »

La rémunération de la compétence émotionnelle est évidemment fonction de ses performances et c'est au sommet de la hiérarchie qu'elle est le mieux payée. À cause de l'effet de levier financier, la performance d'un PDG brillant peut multiplier les revenus d'une grande entreprise dans des proportions considérables et les bévues d'un dirigeant moins capable risquent de la couler.

Pour des postes moins complexes, il existe un rapport plus ou moins direct entre les capacités intellectuelles d'une personne et ses performances : un employé ou un ouvrier plus intelligents accompliront un meilleur travail que leurs homologues moins brillants. Mais dans les fonctions les plus complexes, parmi les cadres supérieurs et les dirigeants d'entreprise, ou parmi les ingénieurs et les scientifiques, le QI et l'expertise, comme nous l'avons vu dans le chapitre 2, ne permettent pas de prédire lesquels seront les éléments exceptionnels. Ce sont plutôt des outils de sélection.

L'immense différence de valeur économique entre les meilleurs professionnels et les autres à des postes élevés montre que l'intelligence émotionnelle ne s'ajoute pas aux capacités intellectuelles mais qu'elle les multiplie : elle constitue le facteur invisible mais déterminant de la performance d'exception.

COMBIEN VAUT UN COLLABORATEUR EXCEPTIONNEL ?

Un petit groupe de chefs des ventes chez RCA sont parvenus à augmenter leur chiffre d'affaires annuel de plusieurs dizaines de millions de francs. Comment ? Pas parce qu'ils possédaient un savoir-faire supérieur à celui de leurs collègues mais parce qu'ils savaient mieux gérer leurs rapports avec la clientèle.

Cet exemple est l'un des milliers collectés par M. Spencer, directeur de la recherche et de la technologie chez Hay-McBer. La raison du succès stupéfiant de ces chefs des ventes ?

« Les chefs des ventes moyens se contentent de passer un minimum de temps avec leurs clients, juste assez pour s'assurer que ceux-ci sont satisfaits, m'a expliqué Spencer. En revanche, les grands vendeurs passent beaucoup de temps avec les clients. Ils leur font la cour, les invitent à déjeuner, leur parlent des nouvelles technologies et des produits qui amélioreront leurs performances, tout un travail de persuasion douce qui débouche bien entendu sur de nouvelles ventes. L'essentiel est de savoir construire une relation, de détecter le défaut de la cuirasse du client, ses enthousiasmes aussi, et de savoir en jouer pour satisfaire ses besoins et ses désirs en vendant les produits maison. »

Un des secteurs les plus inattendus où l'intelligence émotionnelle constitue un avantage compétitif est la programmation d'ordinateurs, où la différence d'efficacité entre les meilleurs programmeurs (10 % du total) et les programmeurs moyens est de 320 % ! Et les superstars (1 %) ont une productivité douze fois supérieure à la moyenne.

« Ce ne sont pas seulement les compétences informatiques qui distinguent les "stars", explique Spencer, mais leur travail en équipe. Les plus remarquables acceptent de rester tard pour aider leurs collègues à finir un projet, ou partagent les astuces qu'ils découvrent au lieu de se les garder. Ils coopèrent avec leurs collègues au lieu de rivaliser. »

Les meilleurs vendeurs (10 % du total) des plus grandes entreprises américaines (AT & T, PepsiCo, IBM) totalisent jusqu'à 40 millions de francs de chiffre d'affaires par personne, soit plus du double de la moyenne, qui est de 18 millions de francs. Si l'on considère que le salaire annuel moyen de ces vendeurs est d'environ 250 000 francs, cela signifie que la valeur ajoutée de leur performance (22 millions) représente environ quatre-vingt-huit fois le montant de leur salaire !

LE SEUIL CRITIQUE

Les compétences ne sont pas isolées. Pour que sa performance soit optimale, une personne doit posséder tout un ensemble de compétences. David McClelland a découvert que les stars n'ont pas simplement le sens de l'initiative ou du charisme, mais que dans leurs compétences on trouve chacune des cinq grandes zones de l'intelligence émotionnelle : la conscience de soi, la maîtrise de soi, la motivation, l'empathie et l'excellence dans les rapports humains.

C'est seulement alors qu'ils sont vraiment remarquables. Ce phénomène peut être comparé à celui d'une réaction chimique au moment de la catalyse. McClelland nomme cet effet l'« effet de seuil critique ».

« Quand vous atteignez ce seuil critique, la probabilité que votre performance devienne exceptionnelle grimpe en flèche, m'expliquait Mary Fontaine, du cabinet Hay-McBer, en commentant des enquêtes menées auprès des cadres supérieurs d'IBM et de PepsiCo. Ce seuil critique peut refléter la fréquence d'apparition de ces compétences clés chez vous, ou votre niveau d'excellence dans chacune, ou encore la virtuosité avec laquelle vous les manifestez. »

Chez PepsiCo, les cadres de direction qui ont atteint ce seuil critique et qui possèdent des points forts dans au moins six des compétences, réparties sur toute la palette des compétences émotionnelles, ont beaucoup plus de chances de se retrouver dans le tiers supérieur de la hiérarchie, comme le montrent les primes obtenues pour les performances des divisions qu'ils dirigent. 87 % des dirigeants qui disposent de points forts dans six ou sept compétences figurent dans ce tiers supérieur.

Ces compétences sont liées à la réussite dans les succursales américaines de l'entreprise mais aussi dans le monde entier : ceux qui atteignent le seuil critique appartiennent au tiers supérieur dans 82 % des cas en Europe et dans 86 % des cas en Asie.

Des déficits dans ces compétences sont souvent fatals. En Europe, par exemple, ceux qui présentent des carences dans ces compétences clés n'obtiennent des performances exceptionnelles que dans 13 % des cas, en Asie dans 11 % et en Amérique dans 20 %.

Les compétences émotionnelles qui mènent le plus souvent à ce niveau de réussite sont :

- l'initiative, l'exigence de perfection et la souplesse ;
- l'ascendant, la direction d'équipe et le sens politique ;
- l'empathie, la confiance en soi et l'aptitude à enrichir les autres.

Les responsables de division qui combinent ces points forts dépassent leurs objectifs de 15 ou 20 %. Et ceux chez qui ces qualités sont sous-représentées se situent à presque moins 20 % en dessous de leurs objectifs.

Le seuil critique n'est pas seulement important pour les cadres dirigeants. Il joue un rôle à tous les niveaux de l'organisation. Une des démonstrations les plus spectaculaires nous est offerte par une grande compagnie d'assurances. Les agents d'assurances déficients en matière de confiance en soi, d'initiative et d'empathie vendent des polices pour un montant moyen de 324 000 francs. Mais ceux qui excellent dans au moins cinq des huit compétences clés obtiennent par comparaison des résultats remarquables, avec un montant moyen de 684 000 francs.

QUAND L'INSTABILITÉ DE L'EMPLOI GRÈVE LA RENTABILITÉ

Tout comme la compétence émotionnelle apporte une valeur ajoutée indéniable, un déficit émotionnel se paie très cher en stabilité de l'emploi. Lyle Spencer estime que le coût réel du remplacement d'un employé pour une société est de un an de salaire. Ces coûts masqués ne reflètent pas seulement la recherche et la formation des remplaçants, mais aussi le déficit de satisfaction du client, la possibilité de le perdre et enfin une perte d'efficacité de tous ceux qui travaillent avec la nouvelle recrue.

Quand des entreprises perdent beaucoup d'employés, même à de bas niveaux de salaires, les coûts réels peuvent être importants. Dans la vente de polices d'assurances la cadence de rotation sur un poste peut atteindre plus de 50 % par an, essentiellement chez les nouvelles recrues. Quand l'employé qui part est un cadre supérieur, cette dépense peut être énorme. Le coût du remplacement d'un dirigeant peut atteindre plusieurs millions, voire des dizaines de millions de francs.

Chez un grand fabricant de boissons où l'on appliquait les méthodes traditionnelles de recrutement de présidents de division, la moitié d'entre eux partaient au bout de deux ans (la plupart du temps à cause de la médocrité de leurs performances), ce qui coûtait à cette firme près de 25 millions de francs par an en frais de recherche. Mais quand cette société a commencé à évaluer aussi les compétences comme l'initiative, la confiance en soi, l'aptitude à diriger, etc., la rotation sur ces postes a baissé spectaculairement et la rotation des nouveaux présidents de division, au bout de deux ans, s'est stabilisée à environ 6 %.

Voici trois exemples de commerciaux dans trois types de sociétés très différentes. Chez l'Oréal, le géant des cosmétiques, la rotation des commerciaux sélectionnés pour la qualité de leurs compétences émotionnelles est inférieure de 63 % à celle des commerciaux sélectionnés exclusivement sur leurs autres compétences. Chez les représentants nouvellement engagés par un fabricant d'ordinateurs, ceux qui ont été recrutés sur leurs compétences émotionnelles ont 90 % de chances supplémentaires d'aller au terme de leur formation par rapport à ceux qui ont été embauchés sur d'autres critères. Et dans une chaîne de vente de meubles, les vendeurs engagés à cause de leurs atouts émotionnels étaient licenciés deux fois moins souvent durant leur première année que ceux qui avaient été engagés sur la base d'autres critères.

LE CAS D'UN CHEF DES OPÉRATIONS CONGÉDIÉ

Après avoir assisté à l'une de mes conférences sur l'intelligence émotionnelle, le PDG d'une société, l'une des dix plus importantes de son secteur, m'a raconté sous forme de confidence pourquoi, au lieu de laisser son chef des opérations formé depuis de nombreuses années lui succéder, il avait dû le licencier : « Il était extraordinairement talentueux, brillant, un esprit très puissant. C'était un informaticien hors pair, il jonglait avec les calculs et les logiciels. C'est comme cela qu'il était devenu chef des opérations.

« Mais ce n'était pas un bon chef d'équipe, il n'était pas particulièrement aimable. Il se montrait souvent brutal et acerbe. Il avait des rapports maladroits avec ses collaborateurs, une vie sociale nulle. À quarante-cinq ans, il n'avait pas d'intimes, pas d'amis. Il travaillait tout le temps. Il était monolithique. C'est pourquoi je lui ai finalement demandé de partir.

« Mais, ajouta le PDG, s'il avait eu ne serait-ce que 5 % des qualités que vous avez exposées, il serait toujours là. »

Cet exemple va dans le sens des conclusions d'une étude de référence sur des cadres supérieurs licenciés. Voici les deux caractéristiques les plus fréquentes de ceux qui ont échoué.

• La rigidité : ils ont été incapables de s'adapter aux changements dans la culture de l'entreprise ou d'accepter des critiques. Ils ne savaient ni écouter ni apprendre.

• Des mauvaises relations humaines : on leur reproche la plupart du temps d'être trop mordants dans leurs critiques, insensibles, exigeants, si bien qu'ils finissent par rebuter ceux avec qui ils travaillent.

Ces défauts ont été fatals même pour des dirigeants brillants dotés d'une solide compétence professionnelle. Un cadre supérieur décrivait un collègue licencié de la façon suivante :

« C'est un stratège brillant et il a de hautes exigences éthiques, mais il est trop agressif. Il est très intelligent, mais il se prouve qu'il est supérieur aux autres en les rabaissant. Beaucoup de gens ont essayé de l'aider à corriger ce défaut mais c'est apparemment sans espoir. »

Le contraire de la rigidité est l'adaptabilité. « L'habileté à diriger, l'aptitude à travailler avec différents types de gens et avec des employés de tous les niveaux, qu'il s'agisse de représentants ou de directeurs... Tout cela demande de l'empathie et un grand contrôle de soi. Il est essentiel de faire preuve de souplesse dans la direction et de rester capable d'apprendre, me disait Patrick O'Brien, l'ancien vice-président de Johnson pour l'Amérique du Nord. Nous estimons que l'absence de ces qualités est un indicateur de risque d'échec pour les cadres que nous cherchons à former. »

Des différences frappantes distinguent les dirigeants qui réussissent et ceux qui sont émotionnellement déficients.

• Le contrôle de soi : ceux qui échouent ne savent pas faire face à la pression et sont sujets à des accès de mauvaise humeur ou de colère. Ceux qui réussissent savent composer avec le stress, rester calmes, confiants et fiables au plus fort des crises.

• La conscience professionnelle : ceux qui échouent répondent aux critiques et aux échecs par une attitude défensive, en les niant, en les refoulant ou en se défaussant de leur responsabilité. Ceux qui réussissent assument leurs responsabilités, reconnaissent leurs fautes et leurs échecs, prennent les mesures qui s'imposent pour régler les problèmes et vont de l'avant sans ressasser leurs défaillances.

• La fiabilité : les échecs sont dus à une ambition exagérée, un carriérisme sans égards pour les autres. Ceux qui réussissent ont fait preuve d'honnêteté, ils se soucient beaucoup des besoins de leurs subordonnés et de leurs collègues et investissent toute leur énergie dans le travail en cours au lieu d'essayer d'impressionner leur patron par tous les moyens.

• L'aptitude aux rapports humains : ceux qui ont échoué manquent d'empathie et de sensibilité et se montrent donc souvent agressifs, arrogants et ont tendance à humilier leurs subordonnés. Et s'ils peuvent à l'occasion se montrer charmants et attentifs, ils ne se donnent cette apparence que pour mieux manipuler les autres. Ceux qui réussissent sont empathiques et sensibles, font preuve du même tact et de la même considération avec leurs supérieurs qu'avec leurs subordonnés.

• Nouer des liens et savoir exploiter la diversité : l'insensibilité et le caractère manipulateur de ceux qui ont échoué signifient qu'ils n'ont pas réussi à imposer un esprit de collaboration constructif profitable. Ceux qui réussissent ont su gérer la diversité et collaborer avec des personnes très diffférentes.

DES TALENTS POUR NOTRE TEMPS : UNE VISION GLOBALE

Claudio Fernandez-Araoz, un consultant en recrutement argentin spécialisé dans les cadres dirigeants a comparé 227 patrons ayant particulièrement bien réussi à 23 autres qui ont échoué dans leur mission. Il a découvert que les patrons qui ont échoué possédaient presque toujours un QI et une expertise technique élevés. Leur carence fatale était toujours émotionnelle : ils se montraient arrogants, trop sûrs de leur puissance intellectuelle, incapables de s'adapter aux fluctuations imprévisibles des économies sud-américaines, et dédaignaient le travail en équipe.

Des analyses similaires conduites en Allemagne et au Japon ont donné les mêmes résultats.

En Amérique latine, un manque d'intelligence émotionnelle entraîne presque toujours l'échec, ce qui est moins vrai en Allemagne ou au Japon, pour l'instant. Comme Fernandez-Araoz me l'a confié : « L'Amérique latine a connu des changements profonds ces dernières années : hyperinflation, bouleversements politiques, passage d'une économie contrôlée à une économie ouverte. Ces changements radicaux sont presque quotidiens. C'est pourquoi l'adaptabilité compte encore plus que l'expérience. On a besoin d'un contact étroit avec tous ceux pour qui l'on travaille, les clients, les fournisseurs, tout le monde, juste pour se tenir au courant de tout ce qui se passe. De nouvelles formes d'organisation naissent, des fusions et des coalitions se forment, les nouvelles technologies et les nouvelles règles du jeu s'imposent peu à peu. Un manque d'intelligence émotionnelle dans un tel environnement signifie l'échec à coup sûr. Et ce sera vrai pour tous les pays, à l'avenir. »

Ou, comme le résumait Kevin Murray, directeur de la communication chez British Airways : « Les entreprises engagées dans les changements les plus profonds sont celles qui exigent la plus grande intelligence émotionnelle. »

LE PRINCIPE DE PETER : TROP DE LYCÉE, PAS ASSEZ DE JARDIN D'ENFANTS

Un jeune ingénieur qui a obtenu des notes exceptionnelles à ses examens et a été recruté par une société de conseil en urbanisme est licencié au bout d'un assez court laps de temps. Pourquoi ? « Il était brillant, m'expliqua son directeur, mais ne supportait pas les directives. Son chef de service lui expliquait comment élaborer un plan mais il le faisait en suivant sa propre inspiration. Quand il lui montrait que le plan n'était pas conforme au cahier des charges, ce jeune ingénieur se retranchait derrière des arguments défensifs. Il ne supportait pas les critiques, il les prenait comme des attaques personnelles.

« Quand les autres ingénieurs lui demandaient de les aider, il refusait, expliquant qu'il était trop occupé par sa propre partie du projet. Il suscitait tant d'animosité que quand il avait besoin d'aide personne ne se proposait pour l'aider. »

Un QI élevé et une solide expertise technique peuvent avoir un effet paradoxal sur des recrues prometteuses qui finissent par échouer. Une étude consacrée à des cadres supérieurs ayant échoué dans leur mission montre que la plupart d'entre eux étaient techniquement brillants. Et c'est bien souvent à cause de leur compétence technique qu'ils avaient obtenu leur promotion.

Mais une fois qu'ils atteignaient un poste élevé, leur supériorité technique devenait un handicap : leurs pairs étaient offensés par leur comportement arrogant, ils avaient tendance à contrôler trop étroitement leurs subordonnés, même ceux qui étaient plus qualifiés qu'eux dans leur domaine.

Nous retrouvons le principe de Peter : les gens sont promus à un niveau où ils cessent d'être compétents. Une personne qui est promue à cause de son expertise (« C'est un génie pour les chiffres... ») se trouve propulsée à un niveau ou l'essentiel est de gérer des rapports avec des gens, et pas à manier des chiffres ou des idées. C'est ainsi que le monde du travail est truffé de mauvais patrons.

Le principe de Peter explique largement pourquoi tant de gens qui manquent totalement de tact, d'égards et sont en général peu doués pour la vie sociale occupent si souvent des postes élevés dans les entreprises. L'erreur classique consiste à partir des compétences d'un cadre dans un poste donné pour conclure qu'il est capable de diriger une entreprise. « J'appelle cela l'effet Michael Jordan, m'explique Paul Robinson, le directeur d'un important laboratoire scientifique. Cela se produit tout le temps dans les labos scientifiques : un grand patron s'en va et vous recherchez immédiatement le meilleur scientifique pour le remplacer.

« Un peu comme si l'équipe de basket des Chicago Bulls à la recherche d'un entraîneur décidait d'engager Michael Jordan pour le remplacer. C'est évidemment un brillant joueur de basket, mais il a un style de jeu si naturel qu'il ne pense probablement jamais à la façon dont il joue et l'on peut supposer qu'il ne sera pas un très bon entraîneur. La question est donc : quels seraient les résultats de l'équipe si Jordan était sur le banc de touche comme entraîneur au lieu d'être sur le terrain ? C'est le même problème pour nous, nous avons besoin de ces grands scientifiques dans le labo, pas dans les bureaux. »

« Pour éviter ce problème, m'expliquait Ira Stepanian, ex-PDG de la BankBoston, nous avons mis au point deux procédures de recrutement différentes qui tiennent compte du fait que certaines personnes sont d'excellents professionnels et aiment leur travail mais qu'elles sont d'exécrables dirigeants. Sans les compétences de leur entourage, elles ne réussiraient jamais aux plus hauts postes. Nous essayons de leur épargner l'expérience du principe de Peter en les gardant dans leur domaine. »

Ce principe s'applique à toute sorte de métiers. Prenez, par exemple, Patrick McCarthy, ce brillant vendeur de chez Nordstrom. Au début de sa carrière il a été promu chef de service, poste qu'il a quitté après un an et demi pour redevenir simple vendeur. Comme il l'explique lui-même : « La vente était le domaine dans lequel je me sentais à l'aise. »

LE « NUL » DEVANT L'ORDINATEUR : L'INCOMPÉTENCE DE L'HYPERCOMPÉTENCE

« Les spécialistes en technologies de l'information sont réputés pour leur compétence technique et pour leur incompétence relationnelle, me disait un cadre supérieur de Hitachi Data Systems. En général, il leur manque certaines compétences, comme l'empathie et la sociabilité. Chez nous, ces gars-là ne s'entendent pas très bien avec ceux des autres départements. »

Je croyais que ces jugements reflétaient une incompréhension culturelle, un stéréotype négatif du « nul devant son ordinateur ». Sans doute à cause de l'idée que l'intelligence émotionnelle et le QI sont essentiellement indépendants.

Mais un ami professeur au MIT m'a fait valoir qu'un QI extrêmement élevé s'accompagne souvent d'un certain manque de sociabilité. Stephen Rosen, lui-même physicien, appelle cela l'« incompétence de l'hypercompétence ». Rosen travaille actuellement sur une étude qui cherche à répondre à la question : pourquoi les carrières de certains scientifiques échouent-elles ? « Souvent, plus ils sont intelligents moins ils sont compétents émotionnellement et socialement. C'est comme si le "muscle" du QI se renforçait aux dépens des "muscles" de la compétence personnelle et sociale. »

La maîtrise d'un savoir demande de longues heures de travail solitaire, souvent dès l'enfance ou l'adolescence, une période de la vie où l'on découvre la sociabilité à travers les premiers rapports amicaux. L'« autosélection » joue aussi un certain rôle : l'attirance qu'éprouvent certains êtres pour des domaines qui exigent d'immenses efforts intellectuels, comme l'informatique ou la physique, découle souvent « du fait qu'il n'y a pas de place là-dedans pour les émotions, souligne le psychologue Robert Kelley. C'est pourquoi les déficients émotionnels sont souvent attirés par des domaines comme l'ingénierie où l'on peut s'en tirer avec le minimum de rapports sociaux tant que l'on s'en sort bien sur le plan purement intellectuel ».

Bien sûr, cela ne veut pas dire que tous les scientifiques dotés d'un fort QI sont socialement incompétents. Mais cela implique sans aucun doute que les compétences émotionnelles seront particulièrement payantes dans les secteurs où le nombre de cadres dirigeants disposant du potentiel adéquat est assez limité.

Dans une étude inhabituelle conduite à l'université de Berkeley dans les années cinquante, on a fait passer une batterie de tests de QI et de personnalité à quatre-vingts étudiants, suivis d'entretiens approfondis avec des psychologues qui ont évalué leur équilibre émotionnel, leur maturité, leur intégrité et leur aisance dans les rapports avec les autres.

Quarante ans plus tard, alors que ces ex-étudiants avaient près de soixante-dix ans, d'autres chercheurs les ont retrouvés pour évaluer leur réussite professionnelle. Conclusion : les capacités émotionnelles se sont avérées quatre fois plus importantes que le QI pour expliquer réussite professionnelle et prestige, même pour des scientifiques.

Comme me le disait le prix Nobel de physique Ernest O. Lawrence : « En science, l'excellence n'est pas une question de compétence technique mais de caractère. »

RECHERCHE TECHNICIENS PASSIONNÉS ET INTUITIFS

Cette prise de conscience a poussé les universités à s'assurer de plus en plus que les jeunes ingénieurs et scientifiques arrivent dans le monde du travail avec des compétences émotionnelles plus solides. Comme me le disait P. Wellerstein, le directeur d'une association d'ingénieurs :

« Les compétences dont les ingénieurs auront besoin dans le futur seront différentes de celles qu'on leur inculquait autrefois. On ne fait plus carrière en dessinant des pales d'hélice assis derrière sa table à dessin. Les ingénieurs doivent être assez souples pour changer d'emploi tous les quatre ou cinq ans. Ils doivent pouvoir développer et réaliser des projets en équipe, vendre une idée, accepter les critiques, s'adapter. Autrefois, la formation d'ingénieur ignorait cette palette de compétences. Elle ne pourra plus se le permettre à l'avenir. »

John S. Brown, directeur du département recherche et développement de Rank Xerox, ne dit pas autre chose : « Les gens sont étonnés quand je leur explique que nous ne recrutons pas systématiquement les collaborateurs les plus brillants : durant toutes les années que j'ai passées ici, je n'ai jamais regardé le dossier universitaire d'un candidat. Les deux compétences que nous recherchons le plus sont l'intuition pragmatique et la passion qui s'attache au concret. Nous voulons des gens audacieux avec les pieds sur terre. »

Qu'est-ce que cela signifie d'être intuitif, passionné, audacieux mais avec les pieds sur terre — bref, de faire preuve d'intelligence émotionnelle ? Quelles sont les compétences humaines qui comptent le plus pour l'efficacité sur le terrain ?

C'est à ces questions que nous nous proposons de répondre en explorant la signification de l'expression : travailler avec l'intelligence émotionnelle.

Deuxième partie

LA MAÎTRISE DE SOI

4

Le gouvernail intérieur

C'est l'histoire d'un bon ami médecin à qui l'on a fait un jour une proposition alléchante : s'il renonçait à son cabinet pour devenir directeur médical d'une station de vacances et de remise en forme qui allait ouvrir, et qu'il investissait 600 000 francs de ses deniers dans cette aventure, sa part du projet vaudrait 24 millions de francs trois ans plus tard — d'après les promesses du budget prévisionnel qu'on lui présenta.

Mon ami a été séduit par l'idée d'une station de vacances où les gens bénéficieraient de conseils de santé et d'un suivi médical pendant leurs vacances. La perspective du fabuleux bénéfice promis l'a convaincu. Il a vendu son cabinet médical, investi ses économies dans la station de vacances et en est devenu le directeur médical. Mais il n'a pas tardé à découvrir qu'il n'y avait pas encore de programme médical à diriger et que l'essentiel de ses journées se passait à essayer de vendre des appartements de la station en multipropriété.

Un jour, alors qu'il se rendait en voiture à son nouveau travail, il s'est arrêté net, s'est mis à marteler le tableau de bord de sa voiture et à crier : « Je ne peux pas faire ça ! Je ne peux pas faire ça ! » Il s'est garé, a pris quelques instants pour maîtriser les émotions qui le submergeaient, s'est finalement calmé et est reparti à son travail.

Un an plus tard la station faisait faillite et mon ami aussi.

Il a admis par la suite qu'il avait eu un pressentiment négatif dès le début, que cette proposition était trop belle, que les projections du budget prévisionnel étaient franchement mirifiques et que son travail consistait à vendre de l'immobilier et non à faire de la médecine préventive. Mais, à cette époque, il souhaitait ardemment changer de profession. Et les perspectives financières étaient si prometteuses qu'il avait fait taire ses doutes — ce dont il s'était mordu les doigts par la suite.

La vie nous contraint souvent à trancher des dilemmes bien incertains, à l'opposé des choix clairs et nets qu'on nous fait étudier en classe quand on nous enseigne l'« analyse des risques » et la « prise de décision ». Cette approche est souvent inadaptée aux choix quotidiens, réels, auxquels nous sommes confrontés dans notre travail : quelle personne promouvoir ? avec quelle société fusionner ? quelle stratégie marketing suivre ? devons-nous donner suite à telle proposition commerciale ?... Quand il s'agit de décisions comme celles-là, notre instinct, notre sens le plus profond de ce qui « va coller » et de ce qui va échouer nous fournit des informations essentielles que nous ne devons pas dédaigner, faute de quoi nous risquons fort de regretter rapidement nos choix.

AU-DELÀ DES POUR ET DES CONTRE

L'affaire que mon ami avait acceptée avait l'air tentante — sur le papier. Mais il aurait dû être beaucoup plus attentif à la fiabilité et aux compétences des personnes avec qui il avait décidé de s'associer. Il n'est sans doute pas très aisé de quantifier des aspects aussi importants d'une décision, mais nous disposons cependant d'une immense quantité de « données » sous forme d'intuitions. Et c'est à nos risques et périls que nous ignorons ces données.

Sur les soixante chefs d'entreprise contactés à ce sujet dont les sociétés affichent des chiffres d'affaires de 10 millions à 2 milliards de francs annuels, un seul nous a répondu qu'il prenait ses décisions en se servant des méthodes classiques (l'arborescence) et il a ajouté qu'il se fiait à son intuition pour la décision finale. Tous les autres se servaient de leur intuition pour confirmer — ou démentir — une analyse rationnelle ou cherchaient après coup dans celle-ci la confirmation de leur intuition initiale.

Comme me le disait l'un de ces entrepreneurs : « La première étape consiste à réfléchir posément, méthodiquement, au problème... mais, en même temps, le côté émotionnel travaille. Je pense qu'on a besoin des deux. »

Un autre entrepreneur souligne l'illusion qui consiste à essayer de prendre des décisions purement rationnelles : « Quand vous êtes complètement objectif... vous n'obtenez au fond que des statistiques froides. Et il y a cette petite aiguille, ce baromètre qui mesure toutes ces données, en vous, c'est votre sentiment profond. Parfois votre cerveau dit : Eh bien, cette décision va mettre en rogne pas mal de monde ! Pourtant votre sixième sens réplique : Oui, mais c'est ce qu'il faut faire. J'ai appris à me fier à ce sixième sens. »

L'ORIGINE DE L'INSTINCT

L'aptitude à déchiffrer ce genre de signaux imperceptibles a des racines profondes dans l'évolution de l'espèce. Les régions du cerveau qui abritent ces réactions instinctives sont beaucoup plus anciennes que le néo-cortex, qui abrite les centres de la pensée rationnelle. Les intuitions sont profondément enfouies dans le cerveau. Elles relèvent des centres émotionnels et plus particulièrement d'une structure en forme d'amande appelée l'amygdale et des circuits neuronaux associés. Ce réseau de connexions qu'on appelle parfois l'extension amygdalienne s'étend jusqu'au « poste de commandement » du cerveau situé dans les lobes frontaux.

Le cerveau enregistre les différents aspects d'une expérience dans différentes zones, les souvenirs sont codés dans une zone, les perceptions oculaires, auditives et olfactives dans une autre zone et ainsi de suite...

Chaque expérience à laquelle nous réagissons émotionnellement, quelle que soit sa subtilité, est, apparemment, codée dans l'amygdale.

Celle-ci nous envoie sans cesse des informations. Quand, au restaurant, nous préférons, par exemple, commander du risotto plutôt qu'un plateau de fruits de mer ou quand nous avons l'intuition persistante que nous devrions nous débarrasser de certaines de nos actions boursières, nous réagissons à un message de l'amygdale. Celle-ci peut aussi nous envoyer certains messages somatiques, notamment à travers les circuits nerveux qui traversent les viscères, c'est l'« instinct viscéral » qui a son « mot à dire » dans les choix auxquels nous sommes confrontés.

Cet instinct peut se renforcer au fil des expériences. Comme le raconte un entrepreneur interrogé par des enquêteurs de l'université de Californie du Sud :

« C'est un sentiment kinesthésique que connaissent certaines personnes. Je pense qu'il vaut mieux être âgé pour éprouver des intuitions fortes, parce que l'expérience de la vie est cumulative. C'est comme si vos viscères vous prévenaient de quelque chose et que votre esprit déclenchait une réaction chimique dans votre corps. Celle-ci contracte les muscles de votre abdomen comme si votre estomac vous soufflait : “Là il y a quelque chose qui ne colle pas.” »

Le terme classique qui exprime cette lucidité instinctive est celui de sagesse. Et, comme nous le verrons, ceux qui ignorent les messages de cette sagesse archaïque le font à leurs risques et périls.

L'AVOCAT QUI NE POUVAIT PAS SE DÉCIDER

Le Dr Antonio Damasio, un neurologue de l'université de l'Iowa, suit un patient qui a été un brillant avocat d'affaires. Quelques années plus tôt, on lui a diagnostiqué une petite tumeur sur un des lobes frontaux. L'opération chirurgicale a réussi — mais le chirurgien a sectionné accidentellement les circuits nerveux qui relient les lobes frontaux à l'amygdale. Le résultat a été spectaculaire et dramatique : cet avocat ne souffrait d'aucune déficience intellectuelle manifeste, pourtant il s'est montré inapte au travail, l'a perdu et, après quelques essais à de nouveaux postes, s'est retrouvé au chômage. Sa femme l'a quitté et il a dû vendre sa maison.

Cet avocat a pris rendez-vous avec Damasio. L'examen de ses résultats de tests neurologiques, tous normaux, a d'abord laissé le neurologue assez perplexe. Puis, un jour, il a remarqué que son patient était incapable de répondre à la question suivante : « Quand voulez-vous revenir me voir ? » L'avocat lui exposait les pour et les contre de tous les moments possibles dans les deux semaines suivantes, mais sans jamais décider laquelle de ces heures était la meilleure.

Et Damasio a compris le handicap de son patient : l'avocat n'éprouvait pas de sentiments et donc pas de préférences concernant ses pensées. Damasio en a conclu que le cerveau n'est pas conçu comme un ordinateur qui nous donnerait une liste claire des pour et des contre avant que nous prenions une décision en récapitulant toutes les circonstances similaires rencontrées dans la vie. L'esprit, lui, opère de façon beaucoup plus élégante : il soupèse le bilan émotionnel de ces expériences précédentes et nous donne la réponse sous forme d'intuition viscérale.

Cette perception physiologique du bon et du mauvais est un des ingrédients du flux émotionnel dans lequel nous baignons à longueur de journée. Exactement comme les pensées, les sentiments se présentent à nous sous forme de flux. La notion de « pensée pure », d'une rationalité dépourvue de tout affect, est une fiction, une illusion qui trahit une inattention aux mouvements d'humeur qui nous affectent sans cesse. Tous nos actes, nos pensées, nos souvenirs, nos rêves s'accompagnent d'émotions et de sentiments. La pensée et l'affect sont inextricablement liés l'un à l'autre.

Ces sentiments souvent instables et subtils sont toujours importants. Non que les instincts viscéraux doivent primer sur les faits, mais on devrait écouter ce qu'ils nous disent sur ces faits. Ils savent si ce que nous faisons s'accorde à nos préférences, à nos valeurs, à notre conception de la vie.

LE POUVOIR DE L'INTUITION : LES TRENTE PREMIÈRES SECONDES

Un banquier qui va accorder un crédit doit flairer d'instinct le potentiel d'un emprunteur dont le dossier paraît impeccable. Un chef d'entreprise doit décider si un nouveau produit vaut le temps et l'argent nécessaires à son développement. Un directeur des ressources humaines doit savoir deviner quel candidat, parmi les postulants, sera le plus capable de se fondre harmonieusement dans une équipe. Toutes les décisions de cette nature exigent que nous sachions intégrer au processus de décision notre sens intuitif du bon et du mauvais, du vrai et du faux.

Les cadres supérieurs sont les plus aptes à utiliser leur intuition pour prendre des décisions. Comme me le confiait un chef d'entreprise brillant : « Une décision intuitive se ramène à une analyse logique subconsciente... Le cerveau évalue la situation à sa manière et en tire une conclusion “mûrement réfléchie”, comme l'on dit. Il lui semble plus juste de faire les choses comme ça qu'autrement. »

C'est dans le rapport aux gens que l'intuition joue son plus grand rôle. Bjorn Johansson, directeur d'une société de chasseurs de têtes spécialisée dans les cadres supérieurs, me l'expliquait :

« Ce travail est de A à Z conditionné par l'intuition. D'abord, vous devez évaluer le climat qui règne dans une société, jauger son PDG, comprendre ses qualités personnelles et ses attentes, la touche personnelle qu'il donne à son entreprise et la culture qui en résulte. Vous devez comprendre comment travaille l'équipe dirigeante, quels rapports ses membres entretiennent les uns avec les autres. Chaque société a son “odeur”, son caractère particulier que vous devez appréhender. »

Après avoir appréhendé cette « odeur », Johansson s'efforce de trouver les candidats appropriés. Son jugement est essentiellement intuitif : « Il me suffit de trente secondes pour savoir si le caractère de mon interlocuteur correspond à ce qu'attend mon client. Bien sûr, je dois aussi analyser sa carrière, ses références, etc. Mais s'il ne franchit pas ce premier barrage, celui de mon intuition, j'en reste là. Par contre, si mon cerveau, mon cœur et mes tripes me disent que c'est le bon, c'est lui que je recommande. »

Une étude menée à Harvard a montré que l'impression de base qu'on a de son interlocuteur est acquise au bout de trente secondes et ne change plus dans les quinze minutes — ou les six mois — qui suivent. Un public de professionnels est capable d'évaluer en trente secondes la compétence d'un conférencier avec une précision de 80 %.

Cette saisie intuitive instantanée est peut-être le vestige d'un système archaïque d'avertissement devant le danger. Gavin deBecker, spécialiste des dispositifs de sécurité rapprochée pour les célébrités, appelle cette appréhension le « don de la peur ». Ce radar antidanger nous envoie un signal primitif que quelque chose « ne va pas ». L'instinct viscéral est alerté par notre mémoire émotionnelle — notre réservoir intérieur de sagesse et de jugement. Cette capacité forme le noyau de la conscience de soi, laquelle est la condition fondamentale et vitale de trois autres compétences émotionnelles :

- La conscience émotionnelle : elle limite l'impact négatif de nos émotions sur nos performances et nous permet de prendre des décisions réfléchies.
- Une capacité à s'auto-évaluer précisément : une conscience lucide de nos forces et de nos limites, une vision claire des domaines dans lesquels nous devrions progresser et la capacité à tirer des leçons de l'expérience.
- La confiance en soi : le courage que nous donne la certitude de nos propres capacités, valeurs et buts.

L'INTUITION INTÉRIEURE

Il est banquier et souhaite s'associer à une énorme banque d'investissement de Wall Street. Mais la partie n'est pas gagnée.

« Il a réussi à force de vouloir conquérir tout et tout le monde à sa manière, explique le psychiatre que sa société lui a demandé de consulter. Mais il ne sait pas choisir le bon moment pour appliquer ce comportement brutal de guerrier. Il se met beaucoup trop facilement en colère, sans s'apercevoir qu'il traite les autres avec dureté. Personne ne veut travailler avec lui. Il n'a tout simplement aucune conscience du fait qu'il est le jouet de ses émotions. »

Or, la conscience de la façon dont nos émotions affectent ce que nous sommes en train de faire est la compétence émotionnelle fondamentale. Quand cette aptitude nous manque, nous avons tendance, comme ce banquier, à nous laisser subjuguer par des émotions incontrôlables. Cette conscience nous guide sans cesse, elle nous permet de discipliner nos sentiments, de rester motivés, de nous adapter à ceux qui nous entourent et d'apprendre à diriger une équipe.

Sans doute n'est-il pas surprenant que cette aptitude distingue les experts et les psychothérapeutes les plus doués. « C'est une capacité de concentration, une bonne connaissance de ses instruments de mesure intérieurs, une attention à leur signaux », explique Richard Boyatzis, un spécialiste de la conscience émotionnelle.

Cette compétence joue un rôle dans la plupart des métiers, surtout ceux dans lesquels le rapport à autrui est particulièrement délicat.

Ainsi, pour les conseillers financiers d'American Express, la conscience émotionnelle est essentielle. Le rapport entre un conseiller financier et son client peut-être épineux car il n'y est pas seulement question de difficiles problèmes d'argent mais aussi d'assurance-vie et donc de la mort — question sensible par excellence.

American Express a découvert que ces rapports étaient pleins de désarroi, de malaise et de méfiance trop souvent méconnus à cause de la pression de la vente. La société américaine a compris qu'elle devait aider ses conseillers financiers à s'orienter dans ces flux émotionnels et à les gérer plus efficacement afin de mieux servir la clientèle.

Comme nous le verrons au chapitre 11, quand les conseillers financiers d'American Express ont été formés à une conscience émotionnelle et à une empathie plus grandes, ils sont parvenus à construire des relations beaucoup plus confiantes. Ce qui se traduit par un volume de ventes plus élevé par client.

La conscience émotionnelle commence par une attention plus étroite au flux émotionnel qui nous baigne et par la reconnaissance de l'emprise de ces émotions sur nos perceptions, nos pensées et nos actes. Cette conscience en conditionne une autre : nous apprenons à reconnaître l'influence de nos sentiments sur nos interlocuteurs. Des conseillers financiers doivent mesurer l'impact de leurs émotions sur le comportement de leurs clients — pour le meilleur ou pour le pire (voir chapitre 7).

LA CONSCIENCE ÉMOTIONNELLE

RECONNAÎTRE SES ÉMOTIONS ET LEURS EFFETS

Ceux qui possèdent cette compétence

- savent quelles émotions ils éprouvent et pourquoi ;
- comprennent les liens qui existent entre leurs sentiments et ce qu'ils pensent, font et disent ;
- comprennent la façon dont leurs sentiments affectent leurs pensées ;
- se laissent guider par une claire conscience de leurs valeurs et de leurs buts.

Quelqu'un qui excelle dans cette compétence est à tout moment conscient de ses émotions. Il reconnaît la sensation physique qui accompagne ces émotions. Il les contrôle mieux et les exprime avec tact.

American Express a compris que ses conseillers financiers avaient non seulement besoin de prendre conscience de leurs sentiments mais aussi de sentir quand leur propre vie professionnelle, leur santé et leurs soucis familiaux entraient en jeu, ce qui suppose une bonne conscience de soi.

LE FLUX DU SENTIMENT

Le flux affectif dans lequel nous baignons est exactement similaire au flux des pensées qui nous traversent l'esprit. Nous sommes toujours d'une humeur ou d'une autre, bien que nous soyons généralement peu attentifs aux subtiles variations de ces humeurs : l'humeur maussade ou joyeuse dans laquelle nous nous réveillons, la légère irritation que cause un trajet plus ou moins pénible vers son lieu de travail, les centaines, les milliers d'émotions petites ou grandes qu'entraînent les hauts et les bas de la vie quotidienne.

Dans la hâte et la pression d'une journée de travail, notre esprit est absorbé par un flux de pensées — plongé dans sa tâche présente, déjà en train de planifier la suivante, insidieusement préoccupé par celles qui attendent. Pour qu'on devienne sensible au murmure souterrain de l'humeur, il faut que l'esprit s'accorde une pause, ce qu'il accepte rarement. Nos sentiments nous accompagnent toujours, mais nous les négligeons. La plupart du temps, nous ne prenons conscience de nos émotions que quand, après s'être accumulées, elles finissent par déborder. Avec un peu d'attention, nous pouvons apprendre à mieux les anticiper.

Le rythme frénétique de la vie moderne nous donne trop peu de temps pour assimiler, comprendre et réagir. Notre corps exige un rythme plus lent. Nous ne prenons pas le temps nécessaire pour scruter nos sentiments. Les émotions ont leur rythme propre, mais la pression qui s'exerce sur notre vie les inhibe et elles restent enfouies au fond de nous. Toute cette pression mentale refoule la voix intérieure dont les avis nous sont si précieux.

Ceux qui sont incapables de déchiffrer leurs sentiments sont très désavantagés dans leur vie privée comme dans leur travail.

Ce sont en quelque sorte des « analphabètes » émotionnels. Pour certains, cette « surdité émotionnelle » prend la forme d'une inattention aux messages que leur corps leur envoie sous forme de migraines chroniques, de maux divers, de crises d'anxiété — pour les prévenir que quelque chose cloche. À l'autre extrême, on trouve ceux qui souffrent d'alexithymie (le terme psychiatrique qui désigne une conscience confuse de ses propres sentiments). Pour de tels êtres, le monde extérieur est plus clair et plus riche que leur propre univers intérieur. Ils perçoivent mal les différences entre leurs diverses émotions, agréables ou désagréables, et la gamme de celles-ci est plus restreinte que la nôtre. L'instinct viscéral qui pourrait guider leurs pensées et leurs actions leur fait complètement défaut.

Mais la conscience de soi se cultive. Edward MacCracken, ancien PDG de Silicon Graphics, insiste sur l'aptitude de l'entrepreneur à intégrer l'intuition dans la prise de décision : « Dans notre industrie, très souvent nous n'avons pas le temps de penser. Quand vous avez fini votre travail du soir, vous devez laisser le champ libre à votre intuition sans laisser votre esprit s'interposer. » Comment Mac Cracken laisse-t-il ses intuitions s'exprimer ? Il s'adonne à la méditation tous les jours depuis dix ans.

Son approche est une façon efficace d'entrer en contact avec notre voix affective la plus profonde et la plus discrète : il sait prendre le temps de « ne rien faire ». Ne rien faire de productif, cela signifie bien sûr ne pas travailler, mais aussi ne pas occuper son temps avec les passe-temps qui traduisent le désœuvrement de l'homme moderne : regarder la télé, par exemple, ou, pis, faire quelque chose en regardant la télé. Il s'agit de repousser toute activité orientée vers un but pour se mettre à l'écoute d'une sensibilité plus profonde, plus silencieuse.

SAVOIR UTILISER SON GOUVERNAIL INTÉRIEUR

Richard Abdoo a pris une résolution similaire. Quelle que soit sa charge de travail, il réserve huit heures par semaine à la réflexion solitaire. Comme il est PDG de Wisconsin Energy, une société qui réalise un chiffre d'affaires de 12 milliards de francs par an, cette résolution lui demande un certain effort. Abdoo, catholique fervent, consacre souvent ces huit heures à de longues marches, mais sa contemplation peut prendre d'autres formes, travail dans son atelier ou promenade à moto.

« Vous devez interrompre de temps à autre votre activisme fébrile pour revenir à la réalité, explique Abdoo. Si vous ne consacrez pas assez de temps à ces pauses, vous risquez de perdre le contrôle de la situation et de rencontrer toutes sortes de problèmes. »

Quel genre de problèmes ? Perdre de vue nos valeurs, par exemple. Nos valeurs personnelles ne sont pas de nobles abstractions mais des credo intimes qui relèvent souvent plus du sentiment que de la raison. La conscience de soi mesure si ce que nous faisons en vaut vraiment la peine et ce sont nos sentiments qui nous donnent alors la réponse essentielle. S'il y a discordance entre l'action et la valeur, il en résulte un malaise sous forme de culpabilité, de honte, de doutes profonds ou d'arrière-pensées lancinantes, de remords, etc. Ce malaise agit comme un frein émotionnel et suscite des sentiments qui peuvent gêner ou saper nos efforts.

En revanche, les choix que nous faisons en tenant ce cap intérieur sont dynamisants. Ils nous semblent justes mais de plus ils optimisent notre attention et notre énergie. Une étude sur certaines catégories de « travailleurs intellectuels » (ingénieurs, programmeurs et commissaires aux comptes) observe que les professionnels les plus remarquables font des choix de carrière utiles et épanouissants, ils ont le sentiment que leur personnalité reste intacte, qu'elle se consolide même dans leur vie professionnelle.

Alors que les professionnels moyens se contentent d'accepter des tâches qu'on leur impose, les meilleurs se demandent quel projet pourrait mobiliser leur énergie, quelle personne sera le collaborateur le plus stimulant, quelle idée personnelle fournira la base d'un bon projet. Ils savent intuitivement ce pour quoi ils sont le plus qualifiés et ce qu'ils n'aiment pas. Cet enthousiasme explique la qualité de leurs performances.

Suivre son sentiment intérieur et miser sur un objectif mobilisateur sont d'excellents moyens de minimiser les perturbations émotionnelles. Malheureusement, trop de gens ont l'impression qu'il ne faut pas parler franchement de ses valeurs profondes au travail, qu'une telle liberté ne sera pas tolérée.

Ce silence sur les valeurs personnelles fausse le libre jeu des motivations et la question de la rémunération finit par prendre une place disproportionnée chez beaucoup de salariés. Une étude de l'université de Californie du Sud sur soixante chefs d'entreprise rapporte qu'ils refusent pour la plupart d'étaler leurs gains. Ce qui motive ces chefs d'entreprise plus que l'argent, conclut le rapport, c'est, par exemple, l'excitation et le défi de lancer une entreprise, la liberté d'être le patron, la chance de pouvoir créer et la possibilité d'aider les autres en s'aidant eux-mêmes.

À l'exception de ceux qui sont financièrement aux abois, les gens ne travaillent pas seulement pour l'argent. Quand on leur en donne l'occasion, ils choisissent un but qui apporte un sens fort à leur vie et leur permet de s'engager à fond, de fournir le meilleur de leur talent, de leur énergie, de leur compétence. Et cela implique pour eux de savoir éventuellement changer de travail afin de trouver une activité plus en accord avec leurs valeurs.

SAVOIR GÉRER SA CARRIÈRE

Le besoin de se forger une situation est très pressant entre vingt et quarante ans. Mais à l'approche de la cinquantaine, nombre de gens réévaluent leurs objectifs, en prenant conscience du fait que le temps qui leur reste à vivre est compté. L'approche de la mort entraîne une révision des priorités antérieures.

« Vers la maturité, un très grand nombre de cadres et d'avocats, parvenus à des salaires à sept chiffres, préfèrent se consacrer à un travail social ou ouvrir un restaurant », explique Stephen Rosen. Rosen conseille des professionnels qui essaient d'inventer des modes de vie plus épanouissants — ou qui ont perdu leur travail.

Un consultant qui a évalué des cadres supérieurs de grandes entreprises américaines m'explique que beaucoup d'hommes mûrs caressent des rêves en totale contradiction avec la vie qu'ils mènent, diriger une école ou s'occuper à plein temps d'une petite affaire qu'ils ont montée, et n'ont pas le temps de développer. « Leur travail les ennuie. » Un chef d'entreprise qui a lancé plusieurs entreprises en dirige une qu'il déteste : « Ce n'est pas moi qui contrôle cette société, c'est elle qui me piège. Je n'aime pas ce que je fais. Je suis beaucoup plus heureux quand je répare le moteur de mon bateau que quand je reste ici derrière mon bureau. »

Comme le dit le proverbe : « Si vous ne savez pas où vous allez, tous les chemins sont bons à suivre. » Moins nous sommes conscients de ce qui nous passionne, plus nous sommes perdus. Et cette dérive peut même affecter notre santé. Les êtres qui ont l'impression que leurs compétences ne sont pas utilisées comme elles le pourraient ou qui trouvent leur travail ennuyeux et répétitif sont plus exposés aux maladies de cœur que ceux qui s'expriment à fond dans leur travail.

La conscience de soi fournit un gouvernail sûr pour mettre nos décisions professionnelles en harmonie avec nos valeurs les plus profondes. « Certaines femmes cadres ont fait l'impasse sur leur conscience de soi pour conquérir la position sociale qu'elles occupent, m'expliquait Catherine Kram, professeur de management à l'université de Boston. Ce sont des femmes à très fort potentiel qui finissent leur carrière à des postes de direction mais sont frustrées dans leurs rapports humains. Leurs relations sont purement instrumentales, utilitaires — un schéma encore plus fréquent chez les hommes. Et leur vie privée s'étiole à proportion de leur investissement professionnel. C'est le prix à payer. »

Ce problème n'est bien sûr pas réservé aux femmes. « Beaucoup de cadres dirigeants, surtout masculins, n'ont jamais jugé important de se rendre attentifs à leur “paysage intérieur”, me confiait Michael Banks, un consultant international en psychologie du travail. Ils n'ont jamais établi de rapport entre le stress qu'ils s'infligent et leur difficulté à donner le meilleur d'eux-mêmes ou à atteindre les objectifs financiers qu'ils se sont fixés. Souvent, à l'approche de la cinquantaine, ils ont l'impression que quelque chose leur manque. Ce doute peut être suscité par l'échec de leur mariage ou par la découverte que leur désarroi intérieur leur fait commettre des erreurs. Mais ces crises sont souvent bénéfiques : elles lézardent leur vernis et ils commencent à ressentir des émotions qu'ils n'avaient jamais éprouvées auparavant et à se considérer d'un autre œil. »

L'ATTENTION : NOTRE RESSOURCE LA PLUS PRÉCIEUSE

Il était directeur général d'un cabinet juridique prospère, il était riche et avait satisfait ses ambitions. Mais, vers cinquante ans, il a commencé à déprimer.

« Il avait toujours cru qu'avec l'âge son emploi du temps deviendrait plus flexible, qu'il serait plus libre, m'explique le psychologue S. Zuboff. Mais en fait il découvrait qu'il était un esclave payé à l'heure, à la solde de ses associés et de ses clients. Enfermé dans la cage dorée de son succès. »

Il prit conscience de cette réalité en participant à un séminaire de réflexion sur soi organisé par S. Zuboff. L'enthousiasme qu'a rencontré ce programme est dû pour une large part au fait qu'il aide ses participants à réfléchir fructueusement à quelques questions essentielles : « Qui suis-je ? Où vais-je ? Qu'est-ce que je veux ? »

Ceux-ci ont en général brillamment réussi, ils ont atteint les buts qu'ils s'étaient fixés quand ils avaient vingt ou trente ans. Mais ils se demandent comment faire des vingt ou trente années de vie professionnelle qui leur restent un nouveau défi : « Que faire à présent ? »

« L'approche habituelle de cette question est extérieure : comment devenir plus attractif sur le marché de l'emploi, comment se vendre — et on pense la situation en termes de salaire, de position sociale ou de cadre de vie. La question qui revient sans cesse est : "Comment est-ce que je m'en sors par rapport à mes pairs ?" Il faut partir de l'approche opposée, se sonder, jauger les modifications de notre identité profonde et les ingrédients nécessaires à notre épanouissement », affirme S. Zuboff.

Pour nombre de participants à son programme, la carrière est devenue une sorte de train qui les entraîne sans jamais leur laisser le temps ni la possibilité de décider s'ils veulent vraiment suivre ces rails-là. S. Zuboff leur donne l'occasion de réfléchir à leur voyage. La première semaine du programme les aide à se concentrer, d'une part, sur leur monde intérieur et les sentiments que leur inspire leur travail et, d'autre part, sur ce qu'ils aimeraient faire.

Après une interruption de trois semaines, pendant lesquelles ils poursuivent et mûrissent ces premières réflexions, une nouvelle semaine de séminaire — à laquelle leur conjoint est invité à participer — est consacrée à élaborer des plans pour l'avenir.

« Les gens doivent cesser de considérer leurs sentiments comme non pertinents et chaotiques et comprendre que ce sont en fait des réactions très nuancées, de précieuses sources d'information », explique S. Zuboff.

« Pour décider de ce que nous voulons faire, nous devons d'abord prendre conscience de ce que nous considérons comme bon, juste. L'attention est notre outil le plus salutaire. Tout ce que nous voulons savoir est déjà présent en nous. Le grand déclic pour les hommes d'affaires se produit quand ils découvrent que ce qu'ils jugeaient flou est soudain devenu clair et qu'ils remettent en question leurs convictions les plus ancrées. Les sentiments sont les guides qui nous permettent de résoudre les grands problèmes, comme la question : "Où vais-je ?" »

Cet avocat insatisfait a pris conscience, après une semaine de réflexion avec S. Zuboff, qu'il n'avait plus besoin de travailler dans son cabinet comme autrefois. Il ne voulait plus vivre pour satisfaire les attentes des autres. Il trouvait son vrai plaisir dans une petite affaire de commerce de bétail qu'il avait montée avec son fils. Ça n'avait été qu'un hobby au début mais cette expérience était devenue un défi passionnant... et amusant.

Il résolut de réduire de moitié son temps de travail pendant les deux ou trois ans qui suivirent pour consacrer l'autre moitié de son temps à son commerce de bétail. Résultat : deux ans plus tard il avait démarré deux nouvelles affaires et gagné autant en six mois dans son commerce de bétail que ce qu'il aurait amassé en deux ans dans son cabinet d'avocats.

Plus important, souligne Zuboff, « il est heureux. Il redoutait de se lever le matin pour aller travailler et maintenant il est plein d'entrain, il a retrouvé toute son énergie, il est régénéré ».

L'EXAMEN DU SOI

Le réveil de M. Meyerson a eu lieu le jour où il a accepté le poste de PDG de Perot Systems, une société de services informatiques. Pendant les six premiers mois dans son nouveau travail, il a commencé à comprendre que l'univers professionnel qu'il avait connu des années auparavant en tant que PDG d'EDS, une autre société de services informatiques, avait radicalement changé : tout était différent, pas seulement la technologie, le marché et les clients, mais aussi les gens qui travaillaient pour lui et leurs raisons de travailler.

Il comprit que lui aussi devait changer. Comme il l'a écrit dans un article d'introspection étonnant et révélateur : « Tout ce que je pensais savoir sur la direction d'entreprise était faux. Mon premier travail de patron a consisté à revoir à fond ma compréhension de moi-même. »

Meyerson s'est alors engagé dans ce qu'il a décrit comme une époque d'« intense examen personnel », prenant à bras-le-corps le problème de son style de direction, style dont il avait été si fier. Il finit par comprendre que durant les années où il avait dirigé EDS, il avait été extrêmement brillant mais aussi extrêmement dur. Certes, sous sa direction, EDS avait vu ses bénéfices grimper chaque trimestre sans exception, ce dont beaucoup d'employés avaient profité. Mais rétrospectivement, Meyerson comprit qu'il avait aussi considérablement appauvri la vie personnelle de ceux-ci. Chez EDS les semaines de quatre-vingts heures n'étaient pas rares, les gens étaient mutés ici ou là sans que personne ne songe aux perturbations que cela entraînait dans leur vie et aucune question n'était tolérée. Les employés appelaient chaque nouvelle mission « marche funèbre ». La culture d'entreprise était, comme le reconnaît Meyerson, « jeune, masculine et militaire ».

Chez EDS, Meyerson dirigeait une équipe de cinquante personnes chargée de concevoir toute l'informatisation du système d'assurance maladie pour le gouvernement américain, et tous ses employés travaillaient dix-huit heures par jour pour achever le projet à temps. Un jour, malgré une tempête de neige, tous les membres de l'équipe se rendent au travail sauf un certain Max Hopper. Meyerson, furieux, lui téléphone et lui passe un savon.

Hopper a quitté la société à la première occasion et il a inventé un système de réservations aériennes révolutionnaire, le système SABRE.

Quand il se rappelle sa brouille avec Hopper, un informaticien très brillant, Meyerson reconnaît qu'il avait la dent dure avec ses collaborateurs et quelque peine à se mettre à leur place. En réfléchissant des années plus tard au coût humain de son style de direction vieillot, Meyerson a pris conscience que ce qu'il avait considéré comme des atouts lui apparaissait maintenant comme des faiblesses. Par exemple, chez EDS, sa communication avec ses employés se conformait au vieux schéma hiérarchique :

« Je rassemblais les employés tous les six mois et je leur assenais un petit laïus d'encouragement. » Il ne communiquait ses directives qu'aux six ou sept personnes les plus haut placées et n'avait pratiquement aucun contact avec le reste de ses subordonnés.

Quand il a compris qu'un patron d'aujourd'hui doit se montrer réceptif aux messages francs et honnêtes, d'où qu'ils viennent dans son entreprise, Meyerson a changé ses méthodes. Il a mis en place un système de courrier électronique sur lequel il a reçu des milliers de messages émanant de tous les secteurs de la société — et il s'est mis à les lire. Il a même envoyé des messages de félicitations aux équipes qui remportaient des ventes importantes.

« Avant de diriger les autres, avant de pouvoir les aider, vous devez vous découvrir vous-même, explique Joe Jaworski, ex-planificateur stratégique chez Shell. Si vous voulez que la créativité explose vraiment, si vous espérez des résultats vraiment exceptionnels, vous devez travailler à faire coïncider les aspirations et les valeurs individuelles du personnel avec celles de l'entreprise. »

SAVOIR S'AUTO-ÉVALUER AVEC PRÉCISION

Connaître ses ressources, ses capacités et ses limites intérieures

Ceux qui possèdent cette compétence sont

- conscients de leurs forces et de leurs faiblesses ;
- réfléchis, capables de tirer les leçons de l'expérience ;
- ouverts aux avis sincères, aux nouvelles perspectives, capables d'apprendre et de s'enrichir sans cesse ;
- capables d'humour et de recul sur eux-mêmes.

L'AVEUGLEMENT SUR SOI

Harry dirigeait une entreprise qui venait de lancer une importante campagne pour transférer les responsabilités du sommet vers la base et permettre aux employés de prendre des décisions importantes.

Harry maniait avec aisance les topos sur le « pouvoir partagé » et la « délégation de l'autorité », mais il était incapable de mettre ses actes en accord avec ses discours, quand le moindre signe de conflit menaçait son autorité.

En temps normal, Harry savait très bien déléguer ses responsabilités à ses collaborateurs, des professionnels très compétents. Mais quand les difficultés pointaient à l'horizon, Harry s'accrochait aux rênes et ne tenait plus compte des conseils et des efforts d'autrui. Cette attitude contrecarrait les efforts de l'entreprise pour transférer l'initiative vers la base et nuisait à la confiance des cadres supérieurs. Et ses incessants discours sur les bienfaits du pouvoir partagé, alors qu'il l'accaparait à la première occasion, finissaient par saper sa crédibilité.

« Malheureusement, Harry était incapable de reconnaître ses contradictions, même quand un subordonné avait le courage de les pointer, explique Robert Kaplan, qui conseille des chefs d'entreprise. Le préalable à tout progrès consiste à reconnaître la nécessité de celui-ci, mais dans le cas de Harry, une telle prise de conscience s'est avérée très laborieuse. »

L'aveuglement sur nos problèmes peut mettre en danger notre carrière. Quand on compare les patrons qui ont réussi et ceux qui ont échoué, on s'aperçoit que les deux groupes testés présentent des faiblesses, mais la différence essentielle est que ceux qui n'ont pas réussi n'ont pas su tirer les leçons de leurs erreurs et de leurs failles. Ceux qui échouent refusent d'écouter les critiques qui leur sont adressées.

La précision dans l'auto-évaluation est l'indice d'une éminente aptitude à diriger, et cette capacité, les chefs d'entreprise médiocres en sont dépourvus. Les meilleurs ont évidemment des limites mais ils en sont conscients et ils savent collaborer avec ceux qui possèdent les atouts qui leur manquent.

NOS FORCES ET NOS FAIBLESSES

Il a été promu dans l'équipe dirigeante d'une grande entreprise industrielle avec la réputation d'un redoutable coupeur de têtes à cause des restructurations et des dégraissages impitoyables qu'il avait orchestrés dans le passé.

« Il ne souriait jamais, il avait toujours l'air renfrogné, m'explique Catherine Williams, conseil en recrutement chez KRW International. Il était toujours impatient et se mettait facilement en colère. Quand on lui apportait de mauvaises nouvelles, il agressait ses interlocuteurs et les gens ont cessé de lui dire les choses franchement. Il ne se rendait même pas compte qu'il les effrayait. Son attitude bourrue et intimidante avait été très utile quand il était un virtuose du licenciement, mais elle était devenue un handicap. »

On demanda à C. Williams de conseiller ce dirigeant. Elle filma ses rapports avec ses collaborateurs et lui passa la bande vidéo en lui montrant l'effet que son expression habituelle, figée et glaciale, avait sur les gens. « Ç'a été une révélation : quand il a compris comment il était perçu, il en a eu les larmes aux yeux », se rappelle-t-elle.

Ce fut le début d'un changement d'attitude pour ce dirigeant revêche. Mais ce n'est pas toujours le cas. Les cadres de direction considèrent souvent leur propre changement comme l'aveu d'un échec ou d'une faiblesse. La lutte avec leurs rivaux, qui les a portés au sommet, peut aussi les empêcher de reconnaître leurs défauts, ne serait-ce que par crainte de donner l'avantage à ces rivaux.

Nous avons tous tendance à nier nos défauts. C'est une stratégie émotionnelle confortable qui nous protège contre la pénible reconnaissance de la vérité. Cette stratégie défensive peut prendre diverses formes : minimiser les faits, rejeter des informations cruciales, se trouver de « bonnes excuses »...

Et notre entourage se fait souvent le complice de nos dénégations. L'information la plus difficile à obtenir dans un contexte professionnel, c'est le commentaire constructif, honnête, sur notre façon de travailler et notamment sur nos défaillances. Il est bien plus simple pour les collègues, les subordonnés et les patrons de se plaindre d'un collègue en son absence que de lui dire franchement ce qui ne va pas. Cette hypocrisie consistant à faire comme si tout allait bien alors que ce n'est pas vrai a quelque chose d'un pacte faustien, car c'est au prix de la vérité, et donc d'un progrès réel, que nous achetons l'illusion de l'efficacité et de l'harmonie.

Chaque fois que quelqu'un cafouille de manière évidente dans une situation donnée, c'est le signe infaillible d'un aveuglement. Aux niveaux inférieurs de l'entreprise, de tels problèmes passeront facilement pour des « accidents ». Mais, à des niveaux plus élevés, de tels problèmes deviennent évidemment plus lourds de conséquences. Leurs effets négatifs se font sentir sur l'ensemble de la collectivité.

Voici quelques conduites d'aveuglement courantes et coûteuses tirées d'une étude de R. Kaplan portant sur quarante-deux cas de dirigeants d'entreprise handicapés par ces défaillances :

• Le chef d'entreprise nourrit une ambition aveugle : il faut gagner ou avoir raison à tout prix. Il rivalise au lieu de coopérer. Il exagère sa valeur et l'importance de sa contribution. Se montre vantard et arrogant. Porte un regard manichéen sur les autres qu'il divise en amis et ennemis.

• Il se fixe des buts irréalistes : il assigne au groupe ou à l'entreprise des objectifs exagérément ambitieux, inaccessibles. Il minimise les efforts à déployer pour les atteindre.

• Il travaille sans répit : le chef d'entreprise investit compulsivement toute son énergie dans le travail aux dépens de tous les autres aspects de la vie. Il risque le surmenage, l'épuisement.

• Il fait pression sur les autres : il les aiguillonne trop durement, les épuise à la tâche. Résout lui-même des problèmes insignifiants et accapare l'autorité au lieu de la déléguer. Se montre agressif, brutal et indifférent aux blessures émotionnelles qu'il provoque chez les autres.

• Il est assoiffé de pouvoir : il recherche le pouvoir pour son ou ses intérêts plutôt que pour ceux de l'entreprise. Fait passer ses priorités personnelles avant tout et a tendance à exploiter les autres.

• Il montre un insatiable besoin de reconnaissance : le patron s'attribue le mérite des efforts des autres et rejette sur eux la responsabilité des erreurs. Préfère mener une nouvelle bataille plutôt que de consolider une victoire.

• Il est obsédé par les apparences : il cherche avant tout à paraître. Se montre exagérément concerné par son image publique. Recherche passionnément les attributs extérieurs de la réussite.

• Il veut paraître parfait : il rejette toute critique, se montre excédé par elles, même quand elles sont justifiées. Ne peut admettre ses faiblesses ou ses défauts personnels.

Ce besoin de dénégation rend de tels êtres réfractaires à toute critique et travailler avec eux peut devenir un cauchemar pour les autres.

Toutes les compétences professionnelles sont des habitudes acquises : si nous sommes défaillants dans l'une ou l'autre de ces habitudes, nous pouvons apprendre à nous améliorer. Un être impatient et arrogant peut apprendre à écouter et à prendre en compte les avis des autres. Les forcenés du travail peuvent ralentir le rythme et y trouver un meilleur équilibre. Mais la condition préalable à tous ces progrès, c'est la prise de conscience des torts que ces habitudes nous causent. Sinon, quel motif aurions-nous de changer ? Comme me le disait le directeur de la formation des cadres d'une très grande entreprise américaine : « Le plus grand problème que nous ayons ici est celui du déficit en conscience de soi. »

Les études consacrées à cette question montrent un écart frappant entre le jugement que les dirigeants d'entreprise portent sur leur capacité d'écoute et leur souplesse et celui de leurs pairs sur ce même sujet. Le regard que nos pairs portent sur nous est généralement l'indicateur le plus exact de notre performance professionnelle réelle. Certains chefs d'entreprise ont une vision idyllique d'eux-mêmes : ils surévaluent leur amabilité, leur souplesse et leur crédibilité.

LES CHEMINS DU PROGRÈS

Un professeur d'université m'a raconté le petit truc qu'il avait mis au point pour progresser pédagogiquement. Un jour, un étudiant a pris son courage à deux mains et lui a parlé d'un tic verbal qui distrayait ses auditeurs : il terminait toutes ses phrase par les mots « en somme » — une locution passe-partout comme il en existe tant d'autres.

Le professeur décida d'enregistrer ses cours et fut choqué de s'entendre répéter à longueur de cours « en somme ». Il n'avait absolument pas conscience de cette petite bizarrerie. Résolu à modifier son comportement, il demanda à ses étudiants de lever la main chaque fois qu'ils entendaient la locution fatale. Et, ajouta-t-il, « le fait de voir des dizaines de mains se lever toutes les trois minutes m'a aidé à me guérir très rapidement de mon tic ».

Les meilleurs professionnels demandent qu'on critique leur travail. Ils veulent savoir quelle perception les autres ont d'eux, car ils savent à quel point cette information est précieuse. Peut-être est-ce la raison pour laquelle les gens qui sont conscients d'eux-mêmes sont aussi de meilleurs professionnels. La conscience de soi les aide à s'améliorer sans cesse.

Presque tous les grands professionnels allient une connaissance exacte de leurs forces et de leurs faiblesses à une bonne perception de la qualité de leur travail. Comme le souligne R. Kelley : « Les stars se connaissent bien. »

LA SOURCE DU COURAGE

Il ne l'aurait jamais reconnu, mais il montrait un courage exemplaire dans son travail.

La petite compagnie aérienne privée dont il avait pris la tête était un véritable bourbier. Les bénéfices en chute libre reflétaient une situation de favoritisme et de copinage très ancienne. La principale agence qui travaillait pour la compagnie était détenue par un ami intime du propriétaire de celle-ci et il avait obtenu des conditions bien plus favorables que celles de ses rivaux. Pourtant le chiffre d'affaires de cette agence était médiocre. Les rémunérations trop généreuses des pilotes, très au-dessus de la moyenne, grevaient lourdement les comptes de l'entreprise. Mais ceux-ci appartenaient à un syndicat politisé, puissant et redouté.

En outre, deux avions de la compagnie s'étaient écrasés récemment et l'image de la compagnie en avait souffert : elle avait perdu près de 30 % de parts de marché en quelques jours.

On a conseillé au nouveau président d'éviter toute confrontation avec le syndicat des pilotes : il y aurait risqué, d'après la rumeur, la sécurité de sa famille et même sa propre vie. Mais il n'a pas cédé. Il a expliqué aux pilotes que la compagnie risquait de faire faillite et qu'il devrait mettre la clé sous la porte s'ils n'acceptaient pas de renégocier leurs contrats. Les pilotes l'ont entendu et ont accepté des horaires plus lourds pour un salaire inchangé.

Puis il est allé voir le propriétaire de la compagnie, lui a expliqué sans détour que son ami, le directeur de l'agence, était incompétent et ne rapportait pas à la compagnie ce qu'il aurait dû. « Résiliez le contrat avec cette agence ou je démissionne », a-t-il menacé. Le propriétaire de la compagnie a écouté ses arguments et a résilié le contrat préférentiel avec l'agence.

Comme le dit un de ses amis qui connaît son courage professionnel : « Il aurait été au charbon même s'il avait dû risquer son travail ou sa sécurité. »

Une telle confiance en soi est la condition sine qua non de l'excellence professionnelle. On ne peut relever des défis difficiles sans une forte dose de conviction intime. C'est la confiance qui nous donne l'assurance nécessaire pour nous jeter à l'eau ou nous affirmer comme un chef.

Ceux qui manquent de confiance vivent le moindre échec comme une confirmation de leur incompétence. L'absence de confiance en soi peut entraîner un sentiment d'impuissance, de découragement et de doute accablant. Une extrême confiance en soi, au contraire, confine souvent à l'arrogance surtout quand cette assurance se double d'une certaine maladresse dans les rapports humains. Mais il ne faut pas confondre la confiance en soi avec l'impudence. La confiance en soi doit traduire fidèlement une certaine réalité : un manque de conscience de soi compromet la lucidité de la confiance en soi.

Celle-ci se manifeste souvent par une présence imposante, une forte projection de soi vers les autres. Les êtres qui possèdent un haut degré de confiance en eux dégagent un charisme particulier. Bien sûr, chez les chefs d'entreprise et les cadres supérieurs, une grande confiance en soi distingue les professionnels d'exception des moyens.

Les professionnels confiants se considèrent comme efficaces, capables de relever des défis et de maîtriser de nouveaux métiers. Ils se considèrent comme des catalyseurs, des initiateurs de changements et pensent que leurs capacités les classent au-dessus des autres. C'est la solidité de leur conviction intérieure qui leur permet de défendre leurs décisions ou leurs actes sans se laisser entamer par les oppositions.

La confiance en soi donne la force de prendre une décision difficile ou d'aller au bout d'un projet dans lequel on croit malgré les réticences, les objections, voire la désapprobation explicite des supérieurs hiérarchiques. Les êtres confiants savent décider, en évitant toute arrogance, et se tenir, avec souplesse, à ce qu'ils ont décidé. Comme l'expliquait Lee Iacocca, qui a réussi à refaire de Chrysler un fabricant automobile de premier plan : « Si je devais résumer en un mot les qualités qui font un bon patron, je dirais que tout se ramène à la décision... Au bout du compte vous devez rassembler toutes vos informations, définir un calendrier et agir. »

LA CONFIANCE EN SOI

Un fort sentiment de sa dignité et de ses capacités personnelles

Les êtres qui possèdent cette compétence

- font preuve d'assurance dans les rapports humains, ont de la « présence » ;
- sont capables de défendre des points de vue impopulaires et de prendre des risques pour ce qu'ils estiment juste ;
- sont résolus, capables de prendre des décisions saines malgré les incertitudes et les pressions.

AVOIR DU TALENT — ET LE CROIRE

« Quand j'avais environ neuf ou dix ans, j'ai décidé que je voulais gagner de l'argent de poche l'été en tondant des pelouses. Je me suis procuré une tondeuse, j'ai obtenu que mes parents m'avancent l'argent de l'essence et j'ai même fait imprimer des prospectus. Mais quand le moment est venu de faire du porte-à-porte et de démarcher mes clients, je n'ai pas trouvé en moi la confiance de sonner à une seule porte. »

Cette confidence émane d'un étudiant qui voulait expliquer pourquoi, après avoir dirigé quelques années une entreprise, il a repris des études de management dans le but d'accroître sa confiance en lui. « Même aujourd'hui, explique-t-il, il m'est extrêmement difficile d'aborder quelqu'un, directement ou au téléphone, et de discuter avec lui d'affaires éventuelles, parce que je manque de confiance en moi. »

Cette histoire se termine bien. Après avoir déployé pendant des mois des efforts systématiques pour se montrer plus assuré, il a fait des progrès tangibles. Certes, quelques êtres semblent nés avec une confiance naturelle en eux mais les timides peuvent, avec de l'entraînement, s'enhardir.

La confiance en soi s'accompagne bien sûr d'un jugement positif sur l'efficacité que nous pouvons déployer. Ce sentiment d'efficacité relève plus d'une croyance sur ce dont nous sommes capables qu'elle ne reflète, à proprement parler, notre aptitude, mais nous devons croire en nos capacités pour en tirer le maximum.

C'est à A. Bandura, psychologue de Stanford, qu'on doit les premières analyses sur le « sentiment d'efficacité personnelle ». Il a souligné le contraste existant entre ceux qui doutent d'eux-mêmes et ceux qui croient dans leurs capacités quand il s'agit d'entreprendre une tâche difficile. Ceux qui ne doutent pas de leur efficacité relèvent le défi avec enthousiasme. Ceux qui sont minés par le doute n'essaient pas, sans même évaluer leurs véritables chances de succès.

Dans une des études qu'il a menées, Bandura démontre que sur les cent douze comptables qu'il a testés ceux qui se sentaient les plus efficaces obtenaient les meilleures notes de leurs supérieurs. Le niveau du sentiment d'efficacité d'un salarié est un indicateur très fiable de sa performance professionnelle, plus que son niveau de compétence réel ou la formation spécialisée qu'il a pu recevoir avant son embauche.

Notre sentiment d'efficacité est « spécialisé » : un jeune homme qui se considère comme brillant dans ses relations avec les autres, capable d'affronter en virtuose un entretien d'embauche ou un coup de fil professionnel se montrera timide dans sa vie personnelle, ou ses relations sociales et amoureuses.

Les travailleurs qui croient dans leurs capacités sont aussi meilleurs parce que leur croyance les pousse à déployer plus d'énergie dans leur travail et à ne pas se décourager devant les difficultés. Nous évitons de manière caractéristique les situations et les domaines dans lesquels nous craignons d'échouer. À supposer que nous possédions bien les capacités requises pour réussir dans un travail, si nous ne nous sentons pas capables de relever le défi, nous risquons fort de commencer à développer des conduites d'échec. La pensée récurrente « Je n'en suis pas capable » mine d'avance tout effort.

Un des traits de caractère les plus communs des êtres dénués de confiance en eux est la crainte paralysante de paraître incompétent. Un autre est de renoncer trop vite à ses opinions et à ses jugements, même à ses bonnes idées, quand on les conteste. D'autres souffrent d'une indécision chronique, surtout sous pression. Le moindre risque les intimide et les empêche d'émettre une idée valable.

Toutes les études sur la confiance en soi montrent que les êtres les plus confiants à un stade précoce de leur carrière ou de leur vie sont ceux qui réussissent les carrières les plus brillantes.

SAVOIR DONNER FRANCHEMENT SON AVIS

À cause d'une tension trop élevée — due au fait qu'il avait oublié de prendre ses médicaments —, ce vieillard a été victime d'une grave congestion cérébrale. Dans l'unité de soins intensifs du service neurologique où il était suivi on lui a administré des traitements pour résorber l'hémorragie et l'on s'est efforcé d'évaluer les dégâts au cerveau. Il a fallu attendre quelques jours pour formuler un pronostic vital.

L'amie qui lui rend visite ce jour-là,. une infirmière qui travaille dans ce même hôpital, avise la fiche médicale du vieil homme et remarque que parmi les nombreuses prescriptions ne figure aucun médicament contre l'hypertension. Inquiète, elle demande au médecin de service qui examine les résultats d'un examen neurologique au chevet de son ami : « On lui administre son médicament contre l'hypertension ? »

Irrité par cette interruption, le neurologue répond d'un ton cassant : « Ici on ne soigne que le cerveau ! » et quitte rapidement la chambre.

Alarmée qu'on ait omis de prescrire à son ami un médicament indispensable à sa guérison, l'infirmière se rend au bureau du médecin-chef de l'hôpital. Elle attend qu'il finisse sa conversation téléphonique, s'excuse de l'interrompre et explique le motif de sa visite. Son interlocuteur donne immédiatement l'ordre de prescrire le médicament en question.

« Je savais qu'en m'adressant au médecin-chef je ne me conformais pas aux procédures normales, mais j'avais vu des patients atteints d'hémorragies cérébrales mourir parce que leur tension n'avait pas été assez contrôlée. La situation était trop urgente pour suivre la voie hiérarchique habituelle. »

Cette façon d'affirmer que les règles et les procédures normales peuvent être contournées et le courage de le faire est l'indice de confiance en soi. Une étude portant sur deux cent neuf infirmières, effectuée dans un grand hôpital universitaire, a montré que celles qui font preuve du sentiment d'efficacité personnelle le plus fort sont aussi celles qui donnent franchement leur avis quand elles sont confrontées à des situations anormales ou médicalement risquées. Les infirmières dotées d'une forte confiance en elles n'hésitent pas à s'opposer carrément aux médecins et en cas d'échec à s'adresser directement à la hiérarchie.

Une telle démarche de protestation est un acte de courage, surtout de la part de personnes qui occupent un rang subalterne. Les infirmières qui ont confiance en elles croient qu'exprimer leur désaccord ne peut qu'améliorer la situation. Celles qui manquent de confiance en elles auront plutôt tendance, au lieu de protester et d'essayer d'améliorer les choses, à menacer de donner leur démission.

Sans doute le cas de ces infirmières est-il assez particulier, parce qu'elles sont très recherchées sur le marché du travail, aux États-Unis. Dans les métiers où le marché du travail est plus difficile, il faut posséder une très grande confiance en soi pour affirmer ses désaccords de manière aussi catégorique. Mais quel que soit le métier ou la collectivité envisagés, ceux qui font preuve de la plus grande confiance en eux prennent toujours le risque de s'exprimer franchement pour énoncer des problèmes ou des injustices que les autres remâcheront ou subiront sans réagir.

5

Le self-control

C'est l'histoire d'un cauchemar. Le cauchemar de tout conférencier.

Un ami psychologue doit prendre la parole devant un congrès de commissaires de police, à Hawaii. Son vol a été retardé, il a raté ses correspondances, n'a pas dormi de la nuit, bref, est arrivé épuisé par le voyage et le décalage horaire. Son discours est programmé en tout début de matinée. Mon ami craint d'affronter ce public car il défend un point de vue controversé. Et, avec la fatigue, cette appréhension est en train de se muer en panique complète.

Il commence par raconter une blague, mais s'arrête juste avant la chute. Il l'a oubliée. Il se fige sur place, l'esprit vide. Non seulement il ne se rappelle plus la fin de son histoire, mais il ne se rappelle plus son discours. Il ne comprend plus le sens des notes qu'il a sous les yeux et il n'arrive pas à détacher les yeux de la mer de visages qui le regardent.

Il doit s'excuser et quitter le podium.

Ce n'est qu'après quelques heures de repos qu'il parvient à recouvrer ses esprits et à donner sa conférence — y compris la blague avec la chute — qui est très applaudie. En me reparlant plus tard de cet accès de panique initial, il me confie : « Je ne voyais plus que ces regards rivés sur moi et j'étais totalement incapable de me souvenir de ce que je devais dire. »

La découverte la plus frappante concernant l'activité cérébrale de gens en état de stress violent montre que le cerveau émotionnel inhibe le fonctionnement du « poste de commandement » cérébral situé dans les lobes frontaux. Cette zone est le site de la « mémoire active », la capacité à mobiliser son attention et à emmagasiner dans l'esprit toutes les informations importantes. La mémoire active est vitale pour la compréhension, l'élaboration et la prise de décisions, le raisonnement et l'apprentissage.

Quand l'esprit est calme, la mémoire active fonctionne au maximum de ses possibilités. Mais en situation d'urgence, le cerveau passe en mode de « fonctionnement d'autoprotection », « détournant » les ressources de la mémoire active pour les affecter à d'autres sites cérébraux afin de garder tous les sens en état d'alerte optimal : un automatisme mental destiné à assurer la survie de l'individu.

Pendant cet état d'urgence, le cerveau se cantonne à ses opérations les plus simples et familières et rejette les modes de pensée complexes, les idées créatives ou la projection dans un avenir lointain. L'esprit se concentre sur la crise à surmonter. Cet état d'urgence a paralysé la capacité de mon ami à se rappeler son discours, parce qu'il focalisait son attention sur la menace la plus proche, tous ces regards virtuellement hostiles rivés sur lui.

Ce fonctionnement mental d'urgence s'est élaboré il y a des millions d'années et il continue à se traduire pour nous, aujourd'hui, par des perturbations émotionnelles, des bouffées d'anxiété, de panique, de frustration et d'irritation, des explosions de colère, voire de fureur.

UN PUTSCH DE 18 MILLIONS DE FRANCS

Ce jour de 1997 où le champion de boxe Mike Tyson, devenu enragé, a arraché un morceau d'oreille à son adversaire, Evander Holyfield, il a perdu 18 millions de francs, sur les 180 que lui a rapportés le match, soit l'amende maximale — outre son éviction des rings pour un an.

Tyson a été victime du système d'alarme cérébral situé dans le cerveau émotionnel archaïque, le système limbique entoure le bulbe rachidien. Mais l'organe qui joue le rôle clé dans les urgences émotionnelles — celui qui nous fait « mordre » —, c'est l'amygdale.

L'aire frontale, le poste de commandement, est relié à l'amygdale par une sorte de « super-autoroute » neuronale. Ces liens cérébraux entre l'amygdale et les lobes frontaux forment le système d'alarme cérébral, système qui a joué un rôle immense dans la survie de l'humanité depuis des millions d'années.

L'amygdale est la banque de données émotionnelles du cerveau où sont emmagasinés tous nos moments de triomphe et d'échec, d'espoir, de peur, d'indignation et de frustration. Elle utilise cette masse de souvenirs pour jouer son rôle de sentinelle, passer au crible toutes les informations entrantes — tout ce que nous voyons et entendons — et en évaluer les menaces ou les opportunités potentielles en comparant l'instant présent à nos expériences passées.

En ce qui concerne Tyson, c'est un coup de tête de Holyfield qui lui a rappelé un geste similaire lors de leur précédent combat et a joué le rôle de déclencheur. Tyson avait perdu ce combat et s'était plaint bruyamment de l'attitude de Holyfield. La colère qui s'est emparée de Tyson traduit un « putsch » de l'amygdale, une réaction fulgurante aux conséquences désastreuses.

Au cours de l'évolution, l'amygdale a très probablement utilisé ses schémas mémoriels pour répondre à des questions cruciales pour la survie, du type : « Qui de nous deux sera la proie de l'autre ? »

Les réponses à de telles questions exigent des sens aiguisés pour jauger la situation et formuler une réponse instantanée et adaptée — une pause prolongée pour réfléchir à la situation et délibérer pouvant être nuisible en situation d'urgence.

La réponse cérébrale en cas de crise se conforme toujours à cette stratégie archaïque — l'acuité sensorielle augmente, les pensées complexes sont court-circuitées, les réflexes prennent le dessus. Tout ce processus d'automatisation des réactions peut avoir des inconvénients majeurs dans la vie professionnelle moderne.

QUAND L'ÉMOTION NOUS SUBMERGE

Je ne peux m'empêcher de me rappeler la conversation d'une femme qui se trouvait dans une cabine téléphonique, à côté de moi, à l'aéroport, ce jour-là, et qui hurlait. J'ai compris qu'elle était en train de divorcer, que la situation était compliquée et que son ex-mari ne faisait rien pour la simplifier.

« Il se conduit comme un salaud avec la maison ! Mon avocat m'a bipée en plein milieu d'une réunion pour m'annoncer que nous devions retourner devant le juge aujourd'hui. Et je dois faire une présentation cet après-midi ! C'est le pire moment possible pour ces emmerdes ! » Elle raccroche brutalement, ramasse ses sacs et part à grands pas.

C'est toujours « le pire moment possible » quand les ennuis et le stress nous font sortir de nos gonds. Quand les tensions s'accumulent et que le point de rupture est proche, la moindre pression supplémentaire devient insupportable, c'est la « goutte d'eau » qui provoque un raz de marée. C'est aussi vrai des petits ennuis qui peuvent soudain s'avérer accablants. Comme l'écrit Charles Bukowski :

« Ce ne sont pas les grandes choses qui nous rendent fous, pas la perte d'un amour, mais le lacet de soulier qui casse au moment où on est le plus pressé. »

Pour le corps, il n'existe pas de séparation entre la vie professionnelle et la vie privée. Le stress s'ajoute au stress quelle qu'en soit l'origine. La raison pour laquelle un petit problème peut nous faire basculer, quand nous sommes déjà excédés, est biochimique. Quand l'amygdale déclenche dans le cerveau le signal de panique, des hormones de stress sont libérées dans le sang, CRF et cortisol notamment. Ces hormones sont suffisantes pour mettre le corps en état de se battre ou de fuir mais une fois sécrétées elles subsistent dans le corps pendant des heures et chaque nouvel incident fait monter leur niveau. Leur accumulation peut finir par exciter l'amygdale au point qu'elle est prête à nous submerger de colère ou de panique à la moindre provocation.

Ces hormones ont notamment un impact sur la circulation sanguine. Tandis que le pouls s'accélère brutalement, le sang, partiellement détourné des zones cognitives du cerveau, irrigue d'autres sites plus essentiels pour la mobilisation d'urgence. Le niveau des sucres dans le sang augmente, d'autres fonctions corporelles moins importantes s'inhibent progressivement, tout le corps se prépare à combattre ou à fuir. Le cortisol renforce cette stratégie primitive de survie : il aiguise la réceptivité sensorielle, engourdit l'esprit et déclenche une réaction de panique — cris ou paralysie, par exemple.

Le cortisol inhibe la mémoire active — l'intellect — et aiguise les sens. Quand le niveau de cortisol est élevé, les gens commettent plus d'erreurs, sont plus facilement distraits et éprouvent des difficultés de mémorisation. La pensée perd de sa cohérence et l'esprit éprouve des difficultés à gérer les informations qu'il reçoit.

Si le niveau de stress se maintient, l'organisme finit par s'épuiser. On a ainsi constaté que sur des rats de laboratoire soumis à des niveaux élevés d'hormones de stress pendant assez longtemps, celles-ci finissent par empoisonner et détruire les neurones. Si le stress dure suffisamment longtemps, les conséquences sont dramatiques pour le cerveau : l'hippocampe, une des régions clés de la mémoire, s'érode et rapetisse. Il en va de même pour les gens. Non seulement un stress aigu peut nous faire momentanément perdre nos moyens, mais un stress continu peut avoir un effet délétère durable sur l'intellect.

Bien sûr le stress fait partie de la vie. Qu'on le veuille ou non, on est souvent submergé par les situations ou les gens. Prenez l'explosion du courrier électronique : une étude menée sur des salariés travaillant pour des grandes sociétés a montré que chacun d'eux recevait et envoyait en moyenne 178 messages par jour. Ils étaient interrompus par un message au moins trois fois par heure, chacun soi-disant urgent (urgence généralement illusoire).

Le courrier électronique, au lieu de réduire la surcharge d'informations, a accru la masse totale des messages qui nous arrivent par téléphone, messagerie vocale, fax, courrier, etc. Cette multitude de messages place les gens dans un état réactif, comme s'ils éteignaient sans arrêt de petits feux de broussailles. C'est la concentration qui souffre le plus de cette situation : chaque message distrait de la tâche en cours, rendant de plus en plus difficile le fait de se réatteler à celle-ci. Et ce déluge de messages finit par engendrer un état de distraction chronique.

Une enquête consacrée à la productivité quotidienne du travail des ingénieurs a montré qu'une des raisons essentielles de la médiocrité éventuelle de leurs performances est la multiplication des distractions.

Un ingénieur qui obtient des résultats très supérieurs aux autres a mis au point une stratégie qui lui permet de rester concentré : il porte des écouteurs en travaillant à son clavier d'ordinateur.

Tout le monde pense qu'il écoute de la musique, mais en fait il n'écoute rien, les écouteurs ne servent qu'à empêcher ses collègues et les sonneries téléphoniques de perturber sa concentration ! De telles stratégies peuvent être efficaces dans une certaine limite, mais nous avons aussi besoin de ressources intérieures pour surmonter le stress.

SAVOIR DIRE NON À SES PULSIONS

Les lobes frontaux contrôlent en général les impulsions de l'amygdale, corrigent son « jugement » impulsif et brutal, la soumettent aux règles de la vie sociale et lui dictent la réaction la plus habile et la plus adéquate [1]. Cette réaction qui dit non à l'impulsion rassure l'amygdale en la persuadant qu'il n'y a pas vraiment de danger et qu'un mode de réaction moins radical fera l'affaire.

Ce fonctionnement élémentaire du cerveau se conforme à un schéma simple : certains neurones déclenchent l'action, d'autres inhibent cette même action. L'équilibre de ces tendances contraires assure son exécution harmonieuse, que cette action consiste dans l'élaboration d'un discours persuasif ou dans l'incision précise du chirurgien expérimenté. Quand les êtres sont trop impulsifs, le problème semble se situer plutôt dans une déficience du rôle inhibiteur des lobes frontaux que dans l'amygdale. De tels individus ne sont pas tant impatients d'agir qu'incapables de se réfréner.

L'amygdale a le pouvoir d'enfreindre les directives des lobes frontaux, en une fraction de seconde, pour résoudre les situations d'urgence. En revanche, les lobes frontaux renferment des neurones inhibiteurs capables de contrecarrer les décisions si foudroyantes de l'amygdale. Ces neurones opèrent de façon très similaire à un code secret de système d'alarme, à peu près comme un coupe-circuit.

---

1. Par exemple, un homme dont le cortex frontal a été abîmé à la suite d'une blessure à la tête et qui était auparavant très pieux a perdu tout contrôle de ses émotions. Il est capable de jeter un verre de jus d'orange à la tête d'une serveuse parce qu'il est tiède. Les êtres dont les lobes frontaux sont endommagés sont sujets à de telles explosions impulsives et sont incapables de maîtriser leurs accès primitifs de fureur ou de peur. Quand une blessure affecte un circuit neuronal et qu'il en résulte des changements spectaculaires de comportement, on est fondé à en déduire que les perturbations qui affectent le fonctionnement de ce circuit expliquent les anomalies de comportement qu'on observe chez les intéressés.

Richard Davidson, un neurologue de l'université du Wisconsin, a mené une importante série d'études en imagerie cérébrale sur deux groupes de gens : l'un composé de personnes extrêmement résistantes aux aléas de l'existence, et l'autre d'êtres beaucoup plus vulnérables à ceux-ci. Davidson a observé leurs fonctions cérébrales pendant qu'ils se consacraient à des tâches très stressantes — relater les expériences les plus bouleversantes de leur vie ou résoudre des problèmes mathématiques ardus dans un laps de temps limité, par exemple.

Les plus résistants se remettaient très vite du stress et retrouvaient leur calme en quelques secondes. Chez les plus vulnérables, en revanche, l'activité de l'amygdale et l'angoisse augmentaient plusieurs minutes après l'arrêt de l'activité stressante.

« Les gens résistants avaient déjà commencé à réfréner leur angoisse au moment de l'expérience stressante, explique Davidson. Ce sont des optimistes, portés sur l'action. Si quelque chose se passe mal dans leur vie, ils se demandent aussitôt comment l'améliorer. »

LE TEST DU CARAMEL

Six amis, tous étudiants à l'université, ont passé la soirée à boire et à jouer aux cartes quand une dispute éclate. Max et Ted s'énervent de plus en plus, se mettent à crier et tout d'un coup Max devient fou furieux, alors que Ted redevient visiblement plus calme et plus pondéré. Mais Max est sorti de ses gonds. Il se lève et menace physiquement Ted. Celui-ci répond très calmement à ces provocations, expliquant qu'il n'a rien contre le fait de se battre avec Max, mais quand la partie sera finie.

Max, bien que bouillant de colère, accepte. Pendant les quelques minutes qu'il leur faut pour achever la partie, les autres imitent l'attitude de Ted, faisant comme s'il ne s'était rien passé. Max a donc le temps de se calmer et de rassembler ses esprits. Une fois la partie terminée, Ted propose calmement à Max : « Maintenant, si tu veux que nous poursuivions cette discussion dehors, je suis prêt. » Mais Max, qui a eu le temps de se calmer et de réfléchir, s'excuse d'avoir perdu son sang-froid et les deux amis se serrent la main.

Ils se sont retrouvés à nouveau vingt ans plus tard à une réunion d'anciens étudiants. Ted avait effectué une brillante carrière dans l'immobilier, alors que Max, après avoir sombré dans l'alcoolisme et perdu son travail, essayait de se désintoxiquer.

Le contraste entre Max et Ted montre bien l'intérêt de savoir résister à ses impulsions. Chez Ted, les circuits neurologiques d'inhibition aux messages impulsifs émanant des centres émotionnels et notamment de l'amygdale fonctionnaient bien, chez Max, beaucoup moins bien.

L'histoire de Ted et Max fait écho à la trajectoire existentielle de deux groupes d'enfants dont j'ai parlé dans *L'Intelligence émotionnelle 1* et qui ont fait l'objet d'une étude à l'université de Stanford.

On fait entrer des enfants de quatre ans dans une pièce, un par un. Le psychologue dépose un caramel sur une table en face d'eux et leur dit : « Tu peux avoir ce caramel tout de suite si tu veux. Je vais faire une course. Si à mon retour tu ne l'as pas mangé, tu en auras deux. »

Quatorze ans plus tard, alors qu'ils passaient leurs diplômes universitaires, on compara le caractère des enfants qui avaient mangé le caramel tout de suite à celui de ceux qui avaient attendu pour en avoir deux. Ceux qui avaient sauté sur le caramel étaient plus vulnérables au stress, avaient tendance à se mettre en colère et à se disputer plus souvent et résistaient moins bien à la tentation pour atteindre leur but.

Plus surprenant pour les chercheurs : les enfants qui avaient attendu pour manger le caramel avaient obtenu des notes supérieures aux autres, de 210 points en moyenne (sur un maximum de 1 600) à leur examen d'entrée à l'université.

Sur la question de savoir pourquoi l'impulsivité diminue la capacité d'apprentissage, la piste la plus probable est encore une fois celle du lien existant entre l'amygdale et les lobes frontaux. En tant que source des impulsions émotionnelles, l'amygdale est à l'origine de la distraction. Les lobes frontaux sont le site de la mémoire active et de la capacité d'attention.

Quand nous sommes absorbés par des émotions, notre mémoire active est moins efficace. Pour un enfant à l'école cela peut signifier qu'il sera moins attentif à son professeur, à un livre, aux devoirs à faire à la maison. Si cette tendance persiste, le résultat en sera un apprentissage déficient et des notes médiocres aux examens d'entrée à l'université. Il en va de même pour la vie professionnelle : l'impulsivité et la distraction se paient d'une altération de la capacité d'apprentissage et d'adaptation.

Quand ces enfants sont devenus adultes et sont entrés dans la vie professionnelle, les différences se sont encore accusées. À l'approche de la trentaine, ceux qui avaient résisté au caramel dans leur enfance montraient des aptitudes intellectuelles plus grandes et leur capacité d'attention et de concentration était meilleure. Ils faisaient preuve d'une fiabilité et d'un sens des responsabilités plus grands dans les relations humaines et maîtrisaient mieux leurs frustrations.

Au contraire, ceux qui n'avaient pas su résister au caramel à quatre ans étaient devenus, à l'approche de la trentaine, moins capables intellectuellement et beaucoup moins compétents émotionnellement que ceux qui s'étaient retenus. Ils vivaient souvent seuls, étaient moins fiables, plus souvent distraits et moins persévérants : il leur fallait une récompense rapide. Ils montraient aussi peu de tolérance au stress et de maîtrise d'eux-mêmes. Ils s'adaptaient difficilement aux pressions et avaient tendance à reproduire inlassablement la même réaction vaine et inadaptée.

L'histoire des enfants au caramel recèle une mine de leçons sur le prix à payer pour un manque de maîtrise de soi. Notre pensée et notre travail pâtissent des turbulences émotionnelles qu'entraînent les diktats de l'amygdale.

GÉRER SES ÉMOTIONS

L'autorégulation émotionnelle implique non seulement de savoir apaiser son angoisse et réprimer ses impulsions mais aussi de provoquer délibérément des émotions même quand elles sont désagréables. Certains collecteurs d'impôts, m'a-t-on dit, préparent leurs appels téléphoniques en se mettant volontairement de mauvaise humeur. Les médecins qui doivent annoncer de mauvaises nouvelles à leurs patients ou aux familles de ceux-ci adoptent la disposition intérieure qui convient, ils deviennent sombres et graves, comme les employés des pompes funèbres qui rencontrent des familles endeuillées. Dans les sociétés de vente de produits et de services qui sont en rapport direct avec le public, on ne cesse d'exhorter les employés à se montrer accueillants avec les clients.

Certains spécialistes affirment que, quand on ordonne aux employés de s'imposer une émotion donnée, ils doivent effectuer un pénible travail émotionnel pour satisfaire à cette exigence et garder leur travail. Selon eux, les employés finiraient par devenir étrangers à leurs propres sentiments. Les vendeurs, les hôtesses de l'air et les employés d'hôtel font partie de cette classe de travailleurs obligés de « manipuler » leurs émotions, manipulation que A. Hochschild, sociologue de l'université de Californie, qualifie de « commercialisation des sentiments humains », une forme d'aliénation émotionnelle, selon lui.

Ce tableau ne reflète qu'une partie de la vérité. La difficulté, ici, consiste à évaluer le degré d'identification du salarié à son travail. Pour une infirmière qui se considère comme une personne charitable et attentive aux autres, les quelques instants consacrés à soulager un patient ne représentent pas un fardeau mais confèrent un sens plus profond à son travail.

La notion de maîtrise de soi émotionnelle ne signifie pas qu'il faille nier ou réprimer ses véritables sentiments. La « mauvaise » humeur, par exemple, peut avoir son utilité. La colère, la tristesse et la peur peuvent devenir des sources de créativité, d'énergie et nous rapprocher des autres. La colère peut être une puissante source de motivation, surtout quand elle traduit le besoin de réparer une injustice. Et le sentiment d'urgence qu'engendre l'anxiété peut stimuler la créativité.

La maîtrise de soi émotionnelle s'oppose au contrôle rigide qui réprime tout sentiment et toute spontanéité au prix de sérieux désagréments physiques et psychiques. Les êtres qui répriment d'intenses sentiments négatifs risquent des perturbations cardio-vasculaires. Quand une telle « neutralisation » émotionnelle devient chronique, elle peut altérer les performances intellectuelles et menacer l'harmonie des rapports humains.

En revanche, la compétence émotionnelle consiste à choisir le mode d'expression de nos sentiments le plus approprié. Une telle subtilité est particulièrement importante dans une économie globale, les règles fondamentales de l'expression des émotions variant beaucoup d'une culture à l'autre. Ce qui est convenable dans un pays semble déplacé dans un autre. Ainsi des cadres dirigeants venant de cultures émotionnellement réservées, comme ceux de l'Europe du Nord, pourront être jugés froids et distants par des hommes d'affaires sud-américains.

Aux États-Unis, la neutralité émotionnelle est souvent perçue négativement et assimilée à de la réticence ou à de l'indifférence. Une étude portant sur près de deux mille agents de maîtrise, cadres supérieurs et chefs d'entreprise de sociétés américaines a mis en évidence une forte corrélation entre défaut de spontanéité et médiocrité professionnelle. Les cadres dirigeants brillants se montrent plus spontanés que leurs homologues plus médiocres et les cadres supérieurs sont dans l'ensemble plus réservés que leurs supérieurs hiérarchiques immédiats. Ils s'efforcent apparemment d'éviter d'exprimer le « mauvais » sentiment dans une situation donnée.

Cette attitude traduit le sentiment répandu que le lieu de travail est une bulle séparée de la vie. Dans la sphère intime des amis et de la famille, nous pouvons — et devons — extérioriser tout ce que nous avons sur le cœur. Dans la vie professionnelle les règles sont souvent différentes.

Le self-control, l'aptitude à dominer ses impulsions et ses angoisses, dépend de la façon dont fonctionne le rapport entre les centres émotionnels et les centres décisionnels situés dans les zones frontales du cerveau. Ces deux aptitudes élémentaires, réfréner ses impulsions et composer avec ses angoisses, constituent la base de cinq compétences émotionnelles :

- la maîtrise de soi : savoir dominer les émotions et impulsions ;
- la fiabilité : se montrer honnête ;
- la conscience professionnelle : s'acquitter de ses obligations avec responsabilité et fiabilité ;
- l'adaptabilité : faire preuve de souplesse dans la gestion des changements et des défis nouveaux ;
- l'innovation : se montrer ouvert aux nouvelles informations, aux nouvelles approches.

RESTER CALME

« Bill Gates est hors de lui. Il a les yeux exorbités et ses énormes lunettes sont de guingois. Il est écarlate et postillonne... Il se trouve dans une petite salle de conférences bondée sur le campus de Microsoft avec vingt jeunes recrues de l'entreprise rassemblées autour d'une table oblongue. Ceux qui osent le regarder en face ont l'air terrorisés par leur président. Une odeur aigre de transpiration emplit la pièce, l'odeur de la peur... »

Pendant que Gates poursuit sa tirade furieuse, ses programmeurs décontenancés bafouillent des arguments maladroits pour le convaincre ou au moins le calmer. Mais c'est peine perdue. Personne ne semble capable d'y parvenir — à l'exception d'une petite femme sino-américaine à la voix douce. Elle est apparemment la seule personne dans la pièce à ne pas être intimidée par sa fureur. La seule à le regarder dans les yeux.

Par deux fois, elle l'interrompt pour lui répondre sur un ton calme. La première fois, ses paroles semblent l'apaiser un peu, mais il se remet à crier. La deuxième fois, il l'écoute en silence et lui jette un regard pensif. Soudain sa colère se dissipe et il lui lance : « Très bien, vous êtes sur la bonne voie, continuez. » Sur ces mots, il met fin à la réunion.

Ce que cette femme lui a dit n'était pas différent de ce que les autres lui disaient. Mais son calme imperturbable lui a permis de le dire mieux, de continuer à raisonner clairement au lieu de se laisser déstabiliser par l'anxiété. Son attitude faisait certainement partie de son message, elle faisait clairement entendre au « boss » que sa tirade ne l'intimidait pas, qu'elle ne perdrait pas sa contenance et qu'il n'y avait pas de raison de s'énerver autant.

Cette aptitude est pour l'essentiel invisible — la maîtrise de soi prend souvent l'allure d'une spectaculaire absence de réaction. Les signes de cette maîtrise de soi sont les suivants : ne pas se laisser submerger par le stress et pouvoir discuter avec quelqu'un d'agressif sans répliquer sur le même ton. Autre exemple banal, la gestion du temps. Respecter son emploi du temps demande de la maîtrise de soi, il faut résister à des exigences apparemment urgentes mais en fait futiles et se refuser les plaisirs et les distractions qui font perdre du temps.

L'acte suprême de responsabilité personnelle dans le travail consiste peut-être à reprendre le contrôle de notre état d'esprit intime. Nos humeurs exercent une influence puissante sur nos pensées. En colère, nous avons tendance à nous rappeler plus facilement des incidents qui augmentent notre irritation, nos pensées se focalisent sur l'objet de notre colère et l'irritabilité altère tellement notre vision du monde que le moindre commentaire anodin nous paraît hostile. Pour travailler efficacement, il est essentiel d'apprendre à résister à la tyrannie de ses humeurs.

LE SELF-CONTROL

Garder la maîtrise des émotions
et impulsions perturbatrices

Les êtres possédant cette compétence
- dominent bien leurs impulsions et leurs angoisses ;
- restent calmes, positifs et imperturbables même dans les moments éprouvants ;
- pensent clairement et restent concentrés malgré le stress.

QUAND LE TRAVAIL DEVIENT UN ENFER

Il y a de nombreuses années, j'ai eu un patron dont le caractère extrêmement ambitieux m'a tout de suite frappé. Sa stratégie pour se faire bien voir à ce poste auquel il venait d'être promu consistait à recruter des rédacteurs inexpérimentés — ses « gars » — et à s'assurer que leurs travaux bénéficiaient d'une large publicité dans différentes publications. Il passait une grande partie de son temps avec ces nouveaux venus et ignorait ostensiblement les anciens comme moi.

Peut-être mon patron subissait-il la pression de son supérieur — je n'ai jamais connu ses motivations. Mais un jour, à ma grande surprise, il m'a invité à prendre un café avec lui. Et là, après quelques instants de bavardage purement formel, il m'a abruptement informé que certains aspects de mon travail laissaient à désirer. Il ne précisa pas clairement de quels défauts il s'agissait — avec un patron précédent, mon travail avait été présélectionné pour plusieurs prix scientifiques importants. Mais la conséquence était claire : si je ne m'améliorais pas, il me renverrait.

Cette annonce me plongea bien sûr dans une angoisse profonde, incontrôlable. J'étais endetté jusqu'au cou, mes enfants allaient entrer à l'université*, j'avais absolument besoin de garder ce poste. Pis : ce travail de recherche et de rédaction exige un haut niveau de concentration et les angoissantes perspectives de catastrophe professionnelle et financière auxquelles j'étais subitement confronté me distrayaient sans cesse.

Ce qui m'a évité de tomber malade, c'est une technique de relaxation apprise des années auparavant, une pratique de méditation simple à laquelle je m'adonnais depuis longtemps. Je ne l'avais pas pratiquée très régulièrement mais j'en suis redevenu un adepte convaincu et je me suis imposé des séances d'une demi-heure, voire d'une heure de détente apaisante par jour, chaque matin avant de partir au travail.

Et ça a marché : je ne me suis pas laissé miner par la pression, j'ai fait l'impossible pour produire, à la demande, des articles d'une qualité professionnelle irréprochable. Et puis un jour, soulagement : mon insupportable patron avait obtenu sa promotion dans un autre département.

Les êtres qui savent le mieux gérer l'anxiété usent souvent d'une technique antistress à laquelle ils recourent en cas de besoin, que ce soient un long bain chaud, une séance de sport, de yoga — ou de méditation. Le recours à la relaxation ne signifie pas que nous éviterons toujours contrariétés et angoisses. Mais une pratique régulière et quotidienne de celle-ci parvient apparemment à réduire la réactivité de l'amygdale. Cette réactivité réduite nous permet de récupérer plus vite en cas de putsch, et nous rend plus capables de contrer ses débordements. Les bouffées d'angoisse auxquelles nous sommes sujets s'espacent et se font plus brèves.

UN SENTIMENT D'IMPUISSANCE

Le sentiment d'impuissance qu'entraînent les pressions professionnelles est pernicieux. Les patrons et employés de petites

* Les frais de scolarité des étudiants américains sont très élevés. (*N.d.T.*)

entreprises qui ont le sentiment de contrôler les événements de leur vie sont moins sujets à la colère, à la dépression ou à l'agitation que les autres en cas de tensions ou de conflits professionnels. Au contraire, le sentiment d'un contrôle insuffisant engendre de la contrariété chez ceux qui l'éprouvent et les poussent même à démissionner. Une étude portant sur sept mille quatre cents fonctionnaires londoniens, hommes et femmes, a montré que les risques de maladies coronariennes étaient majorés de 50 % chez ceux qui avaient le sentiment de devoir travailler à un rythme fixé par quelqu'un d'autre et de n'avoir pas leur mot à dire, par rapport à ceux qui jouissaient de conditions de travail plus souples. Les exigences et les pressions professionnelles que nous subissons augmentent aussi les risques d'hypertension. C'est pourquoi, de toutes les relations de notre vie professionnelle, la plus importante est celle que nous entretenons avec notre chef, à cause de l'impact qu'elle a sur notre santé émotionnelle et physique. On a observé que les tensions abaissent le seuil de résistance aux virus : une journée difficile au bureau ne pose pas de problème mais une ambiance conflictuelle permanente avec un supérieur finit par altérer les défenses immunitaires.

Dans les interactions récemment découvertes entre le cerveau et le corps qui traduisent l'influence de notre état mental sur notre santé physique, ce sont les centres émotionnels qui jouent le rôle crucial parce qu'ils abritent les plus riches réseaux de connexions avec le système immunitaire et le système cardio-vasculaire. Ces liens physiologiques expliquent pourquoi des sentiments pénibles, tristesse, frustration, colère, tension, anxiété augmentent sensiblement les risques de crise cardiaque chez les personnes qui souffrent d'une maladie de cœur.

Les mères qui travaillent savent bien qu'elles doivent assumer un fardeau supplémentaire, puisque aux pressions professionnelles ordinaires vient s'ajouter la tension mentale de devoir être disponible pour d'éventuels problèmes familiaux, la maladie d'un enfant par exemple. Chez les mères, célibataires ou mariées, qui occupent des postes de niveau moyen, dans lesquels elles ont peu de contrôle sur leur travail, le niveau de cortisol, l'hormone de stress, est nettement plus élevé que chez les femmes sans enfants.

Une présence modérée de cortisol dans le sang peut aider le corps à combattre un virus ou à réparer des tissus endommagés, mais un niveau excessif de cortisol diminue l'efficacité des défenses immunitaires. Comme l'écrit un chercheur de l'Institut national de santé mentale : « Si vous regardez les cours de la Bourse chuter à la télé, le stress psychologique va faire grimper votre cortisol. Si en plus quelqu'un vous tousse à la figure à ce moment-là, vous risquez d'attraper la grippe. »

LES MULTIPLES BIENFAITS DE LA CONSCIENCE DE SOI

Un professeur d'université qui souffrait de troubles cardiaques s'était vu prescrire un appareil de contrôle du rythme cardiaque qu'il devait porter en permanence parce que, au-delà de cent cinquante pulsations/minute, son cœur était insuffisamment alimenté en oxygène. Un jour, ce professeur se rend à l'une de ces interminables réunions des chefs de service qu'il appréhendait et où il avait l'impression de perdre son temps.

Il découvre au cours de cette réunion, en observant son écran de contrôle, lui qui s'était toujours cru blasé et indifférent à ces discussions, que les pulsations de son cœur atteignent des niveaux dangereux. Il n'avait pas compris à quel point les luttes d'influence qui s'y déroulaient le perturbaient émotionnellement. La conscience de soi est une aptitude extrêmement précieuse pour gérer le stress. Sans une attention vigilante nous pouvons, comme ce professeur d'université, nous montrer étonnamment inconscients du niveau réel de stress que génère notre vie quotidienne.

Le simple fait de prendre conscience de sentiments qui nous occupent à notre insu peut avoir des effets salutaires. On a ainsi demandé à soixante-trois cadres supérieurs licenciés de consacrer vingt minutes par jour, pendant cinq jours, à consigner dans un journal leurs sentiments et leurs réflexions les plus profonds sur l'épreuve qu'ils traversaient. Ceux qui, réussissant à surmonter leur colère et leur hostilité compréhensibles, ont effectivement tenu ce journal ont retrouvé un travail plus vite que les autres.

Mieux nous contrôlons nos troubles émotionnels, plus nous parvenons à surmonter nos angoisses rapidement. En témoignent les réactions de spectateurs auxquels on a montré un film contre l'alcool au volant contenant des images d'accidents automobiles et de blessés : ils ont déclaré avoir été perturbés et déprimés par ces images qui revenaient sans cesse les hanter pendant la demi-heure suivant la projection. Ceux qui voyaient le plus clair en eux-mêmes ont rapidement surmonté cet état. La lucidité émotionnelle nous permet de mieux gérer nos perturbations affectives.

Arborer un calme imperturbable ne signifie pourtant pas qu'on est tiré d'affaire. Les êtres qui semblent imperturbables, et bouillent en fait intérieurement ont évidemment besoin de dompter cette perturbation émotionnelle. Dans certaines cultures, en Asie notamment, on encourage la dissimulation des sentiments négatifs. Cette attitude garantit sans doute des rapports humains paisibles mais elle a parfois des conséquences néfastes pour les individus. Un psychologue qui enseigne l'intelligence émotionnelle aux hôtesses de l'air en Asie me confiait : « Là-bas le problème c'est qu'ils implosent. Ils n'explosent pas, ils retiennent tout et ils souffrent. »

Cette implosion émotionnelle a plusieurs inconvénients : ceux qui implosent ne parviennent pas à améliorer leur situation. Ils ne présentent peut-être pas de signes extérieurs de perturbations émotionnelles mais ils souffrent de divers maux induits par celles-ci : migraines, crispations, tendance à fumer et à boire avec excès, troubles du sommeil, tendance à l'autodénigrement... Ils ont donc autant besoin d'apprendre à gérer leurs réactions à ces perturbations que ceux qui explosent.

LE SELF-CONTROL À L'ŒUVRE

C'est une scène classique dans les rues des grandes capitales : un homme se gare en double file dans une rue encombrée, entre dans une boutique en courant, fait quelques courses et ressort tout aussi vite pour découvrir qu'un policier lui a posé un PV sur son pare-brise, et qu'en plus un agent de la fourrière est déjà en train de hisser sa voiture sur sa camionnette.

« Nom de Dieu ! explose l'homme furieux en s'adressant au policier, vous êtes vraiment le dernier des cons ! » Et il s'époumone en martelant le capot de la camionnette de coups de poing.

Le policier, visiblement stupéfait, parvient quand même à répondre calmement : « C'est la loi. Si vous pensez que je suis dans mon tort vous pouvez faire appel. » Et, sur ce, il tourne les talons et s'éloigne.

Le self-control est évidemment crucial pour les « gardiens de la paix ». Si un policier est confronté à une personne qui perd son sang-froid, comme cet automobiliste incivique, et qu'il réplique sur le même ton, les risques que leur discussion dégénère augmentent rapidement. Comme le rappelle Michael Wilson, qui enseigne à l'académie de police de New York, ces situations obligent beaucoup de policiers à lutter pour réprimer leur réaction viscérale au manque de respect dont ils sont victimes et qui peut être, dans certains cas, le signal d'une véritable menace pour leur vie. Comme l'explique Wilson : « Au départ, quand quelqu'un vous insulte, votre corps veut réagir. Mais il y a cette petite voix dans votre tête qui répète : "Ça n'en vaut pas la peine. Si je touche ce type, j'ai perdu la partie." »

La formation des policiers enseigne un dosage précis de l'usage de la force selon chaque situation. Les menaces, l'intimidation physique, et le fait de dégainer son arme sont des recours extrêmes, surtout dans la mesure où chacune de ces réactions risque d'entraîner un putsch de l'amygdale chez celui qu'on a en face de soi.

Les études de compétences dans les institutions policières montrent que les policiers les plus remarquables sont ceux qui font le moins appel à la force physique, abordent les individus instables avec calme et professionnalisme et font baisser la tension. Une étude portant sur les agents de la circulation new-yorkais a montré que ceux qui gardent leur calme même avec des automobilistes en colère risquent le moins de voir des situations difficiles dégénérer en altercations violentes.

Cette nécessité s'applique à toute personne régulièrement confrontée à des êtres désagréables ou agités dans sa vie professionnelle. Les meilleurs avocats et psychothérapeutes sont ceux qui parviennent à répondre calmement aux agressions de leurs clients ou patients. Il en va de même pour les hôtesses de l'air confrontées à des passagers mécontents. Et les chefs d'entreprise ou les cadres supérieurs les plus remarquables tempèrent leur impulsivité et leur ambition par leur maîtrise d'eux-mêmes et savent canaliser leur émotivité au service de leur entreprise.

SAVOIR UTILISER LE STRESS

Voici l'exemple de deux cadres supérieurs dans une grande entreprise de télécommunications où le stress monte en flèche, à cause des évolutions draconiennes qui affectent ce secteur. L'un de ces cadres est miné par la tension :

« Ma vie ressemble à une course de rats. J'essaie toujours de rattraper mon retard, de respecter les délais, mais la plupart des tâches à accomplir restent insignifiantes, routinières. Ce qui fait que même quand je suis nerveux et tendu, je m'ennuie. »

Et voici ce que déclare le second cadre supérieur :

« Je ne m'ennuie presque jamais. Même quand je ne trouve pas le travail à faire très intéressant, je finis en général, une fois que je suis entré dedans, par en découvrir les aspects stimulants. J'essaie toujours de tirer le meilleur parti de la situation, de donner à ma vie professionnelle la direction la plus captivante possible. »

Le premier cadre supérieur possède une résistance au stress médiocre alors que le second fait preuve d'une grande capacité à s'impliquer et maîtrise ce qui lui arrive. Il ressent le stress plutôt comme un défi que comme une menace. L'étude a montré que ceux qui faisaient preuve de résistance au stress et considéraient le travail comme fatigant mais excitant et le changement comme une occasion de s'enrichir plutôt que comme un ennemi supportaient beaucoup mieux le fardeau du stress et que leur santé y résistait mieux.

Un des paradoxes de la vie professionnelle est que la même situation représente une menace redoutable pour certains et pour d'autres un défi stimulant, voire enthousiasmant. Il y a une différence cruciale d'un point de vue neurologique entre le « bon stress » — le défi qui nous motive et nous mobilise — et le « mauvais stress », cette menace qui nous submerge, nous paralyse ou nous démoralise.

Les substances chimiques cérébrales qui correspondent à l'enthousiasme devant un défi sont différentes de celles qui accompagnent le stress et la sensation de menace. Elles se répandent dans le sang quand nous sommes en état de productivité optimale et de bonne humeur. La biochimie de ces états productifs stimule notamment le système nerveux sympathique et les glandes surrénales qui sécrètent des catécholamines.

Ces catécholamines, l'adrénaline et la noradrénaline, nous aiguillonnent de manière beaucoup plus positive que le cortisol, qui nous plonge dans un état de frénésie. Quand le cerveau se place en « état d'urgence » il se met à sécréter du cortisol et des doses élevées de catécholamines, mais c'est à un niveau modéré d'excitation cérébrale que nous effectuons notre meilleur travail sous l'effet des seules catécholamines. (Et quant au cortisol, son niveau ne grimpe pas seulement sous l'effet d'une menace dans notre travail ou d'un commentaire négatif de notre patron, mais aussi à cause de l'ennui, de l'impatience, de la frustration ou encore de la fatigue.)

On peut distinguer entre deux sortes de stress — un bon et un mauvais — et deux fonctionnements biologiques distincts. Quand le système nerveux sympathique sécrète des « bonnes » hormones (en quantité modérée), notre humeur est positive et notre capacité à penser et à réagir est optimale : c'est à ce point d'équilibre biologique que nous atteignons nos meilleures performances.

LE POUVOIR DE L'INTÉGRITÉ

L'inventeur d'un nouveau produit prometteur, un matelas à air qui avait l'avantage de préserver la chaleur corporelle, nous a raconté sa discussion avec un industriel qui lui avait proposé de fabriquer et de vendre son produit en lui reversant des royalties. Cet homme d'affaires lui révéla au cours de leur conversation, avec une certaine fierté, que son entreprise ne payait aucun impôt.

« Comment vous y prenez-vous ?

— Je tiens deux comptabilités séparées, répliqua l'homme sur un ton suffisant.

— Mais sur laquelle allez-vous vous baser pour chiffrer les ventes de mes matelas et me verser mes royalties ? » demanda l'inventeur.

Cette question est restée sans réponse : fin de l'association.

L'intégrité est la condition même de la crédibilité. Les grands professionnels savent que la fiabilité dans le travail suppose une transparence optimale des principes et des valeurs, et une cohérence des actes avec ces valeurs. Ils reconnaissent franchement leurs propres erreurs et n'hésitent pas, le cas échéant, à confronter les autres à leurs défaillances.

Les êtres intègres sont francs, y compris quand l'aveu leur coûte, ce qui contribue à renforcer leur aura d'authenticité. En revanche, ceux qui n'admettent jamais une défaillance ou ont tendance à vanter leurs qualités, leur entreprise, ou un produit, sapent leur crédibilité.

L'intégrité distingue les grands professionnels dans tous les types de métier. Prenons celui de vendeur : dans un tel travail, celui qui dissimule des informations cruciales, ne tient pas ses promesses ou manque à ses engagements sape la confiance indispensable aux relations d'affaires.

« Les chefs des ventes qui ont travaillé pour moi et ont échoué possédaient toutes les qualités sauf la fiabilité, m'explique cet ancien PDG d'une grande entreprise spécialisée dans la fabrication de microprocesseurs. Une vente fonctionne au donnant, donnant : je te donne ça si tu me fais une concession sur autre chose... C'est une situation ambiguë dans laquelle il faut s'en tenir à la parole de son interlocuteur, c'est pourquoi la confiance est plus importante. »

Douglas Lennick, vice-président du département de conseil financier d'American Express, approuve : « Certaines personnes ont l'impression erronée qu'on peut réussir dans ce métier en trompant les gens ou en les poussant à acheter quelque chose dont ils ne veulent pas. Cela peut marcher un certain temps, mais à long terme cette attitude se retourne contre vous. Vous réussissez beaucoup mieux si vous respectez vos valeurs personnelles dans votre travail. »

FIABILITÉ ET CONSCIENCE PROFESSIONNELLE

Faire preuve d'intégrité
et se comporter de façon responsable

1. Fiabilité

Ceux qui possèdent cette compétence

• ont une conduite irréprochable d'un point de vue éthique ;

• construisent des relations de confiance par leur fiabilité et leur authenticité ;

• reconnaissent leurs propres erreurs et manifestent leur désaccord avec les comportements qu'ils jugent immoraux.

2. Conscience professionnelle

Ceux qui possèdent cette compétence

• tiennent leurs engagements et leurs promesses ;

• endossent la responsabilité des objectifs qu'ils se sont assignés ;

• se montrent organisés et méticuleux dans leur travail.

LES AFFAIRES SONT LES AFFAIRES

Je l'ai rencontrée dans un avion, elle occupait le siège voisin. Nous avons bavardé un moment et elle a découvert que je travaillais sur l'intelligence émotionnelle. C'est alors qu'elle a « vendu la mèche » :

« La société où je travaille effectue des tests de sécurité pour l'industrie chimique. Nous évaluons les substances utilisées par les entreprises et contrôlons la façon dont elles sont manipulées ; nous vérifions que toutes les procédures concernant ces substances se conforment bien aux règles de sécurité, notamment en ce qui concerne leur combustibilité. Mais en fait mon patron se fiche que le rapport soit exact. Il exige simplement qu'il soit terminé à temps. Son leitmotiv : "Faites le boulot dans les délais et faites-vous payer."

« J'ai récemment découvert que certains calculs d'un rapport étaient faux et je les ai refaits. Mais le patron m'a sermonnée parce que je l'ai remis en retard. Et je dois obtempérer à ses directives alors que je sais que ce type est incompétent. Résultat, je refais tous mes calculs à la maison pendant mon temps libre. Tout le monde est malheureux qu'il nous soumette à une telle pression. »

Pourquoi rester dans ces conditions ?

Elle me parle d'un divorce qui a mal tourné, des deux enfants à sa charge, de son angoisse de ne pas retrouver de travail : « Je partirais si je pouvais, mais j'ai besoin de ce boulot. Les places sont rares en ce moment... »

Après un long silence songeur, elle continue : « Il signe tous les rapports, y compris ceux que nous faisons. Au début ça m'ennuyait qu'il s'attribue tout le mérite du travail des autres, mais maintenant je suis soulagée. Je ne veux pas que mon nom figure sur ces rapports. Ça ne me semble pas sain. Il n'y a pas eu d'accidents pour l'instant, d'incendies ou d'explosions, mais ça pourrait bien arriver un jour. »

Et si elle racontait ce qu'elle sait, si elle informait les autorités de ces faits ?

« J'ai pensé à raconter mon histoire à quelqu'un, mais je ne peux rien dire parce que j'ai signé un engagement de confidentialité quand j'ai été recrutée. Il faudrait que je démissionne et que je sois capable de prouver mes accusations devant un tribunal — cela deviendrait un cauchemar. »

Alors que notre avion s'apprêtait à atterrir, elle semblait à la fois soulagée et nerveuse des révélations qu'elle m'avait faites. Si anxieuse qu'elle refusa de me donner son nom ou celui de l'entreprise pour laquelle elle travaillait. Elle prit quand même mon nom et mon numéro de téléphone en me confiant qu'elle avait d'autres révélations à me faire et qu'elle m'appellerait.

Elle ne m'a jamais appelé.

Une récente étude, stupéfiante, sur mille trois cents salariés d'entreprises américaines a révélé qu'environ la moitié d'entre eux « trichaient » dans leur vie professionnelle. Ces manquements à la morale et aux règles professionnelles étaient en général relativement mineurs : ils envoyaient un arrêt de travail injustifié quand ils voulaient prendre quelques jours de repos, ou ils rapportaient chez eux des fournitures appartenant à la société. Mais 9 % ont admis avoir menti à un client ou l'avoir trompé, 6 % ont falsifié des chiffres dans des rapports ou des documents de travail et 5 % ont menti à leurs supérieurs sur des problèmes importants ou dissimulé des informations décisives. 4 % ont reconnu s'être attribué le mérite du travail ou des idées d'autrui. Certaines de ces infractions — copies de logiciels ou imitation d'une signature au bas d'un document — sont beaucoup plus graves. 1 % de ces salariés a transmis sciemment de fausses informations à l'administration, en remplissant leurs déclarations d'impôts, par exemple.

En revanche, une étude menée sur les comptables d'un des plus grands cabinets américains a révélé que ces grands professionnels se distinguaient notamment par leur courage : ils exigeaient que leurs clients se conforment aux règles en vigueur et étaient prêts à leur tenir tête, à résister aux pressions de leurs propres cabinets, et s'il le fallait à risquer de perdre un client. Et les meilleurs d'entre eux n'hésitaient pas à défier la résistance collective d'une entreprise pour s'assurer que les règles étaient appliquées — attitude qui requiert une intégrité et une confiance en soi très grandes.

CONTRÔLER SES IMPULSIONS : LA LIGNE JAUNE ÉMOTIONNELLE

Voici trois cas de franchissement de ligne jaune :

- un commissaire aux comptes est licencié parce qu'il harcelait sexuellement ses collègues féminines. Il se montrait aussi très agressif dans ses rapports avec les gens en général ;

• un cadre d'une autre société, d'un caractère extraverti, bavard, amical et spontané mais incapable de tenir sa langue est licencié pour avoir divulgué des secrets de sa société ;

• le chef d'une petite entreprise industrielle est inculpé de détournement de fonds. Il avait recruté un directeur financier aussi peu scrupuleux que lui et aussi inconscient des sanctions pénales qu'ils encouraient du fait de leurs malversations.

Ces exemples de carrières brisées proviennent des archives d'une société de consultants qui a évalué chacun de ces cadres au cours d'une étude englobant quatre mille deux cent soixante-cinq personnes, qu'il s'agisse de chefs d'entreprise ou d'ouvriers qualifiés. Ces trois personnes présentaient des déficiences similaires en maîtrise de soi. C'est elle qui permet aux êtres de réfléchir aux conséquences potentielles de leurs actes et d'endosser la responsabilité de ce qu'ils disent et font.

La société de consultants qui a effectué cette étude sur la maîtrise de soi dans le monde du travail a émis la recommandation suivante :

« Quand on recrute un employé à quelque niveau que ce soit, il est sage de rejeter des candidats qui manquent de maîtrise d'eux-mêmes, car les risques qu'ils suscitent des problèmes sont extrêmement élevés. » (On peut cependant aider les gens à mieux gérer leur impulsivité : un mauvais contrôle de ses impulsions ne doit pas signifier la fin d'un parcours professionnel.)

Même chez les joueurs de football professionnels dont le rôle semble exiger un certain degré d'agressivité spontanée, la retenue est payante. Dans une étude portant sur sept cents joueurs professionnels, ceux qui sont doués d'une grande retenue sont, selon leurs entraîneurs, plus motivés, font de meilleurs capitaines et sont plus faciles à entraîner. En revanche, ceux dont la retenue est médiocre montrent peu de respect pour leurs partenaires et leurs entraîneurs et sont incapables d'écouter ou d'appliquer des directives. Ils traitent leurs contrats et leurs engagements avec désinvolture, se montrent souvent grossiers avec leurs adversaires et sont portés, sur le terrain, aux coups d'éclat solitaires et narcissiques. Un très faible contrôle d'impulsivité est toujours une source de problèmes (drogue, bagarres, etc.) chez les joueurs de football et les sportifs en général.

UNE VERTU DISCRÈTE : LA CONSCIENCE PROFESSIONNELLE

Les ingrédients qui composent la conscience professionnelle, la ponctualité, la méticulosité, l'autodiscipline et un profond sens des responsabilités, sont les signes distinctifs du citoyen parfaitement intégré, celui qui fait en sorte que tout fonctionne comme il faut. Les consciencieux appliquent les règles, aident autrui et se soucient des gens avec lesquels ils travaillent. L'employé consciencieux s'efforce d'orienter les nouveaux arrivants ou met au courant ceux qui reviennent travailler après une absence, arrive à l'heure au bureau, n'abuse jamais des arrêts de travail et fait ce qu'il faut pour que ses tâches soient toujours terminées à temps.

La conscience professionnelle est une des clés du succès dans tous les domaines, comme le montrent la plupart des études sur les performances professionnelles : c'est elle qui assure une efficacité optimale dans presque tous les métiers, des travaux peu qualifiés aux postes de directeurs des ventes et de chefs d'entreprise. Elle se révèle particulièrement importante aux postes les plus modestes de l'entreprise : le responsable du courrier qui n'égare jamais un paquet, la secrétaire qui prend et répercute toujours les messages scrupuleusement, le livreur qui est toujours là à l'heure.

Prenons les commerciaux d'un grand fabricant d'appareils électroménagers : ce sont les plus consciencieux qui réalisent les plus gros volumes de ventes. La conscience professionnelle est toujours une excellente garantie d'emploi parce que les employés les plus consciencieux sont toujours parmi les plus appréciés. Les personnes exceptionnellement consciencieuses possèdent une sorte d'aura qui les fait paraître encore meilleures qu'elles ne le sont en réalité. Leur réputation de fiabilité leur vaut souvent de meilleures notations que celles qu'elles seraient en droit d'escompter d'après leurs résultats.

Mais la conscience professionnelle sans empathie ou sans aptitude aux rapports humains peut causer certains problèmes. Comme les êtres consciencieux sont très exigeants vis-à-vis d'eux-mêmes, ils ont parfois tendance à juger les autres d'après leurs propres critères et à se montrer trop sévères avec ceux qui n'ont pas un comportement aussi exemplaire que le leur.

Quand cette conscience tourne au conformisme inflexible, elle décourage la créativité. Dans les métiers créatifs comme l'art ou la publicité, une certaine fantaisie, une certaine spontanéité sont indispensables. Mais la réussite dans ces métiers suppose tout de même un équilibre : sans une dose suffisante de conscience professionnelle pour aller au bout de leurs projets, les créatifs ont tendance à rester de simples rêveurs dont l'imagination se concrétise mal.

LE CHOC DE LA NOUVEAUTÉ

Un clignotant à peine visible venait de s'allumer. À un certain moment, au milieu des années soixante-dix, les dirigeants d'Intel ont senti que leurs homologues japonais ne les traitaient plus tout à fait de la même façon. Alors qu'avant on leur montrait un énorme respect, ils revenaient chez eux avec la sensation d'une certaine condescendance chez les ingénieurs japonais. Quelque chose avait changé.

Ces « dernières nouvelles du front » constituaient le signe avant-coureur de la suprématie japonaise à venir sur le marché des puces, à l'époque l'activité principale d'Intel. C'est A. S. Grove, le PDG d'Intel, qui raconte cette histoire pour montrer les difficultés que peuvent éprouver les responsables d'une entreprise à s'adapter aux mutations de leur industrie.

Il a fallu encore plusieurs années aux principaux dirigeants d'Intel, avoue Grove, pour comprendre que les entreprises japonaises qui maîtrisaient parfaitement la fabrication des composants électroniques et leur miniaturisation étaient en train de battre Intel sur son propre terrain, celui des puces à mémoire.

De tels moments, où l'évolution des circonstances fait capoter une stratégie gagnante, sont cruciaux dans l'histoire de toute entreprise. C'est le thème de la « vallée de la mort » : si une entreprise n'est pas assez agile pour repenser sa stratégie tant qu'elle a encore les atouts et la force de changer et de s'adapter, elle est condamnée à dépérir et à disparaître.

Dans des moments aussi incertains, les capacités émotionnelles des dirigeants jouent un rôle crucial. Il est essentiel de savoir intégrer des réalités nouvelles, même douloureuses, sans se réfugier dans une attitude autoprotectrice, et de réagir avec souplesse et agilité. Trop souvent c'est l'inertie de la structure qui l'emporte avec une hiérarchie incapable de déchiffrer les signes des mutations en cours, ou craignant d'en tirer les conséquences.

Dans les années quatre-vingt, les responsables d'Intel avaient gardé l'habitude de se définir comme une « entreprise de mémoire » qui vendait des puces, même si à cette époque leur part de ce marché avait été réduite à 3 %. On ne prêtait guère attention à leur activité secondaire qui allait devenir leur nouveau métier de base : les microprocesseurs (« Intel Inside ») !

L'histoire des technologies de pointe, celles qui évoluent peut-être le plus rapidement, regorge d'échecs d'entreprises dont la direction n'a pas su s'adapter aux évolutions du marché. Un ingénieur ayant travaillé pour la société Wang au moment de son apogée, dans les années quatre-vingt, époque où son chiffre d'affaires annuel atteignait 18 milliards de francs, et a vu cette magnifique réussite s'effriter, me disait : « J'ai vu le succès engendrer l'arrogance. On cesse d'écouter ses clients et ses employés. On s'endort sur un succès qu'on croit acquis et finalement on se fait dépasser par ses concurrents. »

INNOVATION ET ADAPTABILITÉ

Rester ouvert aux nouvelles idées
et réagir avec souplesse aux changements

Ceux qui possèdent cette compétence

1. Pour l'innovation

• restent à l'affût des idées nouvelles d'où qu'elles viennent ;

• proposent des solutions originales aux problèmes ;

• adoptent des points de vue originaux et prennent des risques dans leur réflexion.

2. Pour l'adaptabilité

• savent concilier harmonieusement exigences multiples, priorités changeantes et mutations rapides ;

• adaptent leurs réactions et leur tactique à l'évolution des circonstances.

LE CHANGEMENT EST PERMANENT

Grove soutient que l'aptitude d'une entreprise à survivre dans l'épreuve si menaçante de la « vallée de la mort » dépend d'un facteur : « La réaction émotionnelle du sommet de la hiérarchie. » Quand la stratégie des dirigeants est confrontée à une importante menace, quand leurs convictions les plus solidement ancrées sur leur métier et leur mission sont battues en brèche, quelles sont les émotions qui l'emportent ?

Chez Intel, l'adaptabilité a joué un rôle crucial dans deux crises majeures : la perte du marché des puces à mémoire et, plus récemment, le vent du désastre a soufflé quand un défaut du nouveau processeur Pentium a ébranlé la confiance de millions de consommateurs de ce produit. Ce dernier drame a été résolu en un mois seulement, mais durant cette brève période toutes les étapes classiques de l'adaptation d'une direction relevant le défi d'une situation inattendue se sont succédé : un moment de dénégation initial suivi par la reconnaissance d'une réalité incontournable, lui-même suivi d'un moment d'angoisse vertigineuse. Celle-ci a été résolue quand Grove et ses principaux directeurs ont pris la réalité à bras-le-corps en se résignant finalement à une concession déchirante et qu'ils ont promis de remplacer tous les microprocesseurs défaillants de ceux qui en feraient la demande même si cela devait coûter à la société 3 milliards de francs.

Ces 3 milliards étaient le prix à payer pour imposer une image de marque. La campagne « Intel Inside » a été conçue pour faire comprendre aux consommateurs que le microprocesseur, dans l'ordinateur, est l'ordinateur. Il s'agissait de fidéliser le consommateur à l'égard d'Intel indépendamment de la marque de son PC.

Le préalable à la « réinvention » d'une entreprise passe par la remise en question de sa philosophie et de sa stratégie fondamentales. Mais l'attachement émotionnel des employés aux habitudes et à la culture de leur entreprise rend le changement d'autant plus difficile. Schwinn, un fabricant de bicyclettes, a été le numéro 1 de son secteur du milieu des années cinquante aux années soxante-dix. Cette société familiale a manqué le virage du VTT et réagi avec retard à l'explosion du marché des vélos pour adultes, laissant les concurrents étrangers occuper le terrain. Ses dirigeants ont beaucoup trop tardé à repenser leur stratégie. Un directeur des ventes avait même repoussé un projet de vélo léger par ce commentaire sarcastique : « Vous comptez l'enfourcher ou le porter ? »

Ses fournisseurs étrangers, parmi lesquels Giant Bicycles, de Taiwan, devenu un géant grâce au manque de vigilance de Schwinn et son principal créancier, ont fini par contraindre Schwinn à déposer son bilan en 1992.

La compétition, dans tous les domaines, est stimulée par de tels changements, inévitables, de la donne d'un marché. Un cadre supérieur d'une entreprise qui effectue du traitement de données pour des concessionnaires automobiles me confiait :

« Un de nos principaux concurrents gagnait 25 milliards de francs par an en fournissant des formulaires aux revendeurs automobiles. Jusqu'au jour où nous avons mis au point un système informatisé qui leur permettait de supprimer cette paperasse. Nous avons atteint un chiffre d'affaires de 300 millions de francs par an, en prenant ses clients à ce concurrent, avant qu'il finisse par se réveiller et par mettre au point un système informatisé comparable au nôtre, mais il leur aura fallu quatre ans pour y arriver et ils ont perdu des parts de marché considérables.

SURVIVRE AU CHANGEMENT : LES PRÉALABLES ÉMOTIONNELS

C'était un homme incontestablement brillant, bardé de diplômes de gestion et d'économie obtenus dans les meilleures universités. Il avait fait la démonstration impeccable de ses talents au poste de responsable des crédits et gestionnaire des risques dans une grande banque généraliste pendant de nombreuses années.

Et voilà qu'il était licencié.

La raison ? Il n'était pas parvenu à s'adapter à son nouveau travail. Grâce à ses résultats, il avait été promu dans une équipe de banquiers qui devaient rechercher de nouvelles affaires prometteuses où investir. Leur mission consistait à récupérer la valeur d'obligations d'État dans des pays où elles avaient chuté parfois de 80 %. Dans ces pays eux-mêmes, lesdites obligations pouvaient encore être investies à leur valeur nominale. Mais au lieu d'aider cette équipe à élaborer des scénarios positifs et de considérer certaines entreprises comme de bonnes affaires virtuelles, cet ex-gestionnaire de risques se contenta de reproduire son ancienne approche négative.

Selon le dirigeant qui l'a licencié :

« Il insistait sans arrêt sur l'analyse des faiblesses, mettait l'accent sur les handicaps, bref, il tuait les affaires dans l'œuf au lieu de les bâtir. Son patron a fini par en avoir marre et il l'a viré. Il ne parvenait absolument pas à s'adapter à son nouveau rôle. »

Aujourd'hui, dans la vie professionnelle, le changement est la règle. « Nous avions l'habitude d'être très rigides dans nos façons d'opérer. On suivait le manuel : A, B, C, D, etc., c'était la seule méthode, me confie ce directeur de la régie publicitaire d'un grand magazine. Maintenant nous prenons nos décisions nous-mêmes, nous ne suivons plus de formule préétablie dans notre façon de travailler. On nous encourage à prendre des risques, à travailler en équipe. L'atmosphère a changé. Certains semblent perdus. Ils ont beaucoup de mal à s'adapter à ces nouvelles méthodes. »

Beaucoup de dirigeants de société éprouvent des réticences à accepter la diffusion des responsabilités et des pôles de décision dans l'entreprise. Comme me l'expliquait ce cadre supérieur de Siemens : « Les gens ont de vieilles habitudes d'autorité. Les nouveaux schémas de responsabilités encouragent les collaborateurs à prendre les décisions eux-mêmes, à déléguer les responsabilités vers la base, plus près du consommateur. Mais quand les résultats ne sont pas au rendez-vous, quand la rentabilité fléchit, ne serait-ce que pendant un mois, certains dirigeants paniquent, reviennent à leurs vieilles habitudes et resserrent leur contrôle. En agissant de cette façon, ils sapent l'efficacité des nouvelles méthodes. »

Si une compétence est requise, aujourd'hui, c'est bien l'adaptabilité. Les professionnels les plus adaptables affectionnent le changement et l'innovation. Ils sont ouverts aux nouvelles informations et, comme l'équipe dirigeante d'Intel, sont capables de renoncer à leurs vieilles convictions et de modifier leur façon de travailler. Ils tolèrent bien l'anxiété devant la nouveauté et l'inconnu et sont prêts à miser sur de nouvelles méthodes de travail.

L'adaptabilité consiste à savoir intégrer les nouveaux paramètres d'une situation donnée. Cette souplesse suppose de ne pas se laisser déstabiliser par les situations incertaines ou inattendues. Autre important facteur d'adaptation, la confiance en soi qui permet de modifier rapidement ses réactions et même de changer radicalement de comportement quand les réalités l'exigent.

L'ouverture au changement qui caractérise l'adaptabilité rapproche celle-ci d'une autre compétence extrêmement prisée dans l'époque turbulente où nous vivons : l'innovation.

LES INNOVATEURS

La société Levi Strauss, le fabricant de vêtements bien connu, a été confrontée à un cas de conscience. Deux de ses sous-traitants, au Bangladesh, faisaient travailler des enfants. Les associations de défense des droits de l'homme ont fait pression sur Levi Strauss pour qu'il exige de ces sous-traitants qu'ils renoncent à cette pratique. Mais les enquêteurs dépêchés sur place ont découvert que, si ces enfants perdaient leur emploi, ils tomberaient dans la misère et seraient peut-être forcés de se prostituer. La société devait-elle les renvoyer, se conformant ainsi aux traités internationaux sur le travail des enfants, ou les garder pour les protéger contre un sort encore pire ?

Ni l'un ni l'autre. Levi Strauss a décidé de continuer à payer ces enfants pendant qu'ils iraient à l'école et de les réemployer quand ils auraient atteint l'âge de quatorze ans, âge local de la majorité.

Voilà un exemple de réponse novatrice pour les multinationales soucieuses d'assumer leurs responsabilités sociales. Parvenir à une décision si originale suppose une culture d'entreprise, des idées courageuses qui peuvent sembler de prime abord radicales ou aventureuses, et une certaine ténacité.

Toute la créativité de l'innovateur consiste à appliquer de nouvelles idées pour obtenir de meilleurs résultats. Ceux qui possèdent ce don parviennent à identifier rapidement les problèmes décisifs et à simplifier des questions qui semblent d'une complexité insoluble. Plus important, ils sont capables de découvrir des solutions et des schémas originaux qui échapperont aux autres.

Au contraire, les êtres qui manquent de talent pour innover sont incapables d'une vision d'ensemble des problèmes, ils se perdent dans les détails et peinent à résoudre des problèmes complexes. Les idées nouvelles les intimident et leur peur des risques les pousse à rejeter la nouveauté. Et quand ils essaient de trouver des solutions, ils ne parviennent pas toujours à comprendre que ce qui a réussi dans le passé ne constitue pas toujours une réponse adéquate pour le futur.

Quand nous parlons d'un esprit d'innovation insuffisant nous visons plus qu'un simple manque d'imagination. Ceux qui craignent de prendre des risques ont tendance à critiquer et à dénigrer. Méfiants, sur la défensive, ils ont tendance à railler et à saper les idées novatrices.

L'esprit créatif est, de par sa nature même, un peu inquiet. Il est tiraillé entre la maîtrise de soi et le besoin d'innovation. Pourtant on ne peut pas dire que les êtres créatifs manquent de contrôle émotionnel. Ils s'efforcent plutôt de développer des réponses plus variées que ne le font des esprits moins aventureux. C'est cette manière d'être qui leur ouvre de nouvelles possibilités.

La maîtrise de soi produit surtout des résultats remarquables dans les grandes entreprises, où les comportements bureaucratiques et conformistes sont souvent encouragés. Mais dans les collectivités où souffle l'esprit d'entreprise et dans les métiers créatifs comme ceux de la publicité, une maîtrise de soi trop rigide est le signe avant-coureur de l'échec.

Un homme d'affaires allemand spécialisé dans le capital-risque décrit le manque de soutien qu'il a rencontré dans son pays à l'égard de l'innovation et de la prise de risques dans la création d'entreprises. J'ai entendu le même son de cloche au Japon. Cet entrepreneur allemand me disait :

« Beaucoup de pays, dont le mien, se demandent comment encourager la création d'entreprises qui génère des emplois. » La prise de risques et le besoin d'apporter des idées novatrices constituent les ingrédients fondamentaux de tout esprit d'entreprise.

ANCIENS ET NOUVEAUX PARADIGMES POUR L'INNOVATION

L'acte d'innover est à la fois cognitif et émotionnel. L'élaboration d'une idée créatrice est un acte intellectuel, mais l'évaluer, la développer et la réaliser requièrent des compétences émotionnelles comme la confiance en soi, l'initiative, l'obstination et la persuasion. Et la créativité suppose une forme d'autorégulation qui permet de surmonter certaines barrières émotionnelles. Comme le souligne le psychologue R. Sternberg, ces barrières découlent du caractère versatile du créatif qui passe de la dépression à l'euphorie, de l'apathie à l'enthousiasme et de la distraction à la concentration.

Le mathématicien Henri Poincaré (1854-1912) a proposé un modèle d'interprétation des quatre étapes de l'acte créateur qui reste encore, grosso modo, valable aujourd'hui.

La première étape est la *préparation*, le fait de s'immerger dans un problème, de rassembler une grande quantité d'informations. Cette première étape aboutit la plupart du temps à une impasse frustrante : beaucoup de possibilités, mais peu d'idées.

Dans l'étape suivante, l'*incubation*, les informations et les possibilités fermentent dans un coin de l'esprit. Nous laissons celui-ci s'ébattre librement : rêveries diurnes, libres associations de pensées, séances de réflexion collectives, prise en compte de toutes les idées qui émergent.

Puis, avec un peu de chance, survient la troisième étape : l'*illumination*, le moment où l'idée majeure nous est révélée. C'est un moment palpitant, une apothéose. Mais l'illumination ne suffit pas : le monde du travail est jonché d'idées prometteuses qui n'ont jamais été exploitées.

La phase finale est celle de l'*exécution*, la mise en application de l'idée. Cette étape demande une grande obstination pour contrer les objections, les obstacles, les essais suivis d'échecs que toute innovation entraîne inéluctablement.

« Il existe une énorme différence entre celui qui invente vraiment quelque chose et le fait passer dans la réalité et celui qui se contente d'en rêver, explique Philippe Weilerstein, président d'une association d'inventeurs américains. Ceux qui vont jusqu'au bout et appliquent leurs idées possèdent en général une bonne dose d'intelligence émotionnelle. Ils conjuguent une grande variété d'ingrédients — humains pour la plupart — pour permettre à la novation de se concrétiser. Il faut savoir communiquer avec les gens et les persuader, résoudre les problèmes avec eux, coopérer. »

Raymond Kurzweil, l'inventeur du logiciel de reconnaissance vocale, renchérit : « Le courage est essentiel, si vous devez bâtir un projet novateur de A à Z. Et pas seulement le courage, vous devez aussi savoir vous vendre. »

Aujourd'hui les innovations les plus exemplaires, même en science, sont le fait d'équipes. « Compte tenu de la complexité de l'économie et des technologies actuelles, nous sommes clairement entrés dans une ère où les idées d'une seule personne amènent rarement un progrès significatif, déclarait récemment Alex Broer, vice-chancelier de l'université de Cambridge. Les idées d'un individu, leur noyau créatif, doivent être intégrables par des chercheurs répartis aux quatre coins du monde. Vous avez donc besoin, aujourd'hui, de plus d'intelligence émotionnelle qu'autrefois pour savoir comment et de qui vous allez obtenir les idées les plus intéressantes. »

DÉFENDRE LES IDÉES NEUVES

Les nouvelles idées sont fragiles et la critique a vite fait de les démolir. On dit qu'Isaac Newton était si sensible aux critiques qu'il a retardé la publication d'un article sur l'optique pendant quinze ans jusqu'à la mort de son principal critique. Les dirigeants d'entreprise qui animent des groupes de créatifs peuvent contribuer à améliorer les résultats fragiles et incertains de leurs efforts en préservant ces travaux des critiques, d'autant plus nuisibles qu'elles sont prématurées.

« Nous appliquons une règle immuable : quand quelqu'un émet une idée créative, ceux qui parlent les premiers sont les avocats de ce projet, ils le soutiennent et le défendent, m'expliquait Paul Robinson, le directeur des laboratoires Sandia. Ce n'est qu'après que nous écoutons les inévitables critiques qui, sinon, pourraient tuer cette idée dans l'œuf. »

M. Minsky, le pionnier de l'intelligence artificielle au MIT, remarque que le problème, quand il s'agit d'investir sur la créativité, n'est pas seulement de créer des idées mais de choisir celles sur lesquelles parier : vers la fin des années soixante-dix, Xerox avait créé six prototypes d'imprimantes laser, les premières de leur catégorie, et en avaient prêté une au MIT pour qu'il l'essaie.

Minsky se souvient : « Nous autres, au MIT, leur avons dit : “C’est fabuleux !” et un des vice-présidents de Xerox, sans tenir compte de notre opinion, a décidé de stopper le développement de cette technologie. C’est Canon qui l’a proposée le premier et Xerox a perdu sa position cruciale de pionnier sur un marché de 5 milliards de francs. »

La voix de l’indifférence est tout aussi réfrigérante que celle du doute. Thérèse Amabile, psychologue à la Harvard Business School, a recensé les « tueurs de créativité » qui inhibent la mémoire active — l’espace mental dans lequel se produit le bouillonnement créatif — et empêchent toute prise de risque :

• La surveillance : elle se caractérise par un examen constant et multiforme qui étouffe la dimension essentielle de liberté nécessaire à toute pensée créatrice.

• L’évaluation : la vision critique se manifeste prématurément ou avec une acuité excessive. Les idées créatrices doivent être soumises à la critique — elles ne sont pas toutes aussi bonnes et même les idées prometteuses peuvent être améliorées et affûtées par une critique de bon aloi. Mais l’évaluation est contre-productive quand elle est prématurée.

• Les dates limites implacables : un emploi du temps surchargé crée un effet de panique. Une certaine pression peut certes être motivante, les dates limites et les objectifs à atteindre contribuent à focaliser l’attention, mais ils peuvent aussi finir par saper la disponibilité intellectuelle et celle-ci reste le terreau sur lequel prospèrent les idées neuves.

LA CRÉATIVITÉ COLLECTIVE

Sans créativité collective à tous les niveaux de l’entreprise, on ne parvient pas à la nécessaire souplesse d’adaptation aux mutations du marché. Prenons l’exemple de SOL, une entreprise finlandaise de nettoyage industriel extrêmement performante. Quand elle s’est détachée du grand groupe industriel familial auquel elle appartenait, en 1992, elle comptait 2 000 employés, 1 500 clients et réalisait un chiffre d’affaires annuel de 200 millions de francs. Exactement quatre ans plus tard, elle avait doublé le nombre de ses clients, presque doublé le nombre de ses employés et son chiffre d'affaires annuel atteignait 360 millions de francs.

Les employés de SOL bénéficient d'une extraordinaire liberté dans l'organisation de leur travail. Chez SOL, pas de titres, pas de bureaux individuels, pas d'avantages en nature ni de secrétaires pour les postes de direction. Les horaires de travail ne sont pas fixes, innovation radicale pour la Finlande où presque tout le monde se rend au bureau de huit heures à seize heures. SOL laisse à ses employés la liberté de décider de la façon dont ils travaillent — et du travail qu'ils font.

Cette autonomie a permis à l'entreprise de se démarquer par ses innovations audacieuses dans un métier généralement terne et sans imagination. Dans certains hôpitaux, par exemple, les agents de nettoyage de chez SOL ont repéré un créneau : ils ont obtenu d'être chargés de certaines tâches réservées aux infirmières : aider les patients à prendre leur bain ou prévenir les médecins en cas d'urgence. Dans certaines chaînes d'épicerie, les agents de SOL en service de nuit sont utilisés pour ranger les produits sur les étagères.

La créativité est souvent encouragée dans des entreprises peu formalistes : celles-ci donnent à leurs employés une latitude plus grande dans la définition de leur rôle, plus d'autonomie, font circuler l'information de manière fluide et s'appuient sur des équipes mixtes ou polyvalentes.

Le développement de l'innovation dans l'entreprise se décompose en deux étapes essentielles, les mêmes que la créativité chez les individus :

- l'initiative : être le premier à faire surgir l'idée brillante ;
- la réalisation : faire passer cette idée dans les faits.

Dans une entreprise, les promoteurs d'idées et les champions de l'innovation ont toujours des profils différents et appartiennent à des groupes distincts. Une étude portant sur des milliers de salariés dans des sociétés d'ingénierie montre que les promoteurs d'idées sont performants dans un éventail assez restreint de compétences et affectionnent les réflexions théoriques ainsi que le travail solitaire.

En revanche, les champions de l'innovation qui résulte de ces découvertes sont des hommes d'influence très efficaces dotés d'un sens politique aigu : ils savent vendre ces idées et trouver soutiens et alliés. Il va sans dire que l'expertise technique est vitale pour produire des idées innovantes, mais quand il s'agit de mettre ces idées en pratique, c'est l'utilisation d'un réseau d'influences professionnel qui fait toute la différence. C'est pourquoi une entreprise qui valorise l'innovation doit encourager ces deux types de compétences chez ses hommes clés.

6

Émotion et motivation

Joe Kramer peut réparer n'importe quoi. Joe est soudeur dans une usine d'assemblage de wagons, à Chicago. C'est le type que tout le monde appelle au secours quand n'importe quel genre d'appareil tombe en panne.

Il adore découvrir comment fonctionne une machine. Cette passion remonte à l'enfance, au jour où il a décidé de réparer le toasteur de sa mère. Depuis il n'a plus cessé de chercher de nouveaux problèmes mécaniques à résoudre. Quand il a décidé d'installer un système d'arrosage dans son jardin, il n'en a pas trouvé qui produise une brume assez fine pour créer des arcs-en-ciel ; il a donc conçu son propre système d'arrosage et l'a construit dans son atelier.

Joe connaît également tous les aspects du travail de l'usine et il peut remplacer au pied levé n'importe lequel des deux cents ouvriers qui y travaillent. À presque soixante ans, cela fait quarante ans que Joe travaille dans cette usine et il aime encore son travail. « Si j'en avais cinq autres comme Joe, explique le directeur de l'usine, je serais le meilleur fabricant de wagons des États-Unis ! »

Joe est l'exemple d'un être qui trouve son travail captivant et s'y dévoue entièrement. La clé de cette euphorie n'est pas le travail lui-même — le travail de Joe est souvent routinier — mais l'état d'esprit particulier de Joe quand il travaille, un état d'enthousiasme. L'enthousiasme pousse les êtres à donner le meilleur d'eux-mêmes, quel que soit leur travail.

Cet enthousiasme s'exprime pleinement quand nous sommes stimulés par un travail qui mobilise le meilleur de nos talents. Nous sommes tellement absorbés, concentrés que nous ne voyons plus le temps passer. Nous venons apparemment à bout de tout sans effort et nous nous adaptons avec aisance à des demandes variées.

Cet enthousiasme est le principe suprême de la motivation. Les activités qui nous passionnent suscitent en nous ce courant d'enthousiasme spontané. Bien sûr, elles varient suivant les individus : un mécanicien sera stimulé par le défi d'une soudure difficile, un chirurgien s'absorbera entièrement dans une opération complexe, un architecte d'intérieur trouvera son bonheur dans l'exploration de motifs colorés... Quand nous travaillons en état d'enthousiasme, la motivation est inhérente à l'action, le travail devient un plaisir.

L'enthousiasme offre une alternative radicale aux idées largement répandues sur les motivations des individus dans le travail. Cela ne signifie pas que les encouragements n'ont pas leur importance, ils sont essentiels pour « tenir le rythme ». Les promotions, les primes, les droits de souscription sont évidemment utiles comme toute forme de rémunération, à commencer par le salaire, bien sûr. Mais les motivations les plus puissantes sont intérieures et non extérieures.

Par exemple, quand on demande à des salariés de tenir un journal et de noter les sentiments qu'ils éprouvent en accomplissant les tâches de la journée, un résultat apparaît clairement : ils préfèrent un travail agréable et moins payé à un travail bien rémunéré mais fastidieux. Quand ils s'acquittent d'une tâche par plaisir, leur humeur est euphorique, à la fois captivée et heureuse. Le salaire n'est jamais une motivation suffisante : quand on s'acquitte d'une tâche simplement pour un salaire, on est démotivé, voire légèrement irrité (parfois très malheureux quand la tâche en question est stressante ou pénible).

Quand la vie professionnelle s'achève, quelles ultimes satisfactions reste-t-il ? On a posé cette question à plus de sept cents femmes et hommes de soixante à soixante-dix ans, pour la plupart au terme d'une carrière réussie de cadre supérieur. Trois expressions résument ce qu'ils estiment être les récompenses principales de leur travail : la liberté de créer, la stimulation du travail lui-même et la chance de continuer à apprendre. Ils mentionnent aussi : la fierté devant le travail accompli, les amitiés nouées dans la vie professionnelle et le fait de pouvoir enseigner leur travail aux plus jeunes. Le statut social vient bien après sur la liste, et les gains financiers plus loin encore.

Pour donner le meilleur d'eux-mêmes, les gens doivent aimer ce qu'ils font et trouver du plaisir à le faire.

Motivation et émotion sont deux mots dérivés du latin *movere*, qui signifie « bouger », « mouvoir ». Une émotion c'est, littéralement, ce qui nous meut, nous fait avancer vers un objectif. Tout grand travail commence par une grande émotion.

AIMER CE QUI EST PAYANT

Les êtres enthousiastes ont souvent l'art de faire paraître aisé ce qui est difficile et cette apparence extérieure traduit fidèlement ce qui se passe dans leur cerveau. C'est un paradoxe neurologique : quand nous sommes absorbés par une tâche exceptionnellement ardue, le niveau d'activité cérébrale, l'énergie dépensée par le cerveau, reste étonnamment modéré. En revanche, quand nous nous ennuyons et sombrons dans l'apathie ou qu'au contraire l'anxiété nous accable, notre activité cérébrale est diffuse. L'activité du cerveau, non canalisée, est très élevée et l'effervescence des neurones a un aspect assez chaotique. Alors qu'en état d'enthousiasme, le cerveau redevient efficace et précis dans ses modes de fonctionnement. Cet état s'accompagne d'une baisse de l'excitation corticale, même quand on s'adonne à une tâche extrêmement difficile.

M. Csikzentmihalyi, un psychologue de l'université de Chicago qui a, l'un des premiers, étudié l'enthousiasme, a équipé cent sept cadres supérieurs et ingénieurs d'un bip qui leur rappelait régulièrement de noter ce qu'ils faisaient et comment ils se sentaient. Les résultats sont surprenants. Les personnes interrogées expliquent qu'elles sont en état d'enthousiasme environ la moitié du temps qu'elles passent au travail et moins de 20 % de leur temps de loisirs. L'état émotionnel le plus courant durant les heures de loisirs est l'apathie !

Mais on constate aussi d'importantes disparités dans les mesures de l'enthousiasme au travail. Les personnes qui accomplissent un travail complexe et ardu et montrent une grande souplesse dans leur rapport à celui-ci sont celles qui éprouvent l'enthousiasme le plus intense. Les dirigeants et les ingénieurs l'éprouvent plus souvent que les employés occupant des postes moins qualifiés. Optimiser l'enthousiasme suppose une grande maîtrise de son travail. Cette maîtrise peut prendre diverses formes, y compris l'ajournement d'une tâche jusqu'à la dernière minute pour corser l'affaire et induire un effet de rush qui ajoute du piment à une tâche en elle-même aisée.

Chez les professionnels d'exception, l'état d'enthousiasme survient dans les moments les plus décisifs pour leurs objectifs et leur productivité, plutôt que durant les activités de diversion. Pour ces « stars », l'excellence et le plaisir au travail sont une seule et même chose.

LA PRÉSENCE PSYCHOLOGIQUE

Un chef de projets dans un cabinet d'architectes remarque un dessinateur qui s'échine sur un plan apparemment simple. La date limite approche et tout le monde est soumis à une très forte pression. En s'approchant de son collègue, ce responsable s'aperçoit qu'il serre les poings, qu'il remâche une exaspération latente à propos de cette date limite, et il est irrité de voir que le travail du dessinateur traîne.

Il se détend un peu et lui demande : « Que se passe-t-il ? Est-ce qu'il y a quelque chose qui ne va pas ? » La réponse du dessinateur est une litanie de frustrations accumulées. Il n'a pas eu assez d'informations pour finir le dessin, on lui a demandé d'abattre un travail énorme en si peu de temps...

Compatissant, le responsable du projet pose à ce dessinateur des questions plus détaillées sur ce qui le tracasse. Il lui parle de manière vivante, animée, en le regardant droit dans les yeux. Lui fait comprendre que lui aussi est surmené par cette pression.

À force de questions, il finit par amener son intelocuteur à prendre conscience qu'il détient en fait plus d'informations qu'il ne le pensait et suffisamment en tout cas pour achever son projet.

Réconforté, celui-ci se remet au travail avec ardeur. Son chef lance même une plaisanterie sur le fait que tout le monde a manqué d'informations sur ce projet et surtout le vice-président qui le premier a pris des engagements aussi dingues. Ils rient tous les deux avant de se remettre au travail.

Qu'a fait ce chef de projets de bien extraordinaire ? Il a été disponible. Cet exemple, certes banal, montre bien l'importance d'une ouverture émotionnelle aux autres dans la vie professionnelle. Les êtres qui sont disponibles sont complètement attentifs et impliqués dans leur travail et la qualité de celui-ci est optimale. Leurs collègues les perçoivent comme absorbés mais accessibles et pleinement impliqués dans la dynamique collective, par leurs idées, leur énergie et leurs intuitions créatives.

Au contraire, l'absence psychologique n'est que trop familière à ceux qui accomplissent machinalement une routine professionnelle, qui s'ennuient manifestement ou se coupent de la réalité ambiante : ils pourraient tout aussi bien ne pas être là. La réceptionniste de la même agence d'architecture, qui déteste son travail, l'exprime de cette façon : « Être assise ici des heures durant à sourire, à taper à la machine, à répondre gentiment, c'est complètement nul. Ce n'est qu'un rôle et je n'en tire pas la moindre satisfaction. Ces huit ou neuf heures quotidiennes sont du temps perdu. »

Être disponible suppose de « ne pas être prisonnier de son anxiété, ce qui permet d'être ouvert aux autres », explique le psychologue William Kahn, qui cite en exemple ce chef de projets. La disponibilité s'apparente à l'enthousiasme au moins sur un point capital : la totale attention qui fait qu'on est comme immergé dans la tâche à accomplir. En revanche, l'apathie et l'anxiété sont les ennemis de la disponibilité — et de l'enthousiasme.

La disponibilité commence par la conscience de soi. Le chef de projets, dans l'analyse de Kahn, est conscient de ses sentiments. S'apercevant qu'il crispe les poings, il comprend l'irritation que cette situation engendre chez lui. Et son empathie le rend réceptif à la frustration du dessinateur qu'il ne perçoit pas comme une critique à son égard.

L'aptitude du chef de projets à accepter de bon gré l'angoisse de son interlocuteur lui permet de le secourir efficacement au lieu de se dérober. Au lieu de repousser la frustration du dessinateur ou de critiquer d'emblée son travail, il l'incite à s'exprimer et parvient en discutant à transformer sa frustration en enthousiasme, concluant cet échange sur une plaisanterie qui stigmatise le responsable de cette situation — mouvement de judo émotionnel qui renforce leur complicité.

ALLER DE MIEUX EN MIEUX

Une enseignante de lycée décrit les raisons pour lesquelles elle aime son travail : « J'aime le fait de pouvoir apprendre constamment de nouvelles choses. C'est une stimulation continuelle. Je dois me forcer à garder l'œil ouvert parce que les exigences de ce métier changent sans arrêt. Il faut rester au niveau. »

Notre capacité d'apprentissage est directement fonction de notre aptitude à nous absorber dans quelque chose et donc de notre enthousiasme. Celui-ci nous amène tout naturellement à progresser pour deux raisons :

1. On apprend mieux quand on se donne à fond à ce qu'on fait.
2. Plus les gens s'adonnent à une tâche, mieux ils se portent.

Quand l'enthousiasme au travail fait défaut, même le succès peut engendrer un étrange malaise : ce qui était captivant devient ennuyeux. Dès qu'on maîtrise un travail, l'ennui menace. C'est sans doute une des raisons pour lesquelles, à l'approche de la maturité, tant de gens s'orientent vers une nouvelle carrière.

« Vous devenez plus anxieux à la maturité et cette anxiété peut avoir des répercussions très graves sur votre carrière, explique un psychologue qui conseille des cadres supérieurs. Vous commencez à prendre les appels de chasseurs de têtes alors que vous ne cherchez pas vraiment un nouveau travail. Vous consacrez du temps et de l'attention à une petite affaire que vous démarrez pendant vos loisirs. Certains deviennent irritables et acariâtres, d'autres collectionnent des voitures de sport ou des aventures amoureuses. »

La raison principale d'un tel ennui est que les gens ne se sentent plus confrontés à de véritables défis professionnels. Leur travail si familier et facile devient du même coup insipide. Ce psychologue ajoute : « C'est une réaction saine de s'attaquer à un nouveau projet dans la société où l'on travaille, pour rester captivé par son travail. »

LE BON STRESS ENTRETIENT LA MOTIVATION

Vous vous rappelez la tirade exaspérée de Bill Gates et sa jeune interlocutrice au calme imperturbable ? Un certain nombre de spécialistes prétendent que de telles explosions (contrôlées) sont stimulantes parce qu'elles font monter la température d'un groupe. Gates est célèbre pour son style de commandement agressif et explosif. Chez Microsoft, c'est presque un titre de gloire d'être la cible de ses attaques.

Comme me le racontait un ami : « Mon patron savait à qui s'en prendre. Il ne me braillait jamais dessus. Il profitait des réunions pendant lesquelles on se met généralement en pilotage automatique. Soudain, il se mettait à engueuler quelqu'un et tout le monde se réveillait. »

Trop d'anxiété tue l'enthousiasme, mais une dose d'anxiété modérée, un sentiment d'urgence vont nous mobiliser. Sans la moindre urgence nous devenons apathiques. Trop d'urgence et nous sommes submergés.

Le « bon » stress, c'est celui qui nous mobilise pour l'action. La neurochimie du stress est révélatrice. Quand nous sommes investis avec ardeur dans un travail, notre cerveau sécrète des catécholamines. Ces substances chimiques lui permettent de rester attentif et intéressé, voire captivé, et de mobiliser son énergie pour produire un effort soutenu. La motivation intense est toujours liée à une décharge d'adrénaline.

Une étude allemande montre assez clairement cette relation entre la motivation et la chimie cérébrale du « bon » stress.

On a soumis des volontaires à une épreuve intellectuelle difficile. Ils devaient résoudre cent vingt problèmes arithmétiques dans un laps de temps qui diminuait progressivement jusqu'à ce qu'ils se trompent une fois sur quatre. Quand ils avaient l'impression d'avoir réussi, ils étaient contrôlés. S'ils avaient trouvé la solution correcte, ils touchaient une certaine somme d'argent et dans le cas contraire ils étaient pénalisés du même montant.

Les volontaires qui croyaient le plus à leurs chances de réussite parvenaient à maintenir leur mobilisation à un niveau tel qu'ils sécrétaient essentiellement des catécholamines. Mais ceux qui étaient avant tout motivés par la peur de l'échec voyaient leur niveau de cortisol augmenter considérablement. D'où un effet de disparité : les concurrents à faible niveau de cortisol faisaient preuve d'une meilleure aptitude à réfléchir et à se concentrer pendant l'épreuve. Leur rythme cardiaque montrait qu'ils n'étaient pas plus anxieux pendant l'épreuve qu'avant. Ils restaient vigilants, calmes et productifs. La qualité de leur performance s'en ressentait spectaculairement : ils gagnaient deux fois plus souvent que les autres.

LA CONVIVIALITÉ AU CŒUR DU TRAVAIL

Eugénie Barton, qui est professeur de lycée depuis douze ans, adore toujours ses élèves : « Je crois que je les aime plus d'année en année. Comme je les connais de mieux en mieux et que je les vois dans deux ou trois classes, je deviens très proche d'eux. »

Une évaluation professionnelle d'un important groupe de professeurs fait apparaître E. Barton comme un des professeurs les plus chaleureux et consciencieux de cet échantillon. Celui qui est mû par une forte volonté de résultat est toujours à la recherche des moyens de faire mieux, d'innover, d'entreprendre, ou de s'assurer un avantage sur ses concurrents. Des êtres comme Barton, qui est motivée par le plaisir que lui procurent ses relations avec ses élèves, recherchent sans cesse des occasions de nouer des liens affectifs.

La volonté de résultat est l'une des compétences que l'on retrouve le plus fréquemment chez les professionnels d'exception. Le besoin de convivialité apparaît en revanche moins souvent sauf dans les professions de soins, chez les infirmières, les médecins ou les enseignants. Mais la convivialité, le plaisir authentique que nous procure la présence des autres, est aussi un ingrédient clé du succès, et pas seulement des infirmières et enseignants ou des professionnels de la vente.

La convivialité est une fin en elle-même. Mais quand cette motivation devient prépondérante, elle peut nuire à la qualité de la performance d'un gestionnaire. Comme l'explique R. Boyatzis : « Si vous êtes prisonnier de relations personnelles dans le travail, vous finissez par perdre de vue vos impératifs de gestion. »

La convivialité peut jouer un rôle de motivation élémentaire dans la détermination des choix de carrière d'un individu. Ceux qui ont de gros besoins de convivialité se tournent vers des métiers qui les mettent en rapport avec les gens, l'enseignement ou les professions médicales, par exemple. Là, elle devient une compétence capitale et peut assurer une carrière très épanouissante dans un secteur où les relations humaines — et non la gestion ou l'organisation du pouvoir — constituent une priorité essentielle.

LA NEUROLOGIE DE LA MOTIVATION

On peut supposer que les divers types de motivations mettent en jeu des substances chimiques cérébrales différentes, bien que nous ne sachions pas lesquelles [1]. Par contre, nous savons que c'est dans l'amygdale que s'élabore le processus de la motivation. L'apprentissage émotionnel qui prédispose quelqu'un à prendre du plaisir à un type d'activité plutôt qu'à un autre de même que le répertoire des souvenirs, sentiments et habitudes associés à ces activités sont stockés dans les banques de données émotionnelles de l'amygdale et ses circuits connexes.

La frustration qu'éprouvent les informaticiens qui essaient de construire des robots capables de voir et d'entendre comme des humains tient au fait qu'il manque toujours à leurs ordinateurs la « main » de l'émotion pour les guider. Sans une banque de données émotionnelles qui puisse instantanément reconnaître ce qui nous importe, les ordinateurs restent stupides et incompétents. Ils confèrent une valeur uniforme à tout ce qu'ils voient et entendent et ne parviennent donc pas à isoler l'élément vraiment important. Il leur manque la boussole de nos émotions.

Les êtres atteints de maladies neurologiques ou ayant subi un traumatisme qui les prive de leur amygdale (sans altérer les autres

1. Dans une série d'études où il a analysé les processus chimiques cérébraux chez des êtres éprouvant des motivations irrépressibles, David McClelland a montré que la présence de norépinéphrine reflète l'accroissement de la volonté de pouvoir, alors que le besoin d'affiliation (se sentir en harmonie avec les autres) semble plus associé à la dopamine, une substance cérébrale associée, entre autres, au plaisir.

fonctions neurologiques) souffrent d'un désordre de la motivation. Ils deviennent incapables de distinguer entre ce qui les émeut et ce qui les laisse froid. Tout acte est empreint de la même valeur émotionnelle, « neutre ». Le résultat : soit une apathie paralysante, soit une surenchère d'envies aveugles et incontrôlables.

Ce système des motivations — notre pilote dans l'existence — est relié aux lobes frontaux qui soumettent les intérêts passionnés surgis de l'amygdale au principe de réalité et décide ou non de les cautionner. Les lobes frontaux peuvent refuser ou atténuer les élans venus de l'amygdale, et scrutent toute motivation avec circonspection : l'amygdale veut bondir tandis que les lobes frontaux préfèrent y regarder à deux fois.

Trois compétences distinguent les motivations des professionnels d'exception :

- l'exigence de réussite : l'aspiration au progrès et à l'excellence ;
- l'engagement : la capacité d'épouser la vision et les objectifs de l'entreprise ou du groupe ;
- l'initiative et l'optimisme : deux compétences indissociables qui permettent de saisir les opportunités et de surmonter obstacles et revers.

FAIRE TOUJOURS MIEUX

« Il y a trois cents compagnies américaines qui vendent des assurances automobiles et nous sommes la sixième en taille, m'a expliqué Peter Lewis, PDG de Progressive Insurance, quand j'ai visité son quartier général de Cleveland. Notre objectif est de tripler notre taille et de devenir le numéro 3 du secteur en l'an 2000. » Objectif tout à fait réalisable : il y a seulement quinze ans, cette société était la quarante-troisième. Son ascension rapide a été marquée par l'introduction de plusieurs innovations qui ont modifié la donne dans un secteur économique réputé frileux et peu enclin aux changements.

Cette société d'assurances promet ainsi d'envoyer un agent de la compagnie sur les lieux d'un accident automobile au maximum deux heures après en avoir été avertie. Et celui-ci, estimant au moyen d'un ordinateur portable la valeur des pièces de rechange et les coûts des réparations, établit le constat sur place. Aucune autre compagnie d'assurances de taille comparable ne propose ce service.

Plus radical encore, le numéro gratuit qui fonctionne vingt-quatre heures sur vingt-quatre et fournit les tarifs d'assurance à la demande — ceux de la société, bien sûr, mais aussi ceux des trois principaux assureurs de la région. Les tarifs de Progressive Insurance sont souvent les plus bas. Cette comparaison ouverte et facile des tarifs est inédite dans l'industrie (elle a été introduite à la demande du célèbre avocat des consommateurs, Ralph Nader).

Autre signe du succès de la compagnie : Progressive Insurance est une des rares compagnies d'assurances a être bénéficiaire grâce à ses seules primes.

Lewis avoue crûment sa volonté d'améliorer ses résultats, de capter une part de marché de plus en plus large et les conséquences de cette volonté pour ses collaborateurs :

« Nous exigeons des performances très élevées, mais la récompense est élevée elle aussi : les employés peuvent doubler leur salaire avec les primes. C'est une aristocratie de champions : nous payons le maximum, mais nous exigeons le maximum et nous licencions les employés improductifs. »

Malgré cette politique du « gagne ou pars », la compagnie annonce un taux de rotation de ses effectifs de 8 %, sensiblement identique à celui de ses concurrents. La raison : ceux qui rejoignent cette entreprise partagent avec Lewis une même volonté de réussir. Comme Lewis l'explique : « Une de nos valeurs essentielles est le progrès constant. C'est un défi énorme, mais nos collaborateurs l'adorent. »

La définition qu'il donne de cette valeur essentielle ressemble à un credo pour l'exigence de réussite :

« Excellence : nous nous efforçons constamment de progresser pour satisfaire et surpasser les attentes les plus élevées de nos clients, de nos actionnaires et de nos collaborateurs. »

La réussite ne peut se passer de cette exigence de résultat. L'exigence de réussite des grands professionnels se traduit par une double démarche :

- prendre plus de risques calculés ;
- réclamer et soutenir les innovations dans l'entreprise, d'où qu'elles émanent, et fixer des objectifs exigeants à leurs employés.

L'EXIGENCE DE RÉUSSITE

Atteindre ou améliorer un niveau d'excellence

Ceux qui possèdent cette compétence
- sont axés sur les résultats, et montrent une volonté tenace d'atteindre leurs objectifs ;
- se fixent des objectifs exigeants et prennent des risques calculés ;
- combattent leurs incertitudes par une recherche constante d'informations et de méthodes pour progresser ;
- apprennent pour améliorer leurs performances.

Pour ceux qui occupent des postes de dirigeants, l'obsession de résultat peut se manifester dans le fonctionnement de tout un service ou d'une société tout entière : Progressive Insurance incarne l'exigence compétitive de Peter Lewis, tout autant que Microsoft incarne celle de Bill Gates.

Une étude portant sur les cent Américains les plus riches de l'histoire, parmi lesquels Bill Gates et John Davison Rockefeller, montre que leur dénominateur commun est un besoin de compétition, allié à une passion exclusive pour leurs affaires.

LE RISQUE CALCULÉ

Cela semble un pari assez anodin : jetez un anneau sur une quille. Plus la quille est loin, plus vous gagnez de points. C'est vous qui placez la quille. Les êtres trop ambitieux placent toujours la quille trop loin par rapport à leurs possibilités. Ceux qui sont trop prudents placent la quille trop près et remportent moins de points qu'ils ne le pourraient.

Le jeu de la quille et de l'anneau est une métaphore pour la prise de risques calculée. Elle est utilisée par David McClelland, un de mes anciens professeurs à Harvard, pour évaluer l'aptitude à se fixer des objectifs risqués mais accessibles. La logique de l'économie exige que ses acteurs s'habituent à prendre des risques mais en les estimant judicieusement. Cette aptitude à prendre des risques intelligents caractérise les entrepreneurs qui réussissent.

McClelland a découvert que les professionnels les plus doués se fixent des objectifs exigeants : ils « placent la quille » de façon à réussir leur pari environ une fois sur deux.

La stratégie du risque chez les professionnels qui réussissent le mieux s'accompagne d'une connaissance très fine des critères du succès. Leurs décisions sont souvent fondées sur une analyse méticuleuse de la rentabilité de l'investissement qui leur permet de prendre des risques calculés.

Ces professionnels éprouvent des difficultés à se contenter de postes qui étouffent leur esprit d'innovation. « Nous avons formé des ouvriers d'une chaîne de montage, chez Ford, pour augmenter leur exigence de résultat, mais la plupart ont fini par quitter la société pour fonder leur propre boîte, m'expliquait un assistant de McClelland. La même chose s'est produite avec un groupe d'ingénieurs informaticiens chez IBM. »

Ce qui semble absurdement risqué à d'autres paraîtra possible à des entrepreneurs. Quand Leif Lundblad, l'inventeur suédois d'un distributeur automatique de billets pour les caissiers, a conclu un marché avec la Citibank pour lui fournir une première série de machines, il avait parfaitement confiance en sa capacité de livrer les appareils en temps et en heure — c'était sa première commande. Mais, m'a-t-il confié, quand il a livré ses distributeurs à la date convenue, « les responsables de la Citibank m'ont expliqué qu'ils avaient estimé que j'avais 10 % de chances de réussir ».

L'exigence de progrès constitue une préoccupation permanente des entrepreneurs. Une étude a été menée sur cinquante-neuf entrepreneurs, pour l'essentiel des chercheurs scientifiques spécialisés dans une technologie de pointe ayant décidé d'exploiter commercialement leurs connaissances. Cinq ans après avoir créé leur entreprise, ceux dont l'exigence de résultat et de rentabilité était la plus grande avaient en général prospéré : leur chiffre d'affaires progressait en moyenne de 6 millions de francs par an, ils avaient multiplié le nombre de leurs employés par cinquante ou plus, ou bien revendu leur société avec une plus-value substantielle.

En revanche, les créateurs d'entreprise doués d'une maigre exigence de résultat n'avaient pas bien réussi : ils vivotaient avec quatre ou cinq employés, avaient revendu leur affaire à perte — ou avaient simplement renoncé.

LA PASSION DE L'INFORMATION EN RETOUR

Quand un des plus importants clients de la société Donnelly, fournisseur de vitres et pare-brise pour l'industrie automobile, a commencé à rejeter de grandes quantités de produits Donnelly pour qualité insuffisante, trois ouvriers de la société se sont rendus chez ce client, à six cents kilomètres de là, pour comprendre les raisons de son insatisfaction soudaine à l'égard de leurs produits. Et ils ont découvert à leur grande surprise que leur client offrait à ses propres employés un bonus pour rejeter les articles de Donnelly dont la qualité n'était pas impeccable. Décidés à souscrire à cette exigence, les travailleurs de Donnelly relevèrent leurs propres critères de qualité pour livrer à leur client des articles inattaquables. Ces ouvriers entreprenants incarnent le perfectionnisme qui sous-tend toute exigence de résultat.

Les employés dont l'exigence de résultat est médiocre se montrent nonchalants ou irréalistes et se fixent des tâches qui sont soit trop faciles, soit trop ambitieuses. De même, les chefs de service qui ne possèdent pas cette aptitude fixent des objectifs flous et ne définissent pas suffisamment les responsabilités de chacun. Ils ne disent pas clairement à leurs collaborateurs ce qu'ils pensent de leur travail ou ce qu'on attend d'eux.

Les êtres qu'anime une véritable exigence de résultat cherchent à rendre leur réussite visible. Le critère, pour beaucoup, c'est l'argent, moins comme signe de richesse que comme estimation symbolique de la qualité de leur travail. De tels êtres doivent développer un fort sens de l'autocritique pour accepter des critiques sincères de leur travail. Mais les professionnels d'exception recherchent cette critique qu'ils réclament au moment précis où elle leur est le plus utile.

PLUS D'INFORMATIONS POUR PLUS D'EFFICACITÉ

Nathan Myhrvold, responsable en chef de la technologie chez Microsoft, est un lecteur prodigieux, quelqu'un qui accumule les connaissances pour son plaisir, qui collationne toutes sortes de données. C'est son rôle. En tant que visionnaire maison de Microsoft, il ne sait jamais à l'avance quelle petite bribe de donnée apparemment anodine sera la semence d'une idée qui fera gagner à sa société son prochain milliard de francs. Il est un dévoreur d'informations, quelqu'un dont la soif de savoir illimitée s'accompagne d'un sens aigu de l'innovation et de la compétitivité.

Dans le monde chaotique du travail, l'énorme masse d'informations disponibles et le sentiment désespérant que nous ne parviendrons jamais à toutes les assimiler peuvent devenir une redoutable source d'anxiété. Un moyen d'apaiser cette anxiété consiste à rester en permanence à l'affût du nouveau, comme Myhrvold, et donc à réduire le niveau d'incertitude. Les êtres qui sont tenaillés par un intense besoin de réussite sont avides de nouvelles idées ou informations, surtout de celles qui concernent, même indirectement, leurs objectifs. Ils ont régulièrement recours à des réseaux d'informateurs pour obtenir des aperçus nouveaux et des tuyaux décisifs sur l'évolution des domaines qui les intéressent.

Ceux qui ne possèdent pas cette compétence s'en tiennent aux informations immédiatement accessibles et aux sources de données les plus évidentes. Pour des dirigeants d'entreprise, le besoin de savoir peut prendre la forme d'une écoute tous azimuts qui passe par des contacts impromptus et des rencontres informelles avec des collaborateurs de tous niveaux. Cette vaste collecte d'informations minimise les risques de mauvaises surprises et optimise la détection des opportunités potentielles.

Une telle avidité d'information traduit une forte volonté d'efficacité. Mais quand cette tendance prend la forme d'un contrôle obsessionnel, formaliste et tatillon, elle accouche de performances médiocres. Quand des dirigeants affichent un souci démesuré du détail et de l'ordre, c'est souvent le signe qu'ils ne savent pas prendre le recul qu'impose leur mission. C'est l'exemple du dirigeant vétilleux qui, passant son temps à surveiller ses subordonnés, perd de vue toute vision stratégique.

Pourtant ce besoin de maîtriser l'incertitude peut aussi favoriser une attention méticuleuse aux détails vraiment importants. Les grands professionnels aiment mettre en place des systèmes qui permettent une meilleure qualité et une transmission plus rapide de l'information.

Un responsable des ventes, que les rapports trop espacés de ses nombreuses équipes laissaient insatisfait, a mis au point un système de téléphone automatique qui bipait tous les vendeurs à la fin de chaque journée et les obligeait à enregistrer les ventes qu'ils avaient conclues. Ce qui signifiait qu'il n'avait plus à attendre ces informations vitales que huit heures au lieu de deux semaines !

TOUS POUR UN

Apprenant que le nouveau siège national d'American Airlines allait s'installer à côté de leur entreprise, les employés d'un grand fabricant de mobilier de bureau ont pris l'initiative d'écrire aux responsables de la compagnie aérienne pour leur proposer d'équiper leurs nouveaux bureaux.

Cette initiative a été récompensée par une importante commande. Mais une semaine avant l'ouverture du siège de la compagnie aérienne, les employés qui contrôlaient la bonne exécution de cette commande ont découvert que les caisses dans lesquelles étaient emballés les meubles avaient écrasé le tissu en velours de centaines de sièges. Ils ont donc formé des équipes qui se sont relayées vingt-quatre heures sur vingt-quatre, y compris les week-ends, pour redresser ce velours avec des fers à vapeur.

S'engager dans son travail, cela consiste essentiellement à identifier ses objectifs à ceux de l'entreprise. Cet engagement est émotionnel : nous éprouvons un fort attachement aux buts de notre groupe quand ils concordent profondément avec les nôtres. Ceux qui valorisent le projet d'une entreprise et se reconnaissent dans celui-ci ne s'imposent pas seulement des efforts importants pour celle-ci, mais aussi des sacrifices personnels quand il le faut. Comme l'équipe qui choisit de rester travailler tard le soir ou de passer un week-end sur place pour finir un projet dans les délais ou comme les cadres supérieurs qui acceptent de partir en voyage sur-le-champ quand une mission urgente l'impose.

Ceux qui sont vraiment engagés sont prêts à faire des sacrifices à court terme si ceux-ci sont consentis dans l'intérêt général. En bref, ces collaborateurs dévoués sont les « patriotes » d'une société, ses éléments les plus dynamiques.

La marque Johnson encourage ses remarquables équipes de vente à travailler pour le long terme même si elles n'en retirent pas de récompenses immédiates. « L'entreprise mettra peut-être deux ou trois ans à évaluer justement ce que vous faites pour elle et à vous récompenser pleinement pour votre travail, mais si c'est nécessaire pour le long terme, vous allez de l'avant et la direction vous soutiendra tôt ou tard », m'a confié l'un des dirigeants de Johnson.

Les entreprises dont les collaborateurs s'engagent le plus dans leur travail sont sans doute celles qui font de leurs employés des actionnaires. Mais le fait d'adhérer aux objectifs de l'entreprise constitue un motif d'engagement plus grand que n'importe quelle incitation financière. Comme le rapporte Patricia Suelz, vice-présidente d'IBM chargée de faire de sa société l'un des grands acteurs d'Internet : « Les chasseurs de têtes me téléphonent tout le temps. Ils me disent : "Nous pouvons faire de vous quelqu'un de très riche." Mais ils se trompent d'argument. Je vais changer le monde avec mon projet. Je suis en train de créer l'événement... »

Pour que les employés puissent adhérer à la mission de leur entreprise, il faut que ses valeurs essentielles soient clairement affirmées.

L'ENGAGEMENT

Adhérer aux objectifs d'un groupe ou d'une entreprise

Ceux qui possèdent cette compétence

- sont prêts à s'imposer des sacrifices pour atteindre les objectifs de l'entreprise ;
- sont capables de s'identifier à une dynamique collective ;
- s'appuient sur les valeurs essentielles du groupe pour prendre des décisions en connaissance de cause.

La conscience de soi est la clé de voûte de l'engagement. Les employés qui connaissent leurs valeurs et leurs motivations essentielles verront rapidement et clairement s'ils peuvent s'intégrer dans une entreprise. Pour que leur engagement soit spontané et solide, ils doivent se sentir en harmonie avec celle-ci.

Je me souviens d'une femme qui vendait des espaces publicitaires pour un grand quotidien new-yorkais. Elle me raconta une discussion qu'elle avait eue avec des membres de son service :

« Nous avons réalisé que les publicitaires faisaient rentrer les recettes qui permettaient au reste des collègues de faire leur métier, que nous avions un rôle crucial à jouer dans la mission du journal. Nous avons évoqué ce jour où le journal avait publié un éditorial illustré de photos sur la guerre civile au Rwanda, déclenchant toute une série de reportages et incitant le gouvernement à envoyer de l'aide là-bas. Cette discussion nous a fait trouver de nouvelles raisons d'aimer notre travail. »

UN CIVISME D'ENTREPRISE

Ceux qui s'engagent sont les citoyens modèles de toute entreprise. Toujours d'accord pour en faire un peu plus, ils répandent de bonnes vibrations qui aident tout le monde à travailler.

Ils supportent des conditions de travail extrêmement stressantes si besoin est — longues journées, pression des dates limites, etc. — par pure adhésion aux objectifs communs. Mais aucune entreprise, si elle ne traite pas ses employés avec respect et équité, ne peut s'assurer leur fidélité. Plus les salariés se sentent soutenus par leur entreprise, plus leur confiance, leur fidélité et leur attachement pour elle sont grands, plus ils se montreront de bons « citoyens d'entreprise ».

C'est ce type de relations émotionnelles qui sous-tend l'engagement professionnel. Une étude portant sur un échantillon de professeurs, d'employés de bureau, de représentants en assurance et d'agents de police a montré que les efforts qu'ils déployaient dans leur travail étaient directement liés au lien émotionnel qu'ils ressentaient à l'égard de leur entreprise, de leur école, de leur département ; à la fierté qu'ils éprouvaient à y travailler, à l'importance de leur travail pour la définition de leur identité et enfin au degré d'appartenance qu'ils ressentaient à l'égard de leur « famille » professionnelle.

CEUX QUI NE S'IMPLIQUENT PAS

« Je me suis débrouillé pour qu'ils récoltent des éloges — ça a vraiment motivé l'équipe, et notre groupe a obtenu de très bons résultats », m'explique ce chef de service pour expliquer comment il a obtenu que son équipe dépasse ses objectifs.

Position contraire de ce consultant qui claironne : « Je me suis arrangé pour obtenir la mission la plus avantageuse, je m'en suis bien sorti et j'ai récolté les lauriers. Les autres m'enviaient mais c'est leur problème. »

Le chef de service s'est servi de sa position de pouvoir pour partager les éloges avec ses collaborateurs, stimulant ainsi leur dynamisme et leur motivation. Le consultant se moque totalement de l'impact de sa petite manipulation égoïste sur ses pairs, tout ce qui l'intéresse c'est la gloire.

Les salariés qui se considèrent comme des « visiteurs » plutôt que comme des « résidents » dans une entreprise font preuve d'un engagement médiocre. Mais on remarque la même attitude chez des employés qui appartiennent à l'entreprise depuis des années. Des salariés amers parce qu'ils s'estiment sous-payés ou exploités par leur entreprise s'identifieront bien sûr difficilement aux objectifs de celle-ci. Il en va de même pour ceux qui se sentent ignorés et coupés de décisions qui conditionnent pourtant leur travail.

Ces êtres frustrés seront particulièrement enclins à utiliser les ressources de l'entreprise à leur bénéfice exclusif. Les plus opportunistes d'entre eux considèrent leur position actuelle avant tout comme un marchepied pour accéder à une situation encore plus avantageuse ailleurs. Ils ne sont même pas intéressés par une promotion. Leur frustration a des effets négatifs sur leur intégrité : ils ont tendance à abuser des notes de frais fictives ou à dérober des fournitures.

On retrouve cette attitude étroitement intéressée chez des salariés qui ont fait preuve d'un engagement authentique et sont confrontés à des réductions d'effectifs ou à d'autres changements : ils ont le sentiment que l'entreprise n'est plus loyale à leur égard. Ce sentiment de trahison ou de méfiance sape leur fidélité et encourage leur cynisme. Et, une fois perdue, cette confiance est difficile à reconstruire.

Tom Peters a montré que la loyauté tend à contrebalancer la recherche du profit personnel et l'utilisation purement carriériste du réseau d'influence. Cette loyauté est multiple, écrit-il. « Ce n'est pas une loyauté aveugle à la société. C'est une loyauté envers vos collègues, votre équipe, votre projet, vos clients et envers vous-même. »

L'ESPRIT D'INITIATIVE

Sur plusieurs campus des États-Unis, on a vu apparaître des distributeurs automatiques de cônes glacés, mais différents de ceux qu'on achète ailleurs : porteurs d'un message. Au lieu des glaces de toutes les couleurs que l'on trouve habituellement, ces cônes glacés étaient noirs, en guise de protestation contre les forages pétroliers dans les réserves naturelles d'Alaska. Ces cônes glacés sont dus à l'imagination d'Adam Werbach, qui s'est lancé dans l'activisme politique dès l'âge de sept ans : il avait fait circuler une pétition chez ses petits camarades de l'école primaire pour demander la démission du secrétaire d'État à l'Intérieur de l'époque, J. Watt, qui combattait les écologistes. Au lycée, Werbach a organisé un mouvement en faveur de l'achat d'un camion afin de recycler les déchets de l'établissement et, en terminale, il a créé une association d'étudiants écologistes qui a rassemblé en quelques années une trentaine de milliers de membres. Il a su attirer l'attention des gens sur les dangers de l'intoxication au plomb pour les enfants en milieu urbain et il en a fait le thème symbolique du groupe. Il a organisé des « virées dans les foyers » au cours desquelles ses militants parcouraient les foyers d'étudiants et les encourageaient à se servir de leur courrier électronique pour alerter leurs députés sur les problèmes d'environnement. À vingt-quatre ans, Werbach est devenu le plus jeune président du Sierra Club, le mouvement écologiste le plus important des États-Unis.

L'esprit d'initiative prend souvent la forme d'interventions insolites : prenons l'exemple de ce préposé au courrier qui s'aperçoit que sa société fait assez d'affaires avec un grand transporteur pour prétendre non seulement à un rabais sur les tarifs, mais aussi à un ordinateur dédié à ses envois. Un soir, en quittant son travail, ce préposé prend sur lui d'approcher le PDG et lui souffle l'idée — faisant économiser environ 300 000 francs à sa compagnie.

Dans une grande banque de Pittsburgh, un directeur financier a effectué une estimation officieuse des dépenses d'électricité induites par les centaines d'ordinateurs personnels de la banque que les employés laissaient allumés en quittant leur travail. Ces seize heures de fonctionnement inutile, a-t-il calculé, coûtaient à la banque 1,5 million de francs par an.

Mais quand il est allé voir ses patrons pour leur soumettre sa brillante idée, ils l'ont éconduit en lui rétorquant que le fait d'allumer et d'éteindre les ordinateurs tous les jours raccourcirait la vie de ceux-ci. Sans se laisser décourager, il a poursuivi ses recherches et découvert que la plupart des ordinateurs qu'utilisait la banque se périmaient assez rapidement et étaient automatiquement remplacés avant que leurs composants aient eu le temps de s'user. La banque a finalement adopté son idée dont l'impact sur les résultats de l'entreprise fut loin d'être négligeable.

INITIATIVE ET OPTIMISME

Faire preuve d'anticipation et de persévérance

Ceux qui possèdent cette compétence

1. Pour l'initiative

- sont prêts à saisir les opportunités ;
- s'assignent des objectifs qui dépassent ce qu'on attend d'eux ;
- contournent les procédures bureaucratiques et infléchissent les règles quand l'exécution d'un travail l'exige.

2. Pour l'optimisme

- persistent dans la poursuite de leurs objectifs malgré obstacles et revers ;
- travaillent avec l'espoir de réussir plutôt qu'avec la crainte d'échouer ;
- considèrent les déconvenues comme le résultat de circonstances modifiables plutôt que d'une déficience personnelle.

COMMENT SAISIR LES OPPORTUNITÉS

Les êtres doués d'esprit d'initiative savent prévenir les problèmes avant qu'ils surgissent et saisir les opportunités avant les autres. Et plus on occupe un poste élevé, plus il faut savoir anticiper. Un cadre supérieur doit être capable de prévoir avec des semaines ou des mois d'avance. Un chef d'entreprise doit pouvoir anticiper l'évolution d'un secteur sur des années, voire des décennies.

Cette capacité de vision à long terme exige de s'aventurer là où personne n'en éprouve le besoin, ce qui suppose un certain courage, surtout quand vos pairs, vos chefs, ou vos commanditaires s'y opposent. Les chercheurs scientifiques les plus éminents doivent être capables de plaider leur cause devant des technocrates sceptiques pour obtenir des fonds qui dans un lointain futur permettront de créer de nouveaux médicaments.

Ceux qui manquent d'initiative attendent passivement les événements et règlent les problèmes au dernier moment faute d'avoir su prévoir les crises qui s'annonçaient.

L'anticipation est toujours très payante. Les agents immobiliers peuvent se contenter d'attendre que leur téléphone sonne, ou bien parcourir les annonces de particuliers dans la presse et les contacter pour les persuader de leur confier la vente de leurs biens. Ils peuvent sélectionner les acheteurs éventuels afin de ne proposer la visite d'une maison qu'aux plus sérieux. Leur initiative leur vaudra des carnets d'adresses plus fournis, un plus grand nombre de transactions, et des commissions plus élevées.

Il est crucial de saisir les nouvelles opportunités pour réussir dans un domaine comme celui du conseil où l'initiative personnelle conditionne la totalité des revenus. Les consultants les plus brillants restent attentifs aux opportunités qui peuvent élargir le champ de leurs interventions et savent utiliser les hasards heureux pour développer de nouvelles affaires.

Et l'initiative signifie d'abord beaucoup, beaucoup de travail. Un vendeur très dynamique me disait :

« Je me couche souvent à deux heures du matin pour boucler mes dossiers. J'appelle des magasins pendant la journée et je prépare mes présentations le soir. »

Prenons l'exemple de ces deux agents d'assurance. L'un d'eux a montré une étonnante capacité d'initiative en vendant une police à son médecin alors qu'il était soigné à l'hôpital pour une grave maladie, tandis que l'autre a demandé au chercheur scientifique qu'il interviewait s'il avait rédigé son testament parce que pour lui chaque personne était un client potentiel.

L'ESPOIR ET LA PERSÉVÉRANCE

Mon voisin semble parfaitement à l'aise sur son siège de première classe dans l'avion qui nous emmène à Houston. Élégant, la trentaine, docteur en chimie, il est responsable de clientèle d'un très grand groupe chimique.

Mais il me confie son étonnante histoire :

« J'ai grandi à Newark dans le New Jersey, grâce aux subsides de l'aide sociale. Mes parents avaient divorcé et j'ai vécu avec mes grands-parents dans une zone où il y avait plus d'enfants en prison qu'au lycée. Je suis retourné là-bas le mois dernier et j'ai revu un de mes vieux copains qui venait d'être condamné à trois ans et demi de prison pour trafic de drogue.

« Comme il me l'a avoué : “C'était la seule manière que nous connaissions pour nous en sortir.” Et c'est vrai. Nous n'avons jamais eu de modèles pour nous inciter à emprunter un autre chemin. »

Alors qu'est-ce qui oppose ce cadre supérieur et son vieux copain dealer ? « J'ai eu de la chance. Après le lycée, mes grands-parents m'ont envoyé au Texas vivre chez une tante. J'ai déniché un travail à temps partiel dans un institut de recherche. Et c'est là que j'ai découvert que ces brillants diplômés pour lesquels je travaillais n'étaient pas très différents de moi. J'ai pensé : moi aussi je pourrais faire ce travail. Alors je me suis inscrit à des cours du soir et j'ai fini par obtenir ma licence de chimie. Une fois que vous savez ce que vous voulez et comprenez que c'est à votre portée, vous pouvez vous représenter les étapes à franchir. C'est votre obstination et elle seule qui vous mène au but. »

Et ses vieux amis ? « Les autres gamins de mon âge ont tous abandonné. Ils étaient persuadés de ne pas être capables de réussir au lycée. La seule façon de se faire respecter, c'était d'avoir un revolver en poche. »

Le manque d'initiative caractérise ceux qui se laissent aller au désespoir — ils ont l'impression que malgré tous leurs efforts ils ne parviendront pas à leurs fins. Si bien que, comme les amis d'enfance de notre chimiste, ils renoncent avant d'avoir essayé. Ils se considèrent comme des victimes ou des pions sur le grand échiquier de la vie, et non comme les maîtres de leur destin. L'obstination du chimiste devait peut-être beaucoup aux leçons de caractère que ses grands-parents et sa tante lui ont données... en tout cas les êtres doués de ce sens de l'initiative ont le sentiment que leur futur ne dépend que d'eux. Cette attitude conditionne aussi leurs réactions devant les difficultés professionnelles qu'ils rencontrent. Toutes les études montrent que, parmi les cadres moyens, ceux qui estiment qu'ils maîtrisent leur destin sont moins désarçonnés par les épreuves et réagissent plus positivement au stress que les pessimistes, dont la conduite d'échec compromet bien évidemment la réussite professionnelle.

L'INITIATIVE INTEMPESTIVE

Si l'initiative est en général louable, elle doit être compensée par un certain sens des relations humaines, faute de quoi elle peut avoir des conséquences négatives.

Prenons l'exemple de ce directeur du marketing d'une grande entreprise, qui découvre que l'un de ses vendeurs ne parvient pas à conclure un marché avec un de ses plus gros clients. Ce vice-président a effectué de nombreuses présentations pour ce même client dans le passé et il décide donc de le contacter directement pour lui proposer un rendez-vous, auquel il convoque son vendeur.

Premier résultat de son initiative : la vente est conclue. Deuxième résultat : le vendeur est profondément humilié. On l'a fait passer pour un incapable et un idiot devant son client et il proteste auprès de ses chefs de service qui envoient des notes furieuses au vice-président trop zélé pour lui signifier qu'il a outrepassé ses prérogatives en passant par-dessus leur tête et en humiliant un membre de leur équipe.

Mais cet avertissement reste sans effet. Le même schéma s'est répété à maintes reprises pendant deux ans : ce vice-président a continué d'agir de façon aussi cavalière avec les autres vendeurs jusqu'à ce que le président de la société, préoccupé par un soudain effondrement des ventes, l'impute au vice-président qui avait démoralisé ses équipes. Résultat : il lui a laissé le choix de partir ou d'être rétrogradé à un poste de directeur régional des ventes.

Les patrons qui se noient dans la gestion des détails qui devraient être du ressort de leurs subordonnés peuvent paraître pleins d'initiative mais il leur manque un tact essentiel dans les rapports professionnels. L'initiative dénuée d'empathie ou de vision stratégique peut être très nuisible et les dirigeants atteints de ce défaut obtiennent généralement de piètres résultats.

PERSISTER ET REBONDIR

Deux cadres supérieurs qui avaient demandé une promotion se la voient tous deux refuser à cause de jugements négatifs d'un supérieur. L'un d'eux réagit à cet échec par la fureur et se met à nourrir des rêves de meurtre contre son patron. Il se plaint à tous ceux qui veulent bien l'entendre et se met à boire. « J'avais l'impression que ma vie était finie », devait-il avouer plus tard.

Il évite son patron, baissant la tête quand il le croise dans un couloir. « J'étais en colère, je me sentais floué, et pourtant, tout au fond de moi, je redoutais qu'il ait raison : et si j'étais un incapable, si j'avais échoué, s'il n'y avait plus rien à faire pour y changer quoi que ce soit ? »

L'autre cadre, aussi stupéfait et indigné de cette décision, la considère d'un esprit plus ouvert : « Je ne peux dire que j'ai été surpris, en fait. Lui et moi avons des idées très différentes et nous nous étions beaucoup disputés... »

Ce cadre rentre chez lui et parle de cette déconvenue avec son épouse pour mieux saisir ce qui s'est mal passé et ce qu'il peut faire pour améliorer la situation. À force d'introspection, il comprend qu'il n'a pas fourni tous les efforts dont il était capable. Cette prise de conscience dissipe sa colère et il décide de parler à son patron. « Nous avons eu quelques discussions et les choses se sont très bien passées. Je crois qu'il s'en voulait un peu de ce qu'il avait fait et je m'en voulais un peu de ne pas avoir donné mon maximum. Depuis lors nos rapports se sont beaucoup améliorés. »

La compétence clé est en l'occurrence l'optimisme, qui change notre façon d'interpréter nos échecs. Un pessimiste, comme le premier de nos deux cadres, considérera cet échec comme la confirmation d'une irrémédiable déficience personnelle. Le résultat d'un tel défaitisme est bien sûr l'impuissance et le désespoir : si vous êtes condamné à échouer, pourquoi essayer ?

Les optimistes, au contraire, considèrent un échec comme le résultat de facteurs qu'ils ont le pouvoir de modifier et non comme le résultat d'une insuffisance personnelle. L'optimiste réagit à un échec en formulant une réponse positive.

Voyons comment l'optimisme aide les gens à se remettre d'un échec.

Anne Busquet, qui avait dirigé une importante division d'American Express, a été rétrogradée en 1991 quand on a découvert que cinq de ses employés avaient dissimulé des créances douteuses d'un montant de 120 millions de francs. A. Busquet, qui n'était pas fautive, a cependant endossé la responsabilité de cette situation et perdu sa position de directrice générale de la division. Bien qu'accablée par ce désastre, elle gardait une confiance foncière dans ses capacités et a accepté le poste inférieur qu'on lui proposait : remettre sur pied la division du merchandising d'American Express qui battait de l'aile.

Les optimistes évaluent leur échec de manière réaliste et jaugent bien leur part de responsabilité dans celui-ci. Anne Busquet a remis en question son style de direction perfectionniste parfois trop pointilleux, allant jusqu'à envisager qu'il ait pu inciter les employés à lui dissimuler ces pertes. Elle a suivi un programme de formation pour adoucir son style et réalisé des progrès dans son ouverture et sa disponibilité aux autres. Sous sa direction, la division du merchandising est redevenue bénéficiaire en deux ans.

Prenez Arthur Blank, dont les désaccords répétés avec son patron dans une chaîne de magasins d'informatique ont entraîné le licenciement en 1978. La mère de Blank avait repris la petite affaire de vente par correspondance de son mari après la mort de celui-ci et Blank, qui était enfant à l'époque, l'avait vue fournir d'énormes efforts pour surmonter ses difficultés, chercher à apprendre au lieu de baisser les bras devant celles-ci. C'est pourquoi, quand un investisseur l'a approché, il a sauté sur l'occasion de fonder son propre réseau de magasins, devenu depuis un géant de son secteur.

Arthur Blank n'a pas renoncé. Il a réagi en véritable optimiste, utilisant l'expérience acquise chez son ancien patron pour mettre sur pied une affaire qui pourrait surclasser celui-ci. Il se savait capable de restaurer sa situation et de l'améliorer. Pour un optimiste, l'échec n'est qu'une leçon à retenir en vue du prochain round.

« Les erreurs sont des trésors, me confiait un chef d'entreprise allemand, une chance de progresser. Mais, ajoutait-il, beaucoup de dirigeants doivent comprendre qu'ils devraient être plus tolérants devant les erreurs des autres, et les aider à en tirer les conséquences au lieu de les sanctionner. »

OPTIMISME ET ESPOIR

Martin Seligman, un psychologue de l'université de Pennsylvanie, a effectué une étude classique sur la façon dont l'optimisme accroît le rendement des vendeurs de Met-Life, une compagnie d'assurances. Seligman a découvert que les optimistes vendaient la première année 29 % d'assurances de plus que les pessimistes et 130 % de plus la deuxième année.

Chez American Express, un programme-test de formation à l'optimisme a eu de telles répercussions sur les ventes au bout de trois mois qu'il a convaincu les dirigeants de l'intégrer à leur programme de formation générale. D'autres études conduites sur des cadres supérieurs montrent qu'ils considèrent leurs échecs comme découlant d'erreurs rectifiables et prennent des mesures pour s'assurer que le problème ne se reproduira plus.

Le cousin germain de l'optimisme est l'espoir : c'est lui qui permet de mobiliser l'énergie nécessaire pour atteindre un but. C'est une puissance de motivation fondamentale dont l'absence est paralysante. Les études de compétence montrent que les grands professionnels de la santé, de l'enseignement, du conseil aux entreprises transmettent de l'espoir à ceux qu'ils sont chargés d'aider.

Le pouvoir de l'espoir a été démontré dans une étude sur des travailleurs sociaux qui aident des gens souffrant de graves troubles psychiques (schizophrénie chronique, débilité profonde...) à mener une existence relativement autonome dans des foyers. Dans ce genre de travail, la première année est la plus dure : l'état des patients s'améliore lentement, il faut résoudre de multiples problèmes, les travailleurs sociaux se découragent et démissionnent. Ce sont les éducateurs les plus optimistes — sur les progrès potentiels de leurs patients et leur propre aptitude à les aider — qui s'en sortent le mieux. Après un an, ceux qui ont commencé avec un fort espoir retirent la plus grande satisfaction de leur travail, sont les moins fatigués émotionnellement et font preuve de la plus grande persévérance.

L'espoir est crucial quand on entreprend une tâche difficile et, dans les travaux les plus éprouvants, l'optimisme à tout crin est une stratégie professionnelle très payante.

Attention cependant : une recherche sur les dirigeants d'un groupe alimentaire international a révélé que si l'optimisme était un indice sûr de performance hors pair aux États-Unis, il n'en allait pas de même en Asie ni en Europe.

« Dans beaucoup de pays asiatiques comme le Japon, Taiwan et l'Inde, un dynamisme excessif sera considéré comme une marque de prétention ou d'individualisme, m'expliquait Mary Fontaine, une sociologue de mes amies. Dans ces cultures l'optimisme se manifeste toujours de façon plus modérée par une attitude qui pourrait s'exprimer ainsi : "C'est un défi redoutable et je vais essayer de réussir mais il se peut que j'échoue." Vous n'entendez jamais les gens dire : "Je sais que je peux le faire, je sais que je suis bon." Et, en Europe, ce que les Américains considèrent comme de l'optimisme sera perçu comme de l'arrogance. »

Troisième partie

L'ART DE GÉRER LES GENS

7

Le radar social

Le principal client de Johnson, une grande surface, n'obtenait pas du tout les rendements espérés, au grand désarroi des équipes de vente : pourquoi les ventes de tel produit clé étaient-elles beaucoup plus basses dans ce réseau que dans toutes les autres grandes surfaces ?

Le cadre commercial de Johnson en charge de ce client connaissait la réponse : cette chaîne de distribution aurait voulu passer des commandes plus importantes, mais une lutte d'influence entre deux responsables s'était traduite par une relégation du produit dans les magasins, d'où sa médiocre performance. Deux responsables de département se disputaient la gestion de ce produit et leur contact chez Johnson était bien incapable de régler ce différend.

Pour résoudre ce problème, l'équipe de vente de Johnson a convoqué une « commission diplomatique bilatérale » : une réunion avec des cadres de trois niveaux différents au-dessus du vendeur et de l'acheteur. Lors de cette réunion, Johnson a transmis aux responsables de la chaîne les résultats d'une enquête montrant que, si le produit était mieux mis en valeur, le groupe de distribution pouvait espérer un profit supplémentaire de 30 millions de francs. L'argument a fait mouche.

« Quand ils ont découvert qu'ils passaient à côté d'un profit supplémentaire de 30 millions de francs à cause d'un conflit de services, ils ont décidé d'abattre les cloisons, explique Patrick O'Brien, ex-vice-président des ventes pour l'Amérique du Nord. La direction tout entière a soutenu l'acheteur. Cela avait pris un an de réunir ces gens autour d'une table, mais une fois qu'ils ont décidé de discuter, appliquer la décision n'a demandé que quelques jours. »

Cette stratégie commerciale illustre l'une des caractéristiques de l'empathie : la capacité d'envisager une situation du point de vue du client et de travailler à sa réussite. Une telle perspicacité suppose d'être capable de déchiffrer les luttes d'influence et l'organisation du pouvoir d'une entreprise étrangère.

« La meilleure approche consiste à développer une compréhension profonde des besoins et des objectifs d'une entreprise, poursuit O'Brien. Pour cela, il faut sonder la situation et écouter ses interlocuteurs pour saisir ce qui est décisif pour leur réussite. C'est l'un des principes fondamentaux de la réussite commerciale depuis des décennies. »

Quand j'ai discuté avec O'Brien, il venait de remporter deux triomphes : son équipe de vente avait été élue « Vendeur de l'année » par deux des plus importantes chaînes de distribution américaines des États-Unis.

« Nos meilleurs vendeurs savent faire d'un rapport de négociation autour de chiffres un véritable rapport personnel, explique-t-il. Le métier de vendeur, qui était autrefois essentiellement fondé sur la persuasion, est désormais avant tout un travail de calcul statistique. Mais il faut compenser cette approche arithmétique par une approche humaine, parce que, après tout, la conclusion de la vente reste une décision individuelle. »

L'empathie peut prendre de nombreuses formes. L'une d'elles est la conscience aiguë des besoins de leurs clients que montrent ces collaborateurs de Johnson. Mais l'empathie se manifeste aussi dans les sociétés qui ont une perception lucide et précise de leurs propres employés, de leurs concurrents, du marché, du poids des syndicats, des actionnaires, etc. L'aptitude à épouser ces points de vue contrastés, à comprendre les positions de ces différents acteurs renforce beaucoup l'efficacité de la gestion d'une entreprise.

Le patron d'une banque privée suisse me disait : « Mon travail ressemble beaucoup à celui d'un prêtre ou d'un médecin de famille. Quand vous êtes un banquier privé vous devez absolument utiliser votre intelligence émotionnelle, et notamment l'empathie. Vous devez cerner les espoirs et les peurs de vos clients, même quand ils sont incapables de les exprimer clairement. »

POUR CONNAÎTRE LES AUTRES, IL FAUT SE COMPRENDRE SOI-MÊME

Comme Freud l'a observé : « Les mortels sont incapables de garder un secret. Quand leurs lèvres sont silencieuses, ils bavardent avec leurs doigts. La trahison se fraie un passage par tous les pores de leur être. »

La façon dont un négociateur se dandine dans son fauteuil dément l'expression figée de son visage. L'indifférence affichée d'un client qui marchande les prix chez un concessionnaire automobile est contredite par l'excitation avec laquelle il tourne autour de la décapotable qu'il convoite. Il est particulièrement important d'être capable de repérer de tels signaux dans des situations où les gens cachent leurs vrais sentiments — une constante dans les affaires.

C'est l'aptitude à ressentir ce que pensent les autres sans qu'ils aient besoin de le dire qui définit l'essence de l'empathie. Les autres expriment rarement par des mots ce qu'ils ressentent. Ils nous le suggèrent plutôt par le ton de leur voix, l'expression de leur visage, ou d'autres modes de communication tacites. L'aptitude à maîtriser ce type de communication subtile repose sur des compétences basiques, comme la conscience et la maîtrise de soi. Sans cette maîtrise lucide de nos propres sentiments, nous restons tout à fait incapables de saisir les humeurs des autres.

L'empathie est notre radar social. Une amie me confiait, au sujet d'une de ses collègues dont elle avait deviné le malaise : « Je suis allée voir mon patron et lui ai dit : “Quelque chose ne va pas avec Catherine, elle n'est pas heureuse ici.” Elle ne me regardait plus dans les yeux, elle avait cessé de m'envoyer ses e-mails si spirituels. Et puis, un jour, elle a annoncé qu'elle avait trouvé un autre travail. »

Sans cette sensibilité particulière, les gens restent « en dehors du coup ». La surdité émotionnelle entraîne une maladresse dans les rapports humains — qu'on ne soit pas « sur la même longueur d'onde », ou qu'on soit confronté à une brusquerie ou à une indifférence qui rendent tout rapport impossible. L'une des formes de cette absence d'empathie consiste à s'adresser aux autres comme s'ils étaient interchangeables.

L'empathie suppose au minimum de savoir déchiffrer les sentiments de son interlocuteur. À un niveau plus profond, elle définit la capacité de deviner les problèmes et les soucis qui se cachent derrière ces sentiments.

Comprendre le terrain émotionnel d'autrui suppose une grande familiarité avec le nôtre, comme le montre une enquête conduite par Robert Levenson pour l'université de Californie. Levenson avait fait venir des couples mariés dans son laboratoire de psychophysiologie pour deux entretiens : le premier, neutre, sur le thème : Comment s'est passé votre journée ? et le second concernait un sujet de désaccord au sein du couple. Pendant cette petite bataille, Levinson a enregistré toutes les réactions de ces couples, du rythme cardiaque aux modifications de leurs expressions faciales.

Après cette dispute, l'un des deux partenaires quitte la pièce. Celui qui est resté regarde un enregistrement de la scène pendant lequel il explicite les pensées qu'il n'a pas exprimées tout au long de ce dialogue. Puis ce partenaire quitte à son tour la pièce et son conjoint se livre au même exercice.

Les êtres très empathiques font quelque chose d'extraordinaire du point de vue physiologique : ils reproduisent les mimiques de leur partenaire. Quand le rythme cardiaque de celui-ci augmente ou diminue, leur rythme cardiaque augmente ou diminue de la même façon. Ce mimétisme s'explique par un phénomène biologique, une sorte d'osmose émotionnelle intime [1].

Celle-ci suppose que nous mettions entre parenthèses nos propres émotions pendant un moment afin de percevoir clairement les signaux émis par les autres. Quand nous sommes subjugués

1. L'effet de « miroir » physiologique qu'on observe chez les couples mariés comporte un aspect paradoxal : chez les couples qui s'entendent le moins bien, on remarque une forte tendance mimétique durant le visionnage de la vidéo de leur différend. Le conjoint qui regarde le film revit la contrariété du conjoint filmé. Ce « tango » de l'amygdale n'apporte aucun secours au mariage, toutefois, parce que, malgré une grande empathie mutuelle, ni l'un ni l'autre ne font un usage constructif de ce savoir. D'ailleurs cette empathie reste grossière : les deux conjoints manquent d'exactitude empathique et demeurent aveugles à ce qui cause ces sentiments, aux moyens d'améliorer la situation et d'empêcher ces disputes de se répéter à l'avenir.

par nos propres émotions nous devenons imperméables à ces signaux plus subtils.

Charles Darwin a émis l'idée que cette aptitude à émettre et à déchiffrer des sentiments avait joué un rôle décisif dans l'évolution humaine, pour la création et le maintien de l'ordre social. Depuis des temps immémoriaux, les émotions négatives comme la peur et la colère sont essentielles pour la survie de l'espèce, puisque ce sont elles qui incitent un animal effrayé à combattre ou à fuir. Nous sommes encore, aujourd'hui, tributaires de ce fonctionnement émotionnel. Quand nous subissons un putsch de l'amygdale, nous réagissons plus fortement à la mauvaise humeur d'autrui qu'à son éventuelle bonne humeur. Les effets d'entraînement de cette surenchère émotionnelle peuvent s'avérer dévastateurs.

UNE DANSE SUBTILE

Le directeur du marketing d'une société de logiciels éducatifs me raconte le cas suivant : « Nous avions une collègue qui pouvait vider en quelques minutes une pièce de ses occupants. Elle n'écoutait pas ce que disaient les autres et tout d'un coup se mêlait à leur conversation. Elle se lançait dans un monologue, lamentation ou attaque en règle qui n'avait rien à voir avec ce dont nous parlions et continuait inlassablement sans tenir compte de l'ennui des autres. Elle était complètement à côté de la plaque. »

L'harmonie des rapports humains dépend en grande partie de la spontanéité de l'empathie. Quand deux personnes commencent à parler ensemble, elles entrent immédiatement dans une danse subtile et rythmée, elles synchronisent leurs mouvements et leurs postures, la hauteur de leur timbre, le débit de leurs paroles et même la longueur des pauses dans leurs interventions respectives.

Ce mimétisme n'est pas conscient et semble contrôlé par les zones les plus primitives du cerveau. La mécanique se déclenche avec une rapidité époustouflante, deux dixièmes de seconde environ. Quand cette coordination automatique échoue, on éprouve un léger malaise.

L'adaptation mutuelle se produit notamment dans les expressions faciales. Quand nous voyons un visage heureux (ou coléreux), il suscite en nous une émotion similaire. Comme si notre aptitude à « habiter » l'espace émotionnel d'autrui était fonction de notre capacité à nous régler sur son allure, à imiter sa position et les expressions de son visage. En adoptant la signalétique corporelle de notre interlocuteur, nous commençons à nous imprégner du climat émotionnel qui l'habite.

Notre système nerveux participe automatiquement à cette osmose émotionnelle (c'est encore une fois l'amygdale qui joue le rôle décisif dans cette harmonisation). Mais notre capacité d'osmose est pour une large part le résultat d'une motivation acquise, d'un apprentissage : les personnes qui ont été élevées dans un extrême isolement social ont une aptitude réduite à déchiffrer les émotions d'autrui parce qu'elles n'ont jamais appris à prêter attention à ce type de message et n'ont donc pu la développer.

Nos premières leçons d'empathie remontent à l'enfance, quand nos parents nous tiennent dans leurs bras. Ces liens émotionnels primitifs sont les premiers jalons de l'apprentissage de la coopération et de l'intégration dans un groupe. Notre niveau de compétence sociale est directement fonction de la qualité de cet apprentissage.

Les enfants qui ne saisissent pas les signaux qui leur permettraient de s'intégrer en douceur aux jeux des autres ont tendance à s'y « inviter » trop brutalement et à les interrompre. Ceux qui sont plus adroits attendront, surveilleront la partie et s'y intégreront avec fluidité et naturel. Il en va de même pour les adultes : capter le « tempo » social et individuel de ceux avec qui nous travaillons est essentiel.

L'empathie est l'aptitude de base qui sous-tend toutes les compétences humaines importantes pour le travail. Ces compétences sont les suivantes :

- comprendre les autres : deviner ce qu'ils ressentent, épouser leurs points de vue, s'intéresser authentiquement à leurs préoccupations ;
- être axé sur le service : anticiper, reconnaître et satisfaire les besoins des clients ;
- enrichir les autres : sentir les lacunes éventuelles des autres et stimuler leurs aptitudes ;
- tirer profit de la diversité : cultiver les opportunités qu'apportent des êtres très divers ;

• posséder un sens politique : être capable de jauger les conflits politiques et humains qui traversent une entreprise.

VOUS AI-JE BIEN DÉCHIFFRÉ ?

Un assistant d'un grand cabinet d'architectes décrit le caractère difficile d'un collègue lunatique :

« D'un seul coup d'œil, il fermait la porte. Son expression signifiait clairement : prière de ne pas m'importuner, et je savais qu'il valait mieux ne pas essayer de lui parler dans ces moments-là. Mais s'il le fallait absolument, je me faisais le plus concis possible. Pas de plaisanteries — je l'ai fait une fois et il s'est mis dans une rage folle. Alors je me fais le plus terne que je peux. »

La phrase clé est ici : « D'un seul coup d'œil, il fermait la porte. » C'est le signal qui indiquait à son assistant comment modifier son comportement. Dans la vie professionnelle, nous adaptons sans cesse notre comportement à de tels signaux émotionnels. Sans l'aide d'un tel radar nous risquons de nous noyer dans les remous émotionnels de ceux avec qui nous travaillons. L'empathie est l'élément clé de tout système de guidage émotionnel, notre meilleur pilote dans les rapports professionnels.

Elle constitue un facteur d'excellence dans des métiers où les rapports humains forment la substance même du travail. Chaque fois que le déchiffrage perspicace des sentiments d'autrui est essentiel, que ce soit dans la vente, la médecine, ou toute fonction de direction, l'empathie est absolument cruciale.

La médecine est un domaine qui s'éveille depuis peu de temps aux bienfaits de l'empathie, en partie pour des raisons concurrentielles. Les médecins qui sont les plus capables de discerner les émotions, les angoisses et les malaises de leurs patients obtiennent de meilleurs résultats thérapeutiques que leurs collègues moins empathiques et fidélisent mieux leur clientèle. Pourtant, très peu nombreux sont ceux qui écoutent vraiment. Quand un patient commence à parler il est interrompu par son médecin au bout de dix-huit secondes en moyenne (enquête menée aux États-Unis).

Les médecins qui réussissent le mieux sont ceux qui prennent le temps d'expliquer à leurs patients ce qu'ils peuvent attendre d'un traitement, de rire et de parler avec eux, de solliciter leur avis et de vérifier qu'ils ont bien compris. Quelques minutes d'empathie suffisent pour gagner la confiance des patients.

> COMPRENDRE LES AUTRES
>
> *Adopter les sentiments et les points de vue des autres et prendre un intérêt réel à leurs préoccupations*
>
> Ceux qui possèdent cette compétence
> • sont attentifs aux signaux émotionnels et écoutent bien ;
> • font preuve de sensibilité et comprennent les points de vue des autres ;
> • savent deviner les besoins des autres et leur apporter une réponse adaptée.

L'EMPATHIE AU SERVICE DES PRODUITS

L'empathie devient un élément important de la recherche et du développement d'un produit. Les chercheurs observent la façon dont les clients utilisent les produits d'une marque — à la maison ou au travail — à peu près comme un anthropologue pourrait observer une autre culture. Ce coup de sonde dans le monde du consommateur offre une meilleure compréhension de ses besoins que les classiques études de marché.

L'exploration intime de la vie d'un consommateur quand elle se double d'une ouverture au changement est un puissant gage d'innovation pour une marque. Quand Kimberly-Clark a demandé à des enquêteurs d'observer la façon dont les parents et leurs enfants utilisaient les couches, ils ont découvert que ces enfants avaient besoin de couches qui évoquent des vêtements de « grands ». Cette découverte à conduit à la création des « Huggies Pull-Ups », des couches que les enfants peuvent enfiler eux-mêmes. Cette invention a accru le chiffre d'affaires de Kimberly-Clark de 2,5 milliards de francs avant que les concurrents aient eu le temps de réagir.

L'aptitude à deviner efficacement les besoins des consommateurs est un talent fréquent chez les meilleurs chefs de produits.

Cette aptitude suppose une bonne empathie avec les clients et de savoir imaginer les produits qui satisferont leurs attentes.

Chez Ford, la refonte de la Lincoln Continental s'est appuyée sur une élaboration par empathie. Les ingénieurs ont eu, pour la première fois, des contacts intensifs avec les propriétaires de la voiture qu'ils étaient chargés de réinventer.

Au lieu de recourir à la vieille méthode consistant à étudier un échantillon représentatif de consommateurs, ils ont passé une semaine à discuter avec des utilisateurs de Lincoln Continental. Leur tâche : arriver à comprendre ce qui leur plaisait tant dans cette voiture.

« Les consommateurs ont une idée très claire des qualités qui comptent pour eux dans un produit, m'a expliqué Nick Zeniuk, l'un des directeurs du projet. Nous avons donc dû nous imprégner de leurs attentes et cela suppose de l'empathie à leur égard. J'ai dit aux responsables du projet : "Oubliez les données accumulées par les études de marché. Sortez de vos bureaux et parlez aux gens pour lesquels nous concevons ce modèle. Écoutez, sentez, captez. Regardez-les au fond des yeux et tâchez de saisir leurs souhaits." »

Cette approche personnelle a engendré une forte osmose avec le client chez les ingénieurs automobiles qui ont conçu les caractéristiques du modèle. Zeniuk se souvient : « Ils sont revenus avec une vidéo d'un client et m'ont dit : "Vous ne pouvez pas le voir mais à ce moment précis il ressentait très fortement ce qu'il disait." C'est à partir de notre interprétation de ces besoins que nous avons finalisé la conception d'ensemble de la voiture, les spécifications techniques qui lui ont donné sa personnalité confortable et chaleureuse. »

L'ART DE L'ÉCOUTE

« Quand vous voulez absolument conclure une vente, vous n'écoutez plus aussi bien, m'expliquait le directeur des ventes d'une société de courtage de Wall Street. Ce qui peut vous arriver de mieux dans une vente c'est que quelqu'un émette une critique et que vous répondiez : "Vous avez absolument raison — nous devrions revoir ce point." Vous obtenez de bien meilleurs résultats si vous êtes capable d'écouter et de sympathiser avec le point de vue du client. »

Une écoute attentive, telle est la base de l'empathie. Savoir écouter est un ingrédient essentiel pour toute réussite professionnelle. Le département du Travail des États-Unis estime que, sur le temps total que nous consacrons à la communication, 22 % sont consacrés à la lecture et à l'écriture, 23 % à la parole et 55 % à l'écoute.

L'écoute est un art. La première étape consiste à montrer que l'on est ouvert à l'autre. Les directeurs qui pratiquent la « politique de la porte ouverte », qui sont disponibles, vont à la rencontre de leurs collaborateurs pour entendre ce qu'ils ont à dire incarnent cette compétence. Bien écouter, écouter en profondeur, implique de dépasser ce qui est dit en posant des questions, en retraduisant dans vos propres mots ce que vous entendez pour vérifier que vous avez bien compris. Cela, c'est l'écoute « active ». C'est la pertinence de la réponse que vous faites à votre interlocuteur qui montre que vous l'avez vraiment entendu.

Dans certaines écoles de vente, l'empathie est considérée de manière très bornée et l'on vous explique qu'adopter le point de vue du client risque de tuer la vente de votre produit ou de votre service sous prétexte que celui-ci n'en aurait pas vraiment besoin. Cette vision du travail de vendeur est évidemment assez cynique ou naïve : comme si le but du vendeur se réduisait à conclure une vente et non à construire une relation avec un client.

Une définition plus intelligente de la vente l'assimile à un travail d'écoute et de compréhension des besoins du client ou du consommateur et à la recherche d'une solution qui satisfasse ces besoins. L'empathie est une des clés de l'efficacité de la relation commerciale, comme le confirment de nombreuses études sur les rapports entre commerciaux et gérants de petites et grandes surfaces aux États-Unis.

Le vieux stéréotype du vendeur extrêmement chaleureux et affable a vécu : les acheteurs préfèrent les représentants les plus empathiques, ceux qui tiennent compte de leurs besoins et de leurs soucis.

QUAND L'EMPATHIE MASQUE LA MALHONNÊTETÉ

« Je veux vous assurer d'emblée que le plus important pour nous, ce sont les enfants. Ils sont notre priorité. Je sais que certains d'entre vous sont inquiets, mais si nous avions la moindre crainte de faire du mal aux enfants, nous arrêterions. »

Ainsi commençait la présentation chaleureuse et rassurante du président d'une entreprise de retraitement de déchets industriels dont la vocation principale consistait à récupérer des métaux dans ces déchets. Il s'adressait aux parents et aux professeurs d'une école primaire de la petite ville où il avait décidé d'installer son entreprise. L'usine allait se trouver à proximité immédiate de l'école, au bout de la rue, et son patron attendait l'autorisation finale du conseil municipal.

Le PDG a longuement évoqué les différents bienfaits qu'apporterait cette usine à la ville, les emplois qu'elle allait créer, les retombées positives pour l'économie locale, etc. Sa sincérité et sa préoccupation du bien-être des enfants séduisaient son auditoire. Il semblait si compréhensif, si empathique...

Après son exposé, le public lui a posé des questions. L'un des parents, un chimiste, lui a demandé : « Mais n'allez-vous pas retraiter des cendres qui contiennent de la dioxine ? Et la dioxine n'est-elle pas hautement cancérogène ? Comment comptez-vous protéger nos enfants contre ça ? »

Cette question a visiblement déconcerté le PDG et l'a placé sur la défensive. Il est devenu presque agressif, surtout quand les autres parents, refroidis par cet échange, lui ont demandé pourquoi il avait dissimulé ce fait dans son exposé initial.

La réunion s'est terminée par la décision des parents d'élèves de faire appel à un expert pour mesurer les risques liés au retraitement de ces déchets et demander au maire de la ville de suspendre toute décision avant qu'une enquête de salubrité ait été effectuée.

L'empathie est donc un excellent outil de manipulation. On rencontre fréquemment cette pseudo-empathie dans les rapports sociaux. Cela me rappelle les plaintes d'une amie concernant des vendeuses d'un magasin de prêt-à-porter de luxe dans lequel elle aime faire ses courses : « Elles s'empressent autour de moi, me répètent qu'elles sont heureuses de me revoir, essaient de bavarder avec moi. Je veux seulement qu'elles me laissent tranquille jusqu'à ce que j'aie une question à leur poser. » Un jour, dans un moment d'inattention, l'une d'elles lui a avoué que son patron leur avait demandé d'engager systématiquement la conversation avec les clientes qui avaient effectué d'importants achats dans le magasin. Mais ces démonstrations d'amitié forcées donnaient envie de fuir à mon amie.

Nous avons des défenses naturelles contre cette empathie factice, nous sommes souvent capables de la détecter. Et les chercheurs qui ont conduit des études sur les conduites de manipulation ont montré que ce machiavélisme qui voudrait utiliser les autres pour satisfaire ses intérêts s'accompagne souvent d'une médiocre aptitude à l'empathie. En revanche, les êtres qui sont confiants de nature — qui croient que les gens sont essentiellement bons — sont généralement en phase avec les autres.

LE REJET DE L'EMPATHIE

Sam était émotionnellement sourd. Quand il décrochait le téléphone et entendait la voix d'une amie en sanglots demander à parler à sa femme, il lui tendait le combiné en lançant un jovial : « C'est pour toi, chérie ! »

Helen Hatfield, une psychologue de l'université de Hawaii qui l'a traité, explique : « Sam est totalement indifférent aux messages émotionnels, ils ne lui font ni chaud ni froid. »

Il ne suffit pas d'être doué d'un certain potentiel d'empathie, encore faut-il vouloir comprendre les autres. Certaines personnes qui semblent manquer d'empathie l'évitent en fait délibérément, par souci tactique : pour résister à la tentation d'épauler les autres, ce qui peut être parfois nécessaire dans la vie professionnelle.

Les dirigeants qui se concentrent à l'excès sur les relations humaines ou s'efforcent de satisfaire les besoins émotionnels aux dépens des exigences de l'entreprise obtiennent des résultats professionnels médiocres. Dans certaines situations où le coût de l'empathie est perçu comme trop élevé, par exemple dans une négociation salariale, les représentants des deux bords doivent souvent mettre leur sympathie en veilleuse. Les avocats ont aussi recours à cette attitude d'indifférence étudiée devant la partie adverse au cours des procès (pourtant, une totale absence d'empathie ne constitue pas une tactique de négociation fructueuse, *cf.* chapitre 8).

Une empathie modérée peut traduire une certaine sagesse, surtout quand il s'agit de distribuer des rémunérations et que les marges financières de l'entreprise sont étroites. Quand nous nous identifions trop fortement avec les besoins de quelqu'un d'autre, nous avons tendance à vouloir l'aider au détriment, parfois, de l'intérêt commun.

De même, ne se servir que de sa tête en oubliant son cœur c'est risquer de prendre des décisions qui se retourneront contre leur auteur, comme on l'a vérifié à maintes reprises avec les entreprises qui procèdent à de brutales réductions d'effectifs et découvrent après coup que les employés qui restent sont dégoûtés et ont perdu toute confiance dans leurs dirigeants. Ceux-ci ont parfois tendance à dédaigner les sentiments de leurs collaborateurs, simplement pour éviter d'avoir à tenir compte de ces sentiments, et cette tactique peut les faire paraître arrogants ou froids.

L'absence d'empathie est illustrée par l'histoire de ce chirurgien qui devait opérer une amie d'une phlébite à la jambe. Quand il lui expliqua que cette opération comportait des risques et qu'elle pouvait perdre sa jambe, mon amie éclata en sanglots.

Voici ce qu'il lui répondit : « Si vous vous mettez à pleurer, il faudra que vous cherchiez un autre médecin. »

Il n'eut pas à le lui répéter deux fois.

L'ANGOISSE EMPATHIQUE

Infirmière dans un service pédiatrique depuis sept ans, elle venait de demander son transfert dans un autre service de l'hôpital. Pourquoi ?

« Je n'aurais tout simplement pas supporté de m'occuper d'un autre enfant atteint de cancer en phase terminale. C'était trop dur pour moi. »

L'angoisse de l'infirmière est un exemple typique d'« angoisse empathique » où une personne s'imprègne du désarroi d'une autre personne. Au lieu de soulager les enfants de leur douleur et de leur désarroi, l'infirmière se met à les éprouver elle-même.

Nous ressentons souvent cette angoisse empathique quand nous sommes profondément bouleversés par la douleur d'un proche que nous aimons. Ainsi le désarroi d'un ami — ou d'un collègue qui craint d'être licencié — peut susciter le même sentiment chez nous. Ce phénomène se produit quand quelqu'un de très empathique est exposé aux humeurs négatives d'une autre personne et ne possède pas la maîtrise de soi qui lui permettrait d'apaiser son propre désarroi.

Les médecins hospitaliers se « durcissent » eux-mêmes contre l'angoisse empathique. Leurs plaisanteries à propos de leurs patients au seuil de la mort trahissent cette coquille émotionnelle dans laquelle ils s'enferment pour protéger leur propre sensibilité. Le danger est bien sûr qu'ils finissent par ressembler au chirurgien indifférent dont nous parlions précédemment. Les nouveaux programmes de formation médicale commencent à enseigner aux étudiants à gérer leur angoisse de manière plus efficace sans renoncer à l'empathie.

Dans les professions de la santé comme dans les métiers de service à la clientèle et l'enseignement, où une trop grande empathie peut devenir un handicap, il faut impérativement apprendre à rester ouvert aux émotions des autres tout en maîtrisant ses propres émotions pour ne pas être accablé par l'angoisse qu'ils projettent.

LES POLITIQUES DE L'EMPATHIE

Il existe une politique de l'empathie : on attend de ceux qui sont dénués de pouvoir qu'ils perçoivent les sentiments de ceux qui détiennent le pouvoir alors que ceux-ci ne se sentent pas tenus de montrer autant de sensibilité en retour. En d'autres termes, un manque d'empathie délibéré est une façon pour les détenteurs du pouvoir de consolider tacitement leur autorité.

À l'époque du mouvement pour la défense des droits civiques, Martin Luther King a exprimé sa surprise devant la compréhension intuitive extrêmement restreinte que les Blancs montraient à l'égard des Noirs. Ne serait-ce que pour pouvoir survivre dans une société raciste, expliquait-il, les Noirs doivent être beaucoup plus attentifs aux sentiments des Blancs que ceux-ci aux leurs. Une théorie similaire soutient que l'empathie des femmes est directement fonction de leur degré d'oppression par les hommes (pour l'examen de l'influence de la différence sexuelle sur l'empathie, voir l'appendice 3).

Les recherches effectuées dans les années soixante-dix et quatre-vingt font apparaître une corrélation négative entre les positions de pouvoir et les aptitudes empathiques. Mais il se pourrait que cela soit moins vrai aujourd'hui dans la mesure où la gestion des entreprises est de plus en plus collégiale et les structures hiérarchiques moins rigides qu'avant. La direction moderne de l'entreprise suppose une bonne aptitude empathique et le style autoritaire donne des résultats moins brillants qu'autrefois.

Ceux qui refusent toujours l'empathie au motif qu'elle serait déplacée dans le monde des affaires ou trop « douce » sont victimes de deux malentendus courants : le premier réside dans la confusion entre l'empathie et l'analyse psychologique. Le second est la croyance erronée selon laquelle l'empathie consiste à être d'accord avec les autres.

Comme Richard Boyatzis me l'a confié : « J'ai évalué les dirigeants d'une très grande marque d'ordinateurs en leur demandant de décrire un moment où ils ont aidé quelqu'un qui avait des problèmes. Je me suis aperçu que certains d'entre eux s'étaient plongés dans une analyse psychologique serrée de leur collaborateur remontant jusqu'à son enfance pour expliquer la genèse de ces difficultés. Mais cela c'est de l'analyse psychologique, pas de l'empathie : vous évacuez le problème en parlant de ses causes supposées. »

Cette tendance psychologisante dénote, selon Boyatzis, des performances de gestionnaire assez médiocres. Les professionnels d'exception écoutent et comprennent les sentiments des autres, et les conseillent sans imposer leur propre diagnostic sur la cause profonde du problème. De telles interprétations psychologiques peuvent présenter un certain intérêt, elles peuvent être utiles entre amis autour d'une tasse de café, mais elles sont déplacées dans la vie professionnelle. Et elles ont assez peu à voir avec l'empathie.

Saisir le point de vue d'un interlocuteur, comprendre pourquoi il éprouve tel ou tel sentiment ne suppose pas nécessairement qu'on adhère à ceux-ci. Surtout dans les relations d'affaires :

mieux comprendre les sentiments d'autrui ne revient pas à lui céder mais permet de négocier et de gérer plus habilement. Et quand on prend des décisions difficiles, une bonne empathie permet de limiter le ressentiment de ceux qu'elles affectent.

Je me souviens des discussions que j'ai eues avec les dirigeants d'une société aéronautique qui venait de procéder à des licenciements massifs. Pour certains de ces dirigeants, licencier des centaines de travailleurs représentait la pire corvée de leur vie. Je leur ai expliqué que certains chefs d'entreprise redoutent que l'empathie ne les attendrisse et ne les empêche de prendre les difficiles décisions qu'imposent les affaires et je leur ai demandé si l'empathie était souhaitable dans ce genre de situation.

« Absolument, m'a répondu l'un d'eux. Quand vous devez mettre à la porte des milliers de gens, ceux qui restent vous observent. » Ils avaient dû procéder aux licenciements, mais, m'ont-ils dit, s'ils ne s'y étaient pas pris avec empathie, tout le personnel aurait été démoralisé et aurait manifesté son hostilité.

Voici deux autres cas de sociétés qui ont fermé des usines et procédé à des licenciements. Dans l'une d'elles, les ouvriers avaient été prévenus deux ans à l'avance que le site serait fermé et la société avait beaucoup œuvré pour les reclasser ailleurs. L'autre société annonça la fermeture une semaine avant et ne fit pas le moindre effort pour aider ses employés à retrouver un emploi.

Le résultat ? Environ un an plus tard la majorité des ex-employés de la première société affirmait qu'ils en avaient gardé un bon souvenir et 93 % rendaient hommage aux efforts de reclassement dont ils avaient bénéficié. En revanche, 3 % des employés de la deuxième société en gardaient un bon souvenir. La première avait préservé un large capital de sympathie, la seconde n'avait laissé qu'un souvenir amer à ses employés.

L'ART DE L'ENTRAÎNEUR

Ce fut une leçon sans prétention mais de celles qu'on n'oublie pas. La jeune femme ambitieuse et avide de notoriété qui m'a rapporté cet exemple est chef de service dans un grand magazine. Elle avait un problème :

« J'étais encline aux décisions instantanées, je m'embarquais dans des projets dans un moment d'enthousiasme et puis venaient les révisions déchirantes, je récrivais les articles avec leurs auteurs jusqu'au moment où il n'en restait plus rien. C'était émotionnellement épuisant pour moi et cela générait trop d'animosité autour de moi, trop de souffrance... Un jour mon rédacteur en chef m'a dit quelque chose qui m'a énormément aidée. »

Quelle était donc cette phrase ?

« J'y penserai. »

Ce conseil bien modeste illustre l'intervention d'un bon entraîneur. Chez les dirigeants d'exception, l'excellence dans cette compétence est presque aussi importante que l'aptitude à la direction. Pour les directeurs des ventes, l'aptitude à former les autres est encore plus importante, et c'est la compétence que l'on retrouve le plus souvent chez les grands professionnels de ce secteur.

L'entraînement est un art relationnel. Entraîner et former, cela signifie d'abord conseiller. Une étude portant sur des chefs de service, des cadres supérieurs et des dirigeants d'entreprise de douze grandes entreprises a révélé que le talent de formateur était indispensable à un contremaître ou à un chef de rayon : cette aptitude est essentielle pour la direction des ouvriers et des vendeurs, pour les employés qui sont en première ligne. Plus la sphère d'influence d'un dirigeant ou d'un cadre supérieur s'accroît, plus les occasions directes de former les autres diminuent, tandis que d'autres compétences, comme l'aptitude à la direction, deviennent plus importantes.

Pourtant : « Un chef d'entreprise est avant tout un formateur, m'explique Harry Levinson, un pionnier du conseil en psychologie. Les gens d'aujourd'hui doivent être sûrs qu'ils vont acquérir de nouvelles compétences dans le poste qu'ils occupent, sinon ils ne restent pas. »

Une solide capacité d'entraîneur ou de formateur chez un patron améliore les performances de ses collaborateurs, accroît leur loyauté et leur satisfaction au travail, les aide à obtenir promotions et augmentations de salaire et limite la rotation du personnel.

Une relation ouverte et confiante est la base du succès de l'entraîneur sur le terrain. Telle est la conclusion formelle à laquelle est parvenue une enquête sur cinquante-huit dirigeants de haut niveau qui ont relaté leur expérience dans des entreprises au chiffre d'affaires annuel de 30 milliards de francs ou plus. Ces dirigeants ont concentré leurs efforts sur les collaborateurs chez qui ils devinaient un potentiel élevé. Comme me l'expliquait l'un d'eux : « Je suis aimable avec ceux dont j'attends simplement qu'ils fassent leur travail, mais je m'occupe particulièrement des plus doués, je les pousse à se dépasser. »

L'essentiel de leur travail consiste à essayer de stimuler les performances de leurs protégés, à leur donner des tuyaux pour progresser et ils estiment que le temps consacré à ce travail est largement payé de retour.

La clé du succès de ces entraîneurs ? Les meilleurs d'entre eux montrent un authentique intérêt personnel, une compréhension empathique pour ceux qu'ils guident. La confiance est cruciale : quand l'entraîneur n'inspire pas confiance, on ne tient pas compte de ses conseils. Même rejet quand il est froid et impersonnel ou que la relation semble trop unilatérale ou intéressée. Les dirigeants qui sont respectueux, fiables et empathiques sont les meilleurs entraîneurs.

« Rétrospectivement, je considère que l'une des plus grandes erreurs de ma carrière a été de ne pas me chercher un entraîneur quand j'étais jeune, me disait ce vice-président d'un grand groupe de presse. J'avais tellement peur de paraître incompétent que je ne demandais jamais de conseil sur la bonne façon de régler les problèmes. Attitude qui a dissuadé bien des personnes expérimentées de m'épauler. J'ai une jeune associée qui n'hésite pas à venir me voir pour me demander comment aborder le PDG sur tel problème ou comment gérer telle situation. C'est plus malin. »

L'image habituelle de l'entraîneur ou du guide est celle d'une personne d'expérience qui en fait bénéficier un collègue prometteur, en principe plus jeune. Mais des subordonnés peuvent aussi être amenés à aider leurs supérieurs hiérarchiques à accomplir leur mission — c'est un aspect comme un autre de leur travail. C'est le cas de ce sous-officier de marine qui m'expliquait qu'il apprenait aux jeunes officiers à le diriger. « Je leur dis : vous commandez ce bateau et c'est moi qui veille sur tout cet équipement à votre place. Vous avez le droit de savoir comment il fonctionne. Demandez-le-moi. Et demandez-moi de vous aider quand je le peux. »

ENRICHIR LES AUTRES

Détecter les besoins de formation des autres et stimuler leurs capacités

Ceux qui possèdent cette compétence
- reconnaissent les atouts et récompensent les réalisations et la volonté de progrès de leurs collaborateurs ;
- leur dispensent des critiques utiles et savent discerner leurs insuffisances ;
- les guident, les conseillent opportunément et leur proposent des missions qui les incitent à se dépasser.

L'ART DE LA CRITIQUE

Quand il s'agit d'analyser le travail d'autrui, personne n'est plus qualifié que Shirley DeLibero, la directrice d'une compagnie de transport, devenue, sous son autorité, la plus importante des États-Unis. DeLibero montre aux gens qu'elle les apprécie, mais elle les soumet à une critique nourrie et constructive sur la qualité de leur travail. « Je passe beaucoup de temps à féliciter les gens et j'envoie des messages personnels aux collaborateurs de la société quand ils font du bon travail. Mais quand ils se plantent je n'hésite pas à le leur dire. Vous ne rendez pas service aux gens si vous n'évaluez pas leurs performances correctement. Vous devez leur expliquer sur quels points ils doivent progresser. »

Comme DeLibero, l'entraîneur efficace fournit des informations précises sur ce qui cloche et la façon de le corriger en se montrant optimiste sur la capacité de son interlocuteur à s'améliorer.

En revanche, la pire manière de critiquer le travail d'autrui est de le faire au moment d'un putsch amygdalien, alors que le résultat est inévitablement une attaque personnelle. Autre erreur tout aussi pernicieuse : s'abstenir de toute critique.

Les effets de la critique sur la confiance en soi ont été analysés dans une étude auprès d'étudiants en maîtrise de gestion dont on avait testé la capacité à résoudre, de manière inventive, des problèmes simulés. On leur avait dit que les résultats de leur travail seraient comparés à ceux de centaines d'autres candidats. Ceux qu'on privait de tout commentaire sur leur travail étaient presque aussi affectés dans leur confiance en eux que ceux dont on critiquait la prestation. L'enquête conclut que « quand une entreprise prive des employés d'informations nécessaires sur leur travail, elle peut sans le savoir freiner leurs performances ».

Les employés sont avides de critiques, même si de nombreux directeurs, chefs de service et cadres supérieurs sont incapables de leur en dispenser ou rechignent à le faire. Dans certaines cultures, notamment en Asie et en Scandinavie, l'expression ouverte des critiques, surtout en présence de tiers, est tacitement prohibée. Un cadre supérieur d'une société saoudienne me disait : « Des collaborateurs de vingt-sept nationalités différentes travaillent dans nos entreprises. La plupart proviennent de pays où l'on apprend aux gens dès l'enfance à ne pas critiquer ceux avec qui ils travaillent. Il est donc bien difficile de recueillir des critiques honnêtes sur la qualité du travail effectué. »

Par ailleurs, une critique brutale peut masquer l'agression pure et simple d'un concurrent qui prétend vous « aider ». Comme me l'expliquait un cadre supérieur d'une banque néerlandaise : « Il y a certaines personnes ici qui vous prodiguent des critiques pour vous montrer, dans une surenchère machiste, qu'ils sont meilleurs que vous. Ils se fichent pas mal de l'impact de leurs propos sur la personne qui les reçoit, ils sont beaucoup trop brutaux. Cela n'a rien d'une aide authentique, ce n'est qu'un jeu. Ils auraient bien besoin de montrer un tant soit peu d'empathie. »

LE POUVOIR DE PYGMALION

Ils constituaient un fardeau pour leur camarades, ces marins qui collectionnaient les problèmes, ou ne faisaient tout simplement pas leur travail. « Marins démotivés à problèmes », telle était l'expression officielle de la marine à leur sujet. Ils étaient notés PP pour : « peu performants ».

Mais, pour modifier le comportement de ces éléments, on a demandé à leurs supérieurs quelque chose de nouveau : attendre le meilleur de ces PP, malgré leurs antécédents détestables.

Leurs supérieurs ont donc fait savoir à ces marins qu'ils croyaient en leur capacité à changer et ils se sont mis à les traiter comme des gagnants. Cette attente positive s'est avérée efficace : les PP se sont améliorés à tout point de vue, ont commis moins de fautes, effectué un travail de meilleure qualité et même leur apparence personnelle s'est améliorée. C'est l'effet Pygmalion en action : il suffit — parfois — d'attendre le meilleur des autres pour que le meilleur se produise.

Les entraîneurs sportifs (et les bons dirigeants) savent depuis longtemps qu'ils peuvent stimuler les performances d'un athlète en plaçant la barre au bon niveau et en lui montrant qu'ils croient à ses capacités.

Un moyen de stimuler la confiance des employés consiste à leur laisser eux-mêmes fixer leurs objectifs, plutôt que de leur dicter les buts et les modalités de leur formation. Cela revient à leur insuffler l'idée qu'ils ont la capacité de piloter leur destin, un principe essentiel de l'esprit d'entreprise.

Autre technique pour encourager les gens à améliorer leurs performances professionnelles : pointer les problèmes en leur laissant imaginer les solutions, ce qui est une façon de leur montrer qu'on leur fait confiance. Les meilleurs professeurs utilisent cette tactique avec leurs étudiants. Ils dirigent leur interlocuteur, comme dans un dialogue socratique, par questions successives, ce qui permet aux étudiants de formuler eux-mêmes les réponses. Cette liberté renforce leur confiance dans leur capacité à prendre des décisions.

L'entraîneur ou le guide peut aussi fixer à son collègue une mission de longue haleine qui procurera à celui-ci l'expérience et les épreuves dont il a besoin pour progresser. Cette mission peut prendre la forme d'une délégation de responsabilités, ou d'un projet dont l'accomplissement favorisera le développement de nouvelles aptitudes. Pour optimiser l'efficacité de cette formation, il est indispensable d'évaluer précisément les capacités du collaborateur qu'on entraîne : si la mission est trop aisée il en apprendra peu. Si elle est trop difficile, elle risque de se solder par un échec. Tout l'art de l'entraîneur consiste donc à placer la barre juste assez haut pour que l'expérience augmente au maximum les capacités et la confiance du sujet. La récompense ultime est la promotion qui permettra à ce collaborateur d'accéder à la position qu'il a méritée — c'est la reconnaissance authentique du récent niveau de compétence acquis et un nouveau tremplin pour améliorer encore ses capacités.

Mais attention : ce besoin d'aider les autres à développer leurs aptitudes ne doit pas dépasser certaines limites pour ne pas obérer les intérêts supérieurs de l'entreprise. Consacrer trop de temps et d'énergie à l'entraînement et à l'enrichissement des autres aux dépens des autres tâches de management est risqué. Les chefs de service et les dirigeants qui prennent ce risque et ne se consacrent pas assez à la direction et à la gestion de leur entreprise obtiennent des résultats médiocres.

EN QUOI PUIS-JE VOUS ÊTRE UTILE ?

Chez Stéphane et Bernard, propriétaires d'un magasin de prêt-à-porter sur l'île de Saint-Barthélemy, le service à la clientèle est élevé à la hauteur du grand art. Dans ce magasin, les clientes bénéficient en effet d'une assistance qui mêle charme français, humour et attention sans faille.

Deux heures durant, un après-midi de janvier consacré au lèche-vitrines, ils nous ont fait bénéficier ma femme et moi de cette attention. Mon épouse a parlé à Bernard de sa vie et de sa garde-robe tandis que celui-ci ne cessait de faire des aller et retour vers les cintres pour lui dénicher le vêtement idéal. Mais, de plus, il a pris une vingtaine de minutes pour annoter méticuleusement une carte de l'île à mon intention tout en me décrivant en détail les principales curiosités du cru, restaurants, plages et sites propices à la plongée sous-marine.

« Mon travail consiste d'abord à faire en sorte que les gens se sentent à l'aise », m'a expliqué Bernard en me montrant son magasin bourré de vêtements dessinés par les quinze stylistes mondiaux les plus recherchés sur une surface qui n'excède pas cent cinquante mètres carrés. Mais la rentabilité de cette petite boutique — qui ne fonctionne réellement que durant les quatre mois d'hiver, la saison touristique — est plus élevée que celle de tous ses concurrents.

La clé du succès de Stéphane et Bernard réside dans leur philosophie du service à la clientèle. « Je dois connaître mes clientes pour les aider — comprendre comment elles aiment s'habiller, ce qu'elles aiment faire, de quelle partie de leur corps elles sont mécontentes », m'a confié Stéphane.

Ils refusent de « faire du chiffre » à tout prix et ne veulent pas ressembler à « ces vendeurs qui se fichent pas mal de savoir si les vêtements vous vont bien ou non. Tout ce qu'ils veulent, c'est conclure la vente, alors ils vous racontent que ce que vous avez choisi est parfait. Moi, poursuit Stéphane, quand je n'aime pas l'allure qu'un vêtement donne à une cliente, je le lui dis et je lui dis pourquoi. Je ne veux pas lui vendre quelque chose qui ne lui convient pas parfaitement. Je joue le rôle d'un conseiller auprès de mes clientes ».

Et c'est exactement ce qu'ils sont pour leurs trois cents clientes régulières. Ces clientes sont devenues si familières que, quand Stéphane et Bernard constituent leur collection, ils achètent souvent certaines pièces en pensant à des clientes particulières. « Nous construisons des relations, explique Bernard, nous conservons un dossier complet sur chaque cliente, suivons ce qu'elles ont acheté, ce qu'elles recherchent et, au fil des ans, nous les aidons à constituer leur garde-robe. »

Stéphane et Bernard incarnent le nec plus ultra de l'exigence de service car ils sont capables d'identifier les besoins réels, inapparents et les attentes souvent indécises de leurs clientes, et de les satisfaire en leur fournissant le produit qui leur convient. Cela leur impose aussi de se situer dans un rapport commercial à long terme et de refuser parfois des gains immédiats pour préserver cette relation.

Le service idéal de ces grands professionnels diffère radicalement de la relation de service courante. La vente pure n'est pas le seul objectif de la relation commerciale qu'ils établissent, elle constitue plutôt la retombée naturelle des efforts déployés pour satisfaire les besoins de leurs clientes.

PRIORITÉ AU SERVICE

Anticiper, reconnaître et satisfaire les besoins des clients

Ceux qui possèdent cette compétence

- comprennent les besoins de leurs clients et leur fournissent les services ou les produits adéquats ;
- cherchent des moyens d'accroître la satisfaction et la fidélité des clients ;
- offrent chaleureusement l'assistance nécessaire ;
- épousent le point de vue du client et se comportent en conseillers avisés.

Un service de haut niveau à la clientèle impose de jouer le rôle de conseiller, comme Stéphane et Bernard l'ont compris, et de préférer une relation durable et confiante à la satisfaction d'intérêts à court terme. Ce type de relation fondée sur la confiance ne peut que se renforcer avec le temps. À ce niveau de service, on se comporte comme l'avocat du client, ce qui signifie qu'il faut parfois défendre son intérêt pour mieux se l'attacher durablement, quitte au besoin à lui signaler le produit d'un concurrent.

UNE VISION PLUS AUDACIEUSE

Dans l'entreprise moderne, tout le monde a des « clients ». Un collègue que nous devons assister ou dont les besoins conditionnent notre propre travail est une sorte de client. Les professionnels d'exception savent rompre avec la routine pour se rendre disponibles à leurs clients, surtout dans certains moments cruciaux. Ces « stars » aident aussi leurs clients par des services ou des coups de pouce opportuns.

Pour obtenir un service clientèle hors pair nous devons rester à l'écoute des clients sans attendre leurs plaintes éventuelles et fournir spontanément les informations qui peuvent leur être utiles sans que des considérations d'intérêt personnel guident ce geste. C'est ce comportement qui permet de fonder une relation de confiance, dans laquelle le client ou le collègue sentiront un regard positif et commenceront à nous envisager comme une source d'informations fiable et utile — ce qui élève la relation au-dessus d'une simple relation d'acheteur à vendeur.

Cela suppose bien sûr de l'empathie. Voici les résultats d'une enquête sur la force de vente d'une société spécialisée dans le mobilier et les fournitures de bureau qui équipe des entreprises industrielles et des agences gouvernementales. Les vendeurs les plus brillants de ce service arrivent à adopter le point de vue du client avec une autorité suffisante pour le guider vers un choix qui satisfasse les deux parties.

Si un vendeur se montre excessivement dominateur, cette attitude peut engendrer un certain ressentiment chez son client. Les vendeurs les plus doués s'imprègnent de son point de vue et adaptent leurs propositions aux indications qu'il fournit, par exemple en intégrant les réactions négatives du client devant une suggestion et en en tenant compte, visiblement et spontanément.

Cette aptitude à placer les besoins du client au centre de la relation s'exprime de façon toute naturelle dans le ton amical et réceptif adopté par le vendeur. Cette attitude est cruciale quand on a affaire à des clients mécontents.

« Une cliente avait eu quelques difficultés à obtenir son chèque de remboursement, se souvient ce directeur d'un grand magasin. Elle vint me voir et m'affirma que le chef de rayon s'était montré impoli avec elle. Je suis sûr qu'il ne s'agissait que d'un malentendu, mais je me suis excusé, l'ai aidée à obtenir son chèque et je l'ai raccompagnée jusqu'à la porte. Résoudre ce problème n'a pris que quelques instants et, en partant, elle était de meilleure humeur qu'à son arrivée. »

Ces derniers mots sont les plus importants : le sentiment que garde un client de ses rapports avec un employé définit l'image qu'il conservera de la société. En un sens, toute société se résume à ce que ses clients en perçoivent dans de tels rapports. Et c'est ce qui fait qu'un client est perdu ou au contraire que sa fidélité se renforce. Pour paraphraser un économiste, le but d'une société commerciale n'est pas de vendre mais de produire et de garder des clients.

LE COÛT DE LA RÉDUCTION DES COÛTS

Nancy Cohen entre dans un grand magasin avec l'intention d'acheter une série de chaises pour sa cuisine. Elle repère des chaises qui l'intéressent et pourtant elle va ressortir bredouille et furieuse.

« J'avais pris la décision d'acheter, m'a-t-elle expliqué, mais impossible de trouver une vendeuse pour m'aider. Les vendeuses étaient bien trop occupées à bavarder entre elles. J'ai demandé à la jeune femme qui s'est finalement tournée vers moi : “Je suis intéressée par les chaises qui sont en vitrine. En avez-vous en stock et existent-elles dans d'autres coloris ?” »

Résultat : un vague geste vers un coin du magasin rempli de vaisselle et cette réponse, vague et déroutante : « Je crois qu'on en a dans cette couleur. » Sur ce, la vendeuse s'est éloignée — et a raté une vente de 5 000 francs.

Cette vendeuse était absolument nulle dans le service à la clientèle, aptitude cruciale pour quiconque travaille en rapport direct avec le public. Un des pires signes d'incompétence dans la vente est l'état d'esprit « nous contre eux » dans lequel le consommateur ou le client sont envisagés comme des ennemis ou des gogos à manipuler. Cette attitude handicape l'efficacité des vendeurs qui refusent de se mettre à l'écoute de leurs interlocuteurs. Et une telle indifférence peut conduire à une vente forcée et finalement insatisfaisante parce que les besoins réels du client n'auront pas été pris en compte.

LA FORCE DANS LA DIVERSITÉ

Je raconte souvent l'histoire de ma rencontre avec ce chauffeur de bus extraverti de New York qui papotait sur un ton jovial avec les passagers tout en traversant la ville. Au moment où les gens quittaient le bus, son exubérance contagieuse avait eu raison de leur mauvaise humeur. C'était une démonstration éclatante de virtuosité dans les rapports humains.

Je décris habituellement ce chauffeur comme « un Noir âgé d'environ soixante ans ». Mais après une conférence, une Noire américaine se leva et me demanda : « Pourquoi avoir mentionné le fait qu'il était noir ? L'auriez-vous fait s'il avait été juif ou japonais ? »

Sa question m'a décontenancé. En y repensant, j'ai compris que pour moi le fait de mentionner la couleur du chauffeur de bus était une façon implicite de répondre à certaines affirmations de spécialistes selon lesquelles le quotient intellectuel était la clé du succès dans l'existence et qu'à cet égard les Afro-Américains étaient désavantagés par rapport aux autres groupes de la population[1]. Selon moi ces affirmations sont fondées sur des données

1. Les défauts de l'ouvrage *The Bell Curve* (« La courbe de la cloche ») : ce livre méconnaît les données qui montrent que la différence de QI entre Noirs et Blancs américains ne se vérifie pas dans les cultures caribéennes où les Noirs ne constituent pas un groupe opprimé, et que dans toute société où coexistent classes privilégiées et classes opprimées on retrouve le même écart de QI, ce qui tend à prouver que cette disparité est due aux conditions socio-économiques et non aux origines ethniques. Ce livre omet aussi de mentionner des informations qui montrent que quand des membres d'un groupe

peu crédibles et de plus le quotient intellectuel n'est que l'un des facteurs qui conduisent au succès, après l'intelligence émotionnelle. Je voulais montrer que ce chauffeur de bus était émotionnellement doué.

Mais cette femme me répondit que je n'avais pas expliqué clairement tout cela et qu'elle avait retenu l'image d'un chauffeur excessivement désireux de plaire à ses passagers blancs. De toute façon, il n'était pas pertinent de mentionner sa couleur, conclut-elle.

Et elle avait raison. Vu le contexte dans lequel apparaissait cette histoire, la mention de la couleur de cet homme n'était pas pertinente. Depuis ce jour j'ai cessé de le faire.

La mention de l'appartenance ethnique peut contribuer à renforcer la vision stéréotypée que nous avons de ce groupe. Et les stéréotypes raciaux peuvent avoir un impact émotionnel négatif pour la compréhension des problèmes qui nous intéressent.

Le pouvoir destructeur des stéréotypes, surtout pour les membres des minorités appartenant à une entreprise, a été analysé par le psychologue Claude Steele, dans une brillante série d'études. Steele est bien placé pour développer ce sujet : il est l'un des très rares chercheurs afro-américains d'une université à dominante blanche.

Les expériences de Steele concernent les performances universitaires mais les conclusions de ses travaux s'appliquent tout autant à la vie professionnelle : les stéréotypes négatifs peuvent affecter la qualité du travail de ceux qui en sont la cible. Pour réussir dans un travail, les gens ont besoin de sentir qu'ils sont chez eux dans l'entreprise, acceptés, estimés et qu'ils possèdent les aptitudes et les ressources nécessaires pour réussir leur carrière. Quand des préjugés ébranlent ces convictions, la qualité du travail en souffre.

Le « stéréotype dévastateur », Steele a forgé cette expression pour décrire le terrain émotionnel miné que créent les préjugé raciaux en insinuant, à tous les niveaux de l'entreprise, un soupçon de mauvaise qualité du travail qui va handicaper les capacités de ceux qui en sont victimes. De tels soupçons peuvent créer une

opprimé migrent dans une culture où ils ne sont plus victimes d'une oppression, la différence des QI disparaît au bout d'une seule génération.

perturbation mentale qui inhibe sérieusement les facultés intellectuelles. Comme nous l'avons vu au chapitre 5, l'amygdale excitée risque de restreindre l'espace dévolu à la mémoire active, et les stéréotypes dévastateurs ont évidemment le pouvoir d'exciter l'amygdale.

EXPLOITER LA DIVERSITÉ

Entretenir des rapports fructueux avec des êtres très divers

Ceux qui possèdent cette compétence

- entretiennent des rapports cordiaux et respectueux avec des êtres de milieux variés ;
- acceptent des visions du monde très différentes et intègrent les différences culturelles ;
- rejettent les préjugés et l'intolérance.

UNE MENACE DANS L'AIR

Le test mis au point par Steele est assez simple : on a demandé à des étudiants et étudiantes de première année forts en math de résoudre des problèmes extraits d'examens d'entrée à des formations de deuxième cycle. Deux groupes ont été soumis au test. On a expliqué au premier groupe que ce test faisait généralement apparaître des différences d'aptitudes entre les hommes et les femmes (au détriment de ces dernières). Au deuxième groupe, on n'a rien dit.

Les scores des femmes du premier groupe se sont avérés sensiblement inférieurs à ceux des hommes ; les femmes à qui l'on n'avait pas parlé de différences entre les sexes ont obtenu d'aussi bons résultats que les hommes.

Quand on a soumis des élèves noirs à ces mêmes tests avec un message d'intimidation similaire, on a observé des effets négatifs analogues sur la qualité des tests. Les expériences de Steele prouvent spectaculairement le pouvoir de ces stéréotypes, même quand ils sont seulement suggérés. Le facteur qui a handicapé les tests des femmes est une anxiété paralysante. Elles auraient pu obtenir de bons résultats mais l'anxiété provoquée par le stéréotype a altéré la qualité de leur performance. Steele soutient que cette anxiété est aggravée par la vision négative de soi qu'engendre ce stéréotype. Elles ont interprété les anxiétés habituelles que génère un examen comme autant d'indices de leur incapacité à le réussir, ce qui ne fait qu'amplifier le phénomène d'angoisse et l'inhibition fatale.

Celles qui sont les plus vulnérables aux effets des stéréotypes dévastateurs sont les pionnières dans un domaine, les premières femmes à devenir pilotes d'avion par exemple, ou le premier membre d'une minorité ethnique à entrer dans un cabinet d'avocats ou chez un agent de change. Bien qu'ils possèdent les aptitudes requises et la confiance pour pénétrer cette « terre inconnue », une fois sur place ils ressentent les effets délétères des stéréotypes dévastateurs et donc, pour la première fois, peuvent être amenés à connaître des défaillances d'origine émotionnelle.

Les femmes qui parviennent aux postes de direction d'une entreprise constituent un exemple typique. Une étude sur ces femmes et leurs PDG montre que ceux-ci croient que le manque d'expérience dans la direction d'entreprise explique l'incapacité de celles-là à accéder aux positions suprêmes. Les femmes cadres supérieurs, en revanche, avancent comme raisons essentielles de leurs difficultés d'abord les stéréotypes, ensuite l'exclusion des réseaux informels de l'entreprise.

Une comparaison de soixante-six études sur les préjugés contre les femmes occupant des postes de direction montre que ces préjugés jouent surtout contre les femmes qui occupent des positions traditionnellement dévolues aux hommes ou sont évaluées par des hommes plutôt que par des femmes.

COMMENT FONCTIONNENT CES STÉRÉOTYPES

Steele affirme que la barrière des stéréotypes est une des raisons pour lesquelles les femmes sont sous-représentées dans les professions de mathématicien, de physicien et d'ingénieur. En effet, les aptitudes en math des petites filles américaines ne diffèrent guère de celles des petits garçons à l'école élémentaire et au collège. Ce n'est qu'à partir du lycée que le fossé commence à se creuser entre les sexes — et il ne cesse de s'élargir par la suite : le nombre de femmes abandonnant les études scientifiques en cours de cycle universitaire est deux fois et demi plus élevé que celui des hommes.

Cet échec n'a pourtant rien à voir avec les aptitudes et beaucoup avec l'action insidieuse des stéréotypes précités. Steele interprète les contre-performances des Noirs et des femmes malgré leurs excellents résultats aux tests d'admission comme la preuve du rôle que joue l'inhibition émotionnelle quand des membres de ces groupes s'aventurent dans un milieu où ces stéréotypes sont vivaces. C'est le moment, explique-t-il, où les gens sont particulièrement vulnérables, enclins à douter de leurs compétences, à remettre en question leurs talents et donc à douter de leurs capacités. Leur anxiété agit comme un projecteur à la fois pour eux et (du moins l'éprouvent-ils ainsi) pour ceux qui les observent et jaugent la qualité de leur travail.

Les étudiants noirs, par exemple, sont affectés par les rumeurs d'infériorité que colporte l'ouvrage *The Bell Curve* (« La courbe de la cloche »). Mais les minorités opprimées sont en butte aux mêmes contrevérités un peu partout dans le monde. C'est dans la vie professionnelle que ces préjugés négatifs ont les répercussions émotionnelles les plus spectaculaires et les plus délétères.

LE SUCCÈS PAR LES AUTRES

Un des mots d'ordre de la Harvard Business School aujourd'hui est :

« Le succès avec ceux qui sont différents de vous-mêmes. »

Cette différence recèle une force, et l'aptitude à cultiver la diversité devient une compétence de plus en plus cruciale.

La diversité croissante des gens qui travaillent dans des entreprises de toutes sortes induit une conscience plus aiguë des distorsions que stéréotypes et préjugés entraînent dans les relations professionnelles. Les meilleurs chefs d'entreprise se distinguent par une compréhension lucide de leurs collaborateurs, dans laquelle les préjugés sexistes et ethniques n'ont pas leur place.

Nous avons souvent des difficultés à décoder les signaux émotionnels subtils et tacites de ceux qui appartiennent à des groupes très différents du nôtre, que ce soit par le genre, l'ethnie, la nationalité ou les croyances religieuses. Tout groupe possède ses normes d'expression émotionnelles et moins nous sommes familiers avec ces normes, plus l'empathie nous est difficile. Comme nous l'avons remarqué, un échec de l'empathie peut totalement fausser un rapport humain, générer un malaise et une distance émotionnelle qui vont nous inciter à considérer l'autre à travers le prisme déformant des stéréotypes collectifs au lieu de l'envisager comme un individu.

L'ingrédient manquant de nombreux séminaires sur la diversité est qu'ils négligent d'apprendre aux êtres à utiliser cette diversité pour accroître l'efficacité de leur entreprise. Il est évidemment louable d'apprendre à des êtres issus de milieux socioculturels très différents de développer des rapports harmonieux dans leur vie professionnelle mais il faut aller plus loin : il faut apprendre à exploiter la diversité pour optimiser les performances collectives.

Outre un refus intransigeant de l'intolérance, la capacité d'exploiter la diversité repose sur trois aptitudes : une bonne qualité d'entente avec des êtres différents, une reconnaissance de la singularité du fonctionnement d'autrui, et la capacité de saisir les opportunités commerciales que ces rapports singuliers peuvent susciter.

Quels sont les bénéfices potentiels de cette exploitation de la diversité ?

Une meilleure rentabilité, un progrès de la capacité collective d'apprentissage, une souplesse plus grande et une adaptation rapide aux transformations des marchés.

Ce progrès suppose la remise en question de la conviction répandue selon laquelle le seul objectif de la diversification doit être d'accroître le poids des minorités — ethniques ou autres — dans les entreprises, en les canalisant vers des emplois où elles seront en contact avec des consommateurs de profil socioculturel similaire. Comme si la principale contribution que les minorités pouvaient apporter à une entreprise se réduisait à aider celle-ci à mieux vendre ses produits aux membres de ces minorités !

Cet objectif n'a rien d'inacceptable, mais il méconnaît les véritables bénéfices potentiels de la diversité : « Apporter une connaissance, des points de vue différents, contradictoires sur le travail et la façon de l'effectuer : comment planifier un développement, atteindre des objectifs, définir et organiser des missions, mettre sur pied des équipes efficaces, communiquer des idées et diriger » (David Thomas et Robin Ely, *Harvard Business Review*).

Ce savoir peut entraîner des progrès spectaculaires dans une entreprise.

Voici le cas d'un cabinet d'avocats du nord-est des États-Unis spécialisé dans le droit social. Dans les années quatre-vingt, l'équipe de ce cabinet exclusivement composée d'avocats blancs s'est inquiétée de ce que toute sa clientèle, principalement des femmes impliquées dans des conflits du travail, se composait uniquement de Blancs. Les associés ont compris qu'il fallait diversifier la base de leur clientèle.

Le cabinet a donc engagé une avocate d'origine hispanique en espérant qu'elle apporterait des clients hispaniques. Mais il s'est produit autre chose : elle a apporté une nouvelle manière de penser le travail du cabinet juridique lui-même. Il ne s'est plus cantonné seulement dans les problèmes des femmes mais s'est mis à poursuivre les employeurs qui pratiquaient une politique discriminatoire à l'égard des minorités.

À mesure que le cabinet engageait de plus en plus d'avocats d'origines ethniques diverses, explique l'un des associés, « notre manière de travailler s'est transformée parce que notre perception des problèmes à traiter et des solutions à leur apporter a évolué d'une manière totalement inimaginable pour une équipe composée uniquement de Blancs. Ça a vraiment changé la substance et amélioré la qualité de notre travail ».

Quand les chefs d'entreprise prennent au sérieux la variété de points de vue qu'apportent des personnalités d'origines diverses dans la vie professionnelle, ils saisissent l'occasion de faire progresser collectivement leurs équipes, et renforcent significativement la compétitivité de leur entreprise. Prenons le cas d'une société de services financiers dont la méthode de vente prônait un démarchage téléphonique rapide et impersonnel, jusqu'au jour où ses dirigeants ont compris que ses vendeurs les plus brillants étaient des femmes qui s'appuyaient sur une méthode plus proche de leur manière d'être propre : la construction lente et solide d'une relation. Cette société applique désormais une méthode de vente plus souple qui encourage et récompense les divers styles les plus appropriés aux vendeurs selon leur sexe et leur profil socioculturel. Cette entreprise a su utiliser le succès de ses vendeuses pour remettre en question ses certitudes, apprendre, changer et améliorer ses performances en cultivant la diversité.

CONNAÎTRE SON TERRITOIRE

Un éminent diplomate raconte qu'ayant été nommé dans un pays africain riche en pétrole il avait rapidement appris que c'était le neveu de la maîtresse du secrétaire d'État délégué au pétrole qui avait la haute main sur les contrats pétroliers. Ce diplomate s'arrangea donc immédiatement pour se faire inviter à une fête où il pourrait rencontrer le neveu, sympathiser avec lui et s'insinuer dans ses bonnes grâces.

La capacité à déchiffrer correctement les réalités politiques est vitale pour la constitution de réseaux officieux et d'alliances qui permettent à quelqu'un d'exercer son influence, quel que soit son rôle professionnel. Cette perspicacité politique fait défaut aux diplomates et aux chefs d'entreprise médiocres.

La directrice de la formation et du développement d'une très grande société américaine m'a un jour demandé de l'aider à concevoir un programme destiné aux cadres supérieurs parce que, comme elle me l'a confié avec une certaine candeur : « La plupart des cadres supérieurs, ici, sont pratiquement inconscients, indifférents à ce qui se passe autour d'eux. »

Toute entreprise possède son propre « système nerveux » de connexions et d'influences. Certaines personnes n'ont pas conscience de cette partie immergée de l'iceberg, alors que d'autres l'intègrent en permanence dans leurs calculs. L'aptitude à décrypter les jeux d'influences qui conditionnent les décisions dépend de notre capacité à faire jouer notre empathie avec l'entreprise dans son ensemble et pas simplement à un niveau individuel.

Ceux qui entretiennent de vastes réseaux personnels dans une organisation bénéficient d'une bien meilleure vision du fonctionnement de l'entreprise et cette intelligence leur permet de comprendre où se situent les véritables clés du système. C'est d'ailleurs la caractéristique des vendeurs les plus talentueux que de savoir déchiffrer les réseaux d'influence d'une entreprise cliente. Un professionnel de la vente exceptionnellement perspicace m'a donné cet exemple : « Un vice-président relativement nouveau au conseil d'administration s'était affirmé comme une star, le "chouchou" du PDG de la société à laquelle nous vendions nos produits. Il était le véritable décideur : le président lui avait donné carte blanche. Nous avons compris qu'il serait très avantageux pour nous d'établir de bons rapports avec lui et que la clé de la vente se trouvait là. »

Les grands professionnels, dans tous les secteurs, possèdent cette capacité. Chez les chefs d'entreprise et les cadres supérieurs, cette compétence émotionnelle distingue les éléments les plus performants. Leur capacité à interpréter objectivement les situations sans les lentilles déformantes de leurs préjugés et certitudes leur permet de réagir avec efficacité et plus ils occupent un poste élevé dans la hiérarchie de l'entreprise, plus cette aptitude est importante.

Les dirigeants se trouvent toujours dans la position délicate d'avoir à concilier des points de vue ou des intérêts apparemment contradictoires, à l'intérieur comme à l'extérieur de l'entreprise. Sans cette habileté politique, ils éprouvent des difficultés à imposer une stratégie face aux points de vue de leurs pairs, de leurs actionnaires, de leurs employés, de leurs clients et de leurs concurrents.

Les êtres qui réussissent cet exercice montrent leur capacité à prendre du recul, à mettre de côté leur propre implication émotionnelle dans les événements pour porter sur eux un regard plus objectif. Ainsi, quand ils sont confrontés à un conflit dans leur entreprise, ils sont capables d'embrasser les différents points de vue et de décrire avec précision la position de chacun des acteurs de cette situation. (Peu d'entre nous sont capables d'aborder un événement ou une situation, surtout quand ils sont porteurs d'une certaine charge émotionnelle, sans idée ou sentiment préconçus à son sujet.) Cette compétence émotionnelle suppose à la fois de la maîtrise de soi et de l'empathie, c'est-à-dire une meilleure lucidité et du recul.

PERSPICACITÉ POLITIQUE

Un vice-président d'une grande société pétrolière se rend en Chine sous le règne de Deng Xiaoping. Il prononce un bref discours devant un petit groupe de dirigeants chinois et émet des critiques sur le président Clinton.

Son auditoire l'écoute dans un silence glacial et, quand il achève son discours, personne n'ouvre la bouche. Le lendemain l'un de ces officiels se rend au bureau chinois de cette société pour s'excuser, expliquant avec un certain tact : « Nous sommes désolés de ne pas avoir été capables de mener une discussion plus ouverte hier. Mais vous comprendrez que beaucoup des thèmes abordés par votre vice-président nous sont étrangers. »

L'employé qui reçoit le message confiera plus tard : « J'ai trouvé ce monsieur très affable. Ce qu'il ne m'a pas dit ouvertement c'est : “Votre vice-président peut critiquer Clinton sans le moindre malaise. Mais si l'un d'entre nous se permettait les mêmes critiques à l'égard du chef de l'État, il se retrouverait probablement en prison dès le lendemain.” »

Ce vice-président a manqué de sensibilité aux règles fondamentales de la culture de ses interlocuteurs chinois. Et, comme les cultures nationales, toute entreprise a ses règles implicites qui définissent ce qui est acceptable et ce qui ne l'est pas. L'empathie avec l'entreprise dans son ensemble implique de savoir s'imprégner de l'atmosphère et de la culture d'une collectivité.

La vie de l'entreprise reflète celle du monde et elle abrite les mêmes rivalités, alliances et luttes de pouvoir. C'est pourquoi le sens politique, si utile pour décrypter les problèmes essentiels de l'entreprise, est aussi, à un niveau plus général, la condition d'une analyse lucide des réalités économiques planétaires — contraintes réglementaires ou concurrentielles, opportunités technologiques, forces politiques en présence, etc. — qui définissent les possibilités et les limites globales d'une entreprise.

Attention : la faiblesse des « bêtes politiques », de ceux qui ne vivent que pour les jeux politiques dans l'entreprise et ne poursuivent que leur intérêt et leur promotion, réside précisément dans cette primauté absolue de l'intérêt personnel. Ils ignorent les informations qui ne concernent pas directement leurs projets personnels et cette impasse peut se révéler fâcheuse pour eux. De même, ils ignorent les sentiments de leurs collaborateurs, sauf quand ils concordent avec leurs propres ambitions, et se montrent souvent inattentifs, insensibles et égocentriques.

Le dédain ou l'indifférence pour les luttes d'influence sont aussi des handicaps. Quelle qu'en soit la raison, ceux qui manquent d'habileté politique échouent souvent dans leur tentative de rallier les autres à leur cause parce que leurs efforts pour les influencer sont maladroits ou intempestifs.

Une compréhension précise de la structure formelle de l'entreprise ne suffit pas. Une perception très fine de la distribution informelle de l'influence et du centre de gravité officieux du pouvoir est au moins aussi nécessaire.

LE SENS POLITIQUE

Déchiffrer les rapports humains et politiques invisibles

Ceux qui possèdent cette compétence

- interprètent lucidement les relations de pouvoir essentielles ;
- détectent les réseaux d'influence qui comptent ;
- saisissent tenants et aboutissants des points de vue et des démarches de leurs clients, de leurs consommateurs et de leurs concurrents.

8

Les techniques de l'influence

La fusion de Salomon Brothers avec Smith Barney a créé une des plus grandes firmes financières du monde, Salomon Smith Barney. Dans la presse spécialisée, l'événement a été salué comme l'apothéose du PDG de Smith Barney, Sanford Weil, l'instigateur de cette fusion — qui devait répéter cette opération quelques mois plus tard avec la Citicorp.

Dans les semaines qui ont suivi cette annonce, une série de réunions ont rassemblé les employés des deux entreprises afin de préciser les modalités du rapprochement de ces deux énormes institutions. Comme c'est souvent le cas dans de telles fusions, des centaines d'employés allaient perdre leur emploi.

Mais comment annoncer cette nouvelle sans que cette réalité déjà perturbante devienne accablante pour les intéressés ?

Un des directeurs s'y est pris de la pire manière. Il a tenu à ses collaborateurs un discours atterrant qui disait en gros : « Je ne sais pas ce que je vais faire, mais ne vous attendez pas à ce que je sois sympa avec vous. Je dois virer la moitié des gens qui travaillent ici et je ne suis pas tout à fait sûr de la façon dont je vais m'y prendre, j'aimerais donc que chacun de vous me rappelle ses diplômes et son expérience afin que je puisse commencer. »

L'attitude de son homologue de l'autre société a été beaucoup plus intelligente. Son message était optimiste : « Nous pensons que cette nouvelle société constituera un cadre très excitant pour notre travail et nous sommes heureux de travailler avec des employés talentueux des deux entreprises. Nous prendrons nos décisions aussi rapidement que possible mais pas avant d'être tout à fait sûrs d'avoir rassemblé assez d'informations pour être équitables. Nous vous tiendrons au courant, tous les dix jours, des progrès de la réorganisation. Et nous prendrons nos décisions à la fois sur la base des performances objectives et sur celle des compétences individuelles comme l'aptitude au travail en équipe. »

Les employés du deuxième groupe, m'expliqua Mark Loehr, directeur exécutif chez Salomon Smith Barney, « sont devenus plus productifs, parce qu'ils étaient stimulés par le potentiel de la nouvelle firme. Et ils savaient que même s'ils perdaient leur travail, ce serait le résultat d'une décision équitable. »

En revanche, dans le premier groupe : « Tout le monde était démotivé. Les gens étaient persuadés qu'on les maltraitait et ça a déclenché un trauma amygdalien collectif. Ils étaient amers, démoralisés. Ils disaient : "Je ne sais pas si je veux encore travailler pour ce pauvre type, sans parler de cette société." Les chasseurs de têtes ont contacté certains des collaborateurs de Salomon Smith Barney et débauché les meilleurs, mais pas dans le groupe des démoralisés. »

Loehr poursuit : « Lehman n'est pas parvenu à absorber harmonieusement Shearson quand ils ont fusionné. Cet échec a été durement ressenti. Mais quand Smith Barney a repris Shearson, ça a marché. C'est la façon dont vous traitez les gens aussitôt après la fusion qui fait toute la différence. C'est ce qui permet à la confiance entre les deux cultures de commencer à grandir. Tout le génie de Sanford Weil consiste dans sa capacité à greffer deux firmes rapidement et à empêcher qu'elles ne dépérissent. »

LES ÉMOTIONS SONT CONTAGIEUSES

Toutes ces aptitudes illustrent un principe élémentaire : nous influençons les humeurs de nos semblables, pour le meilleur et pour le pire, et c'est parfaitement naturel. Nous ne cessons d'« attraper » les émotions d'autrui et elles se transmettent comme une sorte de virus social. Cet échange émotionnel invisible, présent dans tout rapport humain, est généralement trop subtil pour être détecté.

Pourtant l'impact des humeurs sur les êtres est extrêmement puissant. Lors d'une étude sur l'humeur on a constaté que, quand on fait asseoir trois étrangers dans une pièce, celui qui est le plus expressif émotionnellement transmet son humeur aux deux autres en deux minutes. L'humeur de la plus expressive des personnes (que ce soit la joie, l'ennui, l'anxiété ou la colère) gagne peu à peu celle des deux autres.

Les émotions sont contagieuses. Comme l'a écrit le psychanalyste C. G. Jung : « Dans une psychothérapie, même si l'analyste est complètement détaché des contenus émotionnels de son patient, le simple fait que ce patient éprouve des émotions a un effet sur lui. Et si l'analyste pense qu'il peut s'élever au-dessus de ces humeurs, il commet une grande erreur. Tout ce qu'il peut faire, c'est prendre conscience du fait qu'il est affecté. S'il ne le voit pas, il est trop distant et perd de vue l'essentiel. »

Ce qui est vrai dans le cadre intime de la psychothérapie ne l'est pas moins dans une boutique, dans une salle de conférences ou dans le huis clos de la vie de bureau. C'est parce que les humeurs peuvent receler des signaux essentiels pour la survie que les humains sont si réceptifs à celles de leurs semblables. Les émotions nous avertissent, elles nous préparent à agir. Qu'elles nous lancent des signaux d'alarme ou de détente, ce sont des messages puissants qui nous transmettent des informations cruciales sans paroles. Dans la horde humaine primitive, la contagion émotionnelle, celle de la peur par exemple, jouait sans doute le rôle d'un signal d'alarme attirant rapidement l'attention de chacun sur l'arrivée d'un danger imminent, comme un fauve en chasse, par exemple.

Aujourd'hui, le même mécanisme collectif opère quand la rumeur d'une chute alarmante des ventes ou d'une vague de licenciements se répand, ou encore quand pointe la menace d'un nouveau concurrent. Chaque acteur de la chaîne de communication transmet la même émotion et fait circuler un message d'alarme.

Les émotions n'ont pas besoin de mots pour jouer leur rôle de système d'alarme — un fait que les théoriciens de l'évolution interprètent comme l'une des raisons pour lesquelles elles ont pris une part si décisive dans l'évolution du cerveau humain, longtemps avant que le langage devienne l'outil symbolique privilégié des êtres humains. C'est cet héritage de la préhistoire qui explique que notre radar émotionnel nous mette à l'unisson de ceux qui nous entourent et nous aide à entretenir des rapports harmonieux et efficaces avec eux.

L'économie émotionnelle est la somme totale des échanges affectifs entre êtres humains. De multiples manières (plus ou moins subtiles), nous contribuons à faire que nos semblables se sentent mieux ou moins bien, chaque fois que nous avons des contacts avec eux. Chaque rencontre que nous faisons peut être évaluée sur une échelle allant d'« émotionnellement délétère » à « épanouissant ». Bien que son influence soit pour l'essentiel invisible, cette économie des émotions peut générer d'immenses bienfaits pour une entreprise aussi bien sur un plan financier qu'humain.

LE CŒUR DU GROUPE

Un groupe de dirigeants discute de la répartition d'une certaine somme d'argent, limitée, en primes de fin d'année. Chacun d'eux présente un candidat de son département qui lui paraît mériter cette prime, en exposant les arguments qui justifient les gratifications demandées. Ce type de discussion peut tourner bien ou mal, selon les cas.

Comment ? Ce qui décide de la tournure de la discussion c'est l'humeur de ces dirigeants au cours de leurs échanges. Les humeurs qu'échangent les gens qui travaillent ensemble forment un paramètre crucial, quoique souvent inaperçu, de la qualité de ce travail.

Une démonstration scientifique spectaculaire de l'influence des émotions sur un groupe a été fournie par Sigal Barsade, professeur à l'école de management de l'université Yale. On a demandé à un groupe de volontaires de l'école de jouer le rôle des dirigeants qui répartissent les primes. Chacun d'eux avait deux objectifs : obtenir un bonus aussi important que possible pour son candidat et aider le comité à faire le meilleur usage possible du budget alloué par la société à ces gratifications.

Ce qu'ils ignoraient, c'est qu'un acteur professionnel avait été introduit parmi eux par Barsade. Ce professionnel aguerri prenait toujours la parole le premier et développait toujours des arguments identiques. Mais il l'a fait successivement dans quatre registres différents : un enthousiasme joyeux et exubérant ; une chaleur sereine et décontractée ; un ton apathique et déprimé ; ou un ton désagréable et agressif. Son véritable rôle consistait à « infecter » le groupe en le plongeant dans l'un ou l'autre de ces états émotionnels, exactement comme l'on répand un virus parmi des cobayes.

Et ces émotions se sont répandues comme un virus. Quand cet acteur endossait le rôle du personnage joyeux et chaleureux, elles se propageaient dans le groupe et les participants devenaient de plus en plus positifs à mesure que la réunion avançait. Et quand il jouait le personnage irritable, les autres devenaient plus maussades. Par contre, la dépression ne se propageait pas ou peu, peut-être parce qu'elle se manifestait par un subtil retrait social — l'acteur regardait peu ses voisins par exemple —, ce qui empêchait la propagation du « virus » dépressif.

Les bons sentiments se répandent plus facilement que les mauvais et leurs effets sont extrêmement salutaires : ils stimulent la coopération, l'impartialité et les performances du groupe. Le progrès réalisé ne se limite pas à une réconfortante impression de convivialité. On mesure objectivement l'efficacité accrue du groupe : dans ce cas précis, l'argent a été distribué de façon équitable et de la façon la plus bénéfique pour la société.

Dans le monde du travail, quel que soit le secteur économique concerné, les facteurs émotionnels jouent un rôle crucial. La compétence émotionnelle suppose des êtres qu'ils soient capables de détecter les inévitables échanges psychologiques sous-jacents plutôt que de se laisser influencer par eux à leur insu.

GÉRER LES ÉMOTIONS DES AUTRES

C'est la fin d'une longue et chaude journée à Disneyworld et le car bondé de parents et d'enfants qui doit les ramener à leur hôtel démarre. Le trajet dure environ vingt minutes. Les enfants sont surexcités et grincheux, et les parents aussi. On entend des plaintes fuser des quatre coins du car. L'ambiance est passablement accablante.

Soudain, au-dessus du bourdonnement chaotique des enfants et des parents, on entend la voix du chauffeur qui entonne *Sous la mer*, la chanson tirée du dessin animé *La Petite Sirène*. Tout le monde se calme peu à peu et écoute. Puis une petite fille reprend le refrain, suivie par d'autres enfants. À la fin du trajet tout le monde chante *Le Cercle de la vie*, la chanson tirée du dessin animé *Le Roi Lion*. Cet accablant voyage en car est devenu la fin paisible et mélodieuse d'une journée bien remplie.

Ce chauffeur de car savait exactement ce qu'il faisait. Comme tous les chauffeurs, il est formé par les responsables de Disney à instaurer une atmosphère détendue dans ce genre de situation. Je me souviens encore (avec un grand plaisir) du chauffeur du car entonnant une autre chanson alors que je visitais Disneyland au début des années cinquante. C'est le souvenir le plus fort de ce voyage.

Nous déclenchons tous continuellement les états émotionnels des autres exactement comme ils déclenchent les nôtres. C'est pourquoi la libre expression des sentiments négatifs au travail n'est pas souhaitable : ils « empoisonnent le puits ». Par contre, nos sentiments positifs à propos d'une entreprise sont dans une large mesure ceux que nous communiquent les êtres qui la représentent.

Les collaborateurs les plus efficaces d'une société le comprennent intuitivement. Ils utilisent naturellement leur radar émotionnel pour capter les réactions des autres et ils adaptent leurs propres réactions pour orienter le dialogue dans la meilleure direction. Comme me le confiait Tom Pritzker, président des hôtels Hyatt : « On ne peut quantifier la rentabilité de la réceptionniste qui séduit un client par son sourire, mais on sent qu'on marque un point. » (En fait, le sourire est le signal émotionnel le plus contagieux de tous, il possède le pouvoir presque irrésistible de faire sourire les autres en retour.)

Les mêmes mécanismes cérébraux qui sous-tendent l'empathie et permettent l'unisson émotionnel expliquent aussi les phénomènes de contagion émotionnelle. Mais, outre les connexions amygdaliennes, les aires inférieures qui régulent les fonctions réflexes — notamment le bulbe rachidien — entrent en jeu. C'est grâce à ces zones qu'un être reproduit en lui l'état physiologique d'un autre être et c'est apparemment en empruntant ces passerelles que les émotions se transmettent d'une personne à l'autre.

Comme le dit Howard Friedman, psychologue à l'université de Californie : « La communication éloquente, passionnée, inspirée combine l'impact des expressions faciales, vocales, gestuelles et des mouvements du corps. » Les recherches de Friedman ont montré que ceux qui possèdent cette éloquence peuvent émouvoir et inspirer les autres, captiver leur imagination.

En un sens l'expression émotionnelle est un théâtre. Nous avons tous une coulisse, une zone cachée où nous dissimulons nos émotions, et une scène, l'arène sociale, où nous montrons les émotions que nous avons choisi de révéler. Cette séparation entre notre vie émotionnelle publique et privée évoque la différence entre boutique et arrière-boutique : nous traitons en général mieux ce que nous plaçons « en vitrine » que ce que nous reléguons « au fond », parce que les autres ne le voient pas et cette différence peut avoir des conséquences négatives.

Comme me le disait un consultant en organisation : « Beaucoup de dirigeants qui semblent charismatiques en dehors de leur entreprise ont un comportement obtus avec leurs employés... » Ou comme me le confiait cette directrice d'une école qui dispense des cours de catéchisme, se plaignant de son pasteur : « Il est trop impassible, complètement inexpressif. Il est si difficile à déchiffrer, je ne sais pas comment prendre la plupart des choses qu'il me dit, c'est très difficile de travailler avec lui. » Cest un handicap majeur de ne pas savoir gérer et exprimer adéquatement ses émotions.

Voici quelques aptitudes humaines essentielles :

- l'influence : déployer des tactiques de persuasion efficaces ;
- la communication : envoyer des messages clairs et convaincants ;
- la gestion des conflits : savoir négocier et résoudre les différends ;
- la direction : être capable d'inspirer et de guider les autres ;
- le sens des mutations nécessaires : initier, promouvoir et gérer les changements.

LE DON DE LA PERSUASION

Le directeur d'une filiale d'une grande société américaine à Tokyo pilotait son patron dans une série de visites et de réunions avec leurs associés japonais. Avant la première réunion, ce dirigeant, qui parlait couramment japonais, conseilla à son patron américain de ne pas lui demander de traduire les propos des Japonais en leur présence, mais de s'en remettre au traducteur. Le PDG accepta volontiers.

Pourquoi cette demande ?

« Ils auraient pensé que je n'étais qu'un intermédiaire qui rends compte à sa direction de New York. Je veux être sûr qu'on me considère comme celui qui a le pouvoir de prendre les décisions sur place. C'est moi qui ai les réponses et pas New York. »

Cette sensibilité à l'effet éventuel d'un détail apparemment aussi anodin traduit une véritable compréhension du mécanisme de l'influence. Au niveau le plus élémentaire, l'influence et la persuasion visent à éveiller des émotions spécifiques chez autrui, que ce soient du respect pour notre pouvoir, de la passion pour un projet, de l'enthousiasme pour surclasser un concurrent, ou de l'indignation devant une injustice.

Les êtres experts en influence sont capables de sentir et même d'anticiper la réaction de leurs auditeurs à leur message et peuvent les amener à adopter le point de vue qu'ils défendent. Les professionnels d'exception du cabinet de consultants Deloitte et Touche savent bien, par exemple, qu'un bon argument, seul, ne suffit pas toujours à convaincre des clients et ils sont capables de deviner quel type de signaux pourra persuader les décideurs auxquels ils ont affaire. Toute la difficulté, en l'occurrence, consiste à comprendre intuitivement le moment où les arguments logiques deviennent inopérants et quand les signaux qui ont un impact émotionnel plus fort peuvent emporter la décision.

Cette compétence émotionnelle est toujours l'apanage des grands professionnels, surtout chez les chefs de service, les cadres supérieurs et les chefs d'entreprise. Cela dit, à tous les niveaux, une compréhension subtile des mécanismes de l'influence est nécessaire.

« En début de carrière, une ambition trop visible et la volonté de convaincre à tout prix peuvent vous faire trébucher, surtout si vous arborez les signes extérieurs du pouvoir, m'explique Richard Boyatzis. Si vous êtes un simple directeur des ventes et que vous essayez d'impressionner les autres en imposant une distance artificielle et en vous arrogeant un statut fictif — vous vous mettez à porter des costumes trois pièces ou vous demandez à vos subordonnés de cesser de vous tutoyer, par exemple — vous risquez d'indisposer les gens. »

Les stratagèmes des professionnels d'exception sont multiples : ils mêlent un style de direction impressionnant, l'art de mettre en valeur les informations essentielles, des arguments qui s'appuient sur la raison et sur les faits, des actes spectaculaires, une science des alliances et de l'intrigue en coulisse, etc. Par exemple, le premier geste d'un cadre supérieur promu au contrôle de la qualité dans une grande entreprise est de débaptiser son service pour le nommer « contrôle de la qualité du service », une modification insignifiante en apparence mais qui indique un objectif : « Je voulais changer l'image du service, qu'il cesse d'être perçu comme une équipe de policiers, lui ajouter une connotation technique. Maintenant, nous vérifions inflexiblement les plaintes des consommateurs sans que les ouvriers se rebiffent aussitôt quand nous intervenons. »

Les actions spectaculaires ont le pouvoir de captiver l'attention et de susciter l'émotion. Cette stratégie d'influence, quand elle est bien menée, est des plus efficaces. « Spectaculaire » ne signifie pas nécessairement « qui en jette » : on obtient parfois l'effet optimal par les moyens les plus prosaïques. Un vendeur exceptionnel a un jour gagné un client en passant l'essentiel de sa journée, les manches relevées, à réparer avec un de ses produits un appareil qui venait de chez un concurrent !

Ce qui a convaincu ce client c'est la démonstration spectaculaire du niveau de service qu'il pouvait attendre de son fournisseur. Il était « sidéré », comme il me l'a rapporté lui-même.

L'INFLUENCE

Manier des outils de persuasion efficaces

Ceux qui possèdent cette compétence

- savent persuader leurs interlocuteurs ;
- adaptent leur discours à la personnalité de ceux-ci ;
- mettent en œuvre des stratégies complexes et recourent à l'influence indirecte pour obtenir un consensus ;
- savent accomplir un geste spectaculaire pour emporter la décision.

D'ABORD CONSTRUIRE LE RAPPORT

L'empathie est cruciale dans le mécanisme de l'influence. Il est impossible d'avoir un impact positif sur les autres sans savoir comment ils sentent et comprennent leur position. Les êtres qui éprouvent des difficultés à déchiffrer les signaux émotionnels et sont peu doués pour les rapports humains ne peuvent exercer d'influence spectaculaire sur autrui.

Pour cet analyste des marchés dans une grande compagnie pétrolière américaine, cette démarche a nécessité qu'il change sa manière d'aborder les dirigeants d'une banque sud-américaine. Comme il me l'a confié : « Je procède à de nombreux transferts de fonds et les banques jouent un rôle très important dans mon travail. Or en Amérique du Sud, un rapport d'affaires vraiment harmonieux suppose des liens d'amitié réels. Je dois pouvoir appeler un directeur commercial et lui dire : "Eh, j'ai un problème !" et qu'il se mette vraiment en quatre pour m'aider à régler mon problème. »

Sa tactique ? Une longue réunion conviviale autour d'une tasse de café avec plusieurs cadres importants de l'entreprise, où l'on parle de soi, de sa famille, de sa vie et pas seulement d'affaires.

Autre exemple similaire : un commercial dans une grande entreprise m'explique : « Quand vous entrez dans le bureau d'un client, la première chose à faire c'est de jauger l'endroit et de choisir quelque chose qui passionne votre client, qui l'enthousiasme, c'est de là que doit démarrer la conversation. » Pour lui, la construction du rapport précède nécessairement la persuasion. Comme un commercial hors pair me le disait : « Parfois cela signifie que j'entre sans ma serviette et que je dise : "Salut, comment ça va aujourd'hui ? Tu veux qu'on aille manger un sandwich au café d'en face ? Allez, on y va." Et je sais que si je dois voir un type en jean et chemise à carreaux, je ne vais pas mettre mon costume trois-pièces. »

On trouve le même talent de persuasion chez ce directeur du personnel qui doit essayer de persuader un de ses cadres d'aller travailler en province. Il sait que son collaborateur aime la voile et il lui parlera du port de plaisance local ou des possibilités de randonnées équestres qu'offre le site, en pensant à son épouse qui aime l'équitation.

La persuasion est facilitée par la découverte d'un dénominateur commun. Il est essentiel de savoir prendre le temps de le découvrir ou de le forger. Une annonce d'un PDG distant, voire invisible, risque d'avoir moins de poids que ce même message délivré par quelqu'un avec qui les employés ont un contact quotidien. Pour favoriser les changements dans une grande entreprise très cloisonnée, une stratégie efficace consiste à utiliser le réseau des dirigeants de petites et moyennes unités, les individualités d'un département que tout le monde connaît, aime et respecte.

Mais pour être encore plus efficace, l'influence doit reposer sur des stratégies indirectes afin que son action reste invisible : les alliances nouées en coulisse pour relayer les décisions prises au sommet sont décisives dans la formation du consensus, que les relais favoriseront et faciliteront en présentant l'information de façon astucieusement séduisante.

La règle démocratique rend la construction du consensus vitale, mais cette règle est ignorée à un degré étonnant. Une étude sur les décisions stratégiques dans trois cent cinquante-six sociétés américaines montre que la moitié d'entre elles n'ont jamais été adoptées par les employés, qu'elles aient été partiellement mises en œuvre ou presque immédiatement abandonnées. La raison la plus simple et la plus courante qui explique l'échec de ces projets réside dans la personnalité autoritaire des chefs d'entreprise qui essaient d'imposer leurs idées au lieu de ménager un large consensus. Quand cette approche autoritaire prévaut, dans 58 % des cas le résultat est un échec. Mais quand les dirigeants d'une entreprise débattent avec leurs collègues de la révision de leurs priorités à long terme, ces décisions stratégiques sont adoptées dans 96 % des cas. Comme le dit le professeur de gestion Paul McNutt : « Si vous impliquez les gens à chaque étape du processus, ils se feront vos missionnaires. »

INCAPABLE DE CONVAINCRE

La fête de charité était donnée en l'honneur d'une bonne cause : une nouvelle école maternelle pour des enfants de mères célibataires contraintes de travailler. Une artiste locale avait invité une centaine d'amis à une exposition spéciale de ses œuvres les plus récentes et quelques restaurants du coin avaient gracieusement fourni le buffet. Après le repas, l'hôtesse rassembla ses invités sur la pelouse et leur présenta la future directrice de l'école maternelle qui leur raconta en détail les événements de sa carrière de directrice d'école. Puis elle expliqua point par point les tenants et aboutissants ayant conduit à la création de cette école. Après quoi elle donna une multitude de détails sur les idées pédagogiques des fondateurs du mouvement auquel appartenait cette école. Bref, après une heure d'un laïus qui aurait dû prendre dix minutes et alors qu'elle n'avait même pas présenté les professeurs et les mères qui allaient utiliser cette maternelle — et avaient aussi préparé leur petit discours — son auditoire commença à décrocher. La nuit venait de tomber et des nuées de moustiques avaient envahi le jardin.

Finalement le mari de l'hôtesse, un monsieur d'un certain âge assez revêche, se leva avec ostentation, se dirigea à grands pas vers la table sur laquelle étaient empilés les gâteaux et lança avec humeur : « Assez de parlotes ! Qui veut du gâteau ? »

Et c'en fut fait de l'attention de l'auditoire qui se rua comme un seul homme vers le buffet.

Les orateurs qui ne parviennent pas à établir un contact émotionnel avec leur auditoire sont incapables de faire passer leur message. En l'occurrence, le mari de l'hôtesse a exprimé à voix haute ce que tout le monde ressentait : place aux gâteaux, assez de discours !

Ceux qui s'en remettent uniquement ou trop exclusivement aux effets persuasifs de présentations élaborées et accompagnées de multiples tableaux ou d'élégantes analyses statistiques risquent fort de connaître les mêmes déboires. Il faut impliquer émotionnellement un auditoire, alors que des présentateurs médiocres se contentent trop souvent des mêmes litanies de faits énumérés platement, fût-ce avec des moyens techniques sophistiqués, sans prendre la température émotionnelle des personnes présentes. Sans une attention aiguë à la façon dont vos auditeurs reçoivent vos propos, vos idées risquent fort de trouver des oreilles fermées, indifférentes, voire hostiles.

Et ici, peu importe votre brio intellectuel : ce brio restera lettre morte si vous ne savez pas vous montrer persuasif. C'est particulièrement vrai dans des domaines où la sélection est sévère comme les professions scientifiques, médicales, juridiques et économiques en général. Comme me le confiait le directeur de la recherche d'une des plus grandes firmes de courtage de Wall Street : « Pour entrer dans notre profession vous devez être un grand expert en chiffres. Mais pour faire des affaires, ce n'est pas suffisant, il faut aussi être capable de persuader vos clients. »

Une médiocre capacité de persuasion se signale par les caractéristiques suivantes :

- inaptitude à construire un réseau d'influences, à se faire accepter dans un groupe ;
- tendance à se reposer sur une stratégie familière au lieu de choisir la plus adéquate ;
- tendance à imposer son point de vue autoritairement sans tenir compte des réactions d'autrui ;
- incapacité à éveiller l'attention ou l'intérêt de ses interlocuteurs.

LE MANIPULATEUR MACHIAVÉLIQUE

Pour lui, l'apparence était tout. Il avait épousé une femme issue d'une famille aristocratique et il était lui-même très raffiné dans ses manières. Devenu vice-président d'une grande entreprise industrielle, il régnait sur une division dont le chiffre d'affaires annuel dépassait 5 milliards de francs. Mais dans son travail, il réservait ses démonstrations d'amabilité à son patron et aux personnes qu'il s'efforçait d'impressionner. Quand il s'agissait de ses subordonnés, il se transformait en tyran intraitable.

« Quand on le rencontrait pour la première fois, il pouvait se montrer charmeur, mais ceux qui travaillaient pour lui le redoutaient, m'a rapporté un consultant extérieur engagé pour effectuer une évaluation impartiale de ce dirigeant. Il n'avait aucun respect pour les gens qu'il commandait. Si les résultats étaient mauvais, il criait, quand ils étaient bons, il ne disait rien. Il démoralisait ses subordonnés. Son PDG lui a finalement demandé de partir, mais à cause de l'excellente impression qu'il produisait, il a retrouvé un poste de premier plan presque immédiatement. »

Cet industriel hypocrite illustre un type de dirigeant qui peut s'imposer dans des entreprises où les intrigues politiques pèsent plus que les résultats proprement dits. De tels êtres sont « efficaces dans leurs rapports avec le sommet mais pas dans leurs relations avec leurs subordonnés, parce qu'ils ne s'en soucient guère. Ils sont souvent égocentriques, n'aiment pas les gens et font passer leurs intérêts avant ceux de l'entreprise ».

Quels que soient le charme et les bonnes manières, l'égoïsme qui mime l'intérêt aux autres est tôt ou tard démasqué comme une imposture. La véritable influence n'a pas grand-chose à voir avec la recherche machiavélique du succès personnel à tout prix. Le pouvoir qu'elle traduit est fondé sur des rapports humains harmonieux et la primauté d'un but collectif sur l'intérêt personnel.

Comme le disait un analyste économique réputé : « Les plus grands professionnels ne sont jamais ceux qui recherchent des avantages de statut, de prestige, ou de rémunération au détriment des autres et de l'entreprise. »

FACILITER LA COMMUNICATION

Pour Bill Gates, chez Microsoft, c'est une adresse e-mail ; pour Martin Edelson, président de Boardroom Inc., c'est une boîte de suggestions à l'ancienne. Et pour Jerry Kalov, PDG de Cobra Electronics, c'est une ligne téléphonique réservée à ses employés. Tout appel sur cette ligne est prioritaire, il décroche toujours quand ce téléphone sonne.

Chacune de ces démarches de communication représente une façon de résoudre le dilemme de tout patron : « Me disent-ils seulement ce qu'il veulent que j'entende ou ce que j'ai besoin de savoir ? » Kalov a eu l'idée de cette ligne téléphonique longtemps avant de devenir chef d'entreprise. « J'avais très souvent des choses à dire mais mon supérieur immédiat m'en empêchait parce qu'il voulait s'en réserver le mérite. Ou peut-être n'était-il pas d'accord... Si bien qu'aucune des bonnes idées que je pouvais avoir à apporter ne passait la barrière... Qui sait d'où viendra la prochaine idée brillante dont une entreprise a besoin ? »

La ligne téléphonique, ajoute Kalov, est plus efficace qu'une petite tournée dans les bureaux, parce que les gens peuvent être intimidés d'être vus parlant au chef, ou hésitent à l'aborder. La ligne téléphonique garantit discrétion, confidentialité et totale franchise.

De tels canaux de communication spontanée sont payants. Une note dans la boîte de suggestions d'Edelson d'un employé au bas de l'échelle, quelqu'un qui ne lui aurait jamais adressé la parole spontanément, a permis à la société d'économiser 3 millions de francs. La suggestion de ce préposé au courrier consistait à limiter le poids des envois à deux kilos, ce qui permit à l'entreprise, en réduisant d'un huitième la taille des catalogues qu'elle expédiait, de faire de substantielles économies.

Susciter une ambiance de communication ouverte n'est pas un geste insignifiant. Les plaintes les plus répandues chez les travailleurs américains concernent l'insuffisance de la communication avec leur direction. Deux tiers d'entre eux affirment que la qualité de leur travail en souffre.

Comme me le confiait Mark Loehr, directeur général de Salomon Smith Barney : « Quand vous parlez librement aux gens, vous libérez le meilleur de leur potentiel, de leur énergie, de leur créativité. Si vous ne le faites pas, ils se sentent réduits au rôle de rouages dans une machine, pris au piège et malheureux. »

COMMUNICATION

Écouter avec bienveillance
et envoyer des messages convaincants

Ceux qui possèdent cette compétence

- savent accepter les concessions mutuelles, capter les signaux émotionnels et adapter leur message à leur interlocuteur ;
- règlent les problèmes difficiles franchement et simplement ;
- savent écouter, recherchent la compréhension réciproque et sont ouverts à l'échange d'informations.

HUMEUR ET BONNE ENTENTE

« Ma patronne réprime ses émotions, me rapporte ce directeur des ventes dans un groupe de médias qui "pèse" 12 milliards de francs par an. Elle ne me félicite jamais pour mon travail. Je viens de convaincre un très gros client de passer d'environ 1 800 000 francs d'achats par an à presque le double. Sa réaction quand je lui ai annoncé la nouvelle n'a pas été : "Vous avez fait un boulot magnifique", mais : "Évidemment, ils ont accepté votre offre, c'est une excellente affaire." Tout ça sans le moindre sentiment dans la voix, ni chaleur ni enthousiasme. Après quoi, elle a quitté la pièce. Quand j'ai parlé de mon coup à mes collègues, ils m'ont félicité. C'était la plus grosse vente que j'avais réalisée et ma patronne n'a tout simplement pas reconnu l'énorme travail fourni pour décrocher cette affaire.

« J'ai commencé à me dire qu'il y avait quelque chose qui n'allait pas chez moi, mais beaucoup d'autres personnes ressentent la même chose à son sujet : elle ne manifeste jamais aucun sentiment positif, ne donne aucun encouragement, ni pour les petites choses ni pour les grandes..., notre équipe est productive mais nous n'avons pas le moindre lien affectif avec elle. »

Le talent de communicateur est la clé de voûte de toute aptitude aux rapports humains. Chez les chefs d'entreprise, cette compétence distingue les grands professionnels des moyens ou des médiocres. La qualité d'écoute, clé de l'empathie, est aussi cruciale pour la compétence de communicateur. Savoir écouter, poser les questions judicieuses, se montrer ouvert et compréhensif, ne pas interrompre, préférer la suggestion à l'affirmation, toutes ces qualités comptent pour un tiers dans l'évaluation des qualités de communicateur d'un cadre. L'écoute est, pour des raisons évidentes, un des aspects de la communication les plus fréquemment enseignés.

Contrôler ses humeurs est aussi essentiel à une bonne communication. Dans les rapports avec ses pairs et ses subordonnés, le calme et la patience sont décisifs. Quelle que soit l'humeur que nous éprouvons, il faut de toute façon rester calme et serein. La meilleure stratégie de rapport consiste à s'efforcer d'adopter un état d'esprit neutre, ne serait-ce que parce que cette disposition nous permet de nous adapter à ce que la situation exige de nous. Cette neutralité de l'humeur est ce qui nous permet de nous impliquer à fond, d'être totalement présents et non distraits par nos émotions.

RESTER CALME

Quand nous sommes sous l'emprise d'une humeur tyrannique, l'harmonie de nos rapports avec autrui est compromise. La distraction induite par cette humeur va inciter notre interlocuteur à penser que, selon l'expression du sociologue Irving Goffman, que nous sommes « ailleurs », faisant avancer la conversation mais de façon trop évidemment machinale.

L'aptitude à rester calme nous aide à refouler nos préoccupations le temps qu'il faut en restant souples dans nos réponses émotionnelles. Cette caractéristique occidentale fait l'admiration du monde entier, même dans les cultures qui préfèrent l'agitation au calme dans certaines situations. Les êtres qui peuvent rester sereins dans une situation d'urgence ou devant la panique ou le désarroi d'autrui régleront le problème avec l'autorité et la douceur requises. En revanche, ceux qui sont encombrés par leurs émotions sont beaucoup moins disponibles pour l'instant présent.

Une étude portant sur des cadres moyens et supérieurs a révélé que ceux qui montrent les qualités de communication les plus évidentes restent la plupart du temps calmes, pondérés et patients, quel que soit leur état émotionnel profond. Ils sont capables de faire taire leurs propres sentiments, même violents, pour se rendre pleinement disponibles à la personne qu'ils ont en face d'eux. Ces cadres prennent le temps de réunir des informations essentielles et trouvent la meilleure manière d'être utiles, notamment en renvoyant un écho positif à leur interlocuteur. Au lieu de se montrer dédaigneux ou agressifs, ils ont tendance à dire simplement ce qui va, ce qui ne va pas et comment améliorer ce qui ne va pas. Ils maîtrisent leurs émotions, restent calmes pour mieux écouter ce qu'ils entendent et adaptent leurs réactions au lieu de se rabattre sur un type de réponse stéréotypé.

Certes, il ne suffit pas d'être ouvert et extraverti pour être un bon communicant. Et ce qui garantit une communication efficace dans une culture ou un milieu donnés peut totalement échouer dans un autre.

Il faut parfois savoir s'effacer pour parvenir à une communication efficace. Ainsi l'on a constaté que les clients des hôtels de luxe attendent du personnel qu'il se montre aussi réservé que possible : les employés d'hôtel trop bavards et exubérants sont perçus par la clientèle « chic » comme indiscrets. C'est pourquoi la consigne des directeurs d'hôtel à leur personnel est presque toujours de ne pas se faire remarquer.

SAVOIR ARRANGER LES CHOSES

« Un banquier voulait vendre une société spécialisée dans l'extraction du cuivre à des investisseurs et il avait besoin qu'un expert lui rédige un rapport afin de pouvoir convaincre ses clients de conclure l'affaire. Mais l'expert a refusé catégoriquement, ce qui a contrarié le banquier. Et c'est vers moi qu'il s'est alors tourné », m'explique Mark Loehr, consultant chez Salomon Smith Barney.

« Je suis allé voir cet expert. Il m'a répété qu'il était débordé. Il travaillait déjà soixante-dix à quatre-vingts heures par semaine, devait achever des rapports pour dix-huit sociétés avant la fin du mois, téléphoner à des dizaines de gens, se rendre à Boston pour diverses réunions de travail — et ce rapport lui aurait demandé quarante heures supplémentaires. Après notre discussion, il est retourné voir le banquier et lui a expliqué à quel point il était débordé, mais a ajouté : « Si vous voulez que je le fasse, je le ferai. »

Quand le banquier a compris la situation difficile dans laquelle se trouvait cet expert, il a décidé de trouver quelqu'un d'autre pour faire ce travail. Sans l'intervention d'un tiers, le banquier et l'expert se seraient sans doute brouillés. Quand on est si occupé et débordé dans sa bulle, les capacités d'écoute se réduisent à zéro. Et nous avons tendance à croire que personne n'est aussi occupé que nous, ce qui nous rend d'autant plus exigeants.

« C'est très difficile d'amener les gens à bien écouter. Il ne s'agit pas seulement d'être gentil. Tant que vous n'écoutez pas assez attentivement les problèmes des autres, vous demeurez incapable de faire une suggestion pertinente et de les inciter à écouter vos arguments. »

Les qualités de tact et de diplomatie déployées par Mark Loehr avec le banquier et l'expert sont essentielles pour réussir dans des métiers délicats comme l'audit et toutes les professions qui exigent des talents de négociateur où l'art de gérer la pression est décisif. L'une des compétences que le gouvernement américain recherche chez ses inspecteurs des impôts est l'aptitude à présenter des arguments désagréables sans heurter la dignité du contribuable ni susciter d'hostilité chez le citoyen soumis à un redressement. Le nom de cette aptitude est le tact. L'aptitude à anticiper les conflits potentiels, à assumer toutes ses responsabilités, à savoir s'excuser si nécessaire et adopter le point de vue du client est un des talents majeurs qu'American Express recherche chez ses conseillers financiers.

SAVOIR LIRE LES SIGNES

Charlene Barshevsky avait finalement obtenu du gouvernement chinois, après des mois et des mois de négociations, qu'il accepte de prendre des mesures de rétorsion contre le piratage des films américains, des disques compacts et des logiciels informatiques. Comment ? Barshevsky avait refusé d'accepter leur « offre finale », la énième d'une longue série de propositions qu'elle avait rejetées. Mais cette fois, le chef de la délégation chinoise la remercia pour son travail, lui dit qu'il lui ferait parvenir sa réponse ultérieurement et haussa imperceptiblement les épaules. Ce geste simple et subtil indiqua à C. Barshevsky qu'elle avait gagné sa négociation.

Elle avait étudié attentivement les visages de l'équipe chinoise ce jour-là et elle les avait trouvés beaucoup moins acrimonieux qu'au cours des fastidieuses et interminables réunions précédentes. Ce jour-là, ses interlocuteurs posaient peu de questions et répondaient laconiquement, un changement frappant par rapport aux échanges souvent très véhéments qui avaient marqué les premiers rounds de la négociation.

Barshevsky a su déchiffrer ces signaux subtils : ce jour-là, la délégation chinoise a abandonné la lutte et a commencé à se rapprocher de l'accord commercial que les deux pays ont signé plus tard.

L'aptitude à interpréter les sentiments de ses adversaires durant une négociation est une condition sine qua non du succès. Comme le disait un de mes avocats, Robert Freedman, au sujet de la négociation des contrats : « C'est principalement une affaire de psychologie. Les contrats sont émotionnels. L'important, ce ne sont pas seulement les mots, mais ce que pensent et ressentent les interlocuteurs au sujet de ces mots. »

LA GESTION DES CONFLITS

Négocier et résoudre les différends

Ceux qui possèdent cette compétence

- manient les caractères difficiles et les situations tendues avec tact et diplomatie ;
- devinent les sources de conflit potentiel, clarifient les désaccords et s'efforcent de les désamorcer ;
- encouragent les débats et les discussions ouvertes ;
- travaillent à des solutions où chacune des parties est gagnante.

Ceux qui maîtrisent l'art des négociations savent à quel point elles sont chargées émotionnellement. Les meilleurs négociateurs sont capables de deviner quels sont les points qui importent le plus à la partie adverse et de faire des concessions élégantes sur ceux-ci, tout en faisant pression pour obtenir des concessions sur des points qui ne focalisent pas une telle charge émotionnelle. Et cela demande de l'empathie.

Le talent de négociateur est évidemment important pour les avocats ou les diplomates. Mais tous ceux qui travaillent dans une entreprise ou une administration ont, jusqu'à un certain point, besoin de ce talent. Les médiateurs capables de résoudre les conflits et d'éviter les problèmes sont vitaux dans toute collectivité.

La raison d'être de toute négociation est bien sûr que chacun des interlocuteurs y défend ses propres intérêts et points de vue et veut convaincre l'autre de se ranger à ses vœux. Mais le simple fait d'accepter de négocier montre bien que le problème est commun et qu'il existe peut-être une solution mutuellement satisfaisante. En ce sens, toute négociation est une expérience de coopération et pas seulement d'affrontement. Certes, comme le souligne Herbert Kelman, un psychologue de Harvard spécialisé dans les négociations, le processus de la négociation lui-même ramène les deux parties en conflit sur la voie de la coopération. Le fait de résoudre leurs problèmes transforme parfois leurs relations.

Cette résolution suppose que chacune des parties est capable de comprendre non seulement le point de vue de l'autre mais ses besoins et ses craintes. Grâce à cette empathie, observe Kelman, les interlocuteurs améliorent leur capacité « à influencer l'autre en réagissant à ses besoins, en d'autres termes en trouvant des solutions qui permettent aux deux parties de gagner ».

NÉGOCIER DES FILIÈRES DE DISTRIBUTION

Des négociations, le plus souvent informelles, ont lieu sans arrêt. Prenons l'exemple de discussions entre un fabricant et un commerçant qui revend ses produits : « On m'a supprimé une de mes plus importantes lignes de bijoux féminins, explique ce bijoutier. Je voulais renégocier un contrat plus avantageux avec le distributeur — nous avons été un bon point de vente pour eux. Mais il a reçu une meilleure offre d'un magasin de l'autre côté de la ville. Alors j'ai fait une contre-proposition. C'est quand même l'autre magasin qui a obtenu le marché et ce fabricant ne veut qu'un revendeur dans une ville de cette taille. Manque de chance pour moi ! »

De tels canaux de distribution sont essentiels à la survie des fabricants, exactement comme les revendeurs dépendent de ceux-ci pour leur approvisionnement. D'où une négociation permanente sur les problèmes de marges, de délais de paiement et de délais de livraison.

Ces relations sont dans la plupart des cas des relations symbiotiques à long terme. De temps à autre, des problèmes surgissent et le rapport entre dans une phase de turbulences. Quand ces difficultés émergent, les parties adoptent la plupart du temps l'un de ces trois styles de négociation :

• résolution du problème : les deux partenaires s'efforcent de trouver la meilleure solution pour les deux parties ;

• compromis : les partenaires font des concessions à peu près équivalentes sans prendre vraiment en compte leurs besoins ;

• et l'agression, où l'une des deux parties force l'autre à des concessions unilatérales.

Une enquête sur des acheteurs travaillant pour des grandes surfaces, dont le volume d'achats s'échelonne de 75 à 150 millions de francs, montre que le style des négociations reflète fidèlement la santé du rapport fabricants-détaillants. Quand les négociations prennent une tournure agressive, que menaces et exigences s'accumulent, cela augure mal du futur de cette relation. Les acheteurs, amers et frustrés, finissent souvent par abandonner la ligne de produits de leur interlocuteur. En revanche, le rejet de l'agressivité dans les relations et la recherche d'une solution optimale ou d'un compromis permettent d'améliorer sensiblement la longévité de ces relations.

Menaces et exigences empoisonnent les négociations. Comme l'a montré cette enquête, même quand une des deux parties est beaucoup plus puissante que l'autre, montrer une certaine magnanimité peut constituer pour elle une stratégie payante à long terme, surtout quand les partenaires doivent négocier régulièrement. Et c'est pourquoi, même quand un détaillant est complètement dépendant d'un seul fabricant, les négociations sont souvent non coercitives. Le désir d'une relation fructueuse à long terme et la contrainte d'une dépendance mutuelle imposent la coopération comme la meilleure des solutions.

LA RÉSOLUTION CRÉATIVE DES CONFLITS

Un soir, Linda Lantieri longe un pâté de maisons sinistre et dangereux, bordé d'immeubles à l'abandon, quand soudain elle est entourée de trois garçons de quatorze, quinze ans surgis de nulle part. L'un d'eux lui brandit un couteau doté d'une lame de dix centimètres sous le nez, et ses copains la cernent de près.

« File-nous ton sac ! Tout de suite ! » siffle le gosse au couteau.

Surmontant sa peur, L. Lantieri a la présence d'esprit d'inspirer profondément plusieurs fois et de répondre calmement :

« Je ne me sens pas très à l'aise. Vous savez, les gars, vous piétinez un peu mes plates-bandes. Vous ne pouvez pas reculer un peu ? »

La jeune femme regarde autour d'elle et à son grand étonnement elle voit trois paires de baskets reculer de quelques pas. « Merci, dit-elle avant de poursuivre : Maintenant je suis d'accord pour écouter ce que vous avez à me dire, mais à dire vrai, ce couteau me rend nerveuse. Vous ne pouvez pas le ranger ? »

Après un silence et une incertitude qui lui semblent interminables elle voit le couteau retourner dans une poche.

L. Lantieri plonge la main dans son sac, en ressort un billet de 20 dollars, jette un coup d'œil au propriétaire du couteau et demande : « À qui dois-je le donner ?

— À moi », fait celui-ci.

Elle regarde les deux autres qui acquiescent.

« Parfait, reprit-elle en tendant au chef son billet de 20 dollars. Maintenant voilà ce qui va se passer. Je vais rester là pendant que vous allez partir. »

Les trois adolescents, l'air stupéfaits, commencent à s'éloigner lentement en jetant des regards par-dessus leur épaule à L. Lantieri et tout d'un coup ils se mettent à courir. Ils la fuient !

En un sens, ce renversement de situation miraculeux n'est pas tout à fait surprenant : Lantieri est la fondatrice et la directrice d'une « École de résolution créative des conflits » basée à New York. Et le talent qu'elle a montré dans cette situation, elle l'enseigne aux autres. Elle explique à ses élèves l'art et la manière de résoudre les conflits à l'amiable. Après avoir appris son métier de professeur dans une école de Harlem assez proche de ce quartier désert, elle forme maintenant d'autres professeurs dans plus de quatre cents écoles à travers les États-Unis.

Lantieri ne se contente pas de promouvoir l'éducation dans la résolution des conflits, elle s'efforce de convaincre les conseils d'établissement sceptiques d'adopter son programme. Un jour, quand le conseil d'établissement d'une école californienne s'est trouvé paralysé par les violentes querelles de deux bandes d'élèves, tout le monde a été si impressionné par ses talents de négociatrice qu'on l'a engagée pour apaiser les tensions.

La performance exceptionnelle de Lantieri dans cette scène de rue illustre quelques consignes classiques pour l'apaisement des conflits :

• d'abord se calmer, se mettre à l'écoute de ses sentiments et les exprimer ;

• montrer sa volonté de résoudre les situations en parlant des problèmes plutôt qu'en se lançant dans une escalade agressive ;

• exposer son propre point de vue en termes neutres plutôt que sur le ton de la dispute ;

• essayer de trouver des manières équitables de résoudre la dispute, travailler ensemble à trouver une solution acceptable par tous.

Ces stratégies se rapprochent de celles que prônent les experts du Centre de négociation de Harvard : conclure des accords sans perdant. Mais s'il peut paraître simple de suivre ces stratégies, les appliquer de façon aussi brillante que Lantieri exige un contrôle émotionnel, une conscience de soi, une confiance en soi et une empathie rares. Cette empathie, encore une fois, ne signifie pas, cet exemple le démontre, que l'on sympathise avec les exigences de l'autre bord. Par contre, rejeter toute empathie pour défendre une ligne dure conduit à des positions tranchées et à des impasses.

À LA BARRE

Voici un contraste extraordinaire entre deux patrons : Ronald Allen, ex-PDG de Delta Airline, et Gerald Grinstain, ancien PDG de Western Airlines.

Grinstain, avocat de formation, est passé maître dans l'art de nouer des rapports chaleureux avec ses employés et d'utiliser ce climat pour les persuader d'accepter ses choix. En tant que PDG de Western Airlines, une compagnie qui périclitait quand il a été nommé à sa tête en 1985, il a passé des centaines d'heures à essayer de mieux connaître ses employés, dans les cockpits, derrière les comptoirs d'enregistrement ou avec les préposés aux bagages.

Le rapport qu'il a construit a été décisif pour convaincre les travailleurs de Western Airlines d'accepter des concessions sur les conditions de travail et les rémunérations, contre sa promesse d'une compagnie solvable dans laquelle les employés auraient des intérêts financiers plus importants. Une fois ces concessions obtenues, il est parvenu à rétablir les comptes de l'entreprise et a réussi à la revendre à Delta Airlines pour 5 milliards de francs après seulement deux ans.

En 1987, il est devenu PDG de la compagnie ferroviaire Burlington Northern, une autre société qui perdait de l'argent, et la qualité de ses rapports humains fit à nouveau des miracles. Il a fait venir des employés, secrétaires et cheminots de tout le pays au siège social de la compagnie, à Fort Worth, pour dîner avec lui. Il a voyagé sur les différentes lignes avec les cheminots, et travaillé avec succès à les persuader d'accepter son plan d'économies.

Un ami proche de Grinstain a fait remarquer à propos de son style de direction : « Il n'est pas nécessaire d'être un salaud pour être dur. » La compagnie croulait sous le poids d'une dette de 18 milliards de francs quand il a repris les rênes, mais Grinstain est tout de même parvenu à la redresser. Et, en 1995, il a créé la plus grande compagnie de chemins de fer américaine en rachetant la Santa Fe Pacific pour le compte de Burlington Northern.

Examinons à présent le cas de Ronald Allen, qui a été congédié par le conseil d'administration de la Delta Airlines dont il était le PDG en 1997, alors même que cette compagnie enregistrait des bénéfices records.

Allen, issu du rang, était devenu PDG de la compagnie en 1987, s'emparant du gouvernail juste au moment de la dérégulation de l'industrie aérienne. Son orientation stratégique était de parvenir à une compétitivité globale accrue. En 1991, il a racheté la Pan American qui venait de déposer le bilan à cause de son implantation déficitaire en Europe. Ce rachat s'avéra une erreur de calcul, et Delta dut faire face à un énorme fardeau financier juste au moment où l'industrie aérienne voyait ses profits plonger. Delta, qui avait toujours été bénéficiaire dans le passé, vit sa dette augmenter de 2,5 milliards de francs au cours des trois années qui suivirent le rachat de la Pan Am.

Ce n'est cependant pas cette décision financière désastreuse qui a coûté son poste à Allen. C'est le fait qu'il ait réagi à la dureté des temps en devenant un patron dur, presque impitoyable. Il avait la réputation d'humilier ses subordonnés en les rabrouant devant des tiers. Il a neutralisé ses opposants au sein de l'équipe de direction, allant jusqu'à licencier le directeur des services financiers, la seule personne qui avait ouvertement exprimé son désaccord sur l'acquisition de la Pan Am. Un autre dirigeant (qui avait été le rival d'Allen pour le poste de PDG) a annoncé qu'il quittait la compagnie pour devenir le président de la Continental Airlines et l'on prétend qu'Allen lui aurait demandé de rendre sur-le-champ les clés de sa voiture de fonction...

Mis à part de telles mesquineries, la faute stratégique majeure d'Allen réside dans la façon dont il a impitoyablement réduit les effectifs de la Delta, taillant dans le vif pour obtenir le départ de douze mille personnes, soit un tiers environ des effectifs totaux de la société. Un dégraissage ? sans doute en partie mais Allen a aussi tranché dans le muscle et le nerf de la compagnie. Après ces purges massives, le service à la clientèle, si réputé auparavant, a connu de graves déboires. Les plaintes concernant Delta ont grimpé en flèche — sur tous les sujets, depuis la propreté des appareils et les retards au décollage jusqu'aux bagages perdus. Allen a mutilé la compagnie en voulant la dégraisser.

Les employés étaient sous le choc. La société ne les avait jamais traités aussi durement auparavant. L'insécurité et la colère gagnaient du terrain. Bien que la Delta soit redevenue bénéficiaire après ces réductions d'effectifs, une enquête menée auprès de ses vingt-cinq mille employés montra un personnel effrayé, démobilisé et pour moitié hostile à Allen.

En octobre 1996, Allen a admis publiquement que son opération de réduction draconienne d'effectifs avait eu des effets dévastateurs sur le personnel de Delta. Mais pour tout commentaire il ajouta : « Ainsi soit-il ! » Ce qui devint le cri de ralliement de ses opposants. On vit des badges « Ainsi soit-il ! » fleurir aux boutonnières des uniformes des pilotes, des stewards et des mécaniciens.

Au moment de renouveler le contrat d'Allen, le conseil d'administration de la Delta regarda au-delà des chiffres pour examiner la santé globale de la compagnie. La réputation de service de la Delta était entachée, des dirigeants talentueux la quittaient et, pis encore, le moral des employés était au plus bas.

C'est pourquoi le conseil d'administration, dirigé par Gerald Grinstain, décida d'agir. Allen, dont le pouvoir était si grand qu'il avait cumulé les fonctions de président du conseil d'administration et de PDG, fut congédié à l'âge de cinquante-cinq ans, en grande partie parce qu'il tuait l'esprit de la compagnie.

DIRIGER

Inspirer et guider des individus ou des groupes

Ceux qui possèdent cette compétence
- savent susciter et canaliser l'enthousiasme, et faire partager leur vision ;
- adaptent leur style de direction aux circonstances ;
- guident le travail des autres tout en les responsabilisant ;
- donnent l'exemple.

DIRIGER, C'EST DISTRIBUER DE L'ÉNERGIE

Ces deux histoires parallèles de Ronald Allen et de Gerald Grinstain montrent que l'art de la direction réside dans la façon dont on fait évoluer l'entreprise et pas seulement dans le changement lui-même. Ces deux hommes ont traversé un pénible processus de réduction des coûts dans une entreprise, mais l'un d'eux l'a fait de façon à préserver le moral et l'enthousiasme de ses employés alors que l'autre démoralisait et s'aliénait la majorité de son personnel.

Le patron adroit est capable de percevoir les ondes émotionnelles invisibles qui traversent une collectivité et peut déceler l'impact de ses actions sur ces flux émotionnels. Une des façons pour un dirigeant d'établir sa crédibilité consiste à canaliser ces flux inconscients et à les exprimer au nom du groupe ou à agir de façon à montrer tacitement que ces sentiments sont compris.

Mais ce même dirigeant est aussi une source essentielle de la tonalité émotionnelle du groupe. L'enthousiasme d'un patron peut mettre en branle une collectivité tout entière. Comme le déclare Birgitta Wistrund, PDG d'une société suédoise : « Diriger, c'est distribuer de l'énergie. »

C'est cette transmission d'énergie émotionnelle qui permet aux dirigeants de piloter une entreprise, de fixer sa trajectoire et de garder le cap. Par exemple, quand Lou Gerstner est devenu le PDG d'IBM, il savait qu'il allait devoir transformer la culture de l'entreprise pour la sauver. Et cela, a dit Gerstner, « n'est pas quelque chose que l'on fait en rédigeant des mémos. Vous devez faire vibrer les gens. Ils doivent vous suivre avec leur cœur et leurs tripes, pas seulement avec leur tête ».

L'aptitude des patrons à obtenir cette adhésion dépend de la façon dont les émotions traversent une collectivité. Nous avons déjà vu comment la tonalité émotionnelle d'un groupe découle de la personne la plus expressive. Et cette capacité de transmettre des émotions est amplifiée pour les dirigeants, car les membres d'un groupe passent plus de temps à regarder leur chef que n'importe qui d'autre. Un petit changement d'expression faciale, de ton ou de timbre d'un personnage important peut avoir plus d'importance que les manifestations émotionnelles spectaculaires de quelqu'un qui occupe une position de pouvoir moins importante.

Non seulement les gens font plus attention aux dirigeants mais ils ont aussi tendance à les imiter. Selon la rumeur, quand les cadres de Microsoft, au cours d'une réunion, débattent et argumentent sur un point, ils se balancent d'avant en arrière, rendant ainsi un hommage inconscient à Bill Gates, dont c'est l'habitude. Un tel mimétisme est une manière inconsciente de faire allégeance et de se mettre à l'unisson de la personne la plus puissante du groupe.

Durant sa présidence, Ronald Reagan était surnommé « le Grand Communicateur ». Le charisme émotionnel de celui qui avait été un acteur professionnel a été révélé par une étude qui montrait comment les expressions de son visage influençaient celles de ses auditeurs pendant un débat électoral avec son opposant, Walter Mondale. Quand Reagan souriait, les gens qui le regardaient, même sur une bande préenregistrée, avaient tendance à sourire. Quand il fronçait les sourcils, ses spectateurs en faisaient autant. Mondale, qui a perdu cette élection, n'avait pas un tel impact émotionnel, même sur les spectateurs qui sympathisaient avec son point de vue.

La facilité avec laquelle un chef transmet ses émotions au groupe a aussi un revers. Comme le dit le proverbe : « C'est par la tête que le poisson pourrit. » Autrement dit, un dirigeant brutal, arrogant ou arbitraire démoralise un groupe. Birgitta Wistrund utilise l'expression « incontinence émotionnelle » pour décrire la contagion d'émotions destructrices du sommet vers la base : « Les émotions négatives d'un chef peuvent saper l'énergie de ses subordonnés et les rendre anxieux, dépressifs ou irritables », explique-t-elle.

En général, le charisme émotionnel dépend de trois facteurs : la capacité de ressentir des émotions, celle de les exprimer et celle de les transmettre efficacement. Les personnes très expressives communiquent au moyen de leurs expressions faciales, de leur voix, de leurs gestes, de leur corps tout entier.

Une communication émotionnelle efficace, authentique, suppose une sincérité sans faille de la part du dirigeant. Le vrai chef croit vraiment à son message émotionnel, c'est ce qui le distingue du dirigeant manipulateur et intéressé. Un chef manipulateur sera peut-être capable de mimer des sentiments un certain temps mais il éprouvera des difficultés à convaincre ses collaborateurs de sa sincérité. Le cynisme mine la force de persuasion. Pour être un entraîneur charismatique, il faut être inspiré par une conviction authentique.

LA BOÎTE À OUTILS ÉMOTIONNELLE DU CHEF

Pour accomplir sa mission, un chef doit s'appuyer sur une vaste gamme de talents personnels. Mon analyse de milliers de travaux révèle que la compétence émotionnelle représente environ les deux tiers des ingrédients de la performance du professionnel d'exception en général, mais, pour des dirigeants hors pair, ce chiffre atteint 80 %.

Matthew Juechter, le président de la Société américaine pour la formation et le développement, confirme : « L'art de la direction réside essentiellement dans l'intelligence émotionnelle, et surtout dans la distinction entre ce qui est du ressort des cadres supérieurs et ce qui relève du chef lui-même, à savoir : prendre position, savoir ce qui est important pour lui, poursuivre ses objectifs en partenariat avec les autres... »

Pour les PDG les plus efficaces, il existe trois catégories de compétences principales. Les deux premières se rangent sous la rubrique de l'intelligence émotionnelle.

La première regroupe les compétences personnelles comme l'exigence de résultat, la confiance en soi et l'engagement, alors que la deuxième englobe des compétences sociales comme l'influence, le sens politique et l'empathie. Cette large palette de capacités caractérise les grands patrons en Asie, en Amérique et en Europe, ce qui suggère que les caractéristiques des dirigeants de haut niveau transcendent les frontières culturelles et nationales.

Le troisième groupe de compétences chez ces PDG est cognitif : ils développent une pensée stratégique, rassemblent et passent au crible une grande masse d'informations et s'appuient sur une forte pensée conceptuelle. Comme nous l'avons déjà montré dans le deuxième chapitre, ce qui distingue les patrons hors pair, c'est leur capacité à prendre du recul, à détecter les tendances significatives dans la masse des informations qui nous submergent et leur capacité d'anticipation à long terme.

Mais ces grands patrons vont encore au-delà et intègrent les réalités émotionnelles dans leur stratégie, ce qui leur permet de transmettre leur vision avec une force de conviction particulière.

Les plus grands dirigeants, explique Robert E. Kaplan, de l'Institut pour une direction créative, « possèdent une aptitude presque magique à s'exprimer et à agir avec une efficacité très lisible, irrésistible, inoubliable ».

LES PLUS GENTILS SONT LES MEILLEURS

La marine américaine a fait procéder à une étude sur le pouvoir d'un chef de distiller une tonalité émotionnelle positive ou négative dans son unité. Dans l'armée américaine, les critères de l'excellence sont définis une fois pour toutes et des récompenses sont décernées chaque année aux unités les plus efficaces, les mieux préparées et les plus sûres. Quand on compare les commandants exceptionnels et les moyens, on découvre une différence frappante dans la tonalité émotionnelle que font régner ces officiers autour d'eux. Les meilleures unités ne sont pas dirigées par des brutes inflexibles qui terrorisent leur équipage, mais par... des charmants garçons.

Les chefs exceptionnels savent allier un style de commandement directif et un rapport chaleureux avec leurs subordonnés. Ils n'hésitent pas à donner des ordres et à se montrer résolus, catégoriques, tranchants quand il le faut. Mais la plus grande différence entre les chefs militaires exceptionnels et les moyens réside dans leur style émotionnel. Les chefs les plus efficaces sont plus positifs, plus chaleureux, émotionnellement plus expressifs, plus souriants, montrent plus d'estime à leurs subordonnés et sont au total plus aimables que les chefs de qualité moyenne.

En revanche, les officiers de marine médiocres illustrent le stéréotype classique du tyran militaire. Ils sont à cheval sur le règlement, négatifs, durs, réprobateurs et égocentriques. Comparés aux chefs militaires d'exception, les moyens sont plus autoritaires, plus tatillons, plus distants, plus cassants. Le règlement et leur position hiérarchique légitiment, à leurs yeux, leurs actes de commandement. Même dans l'armée, où il semble le plus à sa place, ce style de commandement est contre-productif.

L'« EFFET DE VAGUE » DU CHEF

La tonalité émotionnelle qu'impose un chef « diffuse » vers le bas avec une remarquable précision.

Alors que les chefs moyens sont généralement invisibles, les chefs militaires exceptionnels abordent souvent leurs subordonnés et prennent des nouvelles de leur famille, s'enquièrent de leurs problèmes personnels. Ils demandent régulièrement à être informés des problèmes éventuels de service et ont l'art de susciter une atmosphère de communication ouverte et bilatérale.

Dans les unités dirigées par des chefs militaires médiocres, au contraire, les subordonnés de rang inférieur rechignent à faire remonter l'information, surtout les mauvaises nouvelles, parce que leurs chefs « se mettent en rogne » quand on leur apporte de mauvaises nouvelles et, au lieu de déléguer l'autorité à tous les niveaux, exercent un contrôle tatillon sur leurs subordonnés.

Certes, les meilleurs officiers sont très exigeants sur la qualité du travail et prompts à réprimander ceux dont les carences compromettent l'accomplissement optimal des tâches collectives. Mais ils se montrent souples dans l'application du règlement, alors que les commandants médiocres ne font guère de distinction entre les règles importantes et les autres. La crispation légaliste des officiers médiocres sur le règlement a généralement un effet plutôt démoralisateur et démobilisateur sur leurs subordonnés.

Les meilleurs officiers qui comprennent que l'unité et la cohésion de leurs hommes est fondée sur des liens personnels organisent des compétitions sportives et des festivités auxquelles ils se font toujours un devoir d'assister en personne.

C'est dans ce climat de réjouissances chaleureux et gai que se forge une solide identité commune qui se traduit par une meilleure performance collective. En revanche, les officiers médiocres s'intéressent plus au fonctionnement des équipements qu'à leurs hommes.

QUAND FAUT-IL ÊTRE DUR ?

La fonction de direction exige sans aucun doute, à l'occasion, une certaine dureté. Diriger une collectivité suppose d'être parfois catégorique. Il faut savoir confronter un subordonné à ses insuffisances professionnelles, quitte à déléguer à d'autres moments son autorité et à utiliser d'autres moyens moins directs de diriger ou d'influencer les autres.

La direction d'une collectivité exige de la résolution : il faut savoir dire aux êtres ce qu'ils doivent faire, les rappeler à leurs obligations, les avertir des conséquences de leurs défaillances possibles. La persuasion, la construction du consensus et tous les autres arts de l'influence ne suffisent pas toujours. Parfois, le dirigeant doit utiliser le pouvoir que lui confère sa position pour exiger que soit effectué ce qui doit l'être.

Un échec fréquent des dirigeants, des chefs de service aux plus haut dirigeants d'entreprise, consiste à ne pas se montrer absolument catégorique quand il le faut. C'est ce qui arrive, par exemple, quand on fait passer la cordialité des relations de travail avant l'exécution impeccable du travail, ce qui conduit à accepter passivement une qualité de travail médiocre. Les êtres qui sont extrêmement mal à l'aise dans les rapports conflictuels et qui supportent mal la colère rechignent souvent à se montrer catégoriques quand c'est nécessaire.

Cette incompétence peut aussi se manifester dans l'incapacité à diriger une réunion et dans le fait de la laisser partir à la dérive plutôt que de la focaliser sur l'ordre du jour. Autre carence de même ordre : l'incapacité d'être clair et ferme, si bien que les employés ne savent pas ce qu'on attend d'eux.

Le patron résolu fixe un niveau de performance professionnelle élevé et exige des employés qu'ils l'atteignent, quitte à contrôler ouvertement leur travail si nécessaire.

Quand il constate des carences dans le travail, le devoir du dirigeant est d'émettre des critiques utiles. Et quand il est confronté à une défaillance persistante d'un collaborateur malgré tous les avis et avertissements nécessaires, il ne doit pas hésiter à s'attaquer au problème ouvertement et carrément.

Un chef d'entreprise me confiait ceci : « Mon prédécesseur n'avait instauré aucune discipline pendant les réunions. À la première réunion que j'ai dirigée, les gens sont arrivés en retard et sans être préparés. Quand c'est arrivé pour la troisième fois, je leur ai dit : « Mesdames et messieurs, je ne peux pas accepter ce comportement. J'ajourne cette réunion de deux jours. Soyez à l'heure et préparés, sinon vous vous ferez sonner les cloches ! »

Ce patron n'est nullement un tyran ni une brute mais sa stratégie ne doit être utilisée que quand d'autres approches moins sévères ont échoué et non comme première réaction. Si ce ton caractérise le style quotidien d'un dirigeant, alors quelque chose cloche dans sa capacité à construire des rapports et à influencer les autres. En d'autres termes, une dureté constante est un signe de faiblesse et non de force dans la direction d'une collectivité. La glorification d'un style de direction mufle, arrogant et tonitruant ignore le coût d'un tel comportement pour l'entreprise.

Dans les périodes difficiles, les chefs d'entreprise doivent pouvoir mobiliser les réserves de bonne volonté constituées avec le temps. C'est souvent dans ces moments que les tyrans paient leur style de commandement passé.

« Dans notre entreprise, le patron était arrogant et acerbe, ses employés le détestaient, mais le boulot était fait, me confie Mohamed Kashgari, vice-président d'un grand groupe alimentaire saoudien. Mais quand les choses ont changé, que le marché est devenu plus dur et que nous avons tous dû travailler plus dur pour maintenir nos parts de marché, ce style de direction autocratique l'a mis en situation d'échec. Le dirigeant qui s'est imposé à ce moment-là était quelqu'un que les gens aimaient et qui a incité tout le monde à travailler plus dur. Alors que ce patron continuait à harceler ses subordonnés de la même façon. Et tout le monde s'est détourné de lui. »

On reconnaît un bon dirigeant à sa capacité de contenir le plaisir qu'il prend à l'exercice du pouvoir. Une étude classique menée sur une longue période chez AT & T a montré que, surtout dans les grandes entreprises, les cadres supérieurs qui allient maîtrise de soi et grande autorité sur les autres sont promus à des postes de direction, alors que ceux qui montrent une grande autorité mais qui manquent de maîtrise d'eux-mêmes échouent. Chez les cadres supérieurs et les chefs d'entreprise, l'ambition personnelle est tenue en bride par la maîtrise de soi et canalisée au service de la collectivité.

LE DIRIGEANT VIRTUEL

C'est un jour de brouillard sans espoir, à l'aéroport de San Francisco. Un à un, tous les vols sont annulés et les comptoirs des compagnies aériennes sont assaillis par des clients mécontents. La tension ne cesse de croître au fil des heures et les remarques acerbes envers les porte-parole des compagnies aériennes fusent. À un moment donné, David Kolb, professeur de gestion, qui raconte cette histoire, s'efforce de modifier l'humeur de la foule, au moins de ceux qui sont près de lui. Il lance à la cantonade : « Bon, moi je vais me chercher un café. Qui en veut ? »

Il prend les commandes des passagers frustrés qui se rassemblent immédiatement autour de lui, s'éloigne et revient quelques minutes plus tard avec un plateau de boissons. Son geste a suffi pour inverser l'humeur des passagers excédés.

Kolb, à ce moment, s'est imposé comme un chef naturel dans ce groupe improvisé. La spontanéité de son initiative illustre un des aspects de l'art de diriger.

La position officielle d'un dirigeant dans l'organigramme d'une société ne coïncide pas toujours avec son rôle. Certains êtres s'affirmeront comme des chefs durant certaines périodes, selon les circonstances et les besoins du moment — ne serait-ce qu'en réprimandant un fournisseur pour un travail bâclé, par exemple — puis se fondront à nouveau dans l'anonymat du groupe. Une telle autorité peut aussi s'exercer de bas en haut, comme quand un employé de rang inférieur se confronte à l'un de ses supérieurs sur des problèmes difficiles ou des vérités vitales pour la bonne santé de l'entreprise.

Prenons l'exemple de ce cadre supérieur d'une compagnie pétrolière qui s'installait dans une ville d'Amérique du Sud. Il a choisi d'installer ses bureaux dans une immense tour toute neuve dans le quartier le plus cher de la ville. Au cours d'une discussion avec un ministre de ce pays, il essuya une remarque sarcastique de sa part : « C'est exactement ce qu'on attend d'une compagnie comme la vôtre. »

Stupéfait, ce directeur prit des renseignements et finit par comprendre que le fait d'avoir loué des bureaux dans ce secteur était considéré comme le signe que la compagnie était plus désireuse de faire bonne impression que de faire des affaires. Il décida donc d'abandonner le projet initial et de chercher des bureaux dans un quartier d'affaires dynamique, afin de faire savoir que la compagnie était sérieuse. Puis il appela son patron aux États-Unis et lui expliqua ce qu'il avait fait et pourquoi.

Son patron lui répondit ceci : « Je ne suis pas d'accord avec vous, mais je ne suis pas là-bas — à vous de décider ce qui vaut mieux. »

Une telle décision exige bien sûr une certaine confiance en soi et de l'initiative, deux compétences essentielles pour la direction d'entreprise.

Dans le groupe de télécommunications finlandais Nokia, environ 70 % des employés sont des ingénieurs et la moyenne d'âge est de trente-deux ans. Un grand pourcentage de ces ingénieurs, frais émoulus de l'université, sont plus familiers des nouvelles technologies que leurs patrons de quarante ou cinquante ans. V. Niitamo, chef du département des ressources humaines, explique :

« Nous avons redéfini la nature de la direction. Tout le monde est un dirigeant virtuel. Un jeune ingénieur prend la tête des opérations quand les circonstances l'exigent. Notre schéma consiste à dire que chacun est son propre patron dans le monde de Nokia. La vieille structure statique qui oppose cadres dirigeants et employés est périmée. »

En effet, un certain nombre de structures statiques sont périmées dans le monde économique d'aujourd'hui. Ce qui nous amène à la compétence suivante : l'art de conduire les changements.

MONTRER LE CHEMIN

La révélation personnelle s'est produite en 1993 pour John Patrick. Et il lui a fallu exactement vingt-quatre mois pour transformer cette révélation en stratégie d'entreprise.

L'entreprise en question, c'est IBM. C'est en 1993 que Lou Gerstner a pris les commandes et qu'il a entamé la métamorphose de la société. Mais les changements massifs, profonds, ne se produisent pas seulement du haut vers le bas. Dans le cas de Patrick, la mini-révolution a représenté une victoire de la base.

C'est Internet qui a tout déclenché. Ce jour de 1993, Patrick, qui était alors chargé d'études stratégiques senior, développait un programme de seconde importance intitulé Gopher, un logiciel utilitaire pour Internet. Comme il l'explique, « un jour je me suis passionné pour l'idée de pouvoir me balader dans l'ordinateur de quelqu'un d'autre tout en restant chez moi ». La connexion à distance n'était évidemment pas une nouvelle idée chez IBM. Mais s'infiltrer dans l'ordinateur de quelqu'un d'autre, quel que soit cet ordinateur — tout d'un coup une lumière s'est allumée...

À cette époque, IBM se concentrait sur le matériel informatique. Le bourgeonnement d'Internet ne l'intéressait pas beaucoup et la compagnie n'avait pratiquement pas de plans ni de produits pour le Web. Gerstner allait changer cette situation, mais ce sont des gens comme Patrick, à tous les niveaux de la compagnie, qui ont fait entrer ces changements dans les faits.

Patrick a rédigé un manifeste, « Connectez-vous », dans lequel il expliquait qu'Internet allait révolutionner le fonctionnement des entreprises, de l'industrie et du travail en général. Il avançait quelques propositions pour étayer son idée : donner une adresse e-mail à tout le monde dans l'entreprise, encourager les forums de discussion au sein de la compagnie pour bâtir des communautés d'intérêt mutuel et mettre en place un site IBM sur Internet.

Ces idées, qui sont largement acceptées aujourd'hui, et notamment chez IBM, étaient encore audacieuses à l'époque. Pourtant, Patrick rencontra quelques échos favorables au sein de la compagnie : à peine eut-il diffusé son manifeste qu'il commença à recevoir des fax, des messages électroniques et des coups de téléphone de tous les secteurs d'IBM. Patrick rédigea donc un répertoire qui dessinait une sorte d'organisation virtuelle au sein de la société. Les membres de ce nouveau réseau étaient disséminés dans le monde entier. Ils ne disposaient d'aucun statut officiel, d'aucun pouvoir, d'aucun budget. Et bien que les radars officiels de l'entreprise ne les aient toujours pas détectés, ils ont fait aboutir leur premier projet qui vit le jour en mai 1994 et consistait, entre autres, dans la création d'un site IBM sur Internet, un des premiers créés par une firme aussi importante.

Le même mois, Patrick invita des collaborateurs d'IBM à participer à la création du Forum mondial Internet, sans l'autorisation de la direction. Cette initiative risquée supposait du courage et une vision stratégique, et peut-être aussi un peu de foi.

Cette foi s'est avérée payante. Patrick a contacté différentes divisions de la compagnie, pour recueillir des fonds et se constituer un budget de départ, 30 000 francs ici, 30 000 francs là, et, lors de l'ouverture du Forum mondial, cinquante-cinq personnes de douze unités différentes avaient signé pour représenter IBM. Cette initiative ne disposait pourtant d'aucun statut officiel ni d'aucun budget.

Mais, bientôt, IBM élabora une stratégie officielle Internet, rassembla une équipe et créa une division Internet. Celle-ci vit le jour le 1er décembre 1995. Sa mission : définir et mettre en œuvre les initiatives Internet de la compagnie. C'est John Patrick qui en fut nommé vice-président responsable des technologies. Ce qui n'avait été qu'une équipe informelle et virtuelle était devenue une division officielle comptant six cents personnes.

L'un de ses projets fut un site web pour les JO de 1996 à Atlanta. Ce site enregistra onze millions de connexions par jour pendant les Jeux. L'équipe d'IBM qui a utilisé des logiciels en cours de développement pour gérer tout ce trafic s'est servie de cette expérience comme d'une occasion naturelle de recherche et développement. Elle a compris qu'elle avait mis au point un logiciel qui pouvait traiter des flux de trafic intenses et cette recherche a abouti à la mise au point d'une nouvelle ligne de produits pour Internet.

CATALYSER LES CHANGEMENTS

Initier ou gérer des changements

Ceux qui possèdent cette compétence

- reconnaissent la nécessité de changer et de renverser des barrières ;
- remettent en question le statu quo pour faire reconnaître le besoin de changement ;
- se font les hérauts du changement et incitent les autres à le mettre en œuvre ;
- donnent forme aux changements qu'attendent les autres.

CATALYSER LES CHANGEMENTS : LES INGRÉDIENTS CLÉS

Aujourd'hui, les entreprises restructurent, dégraissent, fusionnent, procèdent à des acquisitions, compriment les hiérarchies, s'internationalisent. L'accélération des changements au cours des années quatre-vingt-dix a fait de l'aptitude à les conduire une compétence de plus en plus importante. Dans les années soixante-dix et quatre-vingt cette aptitude à catalyser les changements n'était pas aussi valorisée. Mais alors que nous approchons du troisième millénaire, des sociétés de plus en plus nombreuses attachent une importance croissante à cette compétence.

Quelles sont les qualités qui définissent un efficace catalyseur de changement ?

« Quand nous travaillons avec une société pour l'aider à transformer son fonctionnement, les qualités personnelles du chef d'équipe font toute la différence, m'explique John Ferreira, consultant chez Deloitte et Touche. Disons que nous les aidons à économiser du temps sur toutes les activités inutiles. Pour y arriver on doit pouvoir examiner tous les secteurs de l'entreprise et on a besoin de quelqu'un qui n'occupe pas une position trop élevée, qui ne soit pas un théoricien, mais qui ait une expérience suffisante sur le tas, qui connaisse le fonctionnement de l'entreprise dans le détail pour avoir une image exacte de la situation. Notre homme est souvent un cadre moyen. »

Au-delà de l'expertise technique, le catalyseur de changement a besoin de toute une série d'autres compétences émotionnelles. « Il faut un type de cadre moyen qui soit capable d'entrer dans le bureau du vice-président et de déballer tout ce que le vice-président a besoin de savoir sans être intimidé par le fait qu'il n'est qu'un sous-fifre. »

Outre cette grande confiance en soi, les dirigeants capables de conduire efficacement des changements montrent une grande capacité d'influence, d'engagement, de motivation, d'initiative et d'optimisme, ainsi qu'un sens politique instinctif. Comme Ferreira l'explique :

« Vous avez besoin de quelqu'un pour qui son travail est une mission et pas seulement un boulot, qui se passionne pour les changements, qui se lève le matin en y pensant. C'est un peu comme la différence entre un locataire et un propriétaire, les propriétaires sont beaucoup plus attentifs. Ça demande aussi de la persévérance, vous rencontrez beaucoup d'écrans de fumée, beaucoup de résistances. Vous avez besoin de savoir comment se servir de nous, les consultants, pour vous aider à faire valoir vos arguments aux bonnes personnes et au bon moment. Et vous devez les défendre sans relâche, vous bâtir des réseaux, jusqu'à ce que vous ayez atteint un seuil critique qui vous permette de faire remonter le message jusqu'au sommet. »

LES GRANDS TRANSFORMATEURS

Les dirigeants qui conduisent les changements ne sont pas nécessairement des innovateurs. On peut reconnaître la valeur d'une nouvelle idée ou d'une méthode, sans avoir été à l'origine de sa création. Pour des entreprises qui s'efforcent de surfer sur la vague du changement (et quelle entreprise ne s'y efforce pas, aujourd'hui ?), les méthodes de gestion traditionnelles ne suffisent plus. Dans les époques de transformation, des chefs charismatiques et inspirés sont nécessaires.

De tels êtres sont capables de mobiliser les autres par le seul pouvoir de leur enthousiasme contagieux. Ils n'ont pas à commander, à ordonner. Ils inspirent. Leur vision, leur puissance de conviction mobilisent leurs collègues. Et ils savent nouer des relations fructueuses avec ceux qu'ils entraînent.

Contrairement à d'autres modes de direction plus rationnels, dans lesquels les dirigeants ont recours à des récompenses traditionnelles comme la rémunération et les promotions pour encourager leurs employés, le catalyseur de changement joue sur un autre registre et mobilise les gens en stimulant leurs émotions. En agissant ainsi, de tels dirigeants font appel au sens des valeurs de leurs collaborateurs. Le travail devient une démonstration d'engagement dans une mission globale dans laquelle les gens affirment leur identité commune.

Ce type d'initiative requiert du dirigeant qu'il élabore une vision motivante des objectifs de l'entreprise. Même si ces buts peuvent paraître quelque peu utopiques, s'engager, pour eux, doit s'avérer émotionnellement satisfaisant en soi. Stimuler les émotions des gens de cette façon et les canaliser vers la poursuite de buts ambitieux donne au dirigeant un puissant levier de changement. En outre, les études montrent que ce type de direction suscite de plus grands efforts et de meilleures performances de la part des subordonnés qui travaillent plus efficacement.

UN ART ÉMOTIONNEL

Un exemple de cette transformation nécessaire du style de direction nous est fourni par une grande compagnie canadienne de services financiers qui se débattait dans les violentes turbulences du marché et les grandes incertitudes qu'a suscitées sa dérégulation. Cette compagnie autrefois si sûre d'elle et de sa réussite devait désormais faire preuve d'agilité pour garder sa place sur ce marché qu'elle avait autrefois dominé.

Un groupe de cadres expérimentés des quatre niveaux les plus élevés de la compagnie a été suivi pendant un an au cours de cette période chaotique. À la fin de l'année, chacun d'eux a été évalué en termes d'amélioration de productivité, de revenus des primes et de ratio salaire/budget. L'éventail des performances était très ouvert : certains dirigeants n'atteignaient que 17 % des objectifs ciblés, alors que d'autres réussissaient à atteindre 84 % de ces objectifs.

Ceux qui obtenaient les plus grands succès avaient adopté le style du dirigeant transformateur, alors que le style de ceux qui s'en tenaient aux formules traditionnelles de gestion était perçu par leurs subordonnés comme tatillon et contraignant.

Les dirigeants qui réussissaient étaient considérés par leurs collaborateurs comme doués d'un grand charisme et d'une souplesse exemplaire. Ils donnaient l'impression que leur confiance en eux et leur compétence étaient contagieuses et ils stimulaient l'imagination, l'adaptation et le sens de l'innovation de leurs collaborateurs.

Cette étude confirme les propos de John Kotter, un expert en direction de la Harvard Business School, qui distingue entre « gestion » et « direction ». Dans le sens qu'il confère à ces termes, le concept de gestion désigne les méthodes d'organisation qui permettent à une entreprise d'atteindre une productivité optimale. La direction, en revanche, désigne la capacité à impulser les transformations efficaces que la concurrence acharnée et la volatilité des succès économiques ont rendues nécessaires pour toutes les entreprises.

Comme l'explique Kotter : « La motivation et l'inspiration dynamisent les gens, pas en les poussant mécaniquement dans la bonne direction, mais en satisfaisant leur besoin élémentaire d'épanouissement, leur sentiment d'appartenance à une communauté, de contrôle sur leur propre vie, et en stimulant leur capacité à mettre en accord leur vie et leurs idéaux. »

Une direction de cette nature est donc ce qu'on peut appeler un art émotionnel.

9

Collaboration, équipes et QI collectif

Aucun de nous n'est aussi malin que nous tous.
Proverbe japonais

Il s'agit d'un instant séminal dans l'histoire de l'informatique. Dans une réunion du club informatique de la Silicon Valley où des centaines d'ingénieurs étaient rassemblés, un journaliste du *San Jose Mercury* demanda à ces ingénieurs : « Combien parmi vous projettent de créer leur propre société ? »

Les deux tiers des présents levèrent la main.

Depuis lors des milliers de compagnies, dont Silicon Graphics, Oracle et Cisco Systems, ont vu le jour. Le dénominateur commun de toutes ces entreprises est la conviction qu'une grande idée ou une technologie novatrice peuvent faire la différence. Mais un autre élément est nécessaire pour qu'une grande idée devienne la semence d'une grande affaire : la coopération.

La recherche d'équipes hors pair représente une sorte de Graal moderne pour les entrepreneurs. « Dans le monde d'aujourd'hui, on trouve beaucoup de technologies, beaucoup d'entrepreneurs, beaucoup d'argent, beaucoup de capital-risque. Ce qu'on trouve plus difficilement, ce sont de grandes équipes. » Ainsi s'exprime John Doerr, un investisseur légendaire de la Silicon Valley qui a soutenu le lancement dans l'industrie de Lotus, de Compaq, de Genentech et de Netscape.

Le cabinet de Doerr reçoit chaque année deux mille cinq cents budgets prévisionnels d'entrepreneurs pleins d'espoir. Parmi ceux-ci, il choisit d'en examiner sérieusement environ une centaine et il investit dans environ vingt-cinq. Comme l'explique Doerr : « Les équipes pensent qu'ils nous vendent avant tout de la technologie, des produits ou des services. Mais en fait nous pensons d'abord à eux, aux membres de cette équipe. Nous voulons comprendre qui ils sont, comment ils travailleront ensemble. »

Pendant ses réunions avec ses poulains, il teste la dynamique du groupe : comment ils se comporteront, s'ils ont la même vision des priorités, s'ils sont capables d'évaluer leur propres performances de travail, comment ils traiteront le cas d'un collaborateur qui ne donne pas de bons résultats.

« Je teste leur instinct, leur système de navigation, leurs valeurs. »

Pour une telle équipe le juste dosage d'intelligence, d'expertise et d'intelligence émotionnelle est crucial. Ces oiseaux rares, Doerr les appelle « des gens vraiment intelligents ».

« C'est le juste dosage d'expérience et d'intelligence, d'énergie et de passion qui fait la différence entre les équipes qui obtiennent d'énormes succès, celles qui s'en sortent à peu près et celles qui échouent. »

LA SURVIE DU GROUPE

Les êtres humains sont des coéquipiers exceptionnels : nos relations sociales uniques ont constitué un exceptionnel atout pour la survie de l'espèce. Notre aptitude extraordinairement développée à coopérer culmine dans l'entreprise moderne.

Certains penseurs évolutionnistes considèrent que le moment clé dans l'émergence des rapports sociaux est celui où nos ancêtres ont quitté les cimes des arbres pour vivre dans les immenses savanes — quand la coordination de la horde pour la chasse et la cueillette s'est avérée extrêmement payante. L'apprentissage des compétences essentielles pour la survie impliquait de « dresser » les enfants jusqu'à l'âge de quinze ans environ, moment où le cerveau humain devient anatomiquement mûr. La coopération a permis non seulement cette éducation mais l'instauration d'un système social complexe, et d'une nouvelle ère pour l'intelligence humaine.

La compréhension de ce rôle crucial de la solidarité dans l'évolution nous aide à réévaluer le sens de l'expression la « survie des plus adaptés ». À la fin du XIXe siècle, les darwiniens se sont emparés de cette expression pour expliquer que l'adaptation en question signifiait la force brutale triomphant inévitablement sur la faiblesse. Ils se sont servis de ce schéma pour justifier la compétition sociale effrénée et pour ignorer la situation critique des pauvres et des déclassés.

Aujourd'hui, cette idée a été réfutée dans la théorie évolutionniste par cette simple considération que l'adaptation ne se mesure pas en termes de rapports de force, mais de performance reproductrice : un maximum d'enfants doivent survivre pour transmettre les gènes de leurs parents à la génération suivante. Cet héritage génétique est le vrai sens de la « survie » dans l'évolution.

De ce point de vue c'est l'aptitude du groupe à coopérer, en cherchant de la nourriture, en nourrissant les enfants, en repoussant les prédateurs, qui a constitué la clé de la survie humaine et non la supériorité physique d'individus isolés. D'ailleurs, c'est Darwin lui-même qui a émis le premier l'idée que les groupes humains dont les membres étaient prêts à travailler ensemble pour le bien commun survivaient mieux et que leur descendance était plus nombreuse que ceux dont les membres ne pensaient qu'à leur intérêt individuel ou ceux qui n'appartenaient à aucun groupe.

Même aujourd'hui, les avantages d'un groupe très uni sont évidents dans les quelques tribus qui vivent encore de chasse et de cueillette et dont le mode de vie durant quelques millions d'années a façonné l'architecture actuelle de notre cerveau. Dans de tels groupes, un des éléments déterminants de la santé des enfants est le fait qu'ils aient une grand-mère ou un autre parent âgé en vie qui puissent remplacer la mère et le père quand ceux-ci sont accaparés par la recherche de la nourriture [1].

Un des héritages de ce passé est le radar que nous possédons presque tous pour l'amitié et la coopération. Les gens sont naturellement attirés par ceux qui semblent doués de ces qualités. Toutes

1. On entrevoit une confirmation de l'avantage qu'a donné aux êtres humains la coopération dans les rapports sociaux chez les chimpanzés qu'a observés J. Goodall. Elle a montré que les enfants des femelles qui entretiennent des rapports particulièrement coopératifs avec d'autres femelles ont un taux de survie plus élevé, que les filles de ces femelles parviennent à maturité plus vite et se reproduisent à leur tour plus rapidement.

les études montrent que nous possédons aussi un système d'alarme très efficace qui nous avertit quand nous rencontrons quelqu'un d'égoïste ou de peu fiable.

LA SOCIALISATION FAÇONNE LE CERVEAU

Un des grands héritages anatomiques du besoin humain de se regrouper est le néocortex, qui comprend les couches superficielles du cerveau et grâce auquel nous avons la capacité de penser.

Les épreuves décisives pour la survie d'une espèce sont celles qui la contraignent à s'adapter et à évoluer. Coordonner ses actes avec ceux d'un groupe, que ce soient une équipe dans un cadre professionnel ou une horde nomade d'hommes préhistoriques, demande une grande intelligence sociale, une aptitude à décoder et à maîtriser les rapports humains. Si ceux qui développent la plus grande intelligence sociale sont ceux qui engendrent la descendance la plus nombreuse — et sont par conséquent les plus adaptés —, la nature a dû primer les changements du cerveau qui traduisaient un progrès dans la gestion des subtilités de la vie sociale. Au cours de l'évolution, comme aujourd'hui, les membres du groupe ont dû équilibrer les avantages de la vie en groupe — coopérer pour repousser les ennemis, chasser et chercher la nourriture, s'occuper des enfants — et ses inconvénients : la concurrence au sein du groupe pour la nourriture, la concurrence pour les partenaires sexuels et la limitation des ressources, particulièrement en période de pénurie. Ajoutez à cela les calculs de hiérarchie et de domination, les obligations sociales et familiales et le troc, et vous obtenez un impressionnant ensemble de données sociales à maîtriser et à manier judicieusement.

C'est ici qu'intervient la pression évolutionniste pour développer un « cerveau pensant », dans la capacité de réaliser toutes ces connexions sociales instantanément. Dans le règne animal, les mammifères sont les seuls à posséder un néocortex. Chez les primates (y compris les humains), le rapport de taille entre le néocortex et le volume total du cerveau croît en proportion directe de la taille du groupe type de l'espèce considérée. Pour des êtres humains préhistoriques, la taille de ce groupe type pouvait varier de quelques dizaines à quelques centaines d'individus (et dans la vie professionnelle actuelle jusqu'à quelques milliers).

À cet égard, on peut affirmer que l'intelligence sociale a fait son apparition bien avant l'émergence de la pensée rationnelle. Les capacités de pensée abstraite de l'espèce humaine ont été prises en charge plus tard par le néocortex qui s'était initialement développé pour gérer les relations intersubjectives. Le néocortex a évolué à partir de structures plus anciennes du cerveau émotionnel, comme l'amygdale, et il lui est étroitement associé.

Le néocortex, avec sa compréhension raffinée de la dynamique de groupe, doit associer des signaux émotionnels aux données qu'il interprète. Tout acte de reconnaissance mentale (« ceci est une chaise... ») est indissociable d'une réaction émotionnelle (« ... et je ne l'aime pas »).

Ce même système de connexions neurologiques nous apprend aussi instantanément qui nous pouvons saluer — par exemple quand nous prenons l'ascenseur — et qui non (« Le patron a l'air de mauvaise humeur ce matin, je ne vais pas le déranger »). Et il façonne nos relations de travail — cruciales pour la survie dans le monde professionnel d'aujourd'hui — dans leurs moindres détails.

Même quand nous enregistrons les informations les plus neutres, nos récepteurs neurologiques émotionnels interprètent d'innombrables signaux silencieux : le ton de voix, le choix des mots, les subtilités de la position, des gestes, du rythme, autant d'indicateurs qui « mettent en scène » émotionnellement cette information. La coordination harmonieuse de nos rapports dépend au moins autant de ce canal émotionnel que du contenu explicite et rationnel de nos paroles et de nos actes.

L'ART DE LA COLLABORATION

John Seely Brown, directeur des études scientifiques chez Rank Xerox, souligne que la nature cruciale de la coordination sociale n'est peut-être nulle part plus évidente que dans les entreprises scientifiques d'aujourd'hui, où les résultats les plus pointus ne sont acquis que par la coordination et la synergie de multiples travaux individuels.

Comme l'explique Brown : « Beaucoup de théoriciens considèrent l'apprentissage d'un point de vue purement cognitif, mais si vous demandez à des gens qui ont réussi professionnellement de réfléchir à la façon dont ils ont appris ce qu'ils savent aujourd'hui, ils vous diront : "L'essentiel de ce que nous savons, nous l'avons appris des autres et avec les autres." Et cela suppose une intelligence sociale, pas seulement une aptitude cognitive. Les problèmes que rencontrent beaucoup de gens sont liés au fait qu'ils ne comprennent pas comment s'intégrer à une situation humaine, à un rapport. On s'en remet trop vite aux facultés cognitives, au détriment de l'intelligence sociale. Mais c'est quand on associe les deux que la magie commence. »

J. S. Brown dirige le légendaire département recherche et développement de Rank Xerox, dans la Silicon Valley. Selon lui, « tout ce qui est réalisé ici est le fruit d'une collaboration, comme c'est le cas partout dans le monde actuel des technologies de pointe. Les génies solitaires, cela n'existe plus. Même Edison était un brillant chef d'équipe. Nous gérons d'abord du capital humain : les idées neuves ne sortent pas d'une tête mais résultent d'un échange, d'une collaboration au sens le plus profond ».

L'intelligence sociale est une des conditions clés du succès dans un monde où, surtout dans la recherche et le développement, le travail est avant tout un travail d'équipe.

« L'une des compétences les plus importantes dans la gestion d'entreprise est l'aptitude à déchiffrer les situations humaines, à prendre conscience des enjeux, explique Brown. Certaines personnes sont réfractaires à la dynamique de groupe. Dans les réunions auxquelles j'assiste, certains chercheurs ne saisissent absolument pas cette dimension alors que d'autres en interprètent parfaitement la dynamique : ils savent quand intervenir, comment présenter leurs arguments, mettre en valeur l'essentiel. Bref ils savent projeter leurs idées vers les autres.

« L'art d'influencer les gens, continue Brown, revient à savoir assortir les êtres, à stimuler ses collègues dans le travail, à accumuler les talents pour faire progresser la recherche. Une fois ce résultat atteint se posent certaines questions : comment impliquer le reste de la société ? Et, ensuite, comment faire passer le message à l'extérieur pour convaincre le reste du monde ? La communication n'est pas un simple problème de transmission d'informations à une personne. Il faut pouvoir impulser une expérience, donner le meilleur de soi, et cela suppose une compétence émotionnelle. »

L'ATOUT DE L'ÉQUIPE : L'ESPRIT DE GROUPE

Dans la vie professionnelle d'aujourd'hui, on observe un fait fondamental : chacun de nous ne dispose que d'une partie des informations ou de l'expertise nécessaires à son travail. Robert Kelley, de l'université Carnegie-Mellon, a posé la même question à des personnes qui ont travaillé dans différentes entreprises pendant de nombreuses années : « Quel pourcentage des connaissances dont vous avez besoin pour votre travail est emmagasiné dans votre esprit ? »

En 1986, la réponse moyenne était : 75 %. Mais, en 1997, ce pourcentage avait chuté à 15-20 %. Cette évolution reflète sans aucun doute la croissance exponentielle de l'information. On a, paraît-il, produit plus de connaissances au XXe siècle que dans toute l'histoire et cette croissance s'accélère alors que nous entrons dans le XXIe siècle.

Il devient donc de plus en plus vital de pouvoir s'appuyer sur un réseau ou une équipe pour obtenir les informations et les compétences dont nous avons besoin. Jamais nous n'avons autant dépendu des autres dans notre travail.

« Mon intelligence ne s'arrête pas à ma peau », explique Howard Gardner, l'influent théoricien de Harvard. Au contraire, elle englobe ses outils, son ordinateur, ses bases de données et, tout aussi important, « mon réseau d'associés, mes collègues de bureau, d'autres personnes que je peux joindre au téléphone ou à qui j'envoie des messages électroniques ».

Le groupe est sans aucun doute plus intelligent que l'individu. Toutes les données scientifiques le confirment. On a ainsi fait passer à des étudiants, qui avaient suivi le même programme de cours, un examen pour lequel ils répondaient à une partie des questions individuellement et à l'autre collectivement. Les résultats (sur plusieurs centaines de groupes) montrent que dans 97 % des cas les résultats des groupes sont supérieurs à ceux des individus les plus doués. On a vérifié ce résultat à de nombreuses reprises, même sur des groupes constitués tout récemment, parfois uniquement à l'occasion de l'examen.

« En tant que mathématicien, j'ai toujours cru que le tout était égal à la somme de ses parties, jusqu'à ce que je travaille avec des équipes, me confiait Chuck Steele, célèbre ex-entraîneur de l'équipe de base-ball de Pittsburgh. Et quand je suis devenu entraîneur, j'ai constaté que le tout n'est jamais égal à la somme de ses parties. Il est plus ou moins grand, selon la façon dont les individus qui le composent travaillent ensemble. »

Mettre de l'huile dans les rouages d'un groupe afin d'optimiser ses performances exige de l'intelligence émotionnelle. Un superbe intellect et des talents techniques ne font pas, à eux seuls, de grandes équipes. Des études menées à l'université de Cambridge l'ont amplement démontré : les chercheurs ont constitué cent vingt équipes de gestion fictives et leur ont demandé de prendre des décisions dans des situations d'affaires simulées. Certaines de ces équipes étaient entièrement composées d'individus extrêmement brillants. Mais malgré cet avantage évident, les équipes à haut quotient intellectuel obtenaient des résultats plus mauvais que d'autres équipes dont les membres étaient moins brillants. Et l'observation de ces équipes en action donne la raison de ce phénomène : les membres des équipes à QI élevé gaspillaient leur temps à s'affronter dans des débats qui tournaient à d'interminables séances de compétition scolaire.

Autre point faible de ces équipes à haut QI : tous leurs membres ont opté pour le même type de tâches, l'analyse des aspects les plus complexes du travail. Personne n'a pris en charge les autres aspects tout aussi nécessaires de ce travail : établir un planning, recueillir et échanger des informations pratiques, noter les différentes étapes de la réflexion commune, mettre au point un plan d'action. Tout le monde était si occupé à essayer de dominer intellectuellement le groupe que les résultats ont été mauvais.

LE QI COLLECTIF

Ils sont perdus dans un désert, un soleil de plomb les accable impitoyablement, ils voient des mirages onduler au loin, pas le moindre repère familier en vue. Leurs réserves d'eau s'épuisent et ils ne possèdent ni boussole ni carte. Leur seul espoir consiste à aller chercher des secours mais leur équipement est trop lourd et il leur faut choisir entre ce qu'ils doivent emporter et ce qu'ils doivent abandonner sur place afin de survivre.

C'est une question de vie ou de mort, mais il ne s'agit que d'un test qui vise à évaluer les facultés de travail en équipe de ses participants. Avec ce scénario, chacun des sujets testés est évalué sur la base de ses choix personnels, choix qui sont ensuite comparés à ceux du groupe tout entier.

La conclusion de centaines d'essais fait apparaître trois niveaux de performances :

- dans le pire des cas, les frictions au sein du groupe le font échouer en tant qu'équipe et sa performance est inférieure au score individuel moyen ;
- quand l'équipe travaille raisonnablement bien, le score du groupe est supérieur au score moyen obtenu par les individus isolés ;
- quand l'équipe dégage une réelle synergie, son score dépasse de loin le meilleur des scores individuels.

Qu'est-ce qui fait qu'une équipe obtient de meilleurs résultats que le plus performant de ses membres ? Voilà la question clé. Non seulement le QI du groupe est plus élevé que la somme des QI de ceux qui le composent, mais ceux-ci semblent plutôt se multiplier que s'additionner les uns aux autres : les talents exceptionnels des uns catalysent les talents exceptionnels des autres et les résultats globaux dépassent de loin ceux d'individus isolés. L'explication de ce phénomène réside dans la nature des relations entre les membres du groupe, dans la chimie émotionnelle qui les relie.

Deux chercheurs de Yale, W. Williams et R. Sternberg, ont montré dans une étude similaire que les aptitudes aux rapports humains des membres d'un groupe jouaient un rôle clé dans leurs performances (résultat vérifié à maintes reprises). Williams et Sternberg ont découvert que ceux qui sont incompétents dans les rapports humains, « déconnectés » des sentiments des autres, alourdissaient l'effort collectif, surtout s'ils éprouvaient des difficultés à communiquer efficacement. Le groupe doit posséder au moins un membre à QI élevé pour obtenir de bonnes performances, mais ce n'est pas suffisant. Autre handicap éventuel pour le groupe, le personnage trop dominateur, qui contrôle tout et empêche les autres de s'exprimer.

La motivation a aussi une très grande importance. Quand les membres du groupe sont scrupuleux et dévoués, ils se donnent plus de peine et réussissent mieux. La qualité des relations au sein du groupe annonçait assez précisément à quel point les résultats du groupe dépasseraient ceux que laissait présager le QI individuel de chacun de ses membres. Conclusion : les groupes obtiennent de bons résultats et exploitent à fond le talent de leurs membres quand ils savent créer un état d'harmonie interne.

Une étude portant sur soixante équipes dans une grande société américaine de services financiers a révélé que, parmi les nombreux ingrédients qui conditionnent l'efficacité de ces équipes, celui qui compte le plus est l'élément humain, et les rapports que tissent les membres du groupe à l'intérieur et à l'extérieur de celui-ci.

Plusieurs compétences de professionnels d'exception dérivent de ce talent d'intégration sociale :

- nouer des liens : savoir entretenir des rapports fructueux ;
- la collaboration et la coopération : travailler avec les autres à des buts communs ;
- l'aptitude à travailler en équipe : savoir créer une synergie dans le travail avec des buts communs.

UN VIRTUOSE DU LIEN SOCIAL

Jeffrey Katzenberg adore mettre les gens en relation. Trois secrétaires coiffées d'écouteurs travaillent à sonder téléphoniquement l'industrie du spectacle à la recherche de ses interlocuteurs, elles appellent sans cesse ses contacts, organisent des rendez-vous, rappellent pour les reporter ou pour prévenir d'un appel imminent, de telle sorte que Katzenberg passe tous ses « temps morts » au téléphone à joindre les centaines de gens avec lesquels il entretient un contact permanent.

Katzenberg, l'un des trois fondateurs de la compagnie hollywoodienne Dreamworks, est un créateur de réseau inégalé. Pourquoi ce tourbillon frénétique d'appels ? Pas (directement) pour faire des affaires, mais simplement pour garder le contact. Mais cette routine téléphonique est essentielle : quand l'éventualité d'une affaire se présente, il peut appeler ses relations de façon toute naturelle, faire une proposition et conclure un marché.

Dans l'industrie du spectacle, les relations sont la clé des affaires, parce que les projets, films, séries télé, CD-Roms interactifs, sont toujours des projets à court terme, tendus vers un objectif et limités dans le temps. Ils supposent la mise sur pied d'une organisation instantanée, une sorte de famille composée d'un réalisateur, de producteurs, d'acteurs, d'employés de plateau, qui se disperseront tous à la fin. Katzenberg reste relié à ces collaborateurs potentiels en permanence par un fil léger sur lequel il tire le moment venu.

Ce talent pour tisser des réseaux distingue les professionnels d'exception dans presque tous les types de métiers. Des études portant sur des ingénieurs, des informaticiens, des chercheurs en biotechnologie et autres disciplines de pointe montrent que les réseaux de relations sont décisifs pour réussir dans ces métiers. Même dans des domaines comme les technologies de pointe, ces réseaux fonctionnent par contacts directs ou par téléphone, aussi bien que par e-mail.

Mais ce n'est pas tant la proximité physique qui cimente une relation (bien qu'elle y contribue) que la proximité psychologique. Les êtres avec lesquels nous nous entendons, en qui nous avons confiance, avec qui nous nous sentons en sympathie, sont les plus solides relais de nos réseaux.

Les réseaux des professionnels d'exception ne sont pas constitués au hasard. Leurs contacts sont soigneusement choisis, chaque élément du réseau possédant une compétence particulière qui justifie son inclusion. Ces réseaux fonctionnent en échangeant sans cesse compétences et informations dans un aller et retour efficace. Chaque membre du réseau représente une source de connaissance ou d'expertise immédiatement accessible sur un simple coup de téléphone.

Les êtres qui savent bien utiliser un réseau possèdent aussi un immense avantage de temps sur ceux qui doivent utiliser des sources d'information plus générales pour trouver des réponses à leurs questions. On estime qu'un professionnel d'exception trouve en une heure l'information qu'une personne moyenne mettra trois à cinq heures à dénicher.

CONSTRUIRE DES LIENS

Entretenir des relations utiles

Les êtres qui possèdent cette compétence
- cultivent et entretiennent de larges réseaux informels ;
- recherchent des relations mutuellement bénéfiques ;
- construisent des rapports à long terme et cultivent leurs contacts.

L'ART DE TISSER DES RÉSEAUX

Cette aptitude à tisser des réseaux est le secret de la réussite dans beaucoup d'industries, dont celle du spectacle, et, selon certains, elle va prendre de plus en plus d'importance dans la plupart des métiers dans les années à venir. Dans une réalité aussi fluide que la nôtre, où des structures virtuelles se forment pour réaliser des projets avant de se dissoudre une fois ceux-ci achevés, la clé du succès ne réside pas dans la question : *Pour* qui avez-vous travaillé ? mais plutôt dans celle-ci : *Avec* qui avez-vous travaillé ? (et accessoirement : Avec qui êtes-vous toujours en contact ?).

L'industrie électronique offre maints exemples du rôle crucial des réseaux humains dans les affaires. On estime que la valeur de l'industrie des ordinateurs personnels est passée de presque rien en 1981 à 100 milliards de francs en 1990 — une immense accumulation de richesses favorisée par les alliances nouées entre d'entreprenants magiciens de la technologie et de tout aussi entreprenants investisseurs en capital-risque. Les deux tiers des firmes de haute technologie ont été créés avec l'appui de ces capitalistes audacieux, bien avant que les banques, sans parler des marchés financiers, y investissent leur premier centime.

Les investisseurs en capital-risque de la Silicon Valley font bien plus que dénicher une idée prometteuse et investir de l'argent dans le démarrage d'une entreprise, ils s'impliquent dans la vie de la société qu'ils ont aidé à lancer. Cet accompagnement consiste notamment à mettre les dirigeants de cette entreprise en contact avec leurs relations d'affaires et va même jusqu'à aider à recruter de nouveaux talents.

C'est ainsi que presque toutes les créations d'entreprise soutenues par les associés dans la société de capital-risque Kleiner Perkins Caulfield et Byers leur ont été recommandées par quelqu'un qu'ils connaissaient et en qui ils avaient confiance. Comme l'explique John Doerr, un des associés de la firme : « Il faut concevoir la Silicon Valley comme un système efficace pour associer des gens, des projets et des capitaux. » Un tel système de connexions peut engendrer d'énormes richesses, et son absence constitue un lourd handicap.

RÉSEAUX SOCIAUX, CAPITAL HUMAIN

C'était en 1980, à Wall Street, quand à peu près tout marchait bien. Il n'avait que vingt-quatre ans et pourtant il gérait un fonds de placement de 18 milliards de francs et ses revenus étaient impressionnants. Mais il avait presque tout investi en obligations spéculatives et son fonds a chuté vertigineusement lors du krach d'octobre 1987. Il a été licencié.

« C'est à ce moment-là qu'il a compris la valeur essentielle des relations dans les affaires. Il était devenu si imbu de lui-même qu'il n'avait pas songé à cultiver le type d'amitié qui aurait pu pousser quelqu'un à dire : "Lui, on le garde." Quand il a essayé de trouver un nouveau travail, il ne connaissait personne qui puisse l'aider à se recaser. »

Au bout de six mois, et après cinq cents appels téléphoniques infructueux, il a finalement trouvé un autre travail, beaucoup moins prestigieux, à partir duquel il s'est mis à essayer de remonter l'échelle. Mais son attitude de base avait changé.

« Maintenant, il est le président d'une association professionnelle locale et il connaît tous les autres personnages clés du milieu, explique sa femme. La question que nous nous posons est celle-ci : s'il perdait son travail demain, combien d'appels téléphoniques seraient nécessaires pour qu'il en retrouve un ? Aujourd'hui, il lui suffirait d'un seul appel. »

Les réseaux de contacts personnels forment une sorte de capital humain. Notre performance professionnelle dépend du travail d'un réseau d'autres personnes. Comme l'explique un cadre, alors qu'il semble contrôler la qualité de son travail, « en réalité, outre mes subordonnés, il y a des centaines de personnes sur qui je n'ai aucun contrôle direct mais qui peuvent affecter mes performances professionnelles. Au moins deux douzaines d'entre elles sont cruciales ».

Une des raisons pour lesquelles il est nécessaire de construire des relations est qu'elles suscitent une atmosphère de bienveillance et de confiance croissante autour de nous. Des cadres supérieurs extrêmement efficaces excellent à cultiver de telles relations, alors que leurs homologues moins doués échouent en général. Pourtant, elles sont particulièrement nécessaires pour la promotion au sein de l'entreprise.

Ces réseaux sont assez différents des réseaux amicaux que nous cultivons essentiellement pour le plaisir. Les relations professionnelles se tissent dans un but précis. Les êtres qui multiplient les relations professionnelles utiles mêlent parfois leur vie privée et leur vie de travail, si bien que la plupart de leurs amis personnels sont en fait des relations de travail : il importe de veiller à ne pas mélanger réseaux amicaux et professionnels.

Les êtres timides, introvertis ou solitaires se montrent bien sûr assez peu doués pour cultiver ce type de relations. Une autre cause d'échec courante est le repli sur soi : les gens qui se retranchent trop facilement derrière leur emploi du temps, rejettent les demandes d'aide, suscitent du ressentiment et leur réseau est évidemment médiocre. Mais le travail de ceux qui ne savent pas dire non quand on leur demande un service risque de souffrir d'une telle complaisance. Les professionnels d'exception arrivent à équilibrer l'accomplissement nécessaire de leurs tâches avec une solidarité professionnelle avisée, se ménageant quelques amitiés avec des êtres qui pourront s'avérer des soutiens cruciaux dans des moments critiques.

UNE NOUVELLE CONCEPTION DES RELATIONS COMMERCIALES

Marks and Spencer, l'énorme chaîne de grands magasins britanniques, offre un cadeau inhabituel à ses fournisseurs réguliers :

une carte spéciale qui leur donne accès aux bureaux de la direction quand ils le veulent. Ils doivent bien sûr prendre rendez-vous, mais grâce à la carte ils ont l'impression de faire partie de la grande famille de Marks and Spencer.

Ce point est essentiel. La carte est un aspect des efforts que déploie Marks and Spencer pour instaurer une relation de confiance et de coopération avec ses fournisseurs. Ces efforts prennent aussi la forme de voyages avec ceux-ci dans des foires internationales et dans divers pays fournisseurs de matières premières. L'objectif : renforcer la compréhension mutuelle et aussi détecter de nouvelles possibilités de produits à développer conjointement.

Cette attitude de Marks and Spencer illustre une tendance chez les fournisseurs et les détaillants à construire des relations de coopération, au lieu de se contenter de faire jouer la concurrence entre partenaires éventuels. Cette stratégie de coopération a des retombées positives tangibles : une analyse portant sur deux cent dix-huit détaillants en pièces détachées automobiles montre que les revendeurs qui font confiance à leur fabricant, contrairement à ceux qui s'en méfient, seront moins nombreux (22 % de moins) à chercher des sources d'approvisionnement alternatives et que leurs ventes de ces produits seront plus élevées de 78 %.

Ces liens personnels entre sociétés présentent des avantages concrets pour les deux parties : celles-ci peuvent échanger d'importantes informations exclusives et moduler équipes et moyens pour forger une collaboration sur mesure. Les contacts d'une société peuvent jouer le rôle de consultants pour leurs homologues d'une autre société. Par exemple, une équipe de vente de Kraft Foods a décidé de conduire une étude de six mois sur les problèmes d'une grande surface avec les produits laitiers. Après quoi, cette équipe a émis des recommandations pour réorganiser les rayons et stocker de nouveaux produits qui reflètent les tendances les plus récentes de la consommation. Résultat : une hausse des ventes de ce grand magasin (et des produits de Kraft) d'environ 22 %.

Autre exemple : Procter and Gamble avait l'habitude de rémunérer ses commerciaux sur la base du montant total des produits achetés par son revendeur même si ces produits, invendus, finissaient dans un entrepôt. Mais cela signifiait que les commerciaux de Procter and Gamble étaient récompensés pour une stratégie qui, au bout du compte, lésait les intérêts des revendeurs et entamaient leur confiance dans le fabricant de produits ménagers.

Désormais, Procter and Gamble récompense ses commerciaux en tenant compte non seulement des résultats de ses produits mais aussi de ceux des magasins qui les diffusent.

Dans la mesure où la relation de société à société se résume aux liens des employés de chacune des sociétés, l'alchimie des rapports personnels est cruciale. Pour cette raison, Sherwin-Williams, le fabricant de peintures, a décidé d'inviter les acheteurs de Sears et Roebuck, un de ses plus importants revendeurs, à l'aider à choisir les chargés de clientèle qui gèrent le compte de Sears.

Comme l'écrit Nirmalya Kumar, au sujet de cette approche, dans la *Harvard Business Review* :

« Pour bâtir des relations commerciales confiantes, une société doit recruter avec soin les commerciaux qui travailleront avec ses partenaires... Les fabricants traditionnels, les équipes de vente et les acheteurs de grandes surfaces avaient un but qui s'énonçait en termes de volume et de montant de ventes. Il faut maintenant savoir établir une relation commerciale avec une délicatesse de manières appropriée. »

TOUS ENSEMBLE MAINTENANT

Intel, le fabricant de processeurs qui a connu une réussite fulgurante ces dernières années, a rencontré un problème paradoxal : son succès était en train de le tuer. Son organisation extrêmement axée sur les objectifs à atteindre, le développement des nouveaux produits, la course en tête aux nouvelles technologies, et l'accélération de la rotation dans l'introduction des nouveaux produits, a généré d'énormes parts de marché et donc d'énormes profits supplémentaires.

Et pourtant, pour beaucoup d'employés, travailler chez Intel n'était plus très drôle.

C'est en tout cas comme ça qu'un consultant qui avait travaillé dans une division d'Intel m'a présenté la situation.

« Ils voulaient organiser un atelier sur l'aspect relationnel de leur travail parce qu'ils y prenaient de moins en moins de plaisir, m'a expliqué le consultant. Au niveau personnel, les collègues s'aimaient bien, mais ils étaient si obnubilés par les objectifs à atteindre que la qualité de leurs relations en souffrait. Ils voulaient que la direction comprenne qu'en négligeant l'aspect affectif et humain elle faisait courir de gros risques à l'entreprise. »

Cette crise chez Intel montre l'importance d'un esprit de coopération. Les groupes qui prennent du plaisir à travailler ensemble, les collaborateurs qui s'apprécient mutuellement, qui savent plaisanter et partager de bons moments possèdent un capital émotionnel qui leur permet non seulement d'exceller dans les périodes prospères, mais aussi de traverser les phases difficiles. Les groupes qui n'ont pas su ou pu tisser ces liens courent plus de risques de paralysie ou de dysfonctionnement, voire de désintégration sous la pression.

Même ceux qui souscrivent à la position idéologique dure du type *les affaires c'est la guerre*, et ne voient pas l'intérêt de cultiver une atmosphère chaleureuse feraient peut-être bien de réfléchir à l'immense effort fourni par les sous-officiers pour développer l'esprit de corps dans l'armée. Le fonctionnement d'une unité révèle que les liens émotionnels sont indispensables au moral, à l'efficacité et à la survie même de ses éléments.

LE RAPPORT CONJUGAL DANS L'ENTREPRISE

Tout le monde savait que cette réunion avait été un désastre personnel pour Al, vice-président récemment nommé à la tête d'un grand complexe hospitalier. Tous étaient d'accord pour reconnaître que cette réunion était motivée par un but légitime : définir les objectifs et la stratégie d'un programme d'assistance sociale qui capotait et qu'Al était chargé de relancer. Mais celui-ci avait involontairement saboté la réunion et donné une piètre image de lui-même. Comme il devait l'admettre plus tard : « Je me suis fait botter le derrière. »

La première erreur d'Al avait été de convoquer à cette réunion la direction de l'hôpital — dont l'emploi du temps était déjà surchargé — à une date trop proche de sa nomination. Sa deuxième avait été de ne pas préparer cette réunion et d'improviser alors qu'il faisait ses débuts de vice-président. Sa troisième et peut-être sa plus grosse erreur fut de rejeter la proposition de Sarah, la présidente du centre hospitalier, de l'aider à préparer une réunion vivante et efficace.

Au fur et à mesure que la réunion avançait, il devenait de plus en plus évident pour tout le monde qu'Al ne l'avait pas préparée et qu'il pataugeait, et ceux qui y assistaient avaient l'impression de perdre leur temps. Quant à Sarah, elle a eu le net sentiment que la médiocre prestation d'Al pouvait donner le sentiment à ses collaborateurs qu'elle avait peut-être commis une erreur de recrutement.

Pourquoi les choses avaient-elles si mal tourné ?

James Krantz, professeur de gestion à l'université de Yale, qui avait observé le comportement de Sarah et d'Al, explique que cette réunion loupée illustrait un profond malaise dans leur rapport professionnel. Avec une rapidité surprenante, ils s'étaient installés dans un schéma de relations qui réveillaient leurs pires côtés. En privé, Al a reconnu qu'il trouvait Sarah autoritaire et hypercritique, chroniquement insatisfaite de son travail. Sarah expliqua qu'elle trouvait Al passif, maladroit et maussade dans son rapport avec elle. Sur le plan émotionnel ils ressemblaient à un couple pris au piège dans un mariage lamentable — sauf que leur rapport était professionnel et pas conjugal.

Mais, fait remarquer Krantz, cela peut arriver n'importe où. Tout rapport de supérieur à subordonné peut glisser dans une dynamique émotionnelle destructrice, parce que chacun a besoin de l'autre pour réussir. Un subordonné peut faire en sorte que son chef paraisse au patron de celui-ci efficace ou incapable, puisque chaque échelon est tenu pour responsable des résultats de l'échelon inférieur. Et, bien sûr, tout subordonné dépend de son supérieur pour ses promotions, ses augmentations et simplement pour sa sécurité d'emploi — et tous ces paramètres rendent ce subordonné émotionnellement vulnérable à son patron.

C'est là que réside la bénédiction, ou la fatalité. Cette interdépendance lie le patron à son subordonné d'une façon qui peut devenir très lourde pour l'un comme pour l'autre. Si tous deux supportent bien cette confrontation émotionnelle, s'ils construisent un rapport confiant, compréhensif et dynamique, leur performance en sera d'autant plus efficace. Mais si le rapport tourne mal sur le plan émotionnel, il peut se transformer en cauchemar fait de multiples désastres, mineurs ou majeurs.

LE COUPLE VERTICAL

Le pouvoir d'un subordonné de faire paraître son chef bon ou mauvais aux yeux du supérieur hiérarchique de celui-ci est redoutable. Al avait fini par focaliser certaines des anxiétés les plus profondes de Sarah sur la qualité du travail qu'elle accomplissait. L'échec du programme que dirigeait Al l'avait mise en mauvaise posture, elle voyait sa compétence de présidente compromise et sa réputation professionnelle entachée. Elle doutait maintenant de la capacité d'Al à sauver ce service — et donc sa réputation à elle — et elle était irritée d'une prestation professionnelle qu'elle jugeait médiocre.

Quant à Al, il s'était montré parfaitement capable dans son poste précédent, mais depuis cette promotion il avait perdu confiance en lui. Il craignait que les autres membres de l'équipe de direction ne le considèrent comme incompétent. Dans ses pires moments il se voyait lui-même comme un sorte d'imposteur. Et le pire était qu'Al sentait le manque de confiance de Sarah envers lui, ce qui ne faisait qu'accroître ses angoisses et ses maladresses.

Chacun identifiait secrètement l'autre comme la cause de ses problèmes. Al trouvait que Sarah sapait sa confiance en lui en contrôlant sans cesse son travail et en mettant ses compétences en doute. Sarah, pour sa part, avait commencé à voir Al (exactement comme il le craignait) comme incompétent et timoré à ce poste. Le résultat était une spirale négative dans laquelle Al, déstabilisé, devenait de plus en plus passif et maladroit et dans laquelle Sarah exerçait un contrôle de plus en plus tatillon sur son travail, au point de se substituer à Al dans l'exécution de certaines tâches.

Krantz parle d'« identification projective » au sujet de cette dynamique négative entre Sarah et Al. Chacun d'eux projetait sur l'autre ses pires peurs et doutes et leurs pressentiments émotionnels ne cessaient de se vérifier. Toute relation professionnelle étroite peut achopper sur de tels préjugés, mais la relation qu'entretiennent un patron et son subordonné est particulièrement menacée par un tel sabotage émotionnel.

Cette interaction inconsciente empêche les gens de reconnaître et d'affronter les vrais problèmes, les mauvaises nouvelles et les conflits. Si un patron rend un subordonné responsable d'une défaillance — et de ses retombées négatives sur l'entreprise — qui est en réalité la sienne, cela lui évite de se confronter à la vraie cause du problème : lui. On trouve un symptôme de ce genre de projection (le problème est en lui et pas en moi) dans le comportement d'un patron absolument incapable de se trouver un successeur alors même que la retraite approche : personne n'est assez bon, tous les candidats potentiels ont des défauts rédhibitoires.

LA FLATTERIE ET LE MÉPRIS

La flagornerie chez les subordonnés et l'arrogance correspondante chez leurs patrons sont d'autres symptômes de projection très communs. L'employé considère son patron comme possédant un pouvoir ou une capacité spéciaux. Le patron rentre dans ce schéma de projection et il en retire une vision de lui-même tellement boursouflée qu'il perd toute retenue.

Ce schéma semble particulièrement commun dans certaines cultures, où, selon Deepak Sethi, expert en formation des cadres supérieurs, règne la dialectique de la flatterie et du mépris. Comme le dit Sethi : « Dans la plupart des entreprises indiennes traditionnelles les patrons n'éprouvent pas beaucoup d'empathie pour leurs subordonnés. Vous le voyez dans leur façon de se mettre en colère. Il n'y a aucune honte à s'emporter contre des inférieurs, c'est un comportement complètement accepté, ici.

« Une des raisons essentielles pour lesquelles les subordonnés acceptent cet état de fait, explique Sethi, c'est qu'un très grand nombre d'entreprises indiennes sont la propriété de familles puissantes et il y a beaucoup plus de cadres hautement qualifiés qu'il n'y a de bons postes disponibles. Donc, même si vous êtes un cadre supérieur compétent, vous êtes à la merci des propriétaires. »

Le résultat compréhensible de cette relation fondée sur la flagornerie et le mépris est un ressentiment généralisé « qui ne s'exprime jamais de bas en haut mais se manifeste de haut en bas par des comportements colériques et grossiers ». Cela conduit les employés à saboter passivement les résultats de l'entreprise, en n'accomplissant pas leur travail dans les délais, ce qui bien sûr déclenche de nouveaux accès de colère chez le patron.

Ce cercle vicieux rappelle l'impasse de la relation entre Al et Sarah : Sarah avait l'impression qu'elle ne pouvait pas faire confiance à Al pour qu'il accomplisse correctement son travail, si bien qu'elle ne cessait de l'aiguillonner tout en le contrôlant et en s'attendant au pire. L'histoire de Sarah et Al a heureusement connu une fin heureuse. Sarah était tout à fait consciente du fourvoiement de sa relation avec Al, ne serait-ce que parce qu'elle était totalement différente des rapports qu'elle entretenait avec tous les autres membres de son équipe. Une fois posé ce diagnostic, Sarah a cessé d'exercer un contrôle tatillon sur son collaborateur et lui a montré qu'elle avait confiance en ses capacités. Elle a aussi clarifié les responsabilités d'Al et celui-ci, n'étant plus intimidé par l'attitude dubitative de sa patronne, est redevenu capable de montrer ses compétences et de prendre des initiatives.

Cette histoire est riche d'enseignements. Presque tous ceux qui ont un supérieur appartiennent à un « couple vertical ». Tous les patrons ont un rapport de ce genre avec leurs subordonnés. De tels couples verticaux sont les éléments de base de la vie de l'entreprise, comparables à des molécules humaines dont la combinaison forme le tissu « biologique » de l'entreprise, sa substance même. De même que les couples verticaux sont conditionnés par la bipolarité émotionnelle pouvoir/servilité, de même les relations entre collaborateurs de même rang se teintent d'une atmosphère émotionnelle qui rappelle les plaisirs, les jalousies et les rivalités conjugaux.

S'il est un lieu où l'intelligence émotionnelle a besoin de pénétrer une entreprise, c'est à son niveau le plus élémentaire. Les relations de collaboration fructueuses commencent par des relations de couple saines. L'intelligence émotionnelle peut amener une relation hiérarchique à optimiser sa créativité, son potentiel de progrès et sa quête de résultats. Son absence risque fort au contraire de la faire dériver vers la rigidité, l'impasse et finalement l'échec.

DES ÉQUIPES TALENTUEUSES

Le travail en équipe est d'une extrême importance pour des entreprises comme Owens Corning, un fabricant de matériaux de construction qui doit gérer environ deux cents logiciels incompatibles, chacun conçu sur mesure pour une tâche spécifique comme de retracer une livraison de matériaux ou une facture d'isolation. Pour aider leurs commerciaux à vendre tous les produits de la société plutôt que ceux qui concernent uniquement l'isolation et la fabrication de toitures, son métier de base, Owens Corning avait besoin d'un système informatique unique et global.

Michael Radcliff, le directeur des systèmes d'information, s'est tourné vers SAP, une entreprise allemande de logiciels destinés à des applications industrielles qui a mis au point un système permettant de connecter tous les logiciels. Quand un commercial envoie une commande, le système met automatiquement en fabrication la quantité de matériaux nécessaire, planifie sa production et sa livraison et effectue la facturation, tout cela avec une seule saisie de données.

Mais ce système comporte un risque : le système SAP est célèbre pour sa complexité, et le moindre pépin technique peut entraîner un chaos qui perturbe la société tout entière. Owens Corning et tous les autres clients de SAP à travers le monde doivent pouvoir être sûrs que les techniciens de SAP les aideront à faire face à ce genre de situation.

« Autrefois, m'explique un chargé de clientèle de SAP, il m'arrivait d'avoir quelques difficultés à obtenir des collègues des autres divisions de notre société qu'ils m'aident à mettre au point des solutions informatiques globales pour résoudre les problèmes de nos clients. Après tout, quand notre logiciel tombe en panne, c'est leur production qui en pâtit. Ils ont besoin d'être sûrs qu'ils peuvent compter sur nous. » D'où la décision de former une équipe de techniciens SAP disponible à tout moment pour la clientèle.

On retrouve ce type d'équipe dans toutes sortes de métiers aujourd'hui, que ce soient des équipes de direction, groupes de travail affectés à une tâche particulière, cercles de qualité, groupes d'apprentissage, équipes de travail autogérées et groupes de travail à durée de vie courte affectés à un projet unique. Certes, la vie professionnelle a toujours supposé une collaboration et une coordination des efforts de chacun mais la prépondérance du travail en équipe dans les grandes entreprises d'aujourd'hui donne une valeur nouvelle aux talents de coéquipier.

Environ la moitié des mille plus grandes entreprises américaines ont déclaré qu'elles avaient recours aux équipes de travail autonomes et qu'elles pensaient les multiplier dans les années à venir. Les avantages sont d'abord personnels : les gens apprécient le mélange de coopération et de liberté accrue qu'offre une équipe de travail autonome et ils s'y épanouissent plus. Quand les équipes travaillent bien, le taux de renouvellement et l'absentéisme des effectifs baissent, tandis que la productivité tend à augmenter.

Mais l'atout le plus attrayant des équipes dans la vie professionnelle est sans doute leur potentiel économique pur. Exactement comme les professionnels d'exception, les équipes peuvent apporter une valeur ajoutée formidable à une entreprise. Selon les enquêtes, cette valeur ajoutée peut s'élever jusqu'à 30 % !

Comme me le confiait l'analyste économique Lyle Spencer : « Les équipes qui fournissent le meilleur travail assurent un énorme effet de levier. Quand on examine la valeur ajoutée qu'elles apportent, elle est sans rapport avec les salaires de leurs membres. Ce type de données contredit ceux qui refusent d'admettre ce genre de compétences ou considèrent la formation d'équipes comme un "sujet délicat" : en fait, les bénéfices sont tout à fait réels. »

Selon Spencer, les bénéfices d'équipes extrêmement performantes au sommet de la hiérarchie sont encore plus importants. « Au niveau le plus élevé, l'enjeu de la réflexion est plus grand, les chefs d'entreprise font des projections sur cinq à dix ans et les avantages économiques d'une équipe de direction très performante sont potentiellement immenses. »

Quand les entreprises connaissent des périodes de perturbations, les groupes solides ont un rôle essentiel à jouer. J'ai eu l'occasion de rencontrer les dirigeants de AT & T en 1996, peu de temps après qu'ils ont annoncé leur intention de scinder la compagnie en trois sociétés distinctes et de licencier quarante mille employés. Un dirigeant de Lucent Technologies, une ancienne division de AT & T, m'a expliqué : « Cette restructuration n'a pas été aussi douloureuse pour tout le monde. Dans un grand nombre d'unités techniques où les gens travaillent en équipes très soudées et apprécient ce travail en commun, ils sont restés assez insensibles aux perturbations.

« Quand on a affaire à une équipe autonome solide, qui a une vision claire de sa mission et de ses méthodes, les peurs et incertitudes qui peuvent affecter d'autres secteurs de l'entreprise en temps de crise sont sensiblement atténuées. Les gens ont confiance dans leurs collègues et pas seulement dans l'organisation ou ses chefs. »

SAVOIR TRAVAILLER EN ÉQUIPE

Créer une synergie en travaillant à des buts communs

Ceux qui possèdent cette capacité

- présentent des qualités d'équipiers comme le respect et la serviabilité ;
- communiquent leur enthousiasme et leur dynamisme à leurs coéquipiers ;
- développent une identité de groupe, un esprit de corps et un sens du dévouement ;
- protègent le groupe et sa réputation. Ne s'accaparent pas les mérites d'un travail collectif.

LA VOLONTÉ D'ÉPANOUISSEMENT DE L'ÉQUIPE

Cet ami, qui dirige une équipe de concepteurs de logiciels informatiques dans la Silicon Valley, m'explique : « Sur un simple coup de téléphone, tous les gens avec lesquels je travaille pourraient obtenir dans le secteur un travail payé 120 000 francs de plus par an. Mais ça ne les intéresse pas. »

Pourquoi ?

« Avec moi, ils ne s'ennuient pas. »

La capacité de faire en sorte que tous ses coéquipiers apprécient leur travail est cruciale chez celui qui dirige une équipe. Des études portant sur les équipes autonomes les plus performantes ont montré que la plupart de leurs membres aiment travailler en groupe. Cet « épanouissement par le groupe » allie instinct de compétition, forte sociabilité et confiance dans les capacités des autres. Ces éléments conjugués rendent possible ce que Spencer appelle des « équipes rapides, concentrées, joyeuses et pleines de confiance en elles ».

Les membres de telles équipes possèdent en général un profil commun : ils sont animés par un esprit d'émulation et d'équité qui leur permet d'exploiter le meilleur de leurs talents en s'adaptant les uns aux autres. Ils ont un fort besoin de relations sociales — ils aiment les gens pour eux-mêmes —, ce qui les rend plus harmonieux, plus capables de gérer les conflits et de se soutenir mutuellement. Et, plutôt que de rechercher un pouvoir purement égoïste, ils exercent le pouvoir dans l'intérêt du groupe aux objectifs duquel ils se dévouent.

Ce mode d'organisation, note Spencer, se répand de plus en plus dans les entreprises dédiées aux technologies de pointe, où le développement rapide de produits est vital pour une industrie dans laquelle la durée de vie d'un produit se mesure en semaines ou en mois.

Il y a encore vingt ans, savoir travailler en équipe n'était qu'une aptitude secondaire, pas une caractéristique des cadres supérieurs les plus doués. C'est au cours des années quatre-vingt-dix qu'elle l'est devenue. Chez IBM, dans 80 % des cas, l'envergure d'une personne en tant que chef d'équipe préfigure sa capacité à devenir un patron d'envergure ou au contraire un dirigeant moyen. Comme Mary Fontaine, du cabinet Hay-McBer, me le disait, « les futurs patrons sont des gens qui proposent des visions stratégiques entraînantes, qui exposent leurs objectifs de façon captivante, dans un discours simple et éloquent », et inspirent de l'enthousiasme à leurs collaborateurs.

Dans une étude sur les cadres supérieurs du Centre pour une direction créative, en l'occurrence des chefs d'entreprise américains et européens dont les carrières connaissent des ratés, l'inaptitude à former et à diriger une équipe est avancée comme une des plus fréquentes raisons de leur échec. Dans les années quatre-vingt-dix, selon des études conduites dans des entreprises du monde entier, le travail en équipe est devenu la compétence la plus valorisée chez les cadres supérieurs.

« Le défi numéro 1 pour ces cadres, ici, c'est d'arriver à inciter les chefs de service à collaborer », me disait un des responsables d'une des cinq cents premières entreprises américaines. C'est le grand défi à tous les niveaux, dans toutes les entreprises. Cette compétence sera de plus en plus souvent exigée dans les années à venir parce que la prépondérance de groupes de travail spontanés et de réseaux d'entreprise formés autour d'objectifs ponctuels va s'accroître et la complexité croissante des tâches à effectuer sera telle que des individus isolés seront de plus en plus handicapés pour les assumer.

LA VALEUR DES ÉQUIPES D'EXCEPTION

Il en va pour les groupes comme pour les individus : l'intelligence émotionnelle est la clé de l'excellence. Bien sûr, l'intelligence cognitive et l'expertise comptent, mais les équipes d'exception se définissent largement par leur compétence émotionnelle. Des études portant sur des sociétés comme GE ou les laboratoires Abbot et Hoechst l'ont montré. La question initiale de ces enquêtes était la suivante : « Quelles compétences distinguent les équipes les plus efficaces des médiocres ? »

Pour répondre à cette question, Vanessa Drukat, professeur de gestion, a analysé cent cinquante équipes autonomes qui travaillent pour le groupe Hoechst dans un immense complexe industriel qui fabrique des fibres de polyester. Sur la base d'une évaluation objective des performances, elle a comparé les dix équipes les plus brillantes avec des équipes moyennes.

Voici les compétences émotionnelles qui sont apparues comme les caractères distinctifs des dix meilleures équipes :

- l'empathie ou la compréhension mutuelle ;
- le sens de la coopération et de l'effort collectif ;
- la communication ouverte, la capacité à définir des normes et des buts clairs, et à critiquer les membres de l'équipe qui se montrent sous-productifs ;
- le besoin de progresser afin que l'équipe soit attentive aux critiques sur ses performances et apprenne à s'améliorer ;
- la conscience collective de soi : l'évaluation de ses forces et de ses faiblesses par l'équipe elle-même ;

- l'initiative et l'aptitude à résoudre les problèmes en les anticipant ;
- la confiance de l'équipe en elle-même ;
- la souplesse dans la façon d'aborder ses tâches collectives ;
- la capacité à nouer des liens avec d'autres équipes.

On a contacté quarante-huit PDG de grandes sociétés alimentaires américaines et on leur a demandé d'énumérer les décisions stratégiques les plus récentes prises par leur compagnie. Les enquêteurs ont ensuite contacté les membres des équipes de direction qui avaient été impliquées dans ce processus de décision.

Ces décisions collectives présentent un paradoxe : la sagesse veut que plus le débat est libre et intense, meilleure est la décision finale. En revanche, un conflit ouvert risque d'entamer l'aptitude d'une équipe à travailler ensemble.

Les études sur la prise de décision dans les équipes de direction montre que les décisions les plus pertinentes supposent la combinaison de trois facteurs : des aptitudes cognitives élevées, une certaine diversité de points de vue et un niveau d'expertise suffisant. Mais l'intellect et l'expertise ne suffisent pas : les membres d'une équipe doivent aussi entretenir des échanges intenses et sains qui permettent un débat ouvert et rigoureux et un examen critique des convictions personnelles de chacun.

Une telle franchise comporte des risques émotionnels. Un consensus trop facile risque d'engendrer une décision qui manquera de pertinence, alors qu'un débat trop tendu risque de compromettre l'unité du groupe et de l'empêcher de résoudre ses problèmes. Ce qui permet à une équipe dirigeante d'argumenter vigoureusement mais de dégager un solide consensus final, c'est son intelligence émotionnelle.

Quand les réunions a priori salutaires dégénèrent-elles en guerre ouverte ? Quand les désaccords entraînent des attaques personnelles, quand le débat est escamoté au profit d'une intrigue politicienne, ou quand les membres du groupe ne peuvent contenir leurs accès de colère.

Le point essentiel est celui-ci : si la discussion devient émotionnellement pénible, la qualité des décisions prises en souffrira. Comme un consultant me le disait : « L'image d'une équipe de gestionnaires harmonieuse est un mythe qui vole en éclats quand les accès de colère, les conflits et tous les autres états émotionnels non dominés interfèrent avec leur capacité à organiser, à décider et à apprendre ensemble. En revanche, c'est en débattant librement de sentiments négatifs exprimés dans un esprit de curiosité mutuelle, dans une atmosphère équitable et ouverte, et en privilégiant le souci commun pour l'entreprise sur l'intérêt personnel étroit, qu'on réunit les conditions d'une prise de décision optimale. »

CEUX QUI CIMENTENT UN GROUPE

L'aptitude à faire travailler un groupe harmonieusement est un talent très précieux. Tous les groupes hautement performants comptent presque toujours un membre possédant ce talent. Plus les tâches que doit effectuer le groupe sont complexes, plus la présence de tels êtres est indispensable à sa réussite. C'est particulièrement évident dans des domaines comme la science et la technologie, où la mission des chercheurs consiste à découvrir et à créer.

Prenons l'exemple de la neurologie : « La recherche biomédicale est de plus en plus interdisciplinaire et axée sur les technologies de pointe. Personne ne peut tout connaître, explique le docteur Jerome Engle, neurobiologiste et professeur de neurologie à l'université de Los Angeles. Toutes les recherches sont le fait d'équipes, à présent. Les chercheurs qui sont de grands "motivateurs" et savent coopérer sont doués pour faire aboutir un projet de recherche médicale, jouent le rôle du ciment qui tient tout ensemble. Le potentiel de votre équipe dépend de votre capacité à intégrer de tels êtres. »

Pourtant, de telles aptitudes sont tristement sous-évaluées au moins dans le monde universitaire.

« Au moment où l'on examine les dossiers des chercheurs pour une titularisation éventuelle, la valeur de leur contribution au groupe n'est absolument pas prise en considération, m'explique Engle. Ces bons collaborateurs ont tendance à publier avec d'autres, généralement leur chef de service, et les commissions universitaires attribuent aveuglément tout le mérite du travail à leurs patrons — alors même que leur contribution a été cruciale. C'est un désastre. Je ne cesse de me bagarrer pour que ces commissions comprennent que toute collaboration traduit une aptitude essentielle à la recherche biomédicale, qui justifie qu'on garde un chercheur. Mais les universitaires de disciplines comme les maths et l'histoire, où la recherche est une activité solitaire, ne comprennent pas mon point de vue. »

Conséquence : « On observe une réticence de plus en plus grande chez les chercheurs les plus jeunes, qui ont parfois peur de collaborer pour cette raison, ce qui peut les inciter à mener leurs propres recherches dans leur coin, recherches qui risquent alors fort d'être anodines ou sans intérêt. Une atmosphère de paranoïa s'installe, les chercheurs rechignent à partager des données ou à travailler ensemble et c'est l'aptitude de toute une génération à coopérer qui est alors compromise. »

L'université a tardé à reconnaître la valeur de l'aptitude au travail en équipe, mais pas le monde des affaires : le psychologue Richard Price appelle ces êtres exceptionnels qui sont la pierre angulaire des meilleures équipes des « générateurs de santé ». « Ils sont essentiels dans une équipe, explique Price, si elle compte un "générateur de santé" dans ses effectifs, celle-ci travaillera dix fois mieux. »

LE CHEF D'ÉQUIPE COMPÉTENT

Une firme pharmaceutique américaine avait un problème qui lui coûtait cher : quand ses chercheurs découvraient et brevetaient une nouvelle molécule, les essais et le développement du médicament entraînaient un investissement de 600 millions de francs et il fallait attendre treize ans en moyenne pour que l'administration fédérale du médicament en autorise la mise sur le marché. Comme le brevet sur la formule chimique du médicament ne lui garantissait qu'une exclusivité de dix-sept ans, cela laissait à la compagnie environ quatre ans pour rentrer dans son investissement et dégager des bénéfices avant que les droits d'exploitation du médicament deviennent libres.

Un groupe de travail, après avoir étudié ce problème, recommanda de former des équipes de projet centrées sur des médicaments spécifiques, dirigées par des chefs de projets qui rendent compte directement au directeur du service R & D et qui soient formés à la direction d'équipe. De tels chefs pourraient être des « champions » des produits au sein de la compagnie, apporter une énergie et un enthousiasme mobilisateurs et faire souffler un esprit de coopération au sein de l'équipe.

Quand, trois ans plus tard, on a comparé ces équipes à d'autres dont les chefs n'avaient pas reçu une telle formation, non seulement on a observé qu'elles affichaient un moral et un esprit de corps excellents, mais elles avaient en outre réduit le temps de développement du produit de 30 %, ce qui multipliait par deux la durée d'exploitation du brevet exclusif pour la compagnie.

Le chef désigné joue un rôle de père. Il doit s'assurer que ses actes sont perçus par tous comme équitables, et prendre soin de ses coéquipiers, les défendre, par exemple quand leur réputation est attaquée au sein de l'entreprise, et leur fournir l'assistance concrète dont ils ont besoin en budget, en matériel et en temps.

Les meilleurs chefs d'équipe entraînent l'adhésion de leurs collaborateurs à la mission, aux objectifs et au planning communs. Un chef charismatique pourra maintenir une équipe sur la bonne trajectoire alors que tous les autres auront échoué.

Les chefs les plus brillants ne sont pas tant des « cerveaux » du groupe ou des êtres qui prennent des décisions autonomes que des bâtisseurs de consensus. Quand ils expriment leur opinion trop tôt au cours d'une discussion qui doit permettre une prise de décision, le groupe produit moins d'idées et les décisions prises sont par conséquent moins riches de réflexion. Mais quand les chefs d'équipe se contiennent et se comportent surtout comme des « catalyseurs » de réflexions au sein du groupe sans imposer leurs vues, en attendant la fin du débat pour les exprimer, la décision qui en résulte est consensuelle.

En ce sens, on peut dire que c'est quand ils dirigent le moins que les chefs dirigent le mieux. C'est particulièrement vrai pour les équipes autonomes, celles qui bénéficient d'une grande latitude d'organisation et de fonctionnement.

Une étude portant sur des équipes d'une grande compagnie américaine de téléphone montre que ces équipes connaissent des baisses de régime quand leurs chefs leur donnent des conseils ou des « encouragements ». Ces « conseils » sont apparemment perçus par ces équipes de deux façons : comme un message démoralisant qui les incite à douter de la qualité de leur travail et à croire qu'elles ont besoin d'une aide extérieure, ou comme une ingérence qui empêche l'équipe de donner le meilleur d'elle-même.

La dynamique est très différente dans des équipes de service à la clientèle qui disposent aussi d'une certaine autonomie mais sont dirigées par un chef de service. Dans ce contexte plus traditionnel, les commentaires des chefs de service ont un effet positif sur les performances de l'équipe. La différence d'impact tient au contrat initial : quand une équipe a reçu pour mandat de se diriger elle-même, les commentaires d'un « superviseur », si bien intentionnés soient-ils, sapent les performances de l'équipe. Quand on tient à faire effectuer le travail par des équipes autonomes, la meilleure direction semble être l'absence de direction.

TRAVAIL EN ÉQUIPE ET STRATÉGIE DE L'ENTREPRISE

« Ils ont soigneusement séparé autorité et créativité et personne n'ose plus franchir ces frontières, me confiait un consultant appelé par un des plus grands groupes alimentaires des États-Unis. Les gens qui gèrent une marque ne coopèrent pas avec ceux qui en gèrent une autre, et essaient encore moins d'innover en créant de nouveaux produits ou de nouvelles approches marketing ensemble. Pourtant, s'ils veulent rester compétitifs, ils doivent créer des équipes qui transcendent ces frontières. »

Des entreprises de toutes sortes ont fini par comprendre que le succès de leur stratégie suppose une coordination des talents et un décloisonnement des équipes traditionnelles à tous les niveaux. Celui-ci impose la formation d'équipes autour d'une tâche ponctuelle à partir de différents secteurs de l'entreprise. De telles équipes « plurisectorielles » ont une influence stratégique plus grande que des équipes qui ne représentent qu'un seul secteur de l'entreprise.

Mais ces équipes en principe dévouées à l'intérêt supérieur de l'entreprise sont constituées de personnes qui restent rattachées à des secteurs spécifiques de celle-ci. Et une dépendance trop grande des membres d'une équipe à l'égard de leurs secteurs d'origine peut avoir des effets désastreux pour l'entreprise.

Prenons l'exemple de ce fabricant automobile américain qui avait mis en place un comité d'organisation pour travailler sur l'harmonisation des besoins électriques d'un prototype. L'énergie électrique de la batterie alimentait vingt équipements différents, parmi lesquels une chaîne stéréo, un tableau de bord, des phares et le moteur. Les prototypes de chacun de ces systèmes ont été développés par des équipes séparées et quand elles se sont rencontrées, elles ont découvert que l'addition de leurs solutions consommerait 125 % de l'énergie électrique disponible. Et comme les membres de ce comité d'harmonisation avaient tous reçu des consignes strictes de leurs chefs de ne faire aucune concession, cette réunion s'est soldée par un constat d'échec total.

Comment rendre ces équipes plus efficaces ?

En augmentant les responsabilités de leurs membres et en les récompensant sur la base de leurs performances globales.

Mais aussi en élevant le niveau collectif d'intelligence émotionnelle. Cela suppose de nommer un coordinateur qui vérifiera que le groupe travaille dans un esprit de collaboration, de respect mutuel, d'ouverture à la diversité des points de vue, d'écoute, d'empathie, etc. Si cette coordination émotionnelle est bien conduite, ses membres doivent trouver le travail palpitant, captivant et important. En revanche, les équipes à qui cette intelligence émotionnelle élémentaire fait défaut risquent un fiasco pur et simple.

L'HÉROÏSME DE L'ÉQUIPE

Pendant plusieurs semaines, en 1997, le monde a eu les yeux rivés sur Sojourner, le petit robot qui crapahutait dans le paysage rocailleux de la planète Mars.

La couverture télé des aventures de cette petite machine sympathique et obstinée qui portait les couleurs de la Terre dans l'espace a été très émouvante. Mais le vrai miracle, c'est l'extraordinaire travail d'équipe qui a permis au petit robot d'accomplir son inoubliable exploit.

La NASA avait d'abord prévu d'explorer la planète Mars de fond en comble. Projet auquel la décision du Congrès américain de geler les subventions a failli porter un coup fatal en 1992. Il restait juste de quoi construire un petit modèle de démonstration qui n'avait été conçu, à l'origine, que comme une maquette préalable à la construction d'un robot beaucoup plus grand.

Les membres du projet ont donc dû convertir cette maquette en une version miniaturisée et totalement opérationnelle de la sonde initiale.

Anthony Spear, le directeur du projet *Pathfinder* qui a mis au point Sojourner, demanda à Donna Shirley, la directrice du programme, de composer son équipe sur le modèle de Skunkworks (l'« Atelier des blaireaux »), du nom de la célèbre équipe de recherche et développement de Lockheed qui s'est enfermée pour produire une succession ininterrompue de prototypes d'avions révolutionnaires, depuis le premier avion à réaction de combat américain jusqu'au bombardier furtif.

Shirley a formé une équipe réduite qui ne devait fournir que le travail nécessaire à cette mission. Spear augmenta encore l'efficacité de l'équipe en supprimant les strates bureaucratiques qui caractérisaient les projets spatiaux de l'ancienne NASA. Avec le projet *Pathfinder*, une seule équipe était responsable de tout, de la conception à la réalisation.

Cette équipe se répartissait les tâches, souvent au cours de séances de résolution créative des problèmes qui se prolongeaient tard dans la nuit. C'étaient des forums ouverts où chacun, quel que soit son rang, bénéficiait d'une écoute identique.

L'état d'esprit du groupe était enjoué, malgré le caractère intimidant du défi. A. Sacks, le directeur des systèmes de données, se rappelle quelqu'un qui demandait, pour la énième fois, un budget plus important. Sacks a alors sorti un pistolet à fléchettes en caoutchouc de sous la table et a tiré sur son collègue. « C'était une affaire sérieuse, mais nous la vivions de manière ludique. »

L'équipe devait faire preuve de souplesse : les défis nouveaux et les imprévus se succédaient. Par exemple, quand Sojourner a été embarqué sur le vaisseau spatial *Pathfinder* qui devait l'emporter sur Mars, les ingénieurs ont découvert avec horreur — cela se passait, en plus, pendant une conférence de presse télévisée — que les grands pétales métalliques qui avaient été conçus pour protéger Sojourner dans son expédition martienne ne se refermaient pas complètement. Interrompant la conférence de presse, l'équipe se remit frénétiquement au travail pour découvrir la cause du problème et le résoudre. Comme ils n'avaient jamais assemblé le robot auparavant, ils n'avaient pas envisagé la possibilité que les charnières qui soutenaient ces pétales puissent céder sous leur poids.

Les membres de l'équipe ont donc dû emprunter des pièces de rechange à un modèle d'essai, procéder à de légères modifications, les emporter de leurs bureaux californiens jusqu'à Cap Canaveral et les remonter.

Ils ont travaillé nuit et jour pendant six mois avant le lancement. Ce qui les a tenus en haleine malgré ce rythme impitoyable, c'était l'importance de leur but. Comme le confie Bridget Landry, un des ingénieurs du projet : « L'idée que nous étions en train de construire et de tester un engin qui allait débarquer sur Mars était vraiment palpitante. C'est à ça que j'essayais de penser quand nous révisions pour la quatrième fois en une heure la même séquence ! » Elle ajoute pourtant : « Il existe peu de travaux qui soient tout plaisir, sans défauts. Dans les plus intéressants, comme le mien, le prestige, l'excitation et les récompenses émotionnelles compensent les moments fastidieux. » Ces moments fastidieux ont produit une merveille.

Le robot à six roues était doté d'un cerveau étonnamment modeste : alors que les ordinateurs actuels les plus puissants comptent plus de cinq millions de transistors, Sojourner en possédait moins de sept mille. Et quand il a finalement été lancé, non seulement ce projet a remporté un succès spectaculaire, mais ses promoteurs ont respecté les limites de leur budget. L'équipe a inventé au moins vingt-cinq nouveaux dispositifs et réalisé un vaisseau spatial en un quart du temps habituellement nécessaire. Alors que le vaisseau spatial *Observer*, perdu en 1991 avant d'avoir atteint la planète, avait coûté 6 milliards de francs, Sojourner a réussi sa mission pour un quart de ce montant.

Comme me le confiait un membre de l'équipe : « C'était comme si nous avions pris feu, rien ne pouvait nous arrêter. »

L'ENTHOUSIASME COLLECTIF

Quand j'ai demandé à des cadres supérieurs et à des chefs d'entreprise de décrire ce phénomène d'enthousiasme collectif dans des équipes auxquelles ils ont appartenu ou qu'ils ont dirigées, ils ont toujours insisté sur les mêmes paramètres :

• Un défi intimidant ou une mission noble. « Une des raisons pour lesquelles les groupes n'atteignent pas leurs objectifs est que ceux-ci sont souvent trop triviaux, m'expliquait un vice-président de Lockheed. J'ai toujours cherché à assigner à mes équipes des buts extraordinaires afin que tout le groupe puisse se mobiliser pour eux. »

Le regretté Richard Feynman, prix Nobel de physique, a raconté à quel point les collaborateurs du projet Manhattan se sont mobilisés quand on leur avait appris à quel but ils travaillaient. À l'origine, de strictes mesures de sécurité avaient été prises et personne ne savait rien, si bien qu'ils travaillaient lentement et pas toujours très bien.

Et puis Feynman a convaincu Robert Oppenheimer de révéler à l'équipe des techniciens la finalité du projet : c'était aux heures les plus sombres de la Seconde Guerre mondiale et il s'agissait de mettre au point une arme pouvant stopper les forces de l'Axe qui volaient de victoire en victoire. Dès ce moment, se souvient Feynman, il s'est produit une complète transformation. « Ils ont commencé à inventer des manières de mieux faire les choses... Ils se sont mis à travailler la nuit... » Il a calculé que leur travail progressait dix fois plus vite après qu'ils eurent compris leur objectif.

• De fortes affinités collectives. « Quand des équipes extraordinaires parlent des raisons de leur succès, vous les entendez souvent dire qu'il est dû à l'amour et à l'attention qu'ils se portent mutuellement, explique Daniel Kim, professeur au MIT. Si les gens décrivaient honnêtement ce qui distingue les grandes équipes dans une entreprise, ils diraient que leur réussite est notamment due à leurs affinités. »

• Une grande diversité de talents. Plus les aptitudes qu'une équipe déploie dans son travail sont variées plus elle est capable de s'adapter avec souplesse à des exigences changeantes. Cette variété concerne d'abord les aptitudes techniques, mais aussi les compétences émotionnelles — y compris la capacité, évoquée plus haut, à « cimenter » un groupe.

• La confiance et un esprit de collaboration désintéressé. Les membres d'équipes qui réussissent ont le sentiment de pouvoir compter les uns sur les autres. Quand Bob Taylor, chez Xerox, a formé l'équipe qui a développé le premier ordinateur convivial (l'ancêtre du premier Apple), il a cherché des gens qui pourraient travailler ensemble dans un esprit coopératif et encouragé tous ses collaborateurs à s'aider mutuellement. « Il arrivait qu'un collaborateur passe la moitié de son temps à travailler comme assistant sur le projet de quelqu'un d'autre », se souvient Alan Kay, un des premiers spécialistes informatiques appelés à intégrer ce projet.

• La focalisation et la passion. Un grand objectif suscite par lui-même une obnubilation. Le reste de la vie semble non seulement banal mais trivial par comparaison. Pendant la durée du projet, les aspects anecdotiques de la vie sont mis entre parenthèses. Cette focalisation peut être renforcée en créant un espace de travail pour le groupe, séparé du reste de l'entreprise. Ainsi, le projet Manhattan a été installé dans un site top secret, accessible aux seuls collaborateurs du projet. L'« Atelier des blaireaux », chez Lockheed, était installé dans un bâtiment sans signe distinctif, sans fenêtre, interdit au reste du personnel.

• Un travail en lui-même captivant et gratifiant. Une si intense focalisation est en elle-même une sorte d'aboutissement. On travaille moins pour des avantages extérieurs, l'argent, la promotion ou le prestige que pour la récompense interne du travail lui-même. On éprouve une intense satisfaction à essayer de surpasser les autres membres du groupe. Comme me le confiait un membre de l'équipe du fabricant de logiciels Data General : « J'éprouve un grand plaisir ici, pour une raison que je ne comprends même pas vraiment... La raison pour laquelle je travaille, c'est que je veux gagner. »

L'ÉQUIPE COMME LABORATOIRE D'APPRENTISSAGE : LES CINQ SECRETS

Le trait de génie du professeur d'ingénierie Burt Swersey lui est venu à la lecture d'un article que j'avais écrit pour le *New York Times* en septembre 1995. J'y racontais comment, dans les laboratoires Bell, les professionnels d'exception semblaient devoir leur succès plus à leur intelligence émotionnelle qu'à leurs aptitudes techniques et cela a donné à Swersey l'idée d'une innovation pédagogique.

Il commence son premier cours en parlant à ses étudiants de mon étude sur les laboratoires Bell et de ce qu'il appelle les cinq secrets du succès : le rapport, l'empathie, la persuasion, la coopération et la construction du consensus. Et, annonce-t-il, au lieu de passer la première journée de cours à revoir les bases de leurs connaissances scientifiques, cette séance va prendre la forme d'un laboratoire d'apprentissage sur les cinq secrets.

« Comment vous y prenez-vous pour établir un rapport avec quelqu'un que vous ne connaissez pas ? » leur a demandé Swersey.

Comme la classe, déconcertée et hésitante, finit par émettre quelques suggestions, Swersey les note sur le tableau noir : « Vous vous présentez, vous regardez la personne en parlant, vous lui posez une question sur elle-même, lui serrez la main, lui parlez de vous, écoutez attentivement...

« Ces réponses m'ont l'air tout à fait justes, leur répond Swersey. Maintenant, choisissez un de vos camarades et prenez trois minutes pour établir un rapport avec lui. »

Les étudiants s'attellent aussitôt à cette tâche avec enthousiasme. La pièce se remplit du bourdonnement de leurs bavardages et de leurs plaisanteries. Swersey a quelque peine à les faire cesser pour en venir au « secret » suivant, l'art de l'empathie.

Leur demandant ce qu'était l'empathie, il écrit leurs réponses au tableau :

« Être attentif, écouter, soutenir... » Un jeune homme coiffé d'une casquette de base-ball, visière sur la nuque, les pieds sur son bureau, marmonne : « Montrer qu'on ne s'en fout pas. »

« Cette définition me paraît assez bien cerner l'essentiel, répond Swersey. Maintenant, représentez-vous quelque chose qui a un impact négatif sur votre interlocuteur. Si vous êtes celui qui écoute, peu importe à quel point c'est difficile à entendre, résistez à la tentation de pulvériser votre camarade — contentez-vous d'être empathique. » C'est ainsi qu'a commencé le jeu de rôles auquel les étudiants ont participé longuement, avec le plus grand sérieux, en improvisant des histoires contrariantes : « J'ai embouti ta voiture », « J'ai tué ton poisson rouge », « J'ai couché avec ta petite amie ».

Swersey a insisté pour que ceux qui devaient faire preuve d'empathie ne se contentent pas d'un stoïque « d'accord », mais se mettent vraiment à la place de leurs interlocuteurs et leur tiennent des propos compatissants. Après quoi la classe tout entière s'est mise à discuter en partant d'une situation plus vraisemblable . un membre d'une équipe d'ingénieurs ne parvient pas à remettre à temps son projet promis pour une certaine date. Les étudiants ont parlé de la nécessité d'adopter le point de vue de l'autre, et ont commencé à comprendre l'importance de se montrer serein et détendu.

Ils ont continué à s'exercer à la persuasion et à la construction du consensus pour décider collectivement quel était le meilleur arôme de crème glacée au monde et pourquoi.

Le résultat de cette petite expérimentation collective ?

« Ces sections se sont avérées mes meilleures équipes depuis que j'enseigne l'introduction au dessin industriel, explique Swersey. Non seulement ils ont mieux travaillé ensemble que tous mes autres étudiants, mais ils ont créé des dispositifs ambitieux et novateurs. J'attribue une bonne part de leur succès au temps passé à travailler sur les cinq secrets. »

L'humble expérience de Swersey renvoie à un problème plus général de l'entreprise.

Comme l'avoue Daniel Kim, ancien professeur du MIT : « Quand je travaille avec des sociétés qui doivent gérer des ingénieurs, le principal problème dans la formation des équipes est que ceux-ci considèrent les aptitudes aux rapports humains comme inutiles. Ces entreprises commencent à mesurer le coût de l'absence de compétences émotionnelles. »

Ce réveil, on le constate aussi dans des écoles professionnelles comme la Harvard Business School. « De nos jours, l'essentiel du cursus universitaire s'accomplit au sein d'équipes. Cela afin de répondre aux critiques émanant d'entreprises, selon lesquelles les diplômés en gestion, formés à exceller en tant qu'individus, doivent encore apprendre à travailler en équipe. »

« Chaque membre d'une équipe apporte des atouts et des capacités uniques au groupe, certaines techniques, d'autres émotionnelles et humaines, observe Kathy Kram, une des responsables du département de gestion de l'université de Boston. C'est une occasion unique d'apprentissage mutuel, si l'équipe parvient à faire de cet apprentissage un objectif explicite, ou une part de son contrat commun. »

Cette occasion peut être gâchée « parce que, trop souvent, quand on met l'accent sur l'entente qui règne entre les membres d'une équipe, ceux-ci l'éprouvent comme une diversion par rapport aux buts essentiels du groupe, alors que c'est avant tout une façon de les aider à mieux travailler ensemble ».

Cela nous amène au point suivant : que ce soit au sein d'une équipe ou à titre individuel, chacun de nous peut renforcer et développer toutes ces compétences émotionnelles à condition de savoir comment.

Quatrième partie

UN NOUVEAU MODÈLE D'APPRENTISSAGE

10

Une erreur de 6 millions de francs

American Express, à travers sa filiale IDS Life, est déjà la compagnie d'assurances vie qui connaît la progression la plus rapide du secteur, mais, comme le confie son président, Jim Mitchell, « nous avons vu une opportunité d'améliorer encore ce résultat ». Malgré une analyse des projets financiers de leurs clients montrant que ceux-ci devraient acheter des assurances vie, plus des deux tiers refusaient de le faire. Cet important déficit de ventes potentielles ne constituait pas une anomalie passagère : le chiffre d'affaires a confirmé cette conclusion durant plusieurs années.

Le potentiel de ventes était si grand que Mitchell a monté sa propre opération « Atelier des blaireaux » afin de trouver « un biais qui puisse rendre l'assurance vie plus attrayante pour les clients ». Leur première étape a consisté à enquêter sur ce qu'éprouvaient réellement les agents et les clients en vendant ou en achetant des assurances vie. Réponse : un terrible malaise.

Cette étude a révélé un saisissant éventail de sentiments négatifs chez les clients et les agents de la compagnie. Alors que l'équipe s'attendait à découvrir quelques défauts majeurs dans les produits d'assurance vie offerts par la compagnie, ils ont découvert, au contraire, que leur handicap provenait de la démarche commerciale. Encore un problème d'incompétence émotionnelle.

Les clients affirmaient qu'ils n'avaient pas confiance dans les conseillers et dans la relation commerciale, qu'ils se sentaient pressés d'acheter une assurance, « impuissants, mal informés, mal à l'aise et soupçonneux ».

Ces sentiments négatifs l'emportaient même chez ceux des clients qui finissaient par acheter cette police. Le problème ne relevait pas d'une peur devant la mort, devant la dépense, ou d'un désaccord avec les caractéristiques des polices. En fait, les clients avouaient même être parfaitement satisfaits des produits offerts. C'était plutôt la relation commerciale proprement dite qui les indisposait. Plus étonnant encore, les conseillers confiaient se sentir « incompétents, insincères et égoïstes » en proposant leurs polices d'assurance vie. Certains ont indiqué que la pression subie pour « emporter la vente » les conduisait à agir d'une façon qui heurtait leur morale personnelle. Ils aspiraient à plus de confiance et à une déontologie plus claire.

Beaucoup d'entre eux avouaient que la réputation en général mauvaise des vendeurs d'assurances et le démarchage téléphonique anonyme rendaient ce travail déprimant, démotivant.

Quand un client manifeste un malaise ou de l'anxiété, la sagesse commune dans l'industrie de l'assurance veut qu'on réponde par un argument rationnel. On enseigne donc aux conseillers à occulter les sentiments du client et les leurs. « On a appris à nos conseillers qu'en cas de réaction émotionnelle de la part du client, assimilable à une forme de résistance, il fallait avoir recours à une explication logique, leur assener des chiffres et ignorer leurs sentiments », explique Kate Cannon, qui a participé à cet « Atelier des blaireaux » et qui est maintenant responsable des programmes de compétence émotionnelle pour les conseillers financiers d'American Express.

En bref, la tonalité émotionnelle des rapports assureurs-assurés était déplorable. Comme le rapport d'enquête final l'explique : « Il fallait franchir une montagne de négativité émotionnelle pour que nos efforts commerciaux deviennent vraiment payants. »

Les conseillers, pour instaurer une tonalité émotionnelle plus positive, devaient d'abord régler leurs propres conflits émotionnels intérieurs. Comme le souligne un vice-président d'American Express : « On peut dépenser des millions en recherche et développement de nouveaux produits, mais si la vente de ces produits est compromise par nos propres limites, à quoi bon ? »

LEVER LES INHIBITIONS

Pour remédier à ce problème (*cf.* chapitre 4), on a commencé par améliorer la conscience émotionnelle des conseillers. « Nous avons analysé les phénomènes de refus, les conflits émotionnels que les gens rencontrent tous les jours et qui génèrent des sentiments de rejet et de souffrance », m'a expliqué Cannon.

La liste de ces réactions de rejet est longue. En voici quelques-unes :

- sentiments démoralisants : un rejet violent peut conduire à des pensées catastrophiques du style « Je ne peux pas faire ça. Je vais perdre mon travail. Je ne serai jamais capable de gagner ma vie » ;
- la masse d'informations à ingurgiter sur les produits accable de nombreux conseillers ;
- la nature « indépendante » du travail de conseiller payé à la commission sur ses ventes est effrayante pour beaucoup d'entre eux qui craignent de ne pas être capables de gagner leur vie ;
- certains conseillers sont embarrassés de ne pas suffisamment prendre en compte les besoins des clients ;
- le temps considérable nécessaire pour se constituer un portefeuille de clients donne à de nombreux conseillers le sentiment qu'ils n'ont plus de vie privée.

Mais pour chacun de ces problèmes émotionnels il existe un remède, une aptitude à acquérir, une attitude à changer. La solution consiste, en un mot, à élever le niveau de compétence émotionnelle des conseillers.

Un conseiller émotionnellement compétent, selon le discours de la compagnie, « garde confiance, résiste à l'adversité et agit au nom des valeurs et des principes fondamentaux de la compagnie ». Le raisonnement est le suivant : les conseillers qui sont conduits par leurs propres principes et non par la pression de la vente parviennent à établir un rapport de confiance avec leurs clients. L'ardeur qu'ils déploient dans leur travail les rend plus convaincants. Et maîtrisant mieux leurs peurs et leurs frustrations, ils deviennent capables de surmonter les déconvenues. La vente devient une façon naturelle de mieux répondre aux besoins des clients.

Les conseillers eux-mêmes l'ont reconnu : la compétence émotionnelle est l'ingrédient invisible qui explique leur échec ou leur succès.

CONSTRUIRE UNE COMPÉTENCE ÉMOTIONNELLE... POUR VENDRE

« Je suis une exaltée, me confie Christine Williams, conseiller financier chez American Express à Chicago. Avant, j'étais extrêmement émotive, je prenais tout à cœur et je réagissais fortement. Cela affectait beaucoup mes relations avec les gens au bureau : s'ils ne se rangeaient pas à mon point de vue, ça me rendait folle. Je refusais tout compromis, je n'arrivais pas à me mettre à la place de mes collègues. »

Ce manque de maîtrise de soi émotionnelle a nui à Ch. Williams. « Ce défaut m'empêchait d'obtenir de l'avancement et altérait mes décisions, m'explique-t-elle. Quand quelque chose me contrariait je n'arrivais pas à passer au projet suivant. Cela me coûtait du temps et de l'argent. »

Ch. Williams avait été agent de change pendant huit ans avant de rejoindre le département des conseillers financiers d'American Express et lors de sa première séance de formation en compétence émotionnelle, un an plus tard, elle a eu une révélation : « Je n'avais jamais réfléchi à ce problème auparavant. C'était la pièce manquante du puzzle. »

Ce programme, dit-elle, a changé sa vie. « J'ai compris la façon dont mes émotions me tyrannisaient. Maintenant, si quelque chose me contrarie, j'en parle avec mon collègue, je le note dans mon journal, j'en parle à mon vice-président sans attendre. Je leur montre que je suis contrariée, je ne laisse pas les choses s'envenimer. J'accepte plus de choses. Je comprends que l'on peut avoir toutes sortes d'émotions, mais qu'on ne doit pas les laisser prendre le dessus. »

Elle a trouvé des manières de mieux gérer la tension. « Quand je sens qu'elle monte, je vais faire de la gymnastique dans un studio de danse qui se trouve dans l'immeuble. La relaxation physique me calme pendant des jours. »

Ch. Williams, qui a toujours été une professionnelle brillante, obtient des résultats encore meilleurs. Durant sa première année chez American Express, elle a réalisé un chiffre d'affaires de 10 millions de francs et la deuxième année elle a vendu pour 15 millions de francs de produits financiers. Elle va obtenir une promotion.

Ce progrès est précisément l'enjeu essentiel.

Dès l'instauration d'un programme de formation à l'intelligence émotionnelle, les conseillers qui ont suivi cette formation ont enregistré une hausse de leurs ventes de 8 à 20 % par rapport à l'année précédente, nettement plus que les groupes qui n'avaient pas reçu cette formation et plus que la moyenne de la compagnie.

« Nous avons trouvé les résultats assez satisfaisants pour intégrer cette formation dans notre programme de base pour les nouveaux vendeurs, et nous l'avons aussi proposée aux cadres supérieurs et aux dirigeants de la société », m'explique Doug Lennick, vice-président exécutif du département de conseil financier d'American Express. C'est un succès personnel pour Lennick qui a défendu ce programme de formation émotionnelle.

Quand Lennick a pris la tête de la force de vente d'AEFA, il a imposé le renforcement du programme de formation émotionnelle et a élargi l'éventail des employés à qui il était proposé. Cette formation dure actuellement deux jours, une autre session de trois jours étant organisée quelques semaines ou quelques mois plus tard. Et le programme est ouvert à tous les nouveaux conseillers financiers et chefs de service, ainsi qu'aux chefs des équipes de vente.

Pour Lennick, le succès du programme de formation émotionnelle concorde avec l'idée qu'il a longtemps défendue selon laquelle le rôle du conseiller financier devrait se rapprocher plus de celui d'un consultant de confiance dans une relation à long terme que de celui du vendeur traditionnel.

« Les clients préfèrent une relation permanente avec un seul conseiller plutôt qu'un rapport avec cinq ou six conseillers différents, explique Lennick. Les conseillers qui entretiennent d'excellentes relations avec leurs clients ne se contentent pas de les aider à atteindre leurs objectifs financiers. Ils les aident à planifier leur vie. C'est une révision radicale de leur rôle qui ne se limite plus à organiser la prospérité financière du client, mais consiste aussi à mettre ces impératifs financiers en accord avec leurs objectifs personnels.

LA BONNE NOUVELLE

Chez Promega, une société spécialisée en biotechnologie basée dans le Wisconsin, un groupe de scientifiques se réunit chaque jour pour pratiquer l'« attention active », une méthode de concentration et de relaxation qu'ils ont apprise au cours d'un programme de huit semaines. Les scientifiques disent qu'ils se sentent plus calmes, plus concentrés et plus créatifs grâce à cette méthode.

Mais le plus impressionnant, c'est que ces chercheurs ont noté des changements concrets dans les fonctions cérébrales des scientifiques, à la suite de ce programme de formation à l'attention active. Leur lobe frontal gauche, la région du cerveau qui neutralise les putschs de l'amygdale et produit des sentiments positifs, est devenu significativement plus actif qu'avant le programme. Le sentiment de vigilance et de relaxation accrue de ces scientifiques n'est pas illusoire : il traduit une modification de l'activité cérébrale. Cette transformation reproduit exactement celles qu'on observe chez les individus les plus résistants au stress (comme nous l'avons vu au chapitre 5). Ce qui prouve que quand une compétence comme la maîtrise de soi se renforce, les circuits correspondants dans le cerveau se renforcent aussi.

Toutes les compétences émotionnelles peuvent être cultivées grâce à une pratique adéquate. Prenons l'exemple de gens qui ont obtenu des résultats médiocres aux tests d'empathie décrits au chapitre 2. Ils ont hésité quand on leur a demandé de déchiffrer les sentiments, enregistrés sur bande vidéo, des hommes et femmes qui exprimaient leurs réactions spontanées, de joie, de colère, etc., sans que leurs paroles soient audibles. Mais quand on leur a expliqué après chacune de leurs suggestions ce que ces gens éprouvaient vraiment, l'exactitude de leur empathie s'est notablement améliorée. Même un commentaire critique modéré sur l'empathie des êtres a un impact étonnamment positif sur celle-ci dans des situations ultérieures.

La bonne nouvelle à propos de l'intelligence émotionnelle est donc que, à la différence du QI, elle peut s'améliorer. La vie nous offre de nombreuses possibilités d'affûter notre compétence émotionnelle. Au cours d'une existence normale, l'intelligence émotionnelle tend à progresser, à mesure que nous apprenons à devenir plus conscient de nos humeurs, à mieux maîtriser les émotions qui nous perturbent, à écouter et à montrer de l'empathie, bref, à mesure que nous gagnons en maturité. La maturité, elle-même, traduit dans une large mesure ce progrès dans l'intelligence de nos émotions et de nos relations.

Une enquête du psychologue John D. Mayer, portant sur sept cents adultes et adolescents, montre que la compétence émotionnelle augmente avec l'âge. D'autres enquêtes font apparaître des écarts modestes mais constants et significatifs entre les différentes tranches d'âge avec un pic autour de la quarantaine. Pour cultiver l'intelligence émotionnelle, la maturité demeure un avantage : les travailleurs de plus de trente ans montrent de meilleures capacités à acquérir de nouvelles compétences émotionnelles que leurs collègues plus jeunes.

Les hommes et les femmes semblent posséder une aptitude équivalente à développer leur intelligence émotionnelle. Les femmes sont généralement plus douées pour les compétences qui supposent de l'empathie et une bonne maîtrise des rapports humains, alors que les hommes obtiennent de meilleurs résultats dans celles fondées sur la maîtrise de soi. Hommes et femmes sont par ailleurs capables des mêmes progrès, quel que soit leur niveau initial dans une compétence donnée.

Ce perfectionnement possible oppose nettement l'intelligence émotionnelle et l'intelligence cognitive, qui reste pour l'essentiel inchangée tout au long de la vie. Quel que soit notre degré de timidité, notre insensibilité, la violence de nos accès de colère, notre maladresse ou notre surdité aux autres, avec un minimum de motivation et des efforts bien dirigés, nous pouvons tous cultiver notre compétence émotionnelle.

Mais comment ?

IL NE SUFFIT PAS DE COMPRENDRE

Prenons l'exemple de Henry et Lai qui ont commencé comme ingénieurs électriciens dans les laboratoires Bell à peu près en même temps avec à peu près les mêmes références. Tous deux étaient diplômés d'excellentes universités avec des recommandations très élogieuses de leurs professeurs et avaient effectué des stages d'été dans des sociétés informatiques.

Mais, peu après qu'ils eurent intégré Bell, ces similitudes s'évanouirent. Henry se conduisait comme s'il était encore à l'université. Il restait collé à son écran d'ordinateur, dévorait avec voracité des documents techniques et apprenait de nouveaux logiciels. Ses collègues le voyaient rarement, sauf aux réunions obligatoires. Il se comportait en reclus. Son credo : « C'est ma compétence technique qui jouera en ma faveur dans ce travail. »

Lai avait une autre approche. Elle a consacré assez de temps à son travail. Mais le surplus, elle le consacrait à découvrir ses collègues, à s'enquérir de leurs intérêts, de leurs projets, de leurs soucis. Quand ils avaient besoin d'un coup de main, elle se proposait ; quand il a fallu installer un nouveau logiciel, par exemple, elle s'est portée volontaire pour le faire. Son credo : « Un des meilleurs moyens de me faire accepter dans l'équipe, c'est de me montrer coopérative. »

Après six mois dans son poste, le travail de Henry était légèrement supérieur du point de vue technique, mais Lai était considérée comme quelqu'un qui s'intégrait bien dans une équipe, prenait des initiatives et connaîtrait sans doute une promotion rapide. Henry n'avait pas compris qu'il était crucial de savoir cultiver de bonnes relations avec ses collègues, il travaillait dans son coin. Ses collègues le considéraient comme techniquement capable mais ils doutaient qu'il puisse s'intégrer facilement dans une équipe, alors que Lai maîtrisait plusieurs compétences émotionnelles avec brio.

Comment aider Henry à améliorer ses compétences émotionnelles ?

Le psychologue Robert Kelley, qui propose ce cas d'école, souligne que Lai a appris à mettre en œuvre des stratégies et à prendre des initiatives qui signalent un grand professionnel. Elle ne se contente pas de connaître des stratégies payantes, elle est aussi capable de les appliquer. Ce qui suppose une compétence émotionnelle. Pour que Henry puisse accomplir les changements nécessaires, il ne doit pas seulement être intellectuellement conscient de leur nécessité. Le seul fait de savoir qu'il doit construire des relations affectives ne suffira sans doute pas à le faire sortir de son bureau ou de l'en rendre capable s'il essaie.

Savoir n'équivaut pas à faire, qu'on joue du piano, qu'on dirige une équipe, ou qu'on suive un conseil essentiel au bon moment. Une étude sur la formation de dirigeants d'une chaîne de supermarchés a révélé une corrélation très faible entre les compétences qu'on avait enseignées aux dirigeants de ces supermarchés et la façon dont ils se comportaient une fois de retour dans leurs magasins. Ils montraient souvent une très bonne compréhension de la façon dont ils auraient dû s'y prendre dans leur travail, mais ils n'en restaient pas moins incapables d'appliquer ces bons conseils. La compréhension intellectuelle ne suffit pas à elle seule à déclencher un changement de comportement, parce qu'elle ne traduit pas une capacité ou une motivation, pas plus qu'elle ne fournit la méthode pour y parvenir. Pour aider les êtres à maîtriser une compétence émotionnelle, il faut changer leur vision de l'apprentissage lui-même.

S'agissant des compétences cognitives et techniques, la connaissance abstraite est peut-être suffisante, mais elle ne l'est pas en ce qui concerne l'intelligence émotionnelle. Il est temps de cesser de confondre tous les genres de formation. Nous devons utiliser notre nouvelle compréhension du fonctionnement du cerveau pour poser des distinctions importantes et pratiques et favoriser un réel apprentissage de la compétence émotionnelle.

LE TEST ULTIME

Enseigner une compétence, c'est-à-dire donner aux gens une notion intellectuelle des concepts en question, est certainement l'approche pédagogique la plus facile, mais comparée aux autres, que je vais maintenant présenter brièvement, elle est celle dont l'efficacité est la plus limitée. Un changement profond requiert une modification des façons de penser, de sentir et d'agir très enracinées en nous.

Revenons à Henry, l'ingénieur de Bell qui ne s'aventure jamais hors de son bureau pour discuter avec ses collègues. Pourquoi se comporte-t-il de cette façon ?

L'isolement de Henry est peut-être dû à sa timidité, à sa maladresse sociale ou simplement à son incapacité au travail d'équipe. Quelle que soit la cause particulière de cet isolement, il est victime d'une habitude apprise. Et ce qui a été appris avec des efforts et du temps peut être désappris pour être remplacé par une habitude plus efficace.

Quand nous faisons l'acquisition de nos modes habituels de penser, de sentir et d'agir, les connexions cérébrales qui sous-tendent ce répertoire se renforcent et deviennent des voies privilégiées pour les impulsions nerveuses. Alors que ces connexions, quand elles ne sont pas utilisées, s'affaiblissent, voire disparaissent, celles que nous utilisons constamment deviennent de plus en plus fortes.

Étant donné deux réponses alternatives, c'est celle qui mobilise le plus riche réseau de neurones qui l'emportera. Et plus un type de réaction se reproduit, plus la voie neurale qui la véhicule se renforce. Quand certaines habitudes sont bien acquises, après de nombreuses répétitions, le circuit neural qui les étaie devient une option neurologique par défaut : nous agissons automatiquement et spontanément.

On peut considérer les compétences comme un faisceau d'habitudes coordonnées qui rassemble ce que nous pensons, sentons et faisons pour qu'un travail soit fait. Quand une telle habitude est déficiente, la remplacer par une habitude plus efficace requiert une pratique intensive de la meilleure habitude — et une inhibition de l'ancienne — afin que le circuit neural de l'ancienne habitude finisse par s'atrophier et que celui de la bonne habitude se renforce. Finalement la meilleure habitude remplacera la vieille comme réponse automatique dans des situations clés.

Le test pour ce genre d'apprentissage, pour cette « refonte des circuits » d'une compétence émotionnelle, réside dans la façon dont une personne réagit automatiquement dans les moments critiques. La preuve que quelqu'un comme Henry doit maîtriser les ingrédients fondamentaux de la construction d'une relation et du travail en équipe s'impose dans des situations où il doit faire un choix crucial : ou bien rester dans son coin à boulonner dur ou bien s'adresser à ses collègues pour leur demander les informations qui lui manquent. S'il quitte spontanément son bureau pour aller vers les autres, cela indique sans doute qu'une nouvelle habitude est acquise.

UN MODÈLE D'APPRENTISSAGE DIFFÉRENT

Un chercheur du gouvernement qui appartient à l'Office américain de la gestion du personnel me communique les résultats d'une analyse décrivant les compétences requises pour certains postes administratifs. « La formation à la connaissance technique requise pour un travail est aisée, mais il est beaucoup plus difficile de former les gens à la souplesse, à l'intégrité, à la conscience professionnelle, ou à l'aptitude aux rapports humains. »

Nous savons mieux développer les facultés cognitives que l'intelligence émotionnelle. Tout notre système éducatif, axé sur les aptitudes cognitives, est gravement défaillant pour l'apprentissage des compétences émotionnelles. Des aptitudes comme l'empathie ou la souplesse ont peu à voir avec les capacités cognitives, elles concernent d'autres zones cérébrales.

Les capacités purement cognitives sont localisées dans le néocortex, le « cerveau pensant ». Mais avec les compétences personnelles et sociales, d'autres zones du cerveau entrent en jeu, principalement les circuits qui relient les centres émotionnels et notamment l'amygdale, située au cœur du cerveau, aux lobes frontaux. L'apprentissage des compétences émotionnelles consiste à réharmoniser ces circuits.

Parce que l'apprentissage intellectuel diffère essentiellement de la transformation d'un comportement, les modèles éducatifs de chacune de ces activités sont significativement différents. Pour ce qui est des aptitudes intellectuelles, une salle de classe constitue un environnement approprié et il peut suffire de lire ou d'entendre parler d'un concept une fois pour le maîtriser. On peut enseigner efficacement de cette façon la pensée stratégique et la programmation d'ordinateurs, loin des concessions mutuelles du travail sur le terrain.

Pour ce qui est d'un changement du comportement, en revanche, la vie elle-même constitue le seul terrain d'apprentissage et celui-ci suppose un long entraînement. L'apprentissage scolaire consiste essentiellement à ajouter des informations et des notions à la banque de données du néocortex. Le néocortex apprend, d'une part, en associant et en intégrant des données et des idées nouvelles dans des cadres existants et, d'autre part, en étendant et en enrichissant les circuits neuraux correspondants.

Mais l'apprentissage d'une compétence émotionnelle requiert, outre ce processus, que nous mobilisions les circuits émotionnels où sont stockées nos habitudes sociales et émotionnelles. Changer de telles habitudes, apprendre à aborder les autres positivement au lieu de les éviter, à mieux écouter ou à distiller d'adroites critiques sont des tâches plus ardues que celle qui se limite à ajouter de nouveaux faits aux anciens. L'apprentissage émotionnel exige un changement plus profond sur le plan neurologique : il faut affaiblir l'habitude existante et la remplacer par une meilleure.

Comprendre ces schémas de fonctionnement cérébraux est indispensable pour élaborer des méthodes d'apprentissage efficaces des compétences émotionnelles. Les entreprises commettent une erreur courante qui consiste à essayer d'enseigner des compétences émotionnelles comme des données techniques. Mais, de plus, changer une habitude fondée sur l'intelligence émotionnelle implique une stratégie d'apprentissage entièrement nouvelle. Cela, un certain nombre d'écoles, d'entreprises et même de gouvernements commencent enfin à le comprendre.

Les méthodes de formation qu'utilisent les entreprises dérivent grosso modo des méthodes scolaires d'apprentissage et de bachotage qu'appliquent les étudiants et reposent sur des mécanismes simples de mémorisation. Les progrès en intelligence émotionnelle font appel à de tout autres mécanismes. La méconnaissance de ce fait entraîne le gaspillage de milliards de francs en programmes de formation qui n'ont pas d'effet durable, quand ils en ont un, sur l'acquisition de compétences émotionnelles. Cette erreur coûte aux entreprises plusieurs milliards de francs par an.

« ARROSE ET PRIE »

Le PDG d'un des plus grands groupes pharmaceutiques des États-Unis avait constaté une croissance énorme des coûts de formation du groupe et voulait obtenir une réponse à cette question : que recevait-il en contrepartie de cet argent ?

C'est une interrogation judicieuse et, venant du PDG, une question qui exige une réponse prompte. On lui remit bientôt un rapport hâtivement rédigé et bourré de détails anecdotiques.

Pour ce PDG, titulaire d'un doctorat en statistiques biomédicales et ancien chercheur scientifique lui-même, un tel rapport était inacceptable. Il lui fallait de solides statistiques. Ses collaborateurs ont donc retravaillé leur rapport et lui ont soumis une analyse exhaustive sur la rentabilité de la stratégie de formation à long terme. Ils ont fait appel à des experts extérieurs, consultants et professeurs d'université. Le résultat est une rareté dans le monde de l'entreprise : un projet rigoureux, mené à bien quatre années durant et utilisant les méthodes scientifiques pour évaluer l'intérêt véritable des formations dispensées par l'entreprise.

Malgré les milliards de francs dépensés chaque année par les entreprises en programmes de formation, l'efficacité de ces programmes est rarement évaluée par les entreprises qui paient ces formations — ou par d'autres experts. Les estimations de l'efficacité des aptitudes professionnelles enseignées dans les programmes de formation d'entreprise sont très pessimistes puisque les chiffres tournent autour de 10 %. Mais personne n'est capable d'évaluer avec précision l'amélioration véritable de la qualité du travail, parce que nous ne disposons pas d'assez de données sur cette question.

« La seule mesure sérieuse dont nous disposons en matière de formation et de développement est le nombre d'employés présents. Nous savons seulement que les gens assistent aux sessions, mais pas s'ils en retirent quelque chose, me confiait ce directeur des ressources humaines d'un des plus grands groupes de services financiers du monde. Parfois nous appelons ça "Arrose et prie" : expose-les à la bonne parole et espère qu'ils en retiendront quelque chose. »

LE RÉSULTAT FINANCIER

Les cadres dirigeants qui s'étaient réunis pour un séminaire dans cette station de montagne reculée appartenaient à l'équipe de direction d'un très grand groupe pharmaceutique. Cette semaine fut largement consacrée aux « aptitudes humaines » et aux façons de diriger plus efficacement les cadres supérieurs dans un environnement économique de plus en plus compétitif et dynamique.

Parmi les sujets à l'ordre du jour ont été examinées toute une série de compétences émotionnelles : on s'est demandé comment parvenir à une « gestion humaine » plus efficace, comment motiver les subordonnés, évaluer leurs forces et leurs faiblesses, répercuter les critiques sur la qualité du travail, gérer les équipes, les conflits éventuels et impulser les innovations. Ces grands gestionnaires se sont aussi interrogés sur leur propre comportement et son impact sur leurs collaborateurs et leurs relations d'affaires.

Ce séminaire de cinq jours, semblable à des centaines d'autres dispensés par toutes sortes d'entreprises à travers le monde, valait-il ce qu'il a coûté à cette entreprise ?

Non.

Non seulement parce que aucun progrès n'a été enregistré mais encore parce que les cadres dirigeants qui y ont assisté ont été jugés par leurs patrons, en moyenne, émotionnellement moins efficaces après qu'avant ce séminaire !

Ce programme est un des plus décevants parmi la dizaine testés et évalués par ce groupe pharmaceutique. Globalement, les résultats étaient mitigés : certains programmes semblaient tout à fait dignes des efforts qu'ils impliquaient, d'autres non.

Ces programmes de formation sont très différents les uns des autres, par leurs objectifs, par le public auquel ils s'adressent et par leurs résultats. Les compétences qu'ils visent à stimuler sont multiples : apprendre aux dirigeants de haut niveau à motiver leurs employés, aider les cadres à communiquer plus efficacement, à résoudre les conflits, à initier les changements, améliorer la capacité des chefs de service à formuler leurs critiques et à entretenir des relations positives avec leurs subordonnés.

Tous les programmes ont été évalués, par les supérieurs, les pairs et les subordonnés des collaborateurs en question, en testant les performances de ceux qui les ont suivis grâce à des tests préalables et postérieurs. Une technique statistique adroite a permis de transformer ces résultats en calcul de retour sur investissement et les méthodes utilisées offrent un modèle d'une précision inégalée pour de telles évaluations de formations.

Les résultats de cette évaluation très minutieuse — et trop rare — feront réfléchir ceux qui travaillent dans les métiers de la formation professionnelle. Trois des onze programmes axés sur les aptitudes aux rapports humains essentielles à la direction d'entreprise ont été jugés absolument inutiles.

Aucun de ces programmes n'a eu d'impact assez perceptible sur la qualité du travail des collaborateurs concernés pour justifier leur coût.

Cinq de ces onze programmes, à supposer que leurs résultats se fassent durablement sentir, ne remboursaient ce qu'ils avaient coûté qu'au bout d'un an. Ces cinq programmes, si inefficaces rétrospectivement, avaient coûté, au total, près de 3,5 millions de francs pour les cent quarante-sept employés évalués.

Pour les cinq autres programmes de formation, les résultats sont meilleurs. Le retour sur investissement pour ceux-ci va de 16 % à 492 %. Et un autre programme sur la gestion du temps s'est avéré très rapidement rentable (au bout de trois semaines) et a généré un retour sur investissement, la première année, de 1 989 %.

Bref, quand ces programmes donnent des résultats, ils remboursent leur coût dès la première année pour la plupart et sont justifiés par des performances professionnelles qui progressent de façon quantifiable. Quand les programmes échouent, ils se réduisent à un gaspillage de temps et d'argent.

Le projet d'évaluation de différents programmes de formation lancé par ce grand groupe pharmaceutique valait-il le temps et l'argent qu'il a coûtés ? Sans aucun doute. D'une part il s'est avéré relativement bon marché puisqu'il a coûté 2,5 millions de francs, soit 0,2 % du budget consacré à la formation qui se montait à 1,5 milliard de francs.

Depuis lors, ce groupe a totalement réorganisé ses programmes de formation et de développement et supprimé les programmes inutiles. Et cette étude restera une référence en matière d'auto-évaluation empirique par les entreprises elles-mêmes de leurs programmes de formation.

UN LAXISME INCOMPRÉHENSIBLE

Le psychologue Cary Cherniss, après avoir mené de longues recherches sur les programmes de formation en compétences émotionnelles internes aux entreprises (et s'être assuré qu'ils avaient été objectivement évalués), exprime son étonnement : « Peu d'entreprises testent réellement les programmes de formation dans lesquels ils investissent des milliards de francs. Quand il s'agit de relations humaines, beaucoup d'entreprises si dures en affaires deviennent bizarrement "molles". Elles n'insistent même pas pour connaître les résultats de ces programmes. Je connais beaucoup de dirigeants qui ne semblent pas comprendre qu'on peut mettre au point des formules pour tester ces programmes qui leur coûtent si cher. »

Parfois c'est la naïveté qui est en cause, parfois les méthodes de gestion de l'entreprise. Cherniss me parle d'une entreprise spécialisée en technologie de pointe qui avait investi plus de 6 millions de francs dans un programme de formation pour améliorer le travail en équipe, sans la moindre tentative d'évaluer son efficacité. Pourquoi ? « C'était le péché mignon d'un vice-président. Personne ne voulait savoir si ça marchait mais seulement si les intéressés étaient satisfaits. »

Trop souvent, le seul effet réel de la formation se limite à donner aux employés un regain provisoire d'énergie qui ne dure que quelques jours ou quelques semaines, après quoi ceux-ci retombent dans leur mode de fonctionnement antérieur. L'effet le plus fréquent des séminaires consiste à augmenter leur confiance en eux au moins pendant quelque temps.

Ces programmes onéreux ressemblent à la plume magique du dessin animé de Walt Disney, *Jumbo*. Quand le petit éléphant timide aux immenses oreilles reçoit une plume magique de son mentor, un mulot rusé, il l'agrippe fermement de sa trompe, se met à battre des oreilles... et s'envole.

Bien sûr, Jumbo perd un jour sa plume et découvre qu'il est toujours capable de voler. Pour ce qui est des compétences émotionnelles, les choses ne sont pas toujours aussi simples. L'enthousiasme et l'optimisme sont certes utiles mais si vous êtes peu doué pour les rapports humains ou dénué d'empathie, si vous n'avez pas appris à gérer les conflits ou à adopter le point de vue du client, l'enthousiasme pur et simple ne suffira pas et il peut même vous mener à des gaffes bien intentionnées.

Le monde de la formation est apparemment enclin aux modes et aux lubies. C'est du moins ce qu'affirme une étude qui conclut que trop de programmes « sont adoptés grâce à un vendeur persuasif, une brochure sur papier glacé, ou des témoignages de participants à des sessions antérieures ».

Quand on en arrive à l'évaluation, la rigueur le cède aux impressions. Au lieu d'une évaluation objective des effets de la formation, le mode typique d'évaluation prend la forme de questionnaires de fin de stage sur lesquels les participants notent leurs commentaires.

Ont-ils apprécié le programme, et quelles sessions notamment ?... Ce système d'évaluation privilégie les expériences séduisantes et divertissantes sur l'apprentissage sérieux. Le critère de l'excellence en matière de formation peut-il se réduire au simple fait d'avoir passé un bon moment avec des gens agréables ?

LES COMPÉTENCES ÉMOTIONNELLES : QUELQUES AXES D'APPRENTISSAGE

Quand on a demandé aux directeurs des secteurs formation et développement des cinq cents entreprises les plus florissantes des États-Unis ce qui rend une évaluation de leurs propres programmes de formation si difficile, la plainte la plus souvent entendue portait sur le manque de critères et d'instruments de mesure permettant de jauger la formation dans ces soi-disant compétences « douces » que sont les compétences émotionnelles.

Pour aider à changer cette situation, j'ai fondé le Consortium sur l'intelligence émotionnelle dans l'entreprise, une association de chercheurs et de praticiens appartenant à des écoles de gestion, à l'administration, à des cabinets de consultants, et à des entreprises. Notre consortium a rassemblé les données scientifiques existantes sur les modifications du comportement et a étudié des programmes de formation exemplaires pour dégager des axes de travail permettant d'optimiser les pratiques de formation en intelligence émotionnelle.

Les axes de travail suivants sont résumés dans le tableau 2 :

1. Chaque élément est nécessaire pour un apprentissage efficace, mais pas suffisant par lui-même.

2. L'impact de chaque élément croît en proportion de son intégration dans une démarche qui englobe les autres éléments.

TABLEAU 2

AXES DE TRAVAIL POUR LA FORMATION
EN COMPÉTENCE ÉMOTIONNELLE

Évaluer le travail

La formation devrait se concentrer sur les compétences les plus nécessaires pour un travail ou un poste donnés.

Attention : il faut éviter de former des gens à des compétences non pertinentes.

La pratique la plus judicieuse : une évaluation fondée sur une évaluation systématique des besoins.

Évaluer les individus

Un profil individuel des forces et des faiblesses doit être dressé avant toute formation pour déterminer les besoins véritables de chacun.

Attention : il s'agit de ne pas inculquer aux gens des connaissances qu'ils possèdent déjà ou dont ils n'ont pas besoin.

La pratique la plus judicieuse : une formation sur mesure selon les besoins de chacun.

Formuler ses évaluations avec tact

Le commentaire critique sur les atouts et les faiblesses d'un employé est émotionnellement perturbant.

Attention : une critique maladroite peut être déstabilisante. Une critique habile est motivante.

La pratique la plus judicieuse : utiliser l'intelligence émotionnelle pour faire connaître à un employé l'évaluation initiale de sa compétence émotionnelle.

Sonder le degré de réceptivité

Les degrés de réceptivité ne sont pas identiques pour tous.

Attention : quand les employés manquent de préparation, il y a de grandes chances pour que la formation soit perdue.

La pratique la plus judicieuse : évaluer la réceptivité de chacun et se concentrer d'abord sur l'amélioration de la réceptivité de ceux qui ne sont pas encore prêts.

Motiver

La qualité de l'apprentissage de chacun est fonction de son degré de motivation. Un individu motivé comprendra l'importance de l'acquisition d'une compétence et en fera un objectif de transformation personnel.

Attention : si les employés ne sont pas motivés, la formation manquera d'efficacité.

Le meilleur exercice : montrer clairement les bénéfices de cette formation sur le terrain et pour la carrière de l'intéressé, ou sous la forme d'autres retombées bénéfiques.

Les intéressés doivent conduire eux-mêmes leur transformation

Quand les gens dirigent leur programme d'apprentissage en l'adaptant à leurs besoins, aux circonstances et à leurs motivations, cet apprentissage est plus efficace.

Attention : un programme de formation qui convient pour tout le monde ne convient pour personne.

La pratique la plus judicieuse : faire en sorte que les employés choisissent leurs propres objectifs de développement et conçoivent leur propre plan de formation.

Se concentrer sur des objectifs clairs et accessibles

Les employés ont besoin de savoir clairement en quoi consiste la compétence enseignée et quelles sont les étapes des progrès à accomplir.

Attention : des programmes de transformation irréalistes ou dont l'objectif est insuffisamment défini conduisent à des résultats confus ou à l'échec.

La pratique la plus judicieuse : expliquer très clairement les caractéristiques d'une compétence et proposer une méthode d'acquisition intelligible.

Prévenir les rechutes

Les habitudes évoluent lentement et les rechutes ou les faux pas n'indiquent pas nécessairement un échec.

Attention : les gens peuvent être découragés par la lenteur des changements et l'inertie des vieilles habitudes.

La pratique la plus judicieuse : aider les gens à utiliser leurs rechutes et leurs faux pas comme autant de leçons pour l'avenir.

Formuler une critique sur la performance professionnelle

Les commentaires sur la qualité de leur travail encouragent et aident les individus à accomplir leur transformation.

Attention : des commentaires flous peuvent désorienter un collaborateur.

La pratique la plus judicieuse : intégrer au plan de transformation les commentaires des chefs de service, des collègues, des amis, de quiconque peut entraîner, guider ou donner des avis pertinents sur les progrès effectués.

Encourager les efforts

Un entraînement soutenu (dans et hors de la vie professionnelle) est nécessaire à un changement durable.

Attention : un séminaire ou un atelier isolés constituent un commencement mais sont insuffisants en eux-mêmes.

La pratique la plus judicieuse : savoir utiliser toutes les opportunités pour s'entraîner, au travail ou à la maison, et répéter les nouveaux comportements sans relâche plusieurs mois d'affilée.

Organiser le soutien

Des personnes animées des mêmes sentiments essayant d'accomplir des changements similaires peuvent offrir un soutien crucial et régulier.

Attention : assumé solitairement, le changement devient plus ardu.

La pratique la plus judicieuse : construire un réseau de soutien et d'encouragement. Même un seul copain, un seul entraîneur peuvent être utiles.

Trouver des modèles

Des collaborateurs haut placés, extrêmement brillants qui incarnent cette compétence peuvent servir de modèles pour les autres.

Attention : une attitude du type « Faites ce que je dis, ne faites pas ce que je fais » chez des supérieurs peut miner les transformations nécessaires.

La pratique la plus judicieuse : encourager les chefs de service à valoriser et à incarner la compétence recherchée. S'assurer que les formateurs la possèdent bien.

Se montrer encourageant

Le changement sera d'autant plus grand que l'environnement professionnel le soutiendra, valorisera la compétence recherchée et offrira une atmosphère favorable à l'expérimentation.

Attention : quand un réel soutien fait défaut, particulièrement de la part des patrons, l'effort de changement semble inutile ou trop risqué.

La pratique la plus judicieuse : encourager le changement qui correspond aux valeurs de l'entreprise. Montrer que la compétence désirée est importante pour la recherche d'un emploi, la promotion, le bilan professionnel, etc.

Épauler le changement

Les gens ont besoin de reconnaissance, de sentir que leurs efforts de changement sont pris au sérieux.

Attention : les collaborateurs qui ne se sentent pas épaulés risquent de se décourager.

La pratique la plus pertinente : s'assurer que l'entreprise montre qu'elle valorise le changement de façon concrète. Par des éloges, des augmentations, plus de responsabilités.

Évaluer

Mettre au point des modes d'évaluation de l'effort de développement pour vérifier la persistance de ses effets.

Attention : la plupart des programmes de développement ne sont pas évalués, ce qui entraîne la pérennisation d'erreurs ou de programmes inutiles.

La pratique la plus judicieuse : mettre au point un système d'évaluation de la compétence ou de l'aptitude telles qu'elles se manifestent dans le travail, si possible avant et après la formation et aussi plusieurs mois (et si possible un ou deux ans) après.

ENSEIGNER LES APTITUDES IMPORTANTES

Elle était comptable dans une entreprise de services médicaux et elle avait un gros problème : elle ne supportait pas les critiques. Quand elle sentait que ses idées ou son caractère étaient attaqués, elle cédait à la colère et tenait des propos qu'elle se reprochait ensuite.

Mais elle était décidée à changer. Elle s'était inscrite à une maîtrise de gestion où elle avait l'occasion de cultiver sa maîtrise émotionnelle, une compétence qu'elle savait devoir améliorer. Son effort a porté sur quatre points :

1. Apprendre et maîtriser les étapes menant à un meilleur contrôle de soi, savoir anticiper les situations explosives et se préparer à y faire face sans perdre son sang-froid. Se souvenir que ce qu'on considère comme des « critiques » ou des « attaques » est souvent un commentaire qui se veut salutaire.

2. S'exercer à ces réactions en toute occasion. Les répéter mentalement deux fois par mois.

3. Recruter des étudiants de la même promotion pour des jeux de rôles où sont répétées ces situations déstabilisantes afin de pouvoir essayer de nouvelles stratégies de maîtrise de soi.

4. Demander à un étudiant de son équipe de lui signaler les moments où il la trouve bornée, inflexible ou excessive dans ses réactions et de lui rappeler d'exercer sa maîtrise de soi.

Cette série de tactiques d'apprentissage, si pertinentes pour cultiver l'intelligence émotionnelle, peuvent sembler déplacées dans un programme de maîtrise de gestion. Pourtant elles font partie du cursus de l'École de gestion de l'université de Cleveland, qui est pionnière en matière de formations émotionnelles.

Cette école a pris au sérieux un certain nombre de critiques communément adressées aux diplômés de gestion, leur caractère trop analytique, leurs carences en matière de communication, de rapports humains et de travail en équipe. L'école a donc décidé de repenser complètement la formation à la gestion et de mettre sur pied un cours original intitulé « Évaluation et formation à la gestion », qui intègre la plupart des axes de réflexion de notre consortium. Ce cours offre aux étudiants des outils qui leur seront utiles toute leur vie ainsi que des méthodes d'évaluation et de développement des aptitudes personnelles dont ils auront besoin dans leur carrière de gestionnaire.

Depuis 1990, ce programme a été dispensé à plusieurs promotions d'étudiants, pour la plupart des hommes et des femmes de vingt à trente-cinq ans environ qui ont décidé de passer une maîtrise de gestion après plusieurs années de vie professionnelle. Il est aussi proposé à des médecins ou à des avocats, pour la plupart âgés de quarante à soixante ans, qui suivent un programme spécial d'un an, non diplômant, à l'université de Cleveland.

Le cours commence par une période d'auto-examen durant laquelle les étudiants s'interrogent sur leurs valeurs, leurs aspirations et leurs buts. Après quoi ils sont soumis à une série d'évaluations de leurs compétences qui permet de déterminer leurs forces et leurs faiblesses.

Ce cours propose un tableau des compétences émotionnelles similaire au tableau 1 du chapitre 2 de cet ouvrage. À partir de ce tableau et à la lumière des résultats de leur évaluation ainsi que de leurs besoins de carrière, chaque étudiant choisit une gamme de compétences à renforcer. Au lieu d'une approche uniforme si fréquente dans les formations professionnelles, les étudiants élaborent un plan d'études individualisé, « sur mesure ».

Est-ce que ça marche ?

Pour le savoir, des promotions successives de cette école de gestion ont subi une série de tests d'évaluation objectifs. Ces tests font apparaître un progrès dans 86 % des aptitudes évaluées. Et les tests de contrôle, trois ans après la fin de ce programme, montrent que ces acquis sont durables dans la vie professionnelle des étudiants qui l'ont suivi.

Ceux-ci peuvent maîtriser les compétences émotionnelles que demande le monde du travail, si on leur fournit les bons outils pour apprendre.

RETROUVER DU TRAVAIL

Une des applications les plus novatrices de la formation à l'intelligence émotionnelle dans la vie professionnelle est un programme qui s'adresse à des personnes en recherche d'emploi. Il est conçu pour les aider à cultiver les ressources intérieures qui les aideront à retrouver un travail.

Les gens qui viennent de perdre leur emploi sont généralement désorientés, incertains de leur avenir, effrayés par leurs problèmes financiers et minés par le doute, ce qui rend leur quête problématique. Celle-ci sera facilitée par un travail sur leurs compétences émotionnelles.

Telle est du moins la stratégie qui a été utilisée dans un projet très performant de recyclage, le programme JOBS, mis sur pied par un groupe de l'université du Michigan après une vague de suppression d'emplois dans l'industrie automobile de la région.

Ce programme a connu un immense succès. Les personnes qui l'ont suivi ont trouvé un travail avec une rapidité accrue d'environ 20 % — et de meilleurs postes que s'ils n'avaient pas suivi ce cursus.

« C'est efficace pour tout le monde, le vice-président congédié aussi bien que le type qui vide les cendriers et les poubelles », explique Robert Caplan, un des initiateurs de ce programme.

Le principe dont il s'inspire est simple : la plupart des compétences émotionnelles grâce auxquelles les gens excellent dans leur travail les rendent également plus aptes à en retrouver un autre. Quand on aide les gens à développer ces compétences, ils retrouvent plus rapidement un travail et obtiennent de meilleurs résultats dans leur nouveau poste.

« Si vous êtes timide, ou pessimiste et déprimé après avoir perdu votre emploi, vous êtes doublement menacé, explique Caplan. C'est une combinaison paralysante. »

Pourtant, les chercheurs du programme JOBS ont découvert que les travailleurs qui avaient, au départ, le moins de chances de retrouver un emploi étaient ceux qui profitaient le plus de leur formation. « Ça marche même pour ceux qui sont cliniquement déprimés, comme beaucoup de gens le sont après avoir perdu leur emploi », affirme Caplan.

JOBS enseigne deux types d'aptitudes aux demandeurs d'emploi : des aptitudes pratiques (savoir identifier leurs talents les plus attrayants et s'appuyer sur un réseau pour connaître les opportunités...) et le ressort intérieur qui leur permet d'optimiser leur valeur sur le marché du travail.

Au cours d'une série de cinq séances, deux formateurs travaillent avec des groupes de quinze à vingt participants, pour la plupart envoyés par des services de reclassement internes. Les séances sont axées sur un apprentissage actif et utilisent des outils comme la répétition mentale, la mise en situation des aptitudes clés et le jeu de rôles.

L'une de ces aptitudes est l'optimisme. Étant donné les incertitudes et les déconvenues auxquelles sont confrontés les chômeurs, ils ont besoin d'un vaccin qui les prémunisse contre le défaitisme. Les refus sont inévitables dans toute recherche d'emploi et le découragement se mue aisément en dépression, voire en désespoir. Et dans un entretien d'embauche, le désespoir n'est pas un atout.

Les dépressions, les problèmes d'alcoolisme et les difficultés conjugales qui s'accumulent chez les chômeurs se résorbent quand on retrouve un travail gratifiant. Dans le programme, on apprend aux gens à anticiper les refus et à se répéter ce qu'ils doivent se dire à eux-mêmes quand ils affrontent un échec. Anticiper ces moments pénibles et élaborer une réaction intérieure efficace permettent d'amoindrir les blessures émotionnelles et de rebondir plus rapidement.

Ce programme stimule diverses capacités et notamment :

• l'aptitude à prendre du recul, qui aide les chômeurs en recherche d'emploi à se mettre à la place de l'employeur ;

• la confiance en soi et le sentiment crucial que l'on peut réussir, indispensable pour toute démarche de cet ordre ;

• la capacité de tisser des réseaux, car c'est grâce à ses réseaux personnels que l'on noue la plupart de ses contacts ;

• la prise de décision pour une orientation pertinente de sa carrière : la première offre n'est pas nécessairement la bonne et tout travail doit être jaugé à l'aune des valeurs personnelles et des objectifs professionnels de chacun ;

• la maîtrise émotionnelle de soi qui nous permet de ne pas être submergé, voire paralysé par des sentiments déstabilisants qui entravent les efforts nécessaires.

Toutes ces compétences émotionnelles sont bien sûr aussi bénéfiques après qu'on a trouvé un travail. C'est ce que démontre le programme JOBS : après un an et demi de travail, ceux qui avaient suivi ce programme gagnaient, à qualifications égales, environ 40 000 francs de plus par an que ceux qui ne l'avaient pas suivi.

11

Les pratiques les plus efficaces

Depuis la publication de mon livre, *L'Intelligence émotionnelle* *, de nombreux programmes portant ce titre sont apparus dans l'éventail des formations à la mode. J'entends souvent des correspondants du monde entier m'expliquer qu'on propose des formations en « intelligence émotionnelle » qui ne sont en fait que d'anciennes formations hâtivement mises au goût du jour, parfois simplement rebaptisées.

Si de tels programmes suivent les axes pédagogiques exposés ici, tant mieux. Sinon, je dois mettre en garde ceux qui paient de telles formations.

Trop souvent ces programmes trahissent une évaluation indigente des besoins. Mal conçus et mal appliqués, ils ne peuvent avoir qu'un impact tout à fait dérisoire sur l'efficacité professionnelle des participants. D'où la nécessité des axes pédagogiques que nous exposons dans ce chapitre.

Bien que la plupart des programmes s'inspirent de certains des exercices pratiques que nous détaillons maintenant, seule leur association permet d'en optimiser les bénéfices.

Peu de programmes suivent l'ensemble de ces axes pédagogiques mais si un programme en intègre beaucoup il a quelques chances d'être sensiblement plus efficace dans l'amélioration des performances professionnelles.

Le but : utiliser cette nouvelle compréhension des pratiques les plus efficaces pour favoriser une amélioration plus solide et scientifique des aptitudes « douces ». Ces lignes directrices qui capitalisent les toutes dernières découvertes forment le meilleur guide pour l'enseignement et l'apprentissage de l'intelligence émotionnelle.

ÉVALUER LE TRAVAIL

Avant d'entreprendre une formation, quelle qu'elle soit, il faut poser une question élémentaire et y répondre : quelles qualités sont requises pour accomplir ce travail avec brio ? Les réponses à cette question ne sont pas toujours immédiatement évidentes.

Prenons l'exemple des planificateurs stratégiques. La théorie habituelle veut que plus l'intellect d'un planificateur stratégique est affûté, meilleures seront ses performances. Après tout, la planification est une tâche purement cognitive, c'est du moins ce que l'on pense. Et quand on interroge les experts, les planificateurs stratégiques eux-mêmes ou les dirigeants auxquels ils rendent compte, ils sont toujours d'accord pour reconnaître que la clé d'une gestion prévisionnelle réussie est la « pensée analytique et conceptuelle ».

Certes, un planificateur stratégique ne pourra pas accomplir son travail s'il ne dispose pas des aptitudes cognitives requises, mais la puissance cérébrale n'est pas l'unique ingrédient du succès d'un planificateur. Ses compétences émotionnelles sont tout aussi essentielles.

Les études montrent que ce ne sont pas toujours leurs capacités analytiques qui distinguent les planificateurs stratégiques hors pair mais que c'est bien leur intelligence émotionnelle qui leur permet de surclasser leurs semblables : leur sens politique aigu, leur aptitude à formuler des arguments à fort impact émotionnel et leur charisme dans les rapports humains.

Les « experts » ont méconnu une donnée simple de la vie des entreprises : tout est politique. Une analyse objective a révélé que l'efficacité des planificateurs dépendait de leur capacité à impliquer les décisionnaires à chaque étape de la planification en s'assurant qu'ils adhéraient aux hypothèses et aux objectifs de leurs plans et étaient par conséquent tout disposés à les adopter.

Quelle que soit la clairvoyance d'une vision stratégique, si elle ne trouve pas d'alliés ni de soutiens, elle est menacée par les manœuvres politiques qui forment la vie même de l'entreprise. Et même les planificateurs stratégiques les plus intelligents peuvent refuser l'importance du rôle de la compétence émotionnelle dans leur succès.

Quand Coopers et Lybrand, l'une des six plus grandes firmes américaines d'audit, a décidé d'offrir à ses associés une formation dans les compétences clés dont ils avaient besoin, ils ne savaient pas autour de quels points devait s'articuler cette formation.

« Notre mission consistait à identifier les compétences requises pour le succès dans notre travail, explique Margaret Echols, la directrice en charge du développement des compétences à l'époque, qui pilotait cette initiative chez Coopers et Lybrand. Alors nous avons commencé par créer un schéma type de compétences pour nos associés. »

Son équipe a demandé aux clients du cabinet de nommer ceux de leurs collaborateurs qui fournissaient un travail d'une qualité exceptionnelle. Ce groupe de stars a été comparé à un groupe de professionnels de niveau moyen à la suite d'entretiens dans lesquels on demandait aux intéressés de décrire en détail des « moments critiques » de leur travail, soit des moments où ils avaient accompli un travail impeccable, soit des moments où leur performance s'était avérée décevante.

Des transcriptions de ces interviews ont alors été codées et analysées pour détecter les thèmes communs et les schémas intellectuels, émotionnels et comportementaux qui pouvaient expliquer l'essence de leur réussite. À partir de ces résultats, on a établi une liste des compétences les plus importantes pour un rôle donné. Puis ces compétences ont été testées pour voir si elles distinguaient vraiment les professionnels d'exception des moyens. Bref, Coopers et Lybrand a appliqué une méthode de pointe pour élaborer son modèle des compétences. Une méthode systématique et objective est nécessaire pour obtenir une représentation fidèle des compétences les plus importantes dans un poste donné. C'est pour cette raison que l'évaluation des compétences qui conditionnent une réussite exceptionnelle dans un travail donné a fini par générer une mini-industrie, avec des techniciens qui utilisent une gamme de méthodes très au point pour détecter les caractéristiques qui définissent un professionnel d'exception.

Certains ingrédients de l'intelligence émotionnelle sont si élémentaires qu'ils constituent en fait des « infra-aptitudes », préalables à la plupart des autres compétences comme la conscience de soi, la maîtrise de soi, l'empathie et les aptitudes aux rapports humains. Ces capacités primaires constituent un support essentiel aux compétences émotionnelles qui en découlent. Par exemple, un chef d'entreprise qui essaie de modifier son style de direction peut aussi avoir besoin d'améliorer sa conscience de soi afin de modifier les comportements des autres.

Des études sur une compagnie aérienne européenne montrent que les stewards les plus doués sont ceux qui possèdent une bonne intelligence émotionnelle. Ces qualités se regroupent autour de deux pôles : la maîtrise de soi qui englobe le contrôle émotionnel, le sens du résultat et l'adaptabilité, et un pôle de relations interpersonnelles qui comprend l'influence, le sens du service et l'aptitude au travail en équipe. Aussi, quand une compagnie aérienne m'a demandé de participer à la conception d'un programme de formation pour ses employés, je me suis concentré sur la maîtrise des émotions et la construction de rapports harmonieux avec les autres. Mais j'ai ajouté deux aptitudes émotionnelles préalables qui renforcent l'assimilation des compétences précitées : l'une est la conscience de soi, qui aide les gens à reconnaître et à prévenir les putschs amygdaliens. L'autre est l'empathie qui leur permet de rendre le même service aux autres : détecter les signes avant-coureurs de l'irritation, de la frustration ou de l'anxiété qui avertissent de l'imminence d'un putsch amygdalien chez autrui — la meilleure stratégie pour éviter les expériences destructrices restant évidemment de les prévenir.

Les stewards ont aussi besoin d'être formés à une empathie « interculturelle ». Chaque culture exprime en effet ses émotions différemment. Moins nous sommes familiers avec un groupe donné, plus nous avons tendance à méconnaître ses sentiments. C'est pourquoi dans ce programme nous nous sommes concentrés sur le développement de l'empathie avec différents types de personnalités.

ÉVALUER L'INDIVIDU

Sommes-nous les meilleurs juges de nos forces et de nos faiblesses ? Pas toujours, comme en témoigne ce paradoxe : quand vous demandez aux gens d'apprécier leur empathie, leurs réponses ne reflètent pas la qualité de leur performance telle qu'elle est mesurée par les tests. En revanche, quand les gens qui se connaissent bien se fient à leur empathie pour juger quelqu'un, ils le font en général avec une très grande précision. En bref, dans de nombreuses circonstances on s'aperçoit que les autres nous connaissent mieux que nous-mêmes.

L'évaluation idéale ne s'appuie en général pas sur une seule source mais sur de multiples points de vue, tous ceux de l'entourage professionnel de l'intéressé. La méthode de l'évaluation « tous azimuts » doit, comme son nom l'indique, synthétiser tous les points de vue et constitue une excellente source de données sur les compétences à améliorer. Une évaluation devrait aussi inclure des mesures plus objectives de la qualité du travail et notamment des évaluations du comportement des gens dans des situations types. Alors que toute méthode est individuellement faillible, une fois combinée à d'autres, elle contribue à établir un profil de compétences plus exact même s'il devient aussi plus complexe (pour plus de précisions sur les méthodes d'évaluation, voir l'appendice 5).

Comme l'observe Suzanne Ennis, directrice de la formation des cadres à la BankBoston : « Il est extrêmement efficace de multiplier les points de vue sur vous-même pour construire une conscience de soi et vous préparer à en faire quelque chose. »

À l'école de gestion Weatherhead, par exemple, les étudiants obtiennent des informations sur eux-mêmes de trois sources différentes. D'abord, ils procèdent à une auto-évaluation de leurs forces et de leurs faiblesses ainsi que de leurs valeurs. Ensuite ils doivent prendre en compte les critiques de ceux qui appartiennent à la même équipe qu'eux, mais aussi des autres étudiants, de leur directeur d'études, de leur famille et de leurs amis. Finalement, ils obtiennent les résultats d'une batterie de tests d'évaluation et d'exercices de simulation.

Ils sont cependant avertis au préalable qu'aucune de ces sources n'est en elle-même meilleure qu'une autre. Chacune d'elles ajoute simplement d'autres données et d'autres points de vue exprimant une autre sensibilité. Les étudiants interprètent eux-mêmes ces données avec leurs professeurs, ce qui leur permet de définir une méthode de développement personnel.

Le programme JOBS a emprunté à l'industrie du spectacle une technique d'évaluation des compétences émotionnelles de leurs futurs « entraîneurs » : ils leur ont fait passer des auditions. « Nous voulions les observer dans une situation qui réclame toutes les compétences émotionnelles et humaines dont ils auront besoin comme entraîneurs, m'explique Robert Caplan. Nous avons donc demandé à chacun d'eux de venir nous expliquer, nous apprendre quelque chose — comment gérer un budget, orienter les entretiens, etc., pendant quinze minutes environ... On pouvait juger de la compétence des gens dès les tout premiers instants. »

Ces auditions ont été instructives, se souvient Caplan. « Un des candidats a commencé d'une manière très “homme d'affaires”, distribuant des formulaires comptables et projetant des diapositives. Il a commencé en disant : “Je veux que vous écriviez combien vous avez dépensé dans la colonne A.” Aucun engagement, rien de personnel. Mortel. Alors que celui que nous avons engagé a commencé sur un ton très sincère : “Je suis vraiment heureux de vous voir tous ici. Je sais par quelles épreuves difficiles vous êtes passés. J'aimerais que chacun de vous me raconte son histoire avant que nous commencions.” Vous sentiez immédiatement l'empathie, vous aviez envie d'aimer cette personne et de lui faire confiance. »

COMMUNIQUER SES ÉVALUATIONS AVEC TACT

Une administration a décidé d'évaluer ses employés en utilisant la méthode « tous azimuts » puis en les informant par leurs chefs de service [1]. Les problèmes ont commencé quand quelqu'un a tout simplement décidé d'envoyer tous les résultats aussi bien aux employés qu'aux chefs de service sans le moindre avertissement ni la moindre interprétation.

Le résultat a été désastreux. Certains chefs de service ont appelé leurs employés sur-le-champ, avant même que ceux-ci

1. L'exactitude empathique pour des êtres très différents de nous-mêmes, comme toute autre compétence émotionnelle, peut s'apprendre. Nous avons formé des hôtesses de l'air à déchiffrer les expressions faciales de personnes provenant de cultures différentes des leurs. Nous avons aussi modifié notre approche de l'empathie pour l'adapter au caractère multiculturel de ce travail. Résultat : six mois plus tard les hôtesses d'une grande compagnie qui avait accumulé les plaintes sur son service furent appréciées des voyageurs.

aient eu le temps de digérer ces évaluations, et les intéressés ont eu l'impression d'être placés sur la sellette au lieu d'être aidés. Certains employés étaient furieux, surtout ceux qui avaient été évalués par leurs chefs de service moins favorablement que par leurs collègues.

La critique est à manier avec précaution, sinon, les conséquences peuvent s'avérer douloureuses. Mais quand on l'utilise à bon escient, l'avis des autres sur vos compétences peut se révéler un outil extrêmement précieux pour se jauger soi-même, pour se transformer et pour progresser. Mal utilisé, il risque par contre d'entraîner de véritables traumatismes émotionnels.

« Ce qu'on me raconte sur les "critiques tous azimuts" n'est pas très positif, m'explique ce cadre supérieur. Ceux qui formulent ces critiques manquent eux-mêmes d'empathie, de conscience de soi et de sensibilité, si bien que l'expérience peut être brutale pour ceux qui sont critiqués. »

Un responsable du développement dans une entreprise informatique me raconte, à l'inverse, qu'il livre les résultats de ces évaluations tous azimuts au cours d'entretiens strictement confidentiels. « Personne d'autre ne voit leurs résultats et ils ne doivent jamais en faire part à qui que ce soit. Je ne garde même pas un double de ces résultats une fois que je les leur ai communiqués. Nous voulons que ces tests soient un outil de développement, pas un marteau entre les mains de n'importe qui. »

On commet souvent l'erreur de consacrer trop peu de temps à cet examen critique.

« Les gens passent deux ou trois jours dans un centre d'évaluation, se prêtent à des simulations complexes, effectuent test sur test, leurs qualités professionnelles sont évaluées sous toutes les coutures, m'explique ce consultant. Puis, une fois que tout est fini, ils passent une heure ou deux à examiner les résultats, noyés sous un déluge de données. Ils en ressortent totalement désorientés et nullement plus conscients d'eux-mêmes. »

S'il est une tâche qui exige de l'intelligence émotionnelle, c'est bien celle qui consiste à donner aux gens les résultats de leur évaluation « tous azimuts ». L'empathie, la sensibilité et le tact sont ici essentiels. Une erreur commune consiste à se concentrer sur les faiblesses des gens et à omettre de souligner leurs atouts. L'évaluation a alors des effets démoralisants.

« Vous devez saluer les forces d'une personne et vous devez aussi lui montrer ses insuffisances. Trop souvent, il n'est question que de celles-ci. Mais vous devez aider vos interlocuteurs à reconnaître leurs atouts essentiels, à les affirmer. La simple prise de conscience qu'ils sont capables de changer sera très motivante pour eux. »

À l'école Weatherhead on aide avec le plus grand soin les étudiants à interpréter les résultats de l'évaluation de leurs compétences et à utiliser les informations qui leur sont fournies pour mettre au point un plan de formation vraiment utile. Le programme d'évaluation des cadres supérieurs consacre quatre séances de trois heures, et plusieurs entretiens individuels à interpréter et à assimiler les données recueillies au cours de l'évaluation. Quatre séances de trois heures sont ensuite consacrées à utiliser ces informations pour élaborer des plans d'apprentissage individuels.

JAUGER LA RÉCEPTIVITÉ

« Un grand nombre de participants à nos séminaires de formation se sentent prisonniers du département des ressources humaines, m'assure ce professeur de gestion attaché à une grande banque multinationale. Ils ne veulent tout simplement pas être là et leur résistance est contagieuse. »

La volonté est cruciale et beaucoup d'entreprises ne prêtent pas la moindre attention à la question de savoir si les gens qu'ils envoient en formation éprouvent vraiment le désir d'apprendre et de changer. Le directeur de la formation des cadres dans une grande entreprise américaine me faisait observer que les stagiaires se répartissent en trois groupes : les « enthousiastes » qui veulent vraiment changer, les « dilettantes » qui sont heureux d'arrêter le travail un jour ou deux et les « prisonniers » à qui leur chef a ordonné de venir.

En règle générale, seuls 20 % des membres d'un groupe sont prêts à fournir les efforts nécessaires pour changer, bien que la plupart des programmes de formation soient conçus comme si tout le monde l'était. Il n'y a aucune raison d'accepter un si faible pourcentage. L'intérêt, la motivation et la préparation au changement, ces préalables requis pour l'optimisation de toute formation, peuvent faire l'objet d'une évaluation (voir l'appendice 5 pour les détails). Si les gens ne sont pas vraiment prêts à changer, il faut d'abord réunir ces conditions. Passer directement à l'étape suivante serait une perte de temps, les y contraindre mènerait au désastre : ils se plieraient à un rituel vide de sens pour satisfaire une obligation extérieure, avec plus de ressentiment et de résignation que d'enthousiasme.

Pour éviter une telle perte de temps et d'argent, la première étape consiste à aider les gens à évaluer leur propre préparation. Celle-ci comporte quatre étapes : l'inconscience ou la résistance déclarée, la notion vague d'un changement repoussé dans un futur abstrait, la maturité suffisante pour formuler un plan, et le moment de passer à l'action.

MOTIVER

« C'est le sentiment qu'on peut y arriver qui est le moteur du changement, affirme Robert Caplan. Quand il s'agit de recherche d'emploi, si vous n'êtes pas capable de téléphoner et d'obtenir un rendez-vous, vous n'obtiendrez pas le travail. Et pour obtenir des gens qu'ils fassent cet effort, vous devez leur regonfler le moral. »

Cette règle est toujours valable : la qualité de l'apprentissage dépend du degré de motivation. La motivation conditionne tout le processus d'apprentissage, depuis l'inscription jusqu'au moment où les gens appliquent vraiment ce qu'ils ont appris dans leur travail. Et les changements qu'ils accomplissent correspondent à leurs valeurs et à leurs espoirs. Comme l'explique R. Boyatzis, de l'école Weatherhead : « Les gens doivent être inspirés par leurs valeurs, leurs objectifs, leur rêve de ce qui est possible pour eux. Si vous vous concentrez dès le départ sur les valeurs et les idéaux personnels des gens, sur ce qu'ils veulent faire de leur vie, alors ils utiliseront la formation pour leur propre développement et pas seulement pour celui de l'entreprise. »

Les instants favorables pour le développement, où nous sommes le plus motivés pour revaloriser nos capacités, interviennent à des moments prévisibles d'une carrière.

• Un surcroît de responsabilités, comme une promotion, peut rendre un défaut d'intelligence émotionnelle particulièrement visible.

• Les crises de la vie, les ennuis familiaux, les doutes sur la carrière, ou encore la « crise de la maturité » sur l'orientation à donner à sa vie peuvent fournir une salutaire motivation pour changer.

• Des ennuis professionnels, des rapports difficiles, une déception dans une mission, le sentiment d'avoir fait le tour d'un travail peuvent donner envie d'accroître ses compétences.

Comprendre que la culture d'une compétence les aidera à progresser suffit à stimuler l'enthousiasme de la plupart des gens. « Ici, la motivation pour la formation est généralement élevée parce que les gens comprennent l'importance de ces compétences, m'explique Kate Cannon, d'American Express. Quand les employés comprennent que la formation peut augmenter leur compétitivité sur le marché du travail ou au sein de l'entreprise, leur motivation augmente. Et plus les gens sont motivés pour apprendre, plus la formation est efficace pour eux. »

GUIDER SOI-MÊME SA TRANSFORMATION

L'approche de la formation « à la chaîne » où tous les employés d'une entreprise sont soumis à un programme identique peut réussir quand le contenu de cette formation est purement cognitif. Mais quand il s'agit de compétences émotionnelles, cette vision uniforme traduit le vieux poncif de l'efficacité tayloriste dans ce qu'il a de pire. Le sur-mesure optimise l'apprentissage, particulièrement dans le domaine émotionnel.

Chez American Express, tous les employés élaborent leur propre « plan d'action ». Un conseiller financier qui s'efforçait d'accroître son rendement s'était fixé pour objectif de démarcher par téléphone vingt nouveaux clients par semaine. Il devait aussi écrire le scénario d'un appel réussi et le répéter avant de composer ses numéros. « Cette méthode a très bien fonctionné — pour lui, explique K. Cannon. Mais je ne suggérerais pas à tous les conseillers financiers de l'essayer, elle ne serait pas toujours adéquate. »

Ces plans doivent aussi être adaptés au niveau de formation de chaque personne.

« Nous avons fait en sorte que chaque personne puisse progresser et se former quel que soit son niveau initial, poursuit K. Cannon. Certains ne comprennent tout simplement pas que ce qu'ils se disent à eux-mêmes — leurs pensées sur ce qu'ils font affecte leurs résultats. »

Dans l'idéal, les stagiaires devraient être capables de s'inspirer d'une série de techniques et de les enrichir d'idées de leur cru. Une des faiblesses de nombreux séminaires de formation à l'ancienne est leur approche uniforme et répétitive.

« Le programme type de formation des stagiaires, où tout le monde ingurgite les mêmes schémas éculés, est celui qui produit le plus mauvais retour sur investissement », m'explique Charley Morrow, du cabinet de consultants Linkage. D'après les recherches sur l'évaluation qu'il a menées dans les cinq cents plus grandes entreprises américaines, Morrow conclut :

« C'est quand les gens subissent ces stages malgré eux que surgissent des problèmes de tout ordre. Certaines personnes possèdent peut-être déjà les compétences qu'elles sont censées y apprendre, d'autres n'en ont peut-être pas besoin. D'autres détestent tout simplement l'obligation de suivre ces formations, ou ne sont pas motivées : elles s'en fichent. »

Donner aux gens le pouvoir de « tailler sur mesure » leur programme de formation selon leurs besoins et leurs aspirations permet de surmonter beaucoup de problèmes de cet ordre. Le principe de base de l'apprentissage autonome chez Weatherhead, explique Richard Boyatzis, est que « l'on confie aux étudiants la maîtrise du processus de changement. Cette approche permet d'éviter l'illusion du contrôle des enseignants ».

SE CONCENTRER SUR DES OBJECTIFS CLAIRS ET ACCESSIBLES

Il avait déménagé dans l'Ohio pour suivre les cours de maîtrise de gestion dispensés par Weatherhead et il avait besoin d'un travail à temps partiel. Mais il manquait de confiance en lui, surtout pour aborder des gens qu'il ne connaissait pas. Chez Weatherhead, on lui a montré comment décomposer cet objectif général de la confiance en soi en petites étapes progressives plus réalistes. Selon son compte rendu de fin de stage, la première de ces étapes a été facile à atteindre mais les suivantes se sont avérées plus délicates, si bien qu'il s'est fait cette promesse à lui-même : « Je vais appeler le président du département économique de l'université dès le mois prochain et je demanderai à le rencontrer afin que nous discutions ensemble des éventuelles opportunités de travail dans son service. » Il avait prévu de répéter cette démarche avec son mentor, un cadre supérieur local. Il a, en outre, parcouru exhaustivement toutes les offres d'emploi qui paraissaient dans la presse et posé sa candidature à tous les postes intéressants.

Il s'était juré « d'avoir confiance et de se montrer résolu dans ces conversations ». Bénéfice concret de cette stratégie : il a obtenu un travail à temps partiel au début du trimestre suivant.

Rien que de très banal dans tout cela. Certes. Des milliers de gens effectuent chaque jour les mêmes démarches. Mais pour cet étudiant de Weatherhead, ces étapes méthodiques constituaient l'amorce d'un plan plus ambitieux. Elles l'ont plongé dans des situations qui l'ont incité à exercer sa confiance en soi. Chaque étape franchie accroissait sa confiance pour aborder la suivante.

Si un grand but est nécessaire comme horizon, il doit être décomposé en étapes pratiques immédiates, accessibles : *réalisable* est ici le mot à retenir. Ceux qui entreprennent de se transformer trop rapidement, trop massivement, courent à l'échec.

Des petits succès réguliers entretiennent la motivation ; on prend conscience de l'efficacité de ses efforts. Et plus le but est ambitieux, plus le changement qui en résulte sera spectaculaire. Une stratégie japonaise intègre ces deux principes : dans le *kaizen*, ou progrès continu, on commence par se fixer des objectifs d'une difficulté modérée et l'on augmente graduellement les difficultés. Un changement accompli par étapes progressives nous donne le sentiment de progresser continûment vers notre objectif.

Sans objectifs clairement définis, on a vite fait de s'égarer. Dans le programme de formation d'American Express, des psychologues chevronnés travaillent avec chaque stagiaire pour les aider à formuler des objectifs clairs de changement. Par exemple, apprendre à mieux gérer des sentiments déstabilisants. Mais cet objectif est trop global et trop flou pour être utile.

« Les gens commencent par comprendre qu'ils ont besoin de mieux gérer leur vie émotionnelle, m'explique Kate Cannon. Mais quand ils explorent les difficultés qu'ils éprouvent à maîtriser leurs sentiments, ils découvrent qu'elles proviennent d'un excès de stress, et cette prise de conscience les conduit souvent à se concentrer sur des objectifs spécifiques et utiles comme une meilleure gestion de leur temps. »

Mais une « meilleure gestion du temps » est en soi un but flou. Il faut à son tour le décomposer en objectifs spécifiques ; par exemple, passer vingt minutes par jour à rencontrer des subordonnés pour déléguer des responsabilités, supprimer le temps passé à regarder des bêtises à la télé et réserver trois heures par semaine à la relaxation.

Se fixer des objectifs, cela signifie aussi échelonner les étapes nécessaires pour les atteindre. Si le but est de devenir plus optimiste — il faut savoir accepter déconvenues et rebuffades sans se laisser abattre —, l'analyse peut être affinée : « Vous pourriez commencer par noter vos points sensibles, les événements qui déclenchent des réactions contre-productives chez vous et ce que vous ressentez, pensez et faites dans de tels moments, explique Kate Cannon. Vous pouvez identifier des propos pessimistes comme "Je n'y arriverai pas", "Cet échec prouve que je ne suis pas doué pour ça", ou encore un schéma de comportement : d'abord vous vous mettez en colère, puis vous vous rétractez, puis vous adoptez une attitude désagréable. Plus tôt vous interrompez ce schéma, mieux cela vaut. »

En un sens, se fixer un objectif revient à définir un « soi virtuel » : une vision de ce à quoi nous ressemblerons après avoir changé. Le simple fait d'imaginer ce soi potentiel nous fait apparaître comme ayant maîtrisé le changement désiré et cette vision nous aide à franchir les étapes qui y mènent.

PRÉVENIR LES RECHUTES

Les nouvelles aptitudes se développent progressivement, avec d'inévitables rechutes. Les vieilles habitudes s'imposent à nouveau de temps à autre. C'est particulièrement vrai au début, quand les nouvelles habitudes semblent étranges et que les vieilles paraissent encore naturelles.

La formation peut échouer, au moins temporairement, devant des défis particulièrement ardus. De telles défaillances ne sont que trop prévisibles et elles peuvent contribuer à prévenir de nouvelles rechutes.

Pour utiliser ces défaillances de manière constructive, il faut comprendre qu'un pas en arrière n'équivaut pas à une rechute définitive. Les stagiaires doivent être avertis au début de leur formation qu'ils vont sans doute traverser de mauvaises passes et qu'ils verront réapparaître leurs anciennes habitudes. C'est en leur montrant comment tirer de profitables leçons de ces faux pas qu'on peut espérer les immuniser contre le désespoir dans de tels moments. Il ne faut pas qu'ils interprètent cette défaillance comme un échec définitif qui traduirait une incapacité insurmontable. La formation à la prévention des rechutes les prépare à réagir de façon optimiste, en utilisant intelligemment leurs échecs pour rassembler des informations importantes sur leurs déficiences et leurs habitudes.

Prenons l'exemple d'un cadre supérieur qui, sous la pression d'échéances angoissantes, retombe dans ses anciennes habitudes de direction autoritaires. Une fois qu'il a appris à reconnaître les situations qui provoquent cette réaction, il peut se préparer lui-même à agir différemment en répétant ces situations délicates ; il demandera de l'aide au lieu d'aboyer des ordres, par exemple. Ces répétitions augmenteront ses chances de développer une meilleure réponse, même en situation de stress violent.

Bien sûr, élaborer un tel système d'avertissement préventif exige une conscience de soi et la capacité de faire l'« autopsie » de l'incident après coup. Identifier les événements exacts qui ont déclenché la rechute, les pensées et les sentiments qui l'ont accompagnée nous permet d'améliorer notre conscience des moments dans lesquels nous devons être particulièrement attentifs et de mobiliser notre nouvelle intelligence émotionnelle.

La confrontation avec les conséquences de la rechute, une occasion d'affaire manquée, l'irritation d'un collègue ou d'un client peuvent aussi stimuler notre motivation à poursuivre le changement avec une résolution encore accrue.

FORMULER DES CRITIQUES SUR LE TRAVAIL D'UN COLLÈGUE

Un joueur de golf professionnel était sujet à des accès de fureur imprévisibles qui étaient en train de ruiner aussi bien son mariage que sa carrière. Après avoir suivi une formation pour réduire l'intensité et la fréquence de ses explosions, il décida de noter leur fréquence, leur durée et leur intensité.

Après plusieurs mois d'attention, il fut un jour repris d'un accès de rage totalement incontrôlable. Cet épisode le laissa démoralisé, avec le sentiment désespérant que ses efforts pour changer n'avaient servi à rien. Mais en consultant son carnet, il reprit courage. Il comprit que ses accès de fureur avaient sensiblement régressé : il était passé de plusieurs accès par semaine à une seule crise au cours des deux derniers mois.

La critique est un outil essentiel du changement. Tout témoignage sur notre comportement nous permet de garder le cap. Il est nécessaire qu'une personne au moins observe l'usage que nous faisons de notre nouvelle compétence et nous le fasse savoir.

Quand nous obtenons de bons résultats, il peut se produire un effet « boule de neige » qui stimule notre confiance dans la compétence émotionnelle que nous travaillons à améliorer. Cette confiance accrue contribue à améliorer nos résultats.

Quand le commentaire est mal répercuté, de façon trop brutale, ou insuffisamment claire, cela peut démoraliser et démotiver les intéressés (*cf.* chapitre 8). On obtient les meilleurs résultats quand ceux qui communiquent ces critiques le font avec rigueur et tact et sont encouragés ou récompensés pour leurs commentaires — en étant eux-mêmes ouverts aux critiques sur la qualité de leurs critiques.

Dans le département de conseil financier d'American Express la plupart des commentaires sur les compétences émotionnelles font partie intégrante des rapports de travail quotidiens. « Nous sommes aussi attentifs à la façon dont les employés font leur travail qu'à la qualité de leurs performances, explique Kate Cannon. Ils ont des entretiens réguliers avec leur chef de service. Ce travail est avant tout affaire de relations, pas seulement avec nos clients, mais entre nous. Si bien que les gens reçoivent régulièrement des commentaires sur leur compétence émotionnelle, même si on l'appelle d'un autre nom, travail d'équipe ou communication, par exemple. »

COMMENT S'EXERCER

Une chaîne d'hôtels internationale qui recueillait des commentaires peu élogieux sur l'accueil de ses employés a décidé que tous ceux qui avaient un contact direct avec la clientèle suivraient une formation en intelligence émotionnelle. Cette formation leur a permis de prendre conscience de leurs sentiments dans des situation concrètes et leur a appris comment utiliser cette conscience pour court-circuiter leurs propres putschs amygdaliens. On leur a aussi appris comment orienter les sentiments des clients et influer positivement sur leur humeur.

Mais le directeur de la formation et du développement s'est plaint de ne constater aucune amélioration : après le stage, les choses avaient même plutôt légèrement empiré !

Combien de temps avait duré ce programme de formation ?

Un seul jour.

C'est là que réside le problème. La compétence émotionnelle ne peut être améliorée du jour au lendemain, parce que le cerveau émotionnel a besoin de semaines, voire de mois pour modifier ses habitudes. Nous sommes victimes de vieux stéréotypes sur la formation et croyons que les changements surviennent de façon spectaculaire et immédiate : il suffirait de faire suivre aux gens de brefs séminaires de deux jours pour les transformer d'un coup de baguette magique. Le résultat de cette conception erronée est que les gens suivent de brèves formations qui ont des effets peu durables et ils finissent souvent par se reprocher à eux-mêmes (ou leurs chefs s'en chargent) de manquer de volonté ou de détermination quand les progrès annoncés refusent de se matérialiser. Un seul séminaire n'est pas suffisant.

Les gens apprendront plus efficacement une nouvelle compétence si on leur donne la possibilité de la pratiquer régulièrement sur une assez longue période que s'ils y consacrent le même nombre d'heures ramassées en une courte session intensive. Cette simple règle de bon sens est sans cesse méconnue par les organisateurs de tels stages. Une autre erreur répandue consiste à passer trop de temps à parler de la compétence en ne la mettant pas assez en pratique.

Un long entraînement est nécessaire pour arriver à substituer une nouvelle habitude à une ancienne. Comme le dit un responsable d'une agence gouvernementale : « Ici, on envoie les gens participer à des séances de formation et ils reviennent au boulot en n'ayant pas la moindre occasion de la mettre en pratique, si bien qu'ils retombent dans leurs anciennes habitudes et leur travail ne profite nullement de la formation qu'ils ont reçue. »

Les études cliniques sur les modifications du comportement montrent que plus les gens consacrent de temps à se transformer, plus ce changement est durable. Pour des habitudes complexes comme celles qui reposent sur l'intelligence émotionnelle, la période d'entraînement requise pour un effet optimal pourra être de trois à six mois, voire plus (*cf.* l'appendice 5).

Il existe une règle de base pour l'amélioration de nos compétences émotionnelles : les capacités qui peuvent être améliorées ou ajoutées au répertoire d'une personne — comme l'aptitude à mieux écouter — s'apprennent plus rapidement que celles qui supposent une correction d'habitudes bien ancrées. Celles-ci (l'irritabilité, par exemple) doivent d'abord être désapprises et les anciens automatismes doivent être remplacés par de nouveaux réflexes.

Combien de temps faut-il pour qu'une personne parvienne à maîtriser une compétence émotionnelle ? Cela dépend de différents facteurs. Plus les compétences sont complexes, plus cette maîtrise est longue à acquérir. Ainsi la gestion du temps suppose quelques compétences : la maîtrise de soi nécessaire pour résister à la tentation d'activités qui font perdre du temps et la volonté de résultats, qui incite à améliorer sans cesse son efficacité, sont deux facteurs essentiels à la gestion du temps. Celle-ci pourra être maîtrisée plus rapidement que le sens du commandement, qui est une compétence supérieure supposant la maîtrise de plus d'une demi-douzaine d'autres compétences.

Pour être encore plus efficace, cette pratique doit se poursuivre dans la vie familiale. Réfléchissons un instant à cette question : les étudiants qui sont inscrits en maîtrise de gestion passent environ deux mille cinq cents heures en cours ou en stage durant les deux ans de leur cursus. Mais en supposant qu'ils dorment en moyenne sept heures par nuit, ils sont éveillés environ dix mille cinq cents heures pendant ces deux ans.

Voici ma question : « Qu'apprennent-ils durant les huit mille heures qui restent ? »

Un apprentissage autodirigé peut et doit se poursuivre où et quand l'occasion de progresser se présente. Certes, nous ne passons pas tout notre temps de veille au travail, mais, surtout quand il s'agit de compétence émotionnelle, la vie tout entière peut et doit devenir le terrain privilégié d'une transformation de la personnalité.

Les nouvelles capacités professionnelles acquises ont donc des retombées positives sur le reste de l'existence. Ainsi un chef de service qui aura appris à mieux écouter ses subordonnés sentira les effets bénéfiques de cette nouvelle compétence dans ses rapports avec ses enfants. Certaines entreprises considèrent ces retombées positives comme très rentables : la société 3M a mis au point un programme destiné à abaisser les frais médicaux et à améliorer les capacités de résistance de ses employés dans leur vie professionnelle et privée.

L'INDISPENSABLE ENTRAÎNEUR

Le vice-président d'une des plus grandes sociétés alimentaires des États-Unis, un homme bardé de diplômes et dont le QI dépassait 125, avait un caractère irascible. Le président de la société aurait aimé lui offrir une promotion. Mais il lui fallait impérativement adoucir d'abord son caractère.

Asocial et introverti, il se sentait plus à l'aise dans l'expédition de courriers électroniques ou de mémos que dans les rapports directs avec ses collègues. Dans les réunions, il se montrait souvent véhément, agressif, voire tyrannique. « Il fallait qu'il change radicalement de comportement pour obtenir sa promotion », se souvient le cadre supérieur qui avait été contacté pour le guider.

Cet « entraîneur » travailla en tête à tête avec le vice-président.

« Je l'ai aidé à reconnaître ses points sensibles, afin qu'il évite les situations où il risquait le plus de perdre son calme. Je lui ai appris à se servir du monologue intérieur, comme les athlètes, pour se préparer à des situations où il avait tendance à sortir de ses gonds. Il devait se répéter avant d'y aller : "Je ne vais pas laisser cette situation arriver, je ne vais pas perdre mon sang-froid." Et je lui ai montré une technique pour court-circuiter la colère quand il la sentait monter en lui : contracter tous les muscles de son corps et tout relâcher en même temps. C'est une méthode de relaxation rapide. »

Ces séances se sont poursuivies pendant des mois, jusqu'à ce que le vice-président soit devenu capable de maîtriser ses pulsions colériques. Ces leçons particulières en compétences émotionnelles sont de plus en plus courantes dans les entreprises américaines, surtout pour des cadres de direction. Le recours à un entraîneur est une des multiples formes que peut prendre ce rapport d'apprentissage. Comme le souligne la psychologue de Harvard, Judith Jordan, toute relation est une occasion pour les individus de mettre en pratique leurs compétences émotionnelles et donc de les améliorer et de progresser ensemble.

Un tel apprentissage réciproque peut se produire naturellement dans des relations entre collègues où ceux-ci adopteront tour à tour le rôle du guide et celui de l'élève, selon les atouts et les faiblesses de chacun.

« Certaines entreprises comme Bell Atlantic ont expérimenté une formule de "cercles de mentors", m'explique Kathy Kram. Ils ont essayé de constituer des groupes de femmes cadres de niveau moyen et de les placer sous la supervision d'une collègue plus expérimentée pour les inciter à discuter ensemble des problèmes qu'elles rencontraient au travail. Elles ont échangé leurs expériences, imaginé comment elles auraient pu les gérer plus efficacement et donc élargi leur répertoire de tactiques à mettre en œuvre dans toutes sortes de situations. Ce réseau a eu un impact très positif sur leur compétence sociale et émotionnelle. »

Pour ceux qui ne disposent pas d'un mentor à proprement parler, une bonne stratégie consiste à trouver un entraîneur temporaire, quelqu'un qui possède une aptitude ou une compétence spécifiques et qui sera consulté pendant une période de temps limitée. Toute relation avec un collègue doté d'une expérience ou d'une compétence plus grandes peut devenir une occasion d'apprendre. Et les employés qui instaurent des relations avec des collègues aux compétences variées sont ceux qui progressent le plus.

Dans la formation aux compétences émotionnelles dispensée par American Express, les participants choisissent souvent un « partenaire de formation » qui travaille en tandem avec eux et leur prodigue des encouragements constants pendant plusieurs mois, une fois qu'ils sont revenus à leur poste. « Les gens acceptent de s'offrir un soutien mutuel, de se rencontrer régulièrement pour déjeuner ou de s'appeler, explique Kate Cannon. Ils peuvent se parler des habitudes qu'ils essaient de changer, comme de leur caractère anxieux ou de leur manque d'assurance. Ils se renseignent mutuellement, se donnent des conseils, s'encouragent. »

La présence d'un entraîneur à ses côtés sur le lieu de travail peut s'avérer très utile : « Si votre partenaire sait qu'une personne, en particulier, vous fait sortir de vos gonds, il peut vous aider en vous rappelant discrètement à l'ordre chaque fois que vous rencontrez la personne en question », poursuit Cannon. Un tel soutien permanent est plus aisé quand, comme chez American Express, un groupe de travail entier a suivi la même formation.

L'IMPORTANCE DES MODÈLES

Il est extrêmement utile, quand on apprend un nouveau comportement, de nouer un rapport avec quelqu'un qui incarne exemplairement cette compétence. Nous apprenons en regardant les autres. Si quelqu'un nous offre l'exemple d'une compétence il devient un enseignement vivant pour nous.

Ceux qui enseignent l'intelligence émotionnelle devraient bien entendu l'incarner. C'est le cas où le médiateur ne fait qu'un avec le message. En revanche, les entraîneurs qui se contentent de parler de ces compétences et agissent en montrant clairement qu'ils ne les possèdent pas sapent leur message. Quand il s'agit d'expliquer à quelqu'un comment utiliser un logiciel informatique, la chaleur du formateur a relativement peu d'importance. Mais elle est cruciale quand il s'agit d'aider des stagiaires à se montrer plus expressifs et plus empathiques dans leurs rapports avec les clients ou de contrôler leurs sautes d'humeur dans les réunions importantes.

Dans le programme JOBS, « il était clair que nous avions besoin d'entraîneurs qui incarneraient les compétences humaines et émotionnelles que nous voulions enseigner, me confie Robert Caplan. C'est le principe de base qui a guidé notre sélection d'entraîneurs et leur propre formation. Et pour maintenir leur niveau de compétence, nous leur avons fourni une évaluation et un commentaire critique sur ces compétences. Les responsables de ce type de formation doivent s'imprégner en permanence de ces principes ».

En général, nous modelons notre comportement sur une personne qui occupe un rang élevé dans l'entreprise, ce qui signifie que nous pouvons adopter aussi bien ses bonnes que ses mauvaises habitudes. Quand des employés sont en butte à un chef de service lunatique, qui réprimande ses subordonnés de façon arbitraire, ils ont tendance à devenir moins tolérants et plus durs dans leur propre style de commandement.

Chez Eastman Kodak, un responsable me disait : « Autrefois, tout le monde travaillait au même endroit. Ici, à Rochester, on voyait tout le monde tous les jours, on apprenait à connaître les styles des collègues, on était guidé ou simplement exposé à de bons modèles professionnels, des gens qui savaient établir un rapport, écouter, inspirer confiance et respect. Mais à présent les gens sont dispersés un peu partout, isolés dans de petites unités. Vous n'avez plus les mêmes occasions d'apprendre ces compétences "douces ". »

Parce que les occasions d'imiter et de transmettre ces compétences sont plus rares, ajoute ce responsable, il faut veiller avec plus de vigilance à ce que les employés les apprennent. « Nous avons mis au point un plan de développement pour nous assurer que nous formons les gens aux aptitudes qui leur permettront de réussir, pas seulement aux capacités techniques ou analytiques, mais à celles qui prédisposent au commandement, comme la conscience de soi, la persuasion, la fiabilité... »

RENFORCER ET CULTIVER LES NOUVEAUX ACQUIS

Prenez le cas de ces deux infirmières dans une maison de retraite. L'une d'elles était dure et brusque avec ses patients, il lui arrivait même de se montrer cruelle. L'autre était un modèle d'attention et de compassion. L'infirmière dure, cependant, achevait toujours ses tâches à temps et exécutait les ordres. L'infirmière gentille contournait parfois les règles pour aider un patient et se mettait souvent en retard parce qu'elle passait plus de temps à parler avec ses patients. Les chefs de service décernèrent d'excellentes notes à l'infirmière sans cœur, alors que celle qui faisait son travail avec compassion rencontrait souvent des problèmes et son dossier administratif était beaucoup moins bon. Comment une telle aberration est-elle possible quand la mission avouée d'une maison de retraite est de fournir à ses patients la meilleure qualité de soins possible ?

De tels écarts entre la mission à remplir et les valeurs d'une institution d'une part, et ce qui s'y produit vraiment d'autre part deviennent flagrants quand on encourage des gens à cultiver des compétences émotionnelles qui, dans la pratique quotidienne, ne sont tout simplement pas supportées. Le résultat, c'est que les employés sont émotionnellement plus compétents que ce que leur travail exige ou que ce que l'institution estime nécessaire.

Une entreprise peut aider ses employés à améliorer leurs compétences émotionnelles en leur offrant des programmes de formation adéquats mais aussi en récompensant de tels progrès. Pour se développer, une compétence doit être sérieusement cultivée, ce qui suppose qu'elle soit valorisée sur le lieu de travail, et cette valorisation doit se traduire dans les critères de sélection à l'embauche, de promotion, de notation des performances, etc.

Une compétence récemment acquise doit pouvoir s'exprimer dans la réalité professionnelle afin de se renforcer.

Un manque de cohérence entre cet acquis récent et la réalité sur le terrain entraînera une atrophie de la compétence en question. Au fur et à mesure que la formation s'éloigne, notre enthousiasme à la mettre en pratique se dissipera plus ou moins selon que le climat de l'entreprise nous incitera ou non à persévérer dans nos efforts.

Peu de temps après avoir pris la tête de Banker's Trust New York, le nouveau PDG, Frank Newman, a travaillé avec un cabinet de consultants pour chercher comment rendre les hauts responsables de son entreprise plus conscients des aptitudes humaines dont l'entreprise avait besoin pour rester compétitive. Il en est résulté un programme de formation qui ne se concentrait plus sur la seule rentabilité financière : les aptitudes à la direction des hommes comptaient désormais autant, pour les promotions et les rémunérations, que les performances financières.

Comment Newman a-t-il réussi à obtenir de ses financiers qu'ils l'écoutent ? Il a lui-même assisté à une partie des sessions qui étaient animées par des membres de la direction de la banque. Comme l'explique le chef de développement de la banque : « De cette façon plus personne ne pouvait dire : Mon responsable m'a dit que ce n'était pas important. »

L'ÉVALUATION

Une recommandation essentielle : le premier souci du responsable de la formation doit être d'obtenir des mesures de performances fiables pour les compétences ciblées dans la formation et d'y inclure une évaluation de la qualité du travail. La meilleure méthode comporte une évaluation avant et après la formation, plus un suivi à long terme sur plusieurs mois et des groupes de contrôle comportant des participants choisis au hasard. Peut-être cet idéal est-il difficile à réaliser, mais il existe des alternatives : on peut recourir aux avis informels des collègues des intéressés au lieu de constituer un groupe de contrôle, ou bien comparer les changements d'une personne sur les compétences ciblées avec ses changements sur des compétences non ciblées. Et si un programme n'atteint pas les objectifs prévus, cette information devrait être utilisée pour améliorer les séances de formation ultérieures.

Mais ces principes simples ne sont suivis presque nulle part. Une enquête sur les cinq cents plus grandes entreprises des États-Unis montre que les responsables de la formation estiment que la raison principale d'une évaluation est de déterminer la rentabilité éventuelle d'une formation. Mais des évaluations rigoureuses de la qualité des programmes qu'ils dirigent sont rares ou superficielles.

La source la plus courante d'informations sur ceux-ci réside dans les rapports remis par les stagiaires après ces sessions. Ceux-ci traduisent sans doute une volonté de prolonger cette formation, mais cette satisfaction ne reflète pas un progrès des compétences. Les recherches montrent qu'il n'existe pas de corrélation entre les manifestations de satisfaction des stagiaires et la qualité de leur apprentissage ou les progrès enregistrés dans leur travail. Comme le note un responsable de la formation : « Ce n'est pas parce qu'ils ont aimé qu'ils ont appris. »

La meilleure méthode d'évaluation avec sondages préalables et consécutifs à la formation pour déterminer la qualité de la performance professionnelle de l'intéressé n'a pas été utilisée par une seule des entreprises susnommées. 10 % de celles-ci ont affirmé avoir parfois eu recours à une telle méthode, mais les évaluations en question étaient axées, pour la plupart, plutôt sur les changements d'attitude de leurs employés que sur leurs performances professionnelles.

Cette position des entreprises est en train de changer lentement. Un des plus ambitieux projets d'évaluation en matière de formation est en cours à l'école de gestion Weatherhead. Les étudiants qui ont suivi les programmes de formation aux aptitudes de gestion sont invités à participer à un projet de recherche permanent qui évalue les retombées de cette formation à long terme et se propose de déterminer quels avantages ils retirent, dans leur carrière, de l'apprentissage de ces nouveaux acquis.

Cinquième partie

L'ENTREPRISE ÉMOTIONNELLEMENT INTELLIGENTE

12

Prendre le pouls de l'entreprise

Dans une conférence économique internationale à laquelle j'ai assisté récemment, on a posé au public la question suivante : « Votre entreprise a-t-elle une définition de sa mission ? » Environ les deux tiers des présents ont levé la main.

Puis on leur a demandé : « Cette définition de sa mission rend-elle compte de la réalité quotidienne au sein de l'entreprise ? » Seules quelques mains se sont levées cette fois-ci.

Quand un écart flagrant apparaît entre la philosophie affichée d'une entreprise et la réalité, les inévitables répercussions émotionnelles qui s'ensuivent vont du cynisme à la colère et même au désespoir. La rentabilité de certaines entreprises est acquise au prix d'une violation des valeurs de ceux qui y travaillent. Cette violation se paie, sur le plan émotionnel, d'un fardeau de honte et de culpabilité : bénéfices et récompenses ont alors un goût amer.

Une entreprise émotionnellement intelligente doit régler les éventuelles contradictions entre les valeurs dont elle se réclame et celles qu'elle applique.

La définition de la mission d'une entreprise sert une fonction émotionnelle : exprimer les valeurs que partagent ceux qui travaillent ensemble et grâce auxquelles ils se reconnaissent dans un objectif commun qu'ils jugent digne d'être poursuivi. Travailler pour une entreprise qui mesure son succès à la communion autour de ses valeurs et pas seulement à sa rentabilité financière est moralement réconfortant et professionnellement dynamisant.

L'entreprise doit posséder une conscience de soi émotionnelle pour connaître ces valeurs communes. Les entreprises, comme les individus, possèdent un profil de forces et de faiblesses dans leurs différents registres de compétences et un certain niveau de conscience de celles-ci. Pour toute compétence organisationnelle, ces profils peuvent être établis à tous les niveaux : secteur par secteur et jusqu'aux plus petites unités et équipes.

Mais peu d'entreprises évaluent lucidement leurs atouts. Combien d'entre elles, par exemple, savent repérer les cadres qui exercent une influence néfaste sur leurs subordonnés, attisent les craintes et les rancœurs, ou encore quels sont les vendeurs les plus prometteurs pour elles ? Beaucoup d'entreprises peuvent croire qu'elles effectuent ces évaluations à travers des enquêtes internes sur la satisfaction au travail, sur le dévouement des employés, etc. Mais ces outils courants manquent souvent leur but.

Certains des instruments de mesure les plus couramment utilisés dans les entreprises ont été mis au point par l'Office américain de la gestion du personnel, sous la direction de Marylin Gowing. Ces évaluations, comme M. Gowing le souligne, révèlent un manque de clarté dans la perception et dans le diagnostic des défaillances collectives.

Les plus notables apparaissent dans les compétences suivantes :

- la conscience de soi émotionnelle : parvenir à déchiffrer le climat émotionnel et son impact sur les performances professionnelles ;
- la volonté de résultat : sonder l'environnement à la recherche de données cruciales et d'opportunités pour l'entreprise ;
- l'adaptabilité : montrer de la souplesse devant les défis ou les obstacles ;
- la maîtrise de soi : travailler efficacement sous la pression plutôt que se laisser envahir par la colère, la panique ou l'inquiétude ;
- l'intégrité : la fiabilité sur laquelle s'échafaude la confiance ;
- l'optimisme : résister aux déconvenues ;
- l'empathie : comprendre les sentiments et les points de vue des autres, collègues, clients ou consommateurs ;
- exploiter la diversité : savoir utiliser les différences comme des opportunités ;

• le sens politique : comprendre les tendances politiques, économiques et sociales importantes ;

• l'influence : développer des stratégies de persuasion ;

• la construction de relations : tisser des liens personnels entre des secteurs et des employés de l'entreprise très éloignés les uns des autres.

L'importance de ces compétences pour toute organisation semble aller de soi. Au moment où j'écris cet ouvrage, les plus hauts responsables de Microsoft se plaignent publiquement du manque de sens politique collectif de ses cadres. Ce défaut est en partie responsable de leur handicap dans le contentieux qui les oppose à l'administration fédérale qui accuse Microsoft de pratiques monopolistiques.

Dans quelle mesure chacune de ces compétences collectives garantit-elle une meilleure performance collective ? C'est un point qui reste à élucider. Mais justement le problème est que personne ne semble décidé à aller y voir de plus près.

Il est temps d'ébaucher une démonstration de l'avantage qu'implique pour une entreprise le fait de posséder trois compétences : la conscience de soi, une gestion saine de ses émotions et la volonté de résultats.

AVEUGLEMENT COLLECTIF

À la plage, par une chaude journée d'été, une famille de quatre personnes vient de remballer tout son attirail d'estivants, serviettes, jouets, etc., et avance péniblement sur le sable brûlant quand le plus jeune enfant, une petite fille de cinq ans environ, se met à geindre :

« Je veux de l'eau. Donnez-moi à boire ! »

Son père, agacé par son ton plaintif, se tourne vers sa femme : « Où a-t-elle appris à parler comme ça ? »

Puis il lance avec brusquerie à sa petite fille : « Personne ne t'écoute quand tu pleurniches comme ça », et il s'éloigne, ignorant ostensiblement les plaintes de l'enfant.

À travers d'innombrables échanges comme celui-ci, souvent implicites ou indirects, chacun de nous apprend dans sa famille une série de règles sur l'attention et les émotions.

Première règle : voici ce que nous remarquons.

Deuxième règle : voici comment nous l'appelons.

Troisième règle : voici ce que nous ne remarquons pas.

Quatrième règle : comme nous ne le remarquons pas, nous ne le nommons pas.

Il en va de même pour les entreprises. Chacune possède un registre particulier d'expérience collective qui reste inexprimé (ou dont on ne parle pas ouvertement) et qui disparaît dans l'abîme du non-dit collectif.

Ces zones d'inattention peuvent receler des dangers potentiels. Dans la succursale de la banque Barings à Singapour, par exemple, le fait qu'un agent de change malhonnête ait été seul responsable de toutes les opérations boursières, lesquelles échappaient donc à tout contrôle, explique qu'il ait pu perdre des centaines de millions de francs et couler la banque.

L'ENTREPRISE EST UNE FAMILLE

Les règles qui nous enseignent ce que nous pouvons et ne pouvons pas dire au travail font partie du contrat implicite imposé par chaque entreprise. Pour faire partie de la famille de l'entreprise, il faut honorer ces règles. Ainsi, nous négligerons le fait que tel cadre supérieur est un alcoolique déchu qui, il y a des années, occupait un poste plus en vue mais a échoué dans ce placard pour ne pas gêner les hauts dirigeants de l'entreprise. Il suffit de s'adresser à son assistant (qui fait bien son travail), comme tout le monde a pris l'habitude de le faire.

La peur — et c'est tout à fait compréhensible — contraint les gens au silence. Prenez le cas de ceux qui tirent la sonnette d'alarme, ces employés qui révèlent les infractions commises par leur entreprise. Une étude sur ces « justiciers » a montré qu'ils n'étaient pas motivés par la vengeance ou l'intérêt personnel mais par de nobles intentions : la loyauté envers l'éthique de leur profession ou envers la mission et les principes affichés de leur entreprise. Pourtant, la plupart d'entre eux deviennent les victimes de leur entreprise : ils sont persécutés, licenciés, traînés en justice au lieu d'être remerciés.

Ils ont commis le péché suprême : exprimer l'indicible. Et leur expulsion de l'entreprise envoie un signal tacite à tous les autres : « Respectez le contrat de silence complice, sinon vous aussi vous serez exclus. » À tel point qu'une telle collusion, en empêchant de poser des questions vitales pour l'organisation, finit par mettre en péril la survie de l'entreprise.

Elle est aussi responsable de mystifications collectives, comme le montre l'exemple suivant tiré d'une étude sur les réunions stratégiques de hauts dirigeants d'entreprise.

Les subordonnés reconnaissent que l'on consacre trop de temps à de longues présentations destinées à satisfaire le président. Ce président, toutefois, confie qu'il n'apprécie nullement ces longues présentations souvent arides (surtout quand il en connaît déjà la plupart des informations). Pourtant il éprouve le sentiment qu'il faut s'y prêter de bonne grâce car ces réunions contribuent à motiver ses subordonnés.

LES AFFAIRES SONT LES AFFAIRES

Au début des années quatre-vingt-dix, Carl Frost, un consultant américain, a rencontré des responsables de Volvo en Suède. Ils ont parlé des très longues vacances que les employés de Volvo allaient prendre cette année-là. Mais Frost était perturbé par un fait inquiétant qui expliquait la longueur particulière de ces vacances : les ventes baissaient. Les stocks étaient pléthoriques et les chaînes de montage arrêtées à cause de cette mévente.

Frost a découvert que les responsables ne s'alarmaient pas et étaient même assez heureux de cette décision de prolonger leurs vacances. Frost a cru de son devoir de poser des questions gênantes, et de rappeler aux gens de Volvo des faits qu'ils semblaient avoir tendance à négliger. Et notamment ce fait essentiel que Volvo était en train de perdre la course dans la compétition globale sur le marché de l'automobile : les coûts de fabrication de Volvo étaient supérieurs à ceux de tous les autres fabricants automobiles, il fallait aux ouvriers de Volvo environ deux fois plus de temps qu'aux ouvriers japonais pour fabriquer une voiture et les ventes en Europe avaient chuté de 50 % en quelques années.

L'entreprise était en crise, son futur incertain et les emplois menacés. Et pourtant, comme Frost le rappelle, tout le monde agissait comme si tout allait bien. Personne ne semblait faire le lien entre ces vacances prochaines et le futur problématique de la société.

Cette attitude blasée était, selon Frost, le signe d'un échec de communication troublant : les travailleurs de Volvo ne semblaient pas associer leur situation au destin global de leur entreprise, ni vraiment réaliser qu'il leur incombait de contribuer à la rendre plus compétitive.

Pour éviter une telle conjuration du silence, il faut s'efforcer de rendre l'entreprise plus honnête et plus transparente dans sa communication interne. Cela suppose une exigence collective de vérité, si angoissante soit-elle, et que chacun soit disposé à examiner les problèmes à fond. Mais un débat de cet ordre n'est possible que si les gens se sentent assez libres pour parler sans craindre d'être sanctionnés ou tournés en ridicule.

Une étude de Coopers et Lybrand sur les cinq cents plus grandes entreprises des États-Unis montre que seulement 11 % des PDG croient que les « porteurs de mauvaises nouvelles prennent un risque réel dans leur entreprise ». Mais un tiers des cadres moyens de ces entreprises expliquent que ces messagers prennent des risques réels. Parmi les travailleurs qui n'appartiennent pas à l'encadrement, environ la moitié ont le sentiment qu'apporter de mauvaises nouvelles entraîne des risques sérieux.

Cette dissonance entre les dirigeants et ceux qui sont le plus au contact des réalités quotidiennes de l'entreprise signifie que ceux qui prennent les décisions au sommet peuvent travailler avec l'illusion qu'ils obtiennent toutes les données nécessaires à leur travail, alors que ceux qui les détiennent redoutent de les leur communiquer. Les dirigeants qui ne parviennent pas à inciter leurs subordonnés à exprimer toutes leurs craintes et leurs questions, y compris les nouvelles inquiétantes, se préparent un avenir difficile. De plus, explique William Jennings, responsable de cette enquête chez Coopers et Lybrand, « les employés sont tentés d'assimiler les contrôles internes à une entrave à la productivité et de les éviter dans un effort malencontreux pour atteindre les objectifs de production ».

Selon une rumeur, il y a quelques années, quand PepsiCo a décidé de recruter de nouveaux cadres supérieurs, Wayne Calloway, le président d'alors, s'est entretenu avec eux. Il leur aurait tenu le propos suivant : « Ici, il y a deux manières de se faire virer. La première : ne pas atteindre vos objectifs. La deuxième : mentir. Mais la manière la plus rapide de se faire virer est de mentir sur vos résultats. »

« Si vous faisiez de la rétention d'informations, me confie cet ancien collègue de Calloway, il était impitoyable. Mais si vous étiez ouvert et transparent, il se montrait très bienveillant. Il en résultait une culture d'entreprise où tout le monde entretenait un rapport très sincère à la vérité. »

BIEN SAVOIR GÉRER SES ÉMOTIONS

La plupart du temps, les gens ignorent qu'on peut prendre le pouls d'une entreprise et mesurer ses chances de succès en sondant les états émotionnels de ceux qui y travaillent. Les bénéfices d'un tel sondage peuvent être tout à fait concrets. Prenons l'exemple de cette raffinerie de gaz de Petro Canada, la plus importante compagnie pétrolière du pays. « On a connu une vague d'accidents du travail sur ce site, mortels pour certains, m'a raconté un consultant appelé sur place en renfort. J'ai découvert que, dans la culture machiste de l'industrie pétrochimique, les gars n'extériorisaient jamais leurs sentiments. Si quelqu'un venait travailler avec une gueule de bois, était inquiet à cause d'un enfant malade, ou contrarié par une dispute avec sa femme, ses collègues ne lui demandaient jamais comment il allait ce jour-là ou s'il se sentait assez bien pour se concentrer sur son travail. Résultat : le type était inattentif et, parfois, provoquait un accident. »

Après avoir pris conscience de ce problème, la société a organisé une série d'ateliers pour ses travailleurs.

« Pour qu'ils parviennent à comprendre que ce qu'ils éprouvent a des conséquences qui peuvent être graves pour tous. Ils ont compris qu'ils devaient se préoccuper les uns des autres et qu'ils se rendaient service en prêtant attention à la forme morale et physique de leurs collègues. Si quelqu'un n'était pas en forme ce jour-là, ils devaient lui dire : "Je ne crois pas que je puisse travailler avec toi aujourd'hui." Ce changement s'est avéré très payant pour la sécurité. »

Il ne s'agit nullement de défendre l'idée d'une entreprise où les gens exhiberaient leurs sentiments ou leurs états d'âme les uns aux autres — vision cauchemardesque du bureau comme une sorte de salon émotionnel ou de thérapie de groupe permanente. Ce serait totalement contre-productif et le mélange des genres vie privée/travail traduit toujours une piètre compétence émotionnelle.

Dans la vie professionnelle, les sentiments importent dans la mesure où ils nous permettent ou nous empêchent d'atteindre des objectifs communs. Le paradoxe, toutefois, est que nos rapports professionnels sont en un sens des rapports tout aussi passionnels que les autres. Comme l'affirme l'économiste Warren Bennis : « Les gens se sentent seuls avec leur douleur, les blessures, la solitude, les portes fermées, le non-dit et ce qui est dit mais pas entendu, tout ce dont il serait indécent de parler. »

Dans trop d'entreprises, les règles fondamentales qui marginalisent les réalités affectives détournent notre attention de cette chape émotionnelle comme si elle ne comptait pas. Cet aveuglement suscite des problèmes sans fin : tergiversations, décisions démoralisantes, difficultés à libérer sa créativité, méconnaissance de l'importance cruciale des rapports humains, incapacité à motiver et à inspirer les employés, définitions de missions creuses et mots d'ordre du jour vides, direction formaliste qui manque de brio et d'énergie, manque d'esprit de corps, bref, des équipes qui ne fonctionnent pas.

SURMENÉ ? TANT PIS POUR VOUS

Comme me le disait ce cadre supérieur dans une grande entreprise où le taux de rotation est d'environ 40 % : « Les gens au sommet de la hiérarchie travaillent tout le temps. Beaucoup sont au bord du divorce. Les rémunérations sont substantielles, mais si l'on n'améliore pas les résultats d'année en année on se fait virer. Il n'y a aucune sécurité de l'emploi. »

La fréquence de ces récits, de ces plaintes dénonce l'un des écueils d'une économie technologique et compétitive dont les acteurs sont soumis à des pressions croissantes de tout ordre. « On n'a jamais de répit, me confiait ce dirigeant d'une entreprise qui connaît une réussite fulgurante. Il y a tellement de remous aujourd'hui, à cause de la complexité de l'environnement économique... Autrefois, quand on rentrait chez soi, on se reposait, mais à présent, pour peu qu'on travaille pour une multinationale, on doit être disponible vingt-quatre heures sur vingt-quatre, appeler l'Europe à quatre heures du matin, et l'Asie jusqu'à minuit. »

C'est en leur offrant des rémunérations importantes que cette entreprise obtient de ses employés qu'ils se dépassent constamment : ils touchent les meilleurs salaires du marché et beaucoup d'employés reçoivent des primes considérables. C'est une stratégie efficace, mais qui implique un coût humain élevé. Des entreprises comme celle-ci parviennent souvent à accroître spectaculairement leur productivité — jusqu'à un certain moment. Les travailleurs les plus motivés engrangent leurs primes, mais s'ils travaillent longtemps à ce rythme frénétique, leur vie personnelle, leur santé physique et morale finissent inévitablement par en souffrir.

Peu d'entreprises acceptent de reconnaître à quel point elles sont elles-mêmes responsables de ce stress. Elles ont généralement tendance à reporter la responsabilité de cette situation sur leurs victimes.

« Le surmenage est vraiment un problème pour les individus, explique ce PDG à des enquêteurs. Mais il n'a pas d'impact sensible sur la productivité de l'entreprise. C'est un problème marginal, pas une question stratégique de finance ou de gestion. Si les gens veulent prendre quelques jours de vacances pour se reposer une bonne fois, aucun problème. C'est pour ça que c'est fait. Il n'y a pas grand-chose d'autre que l'entreprise puisse faire. »

Ce patron se trompe lourdement : il est faux de prétendre qu'une entreprise ne peut pas faire grand-chose et qu'un tel surmenage émotionnel n'a pas d'effets sur la productivité de l'entreprise. Un des signes caractéristiques du surmenage est la chute de l'efficacité et de l'aptitude à accomplir des tâches de routine. Si ce phénomène ne touche pas seulement quelques individus mais beaucoup d'employés, les performances de l'entreprise finissent inévitablement par en souffrir.

Une étude sur le surmenage des infirmières l'établit clairement. Dans un grand centre médical, on a constaté que les symptômes de surmenage classique des infirmières, comme le cynisme, l'épuisement et la frustration devant leurs conditions de travail, sont directement en rapport avec les témoignages d'insatisfaction des patients sur leur séjour à l'hôpital. Plus les infirmières sont satisfaites de leur travail, plus les jugements des patients sur les soins qu'ils reçoivent sont élogieux. Comme les patients sont des consommateurs qui décident de dépenser leur argent dans tel hôpital plutôt que dans tel autre, de telles réalités humaines peuvent faire une grande différence dans la compétitivité des hôpitaux pour lesquels travaillent ces infirmières.

Il faut aussi prendre en compte le risque que les choses tournent mal : une étude portant sur douze mille travailleurs médicaux a établi que les services et les hôpitaux où les agents hospitaliers se plaignent le plus de leurs conditions de travail et du stress sont aussi ceux qui se voient le plus souvent poursuivis par les patients pour faute professionnelle.

COMMENT ABAISSER LES PERFORMANCES

Les entreprises ont le pouvoir de se protéger, elles-mêmes et leurs employés, contre le surmenage et ses conséquences. Cela ressort clairement d'une série d'enquêtes menées depuis vingt ans sur les causes du surmenage chez des milliers d'hommes et de femmes travaillant dans des centaines d'entreprises. Alors que la plupart des études sur le surmenage se concentrent sur l'individu, celles-ci ont examiné les pratiques des entreprises à l'égard de leurs salariés et mis en évidence les six défauts principaux des entreprises qui démoralisent et démotivent ceux-ci :

• La surcharge de travail : trop de travail, des délais et un soutien insuffisants. À cause des compressions d'effectifs, les chefs de service supervisent plus d'employés, les infirmières plus de patients, les professeurs plus d'étudiants, les caissiers de banque plus de transactions, les cadres supérieurs plus de tâches administratives. Comme le rythme, la complexité et les contraintes professionnelles s'accroissent, les employés sont débordés. Cette surcharge de travail nuit à une bonne récupération et atténue l'effet bénéfique des pauses sur la fatigue. Celle-ci s'accumule et le travail en souffre.

• Le manque d'autonomie : on est responsable du travail mais on n'a pas son mot à dire sur la façon dont il est effectué. Un contrôle tatillon de la hiérarchie entraîne de la frustration chez les employés quand ceux-ci, découvrant par exemple des manières de mieux faire leur travail, en sont empêchés par des règles rigides. Leur sens des responsabilités, leur flexibilité et leur sens de l'innovation en pâtissent. Le message émotionnel que la direction communique à ses employés est alors le suivant : l'entreprise manque de respect pour leurs jugements et leurs aptitudes innées.

• Des gratifications mesquines : on travaille plus mais la rémunération ne suit pas. Avec les réductions d'effectifs, les gels de salaires, le recours accru au travail intérimaire et la réduction des avantages en nature, les gens finissent par perdre l'espoir que leur salaire augmentera régulièrement au cours de leur carrière. Sans compter l'appauvrissement émotionnel : la surcharge de travail, combinée avec une liberté limitée et l'insécurité de l'emploi, dépouille le travail de son plaisir intrinsèque.

• Des relations humaines moins denses : on est de plus en plus isolé dans son travail, alors que les relations interpersonnelles conditionnent l'excellence des équipes. À des directives incomplètes ou floues des chefs de service répond un engagement restreint des employés dans leurs tâches professionnelles. Avec la raréfaction des relations disparaît le plaisir de rapports conviviaux entre collègues. Ce sentiment d'aliénation croissant engendre des conflits, alors même que le tissu relationnel et émotionnel qui permettrait de les résoudre se distend.

• L'injustice : c'est l'inégalité de traitement entre les individus. Ce défaut de justice, qu'il se traduise par des disparités de salaires ou de charges de travail, un mépris pour les réclamations des employés, ou une attitude tyrannique à leur égard, alimente leur ressentiment. De même, l'augmentation rapide des rémunérations et des primes du tiers supérieur de la hiérarchie, alors que les salaires du tiers inférieur augmentent peu ou pas du tout, mine la confiance des employés en ceux qui les dirigent. L'absence de communication honnête accroît encore ce ressentiment. Conséquence : une atmosphère de cynisme, d'aliénation et une perte d'enthousiasme pour la mission de l'entreprise.

• Des conflits de valeurs : disparité entre les valeurs personnelles et les exigences professionnelles. Que cela incite les employés à mentir pour conclure une vente, à omettre un contrôle de sécurité pour que le travail soit achevé dans les délais ou simplement à recourir à des tactiques machiavéliques pour survivre dans un environnement impitoyablement compétitif, en tout cas, ils le paient de leur sens moral. Quand l'accomplissement de leur travail place les employés en contradiction avec leurs valeurs, ils sont démoralisés. C'est ce qui arrive quand la définition de la mission de l'entreprise est contredite par la réalité quotidienne. Ces erreurs d'organisation ont pour conséquence une fatigue chronique, un affaissement des valeurs, de la motivation, de l'enthousiasme et de la productivité.

Examinons à présent les avantages pour une entreprise d'un accroissement de l'intelligence émotionnelle.

LA VOLONTÉ DE RÉSULTATS

Cette entreprise industrielle était en train de perdre la compétition avec ses concurrents qui fournissaient les devis à la clientèle en trois semaines alors qu'il lui fallait deux fois plus de temps pour rendre le même service.

Les dirigeants ont donc décidé de réorganiser le processus de fond en comble ; ils ont ajouté des contrôles, l'ont informatisé partiellement... mais le résultat a déjoué leurs espoirs : le temps nécessaire à l'établissement d'un devis a grimpé de quarante à cinquante-cinq jours.

Ils se sont alors tournés vers des consultants extérieurs, des spécialistes de ce type de réorganisation. Le temps nécessaire à l'établissement d'un devis est passé à soixante-dix jours et le taux d'erreurs à 30 %.

Désespérés, les dirigeants de cette société ont contacté des experts dans les méthodes de l'« apprentissage d'entreprise ». Aujourd'hui il ne leur faut plus que cinq jours pour fournir un devis à leurs clients et le taux d'erreurs est descendu à 2 %.

Comment sont-ils arrivés à ce résultat ? Pas en modifiant la technologie, ni l'organisation, mais en transformant leurs relations de travail. « Il est futile d'agir sur la technologie ou l'organisation », explique Nick Zeniuk, le président d'Interactive Learning Labs, qui a dirigé le processus d'apprentissage de cette entreprise.

Zeniuk sait de quoi il parle. Il est devenu célèbre, dans le monde de l'apprentissage d'entreprise, pour son rôle décisif dans la conception et le lancement de la nouvelle version de la Lincoln

Continental et son cas est cité en exemple d'une réussite exemplaire par l'économiste Peter Senge.

La nouvelle version de la Lincoln Continental sortie en 1995 a été une réussite spectaculaire. Les sondages de qualité et de satisfaction effectués par des instituts indépendants auprès de la clientèle ont haussé la Lincoln Continental au premier rang de la gamme Ford, au-dessus de toutes les autres voitures américaines de sa catégorie et au même niveau que les meilleures étrangères. La satisfaction des consommateurs a grimpé de neuf points avec 85 % d'opinions favorables.

Autre élément impressionnant : bien que la redéfinition de ce modèle ait été entreprise avec quatre mois de retard, la voiture a été lancée sur le marché avec un mois d'avance sur le calendrier. Et, toutes mesures de qualité de la production confondues, la Lincoln Continental a atteint ou dépassé les objectifs fixés, une prodigieuse prouesse qui couronnait une aventure ayant impliqué plus d'un millier de gens, dont un noyau dur de trois cents personnes, pour un budget de 6 milliard de francs.

Ce défi aurait pu être considéré d'un point de vue exclusivement technique, le casse-tête cognitif par excellence qui ne pouvait être résolu que par les ingénieurs les plus intelligents et les plus compétents. Pour concevoir une voiture, il faut concilier des centaines d'exigences parfois contradictoires, de la définition du couple moteur à la puissance de freinage, de l'accélération à la consommation de carburant. La partie la plus compliquée et la plus éprouvante de la conception d'un nouveau modèle concerne les ultimes spécifications de ses composants : il faut calculer et dessiner la forme et la taille de chacune des pièces du modèle et usiner ces pièces tout en essayant de résoudre le puzzle formidablement complexe de la conception d'ensemble.

Comme on l'imagine aisément, les équipes chargées de la conception d'un véhicule doivent corriger et retravailler quantité de caractéristiques techniques d'un modèle après l'assemblage d'un prototype, parce que ce n'est qu'alors que surgissent les problèmes imprévus. Un tel travail de révision survenant après que toutes les pièces d'un véhicule ont été fabriquées individuellement pour créer un véhicule qui fonctionne est très onéreux : ce travail exige de réusiner chaque pièce séparément et les coûts de fabrication de prototypes se chiffrent en dizaines de millions de francs.

Pourtant, l'équipe qui a conçu la Lincoln Continental, avec un budget de 5 milliards de francs pour les modifications et la fabrication des prototypes, n'a utilisé qu'un tiers de ce montant, à contre-courant de la tendance générale dans l'industrie à dépasser ce budget. On mesure à ce résultat l'efficacité de l'organisation de l'équipe qui a mis au point le modèle : les dessins des composants ont été achevés avec un mois d'avance au lieu des trois ou quatre mois de retard habituels et 99 % des éléments de la voiture étaient parfaitement au point au lieu des 50 % habituels.

DES RÉSULTATS SPECTACULAIRES AVEC DES MÉTHODES DOUCES

Le défi auquel étaient confrontés les concepteurs de la nouvelle Lincoln Continental était le suivant : obtenir des résultats spectaculaires — une meilleure voiture — grâce à des méthodes que beaucoup de dirigeants de l'industrie automobile auraient trouvées trop « douces » pour être efficaces, comme l'ouverture, l'honnêteté, la confiance et une communication fluide. La culture de cette industrie dédaigne traditionnellement de telles valeurs : elle a toujours été fondée sur la prédominance de la hiérarchie et de l'autorité avec le présupposé que c'est le patron qui en sait le plus et que c'est à lui de prendre toutes les décisions stratégiques.

Un dense brouillard émotionnel aggravait encore ce problème culturel. L'équipe éprouvait un fort sentiment de frustration de devoir commencer avec quatre mois de retard et toute une série d'obstacles nuisaient à l'ouverture et à la confiance entre ses membres. Un des principaux se trouvait au sommet même de la hiérarchie. Zeniuk se rappelle que les tensions entre lui-même et le directeur financier étaient si grandes qu'il ne pouvait lui parler sans que les décibels « grimpent au plafond ». Cette tension traduisait une hostilité et une défiance profondes entre ceux qui avaient la responsabilité de produire le nouveau modèle et ceux dont la mission consistait à contrôler les coûts.

Pour régler ces problèmes, le noyau dur de l'équipe en charge du projet dut recourir à de nombreuses méthodes d'apprentissage d'entreprise, y compris une technique qui consiste à se débarrasser d'habitudes de conversation défensives. La méthode est simple :

au lieu d'argumenter, les parties acceptent d'explorer les présupposés qui conditionnent leurs réactions.

Voici un exemple classique de conclusion prématurée : vous voyez quelqu'un bâiller dans une réunion, décidez qu'il s'ennuie et passez à la généralisation abusive que cette réunion l'indiffère totalement comme les réflexions de ses collègues et d'ailleurs tout ce projet. Si bien que vous lui dites qu'il a « une attitude décevante ».

Dans la méthode d'apprentissage d'entreprise, ce commentaire est inscrit dans une colonne intitulée « Ce qui a été dit ou fait ». Mais les informations les plus importantes se trouvent dans la colonne « Pensées et sentiments non exprimés » : le bâillement signifie qu'il s'ennuie.

Quand ces arrière-pensées surgissent, on peut les confronter à la réalité en en parlant. Et l'on pourra découvrir ainsi que ce bâillement n'exprimait pas l'ennui, mais qu'il était dû à la fatigue d'avoir eu à se réveiller la nuit pour soigner un enfant malade.

Cet exercice consistant à articuler ce que nous pensons et ressentons — sans l'exprimer ouvertement — nous permet de comprendre les sentiments cachés et les arrière-pensées qui peuvent engendrer des ressentiments et des impasses.

Pour retrouver ces pensées et sentiments cachés, outre la conscience de soi, d'autres compétences émotionnelles sont requises : l'empathie et une aptitude aux relations humaines pour explorer efficacement les différences cachées et les sentiments insidieux qui resurgissent.

En un sens, les conversations réelles sont intérieures, ne serait-ce que parce qu'elles révèlent ce que les êtres pensent et sentent réellement sur ce qu'ils vivent. Ce dialogue intérieur, surtout s'il s'accompagne de remous émotionnels, filtre souvent, par exemple dans un ton de voix agressif, ou un regard qui se détourne. Mais nous pouvons manquer ces signaux, chez les autres comme chez nous-mêmes, quand les échanges sont trop rapides, ou que nous sommes stressés ou distraits. Conséquence : nous ignorons notre dialogue intérieur, même s'il est plein d'informations cruciales, de doutes, de ressentiments, de peurs et d'espoirs.

Comme Zeniuk l'explique, nous ne savons pas quoi faire de cette conversation réelle.

« Si bien que nous l'ignorons. C'est comme des déchets toxiques, qu'en faire ? Les jeter ? Les enterrer ? Quoi que nous en fassions, ces déchets resteront nuisibles, ils pollueront la conversation. Si nous attaquons les gens, ils réagiront sur le même ton. » C'est pourquoi les conversations professionnelles se déroulent comme s'il n'existait pas de dialogue intérieur, même si les différents interlocuteurs sont complètement engagés dans cet échange muet. Les racines du conflit comme le début d'une véritable collaboration sont conditionnés par ce niveau sous-jacent du discours.

Quand il a été utilisé au début du projet Lincoln Continental, l'exercice du dialogue a révélé deux camps violemment opposés. Les financiers pensaient que ceux qui dirigeaient le programme ne se souciaient absolument pas de contrôle des coûts. Les responsables du projet étaient convaincus que ceux des finances « n'avaient pas la moindre idée » de ce que supposait la fabrication d'une voiture de qualité. Cette exploration mutuelle de sentiments et d'arrière-pensées cachés a traduit de façon éclatante le défaut de confiance et d'ouverture qui handicapait ce projet.

Les principaux problèmes qui sont apparus sont les suivants :

- la peur de se tromper pousse les gens à faire de la rétention d'informations ;
- le besoin de contrôle des chefs entrave la liberté de manœuvre des collaborateurs de l'équipe et les empêche de s'exprimer librement ;
- une suspicion générale : les collaborateurs du projet se considéraient réciproquement comme peu efficaces et peu dignes de confiance.

C'est ici que l'intelligence émotionnelle devient essentielle. Pour forger une équipe qui dépasse sa peur, ses luttes de pouvoir et sa méfiance, il faut puiser dans les réserves de confiance et le sens des relations de chacun. La mission de Zeniuk consistait autant dans le renforcement de la confiance entre les gens que dans la révélation de leurs préjugés enfouis. Ce qui supposait un énorme travail de relations humaines. Comme Fred Simon l'explique : « Si je voulais améliorer la qualité de cette voiture, mon meilleur atout consistait à aider les membres de mon équipe à élaborer des relations personnelles plus harmonieuses et à se considérer mutuellement d'un œil plus humain. »

DÉMARRER AU SOMMET

« Au début, les gens éprouvaient un ressentiment profond devant leur incapacité à faire ce qu'ils devaient faire, ils récriminaient sans cesse contre leurs chefs, se rappelle Zeniuk. Mais comme les chefs se sont investis et ont commencé à écouter vraiment leurs employés, ceux-ci ont changé d'attitude et se sont mis à dire : "O.K., je peux le faire, mais laissez-moi faire mon travail tranquille." Mais il n'en était pas question. Nous sommes dépendants les uns des autres dans notre travail et nous devions franchir l'étape suivante, apprendre à travailler en bonne harmonie. Et là, les patrons ont joué un rôle d'entraîneurs et de médiateurs. Le rôle du chef ne se limitait plus à contrôler et à ordonner mais à écouter, à fournir de l'assistance, des conseils. »

Pour faciliter ces changements, toute l'équipe chargée de la conception de la voiture (environ trois cents personnes) s'est scindée en groupes de vingt pour travailler sur les vrais problèmes auxquels les ingénieurs étaient confrontés — comme la nouvelle conception de l'intérieur de la voiture. Comme ils évoquaient les problèmes rencontrés, Daniel Kim, un professeur du MIT, leur a enseigné les concepts de base pour coopérer harmonieusement.

Comme l'explique Zeniuk, « la stimulation de l'intelligence émotionnelle n'était pas notre but premier, mais elle s'est imposée naturellement comme un moyen d'atteindre nos objectifs ».

Le défi se résume simplement : quinze équipes différentes d'ingénieurs, chacune axée sur différentes parties et différentes fonctions de la voiture, comme le châssis ou l'axe de transmission, et travaillant séparément. Mais dans la conception finale du prototype leurs efforts devaient s'harmoniser avec fluidité, bien qu'elles n'aient entretenu aucun contact les unes avec les autres, puisque la tradition voulait que chaque équipe travaille de son côté pour produire le meilleur dessin et essaie ensuite de contraindre les autres à adapter leur conception à ses propres spécifications, le tout dans une atmosphère de compétition acharnée.

« Si je fais une erreur de conception dans le dessin de la carrosserie, la rectification peut me coûter jusqu'à 3,5 milliards de francs, remarque Zeniuk. Mais si je repère l'erreur avant d'en arriver à la mise en fabrication de la carrosserie, la rectification ne coûte rien. Si quelque chose ne colle pas, plus tôt nous recevons la nouvelle, mieux ça vaut. »

Dans la conception d'un nouveau modèle, il peut y avoir des centaines de petits ajustements à faire sur des pièces. C'est pourquoi l'équipe chargée de la Continental disposait d'un budget de 5,5 milliards de francs pour couvrir les coûts de ces modifications, un budget qui est généralement dépassé dans l'industrie américaine de l'automobile. Mais Zeniuk savait qu'au Japon la plupart des transformations de cet ordre étaient effectuées en amont, avant qu'elles ne deviennent trop onéreuses.

« Nous avons découvert que nous n'étions pas au courant de ces erreurs de conception plus tôt parce que les ingénieurs craignaient d'être placés dans l'embarras ou critiqués. Ils pensaient : "Je résoudrai mes problèmes de tableau de bord quand ils auront résolu leur problème d'habillage de portière et personne ne se rendra compte que j'ai gaffé." Comment voulez-vous que les gens discutent sincèrement de la douloureuse vérité quand ils éprouvent de telles craintes ? »

Mais le changement d'état d'esprit s'est traduit spectaculairement dans la nouvelle atmosphère des réunions. Comme l'explique Zeniuk : « Nous avons veillé à ce que tout le monde exprime ce qu'il avait dans la tête, au lieu de laisser les vieilles habitudes reprendre le dessus : avant, les dirigeants abordaient les problèmes en croyant qu'ils possédaient toutes les solutions et refusaient d'admettre leur ignorance. Au lieu de cela, nous avons soumis toutes les décisions à l'équipe. »

Cette approche directe a réussi à accroître le niveau de conscience collective du groupe : quand quelqu'un se sentait mal à l'aise au sujet d'une décision qui devait être prise, on interrompait la réunion et on utilisait les méthodes évoquées plus haut pour mener une enquête circonspecte et respectueuse sur les sentiments et les arrière-pensées qui pouvaient alimenter ce malaise.

« Ce malaise était, selon toute probabilité, causé par une raison bien précise et cette raison pouvait, en fin de compte, modifier complètement la décision, raconte Zeniuk, cela nous a pris un certain temps à tous pour arriver à ce niveau d'honnêteté et d'ouverture. »

Il mentionne un bénéfice concret de cette approche émotionnellement plus intelligente : « Nous avons dû cesser de rivaliser pour atteindre nos objectifs financiers et qualitatifs aux dépens de ceux d'à côté, et commencer à travailler ensemble. Quand les ingénieurs ont compris l'intérêt global de cette attitude, que le travail de chacun est un maillon de la chaîne, les différentes équipes se sont mises à échanger beaucoup plus d'informations. Nous avons même vu certaines équipes renoncer à une partie de leur budget au profit d'autres équipes, quelque chose qui n'arrive absolument jamais dans l'industrie automobile. »

Et le résultat financier ? « Nous avons effectué sept cents modifications du modèle dix-huit mois avant la mise en production, au lieu de la vague de changements onéreux de toute dernière minute. Ce qui nous a permis d'économiser 3,5 milliards de francs sur les coûts de rééquipement pour un budget prévisionnel de 5,5 milliards et de terminer en avance d'un mois sur le calendrier, en ayant commencé avec quatre mois de retard. »

13

Le cœur de la performance

Les ventes d'appareils électroménagers avaient brutalement chuté chez General Electric et le PDG était consterné. En examinant un tableau qui faisait apparaître cette baisse soudaine, lui et ses collaborateurs ont compris que la division de l'électroménager connaissait de sérieux problèmes de marketing. La conversation s'est rapidement orientée vers la recherche d'une solution. Devaient-ils se concentrer sur les prix ? sur la publicité ? ou sur un autre changement dans le marketing ?

Un directeur de la division financière de la société a ensuite présenté un tableau qui montrait que l'endettement des consommateurs avait atteint un niveau de saturation. Le marketing de la société n'était pas en cause, mais les consommateurs hésitaient de plus en plus à se lancer dans de grosses dépenses comme celles-là.

« Soudain, tout le monde a considéré les choses sous un angle tout nouveau, me confie l'un des participants à cette réunion. Cette information toute nouvelle a recentré la discussion sur les problèmes de financement et nous avons cherché les moyens d'aider les consommateurs à effectuer des achats importants. »

Cette information cruciale, qui a permis à toute la direction de prendre le recul nécessaire juste au bon moment, lui a évité un petit désastre collectif. Cet exemple illustre la façon dont une entreprise tout entière peut montrer une certaine forme d'intelligence, exactement comme les groupes et les équipes qui la constituent. L'intelligence, dans un de ses sens les plus élémentaires, est la capacité à résoudre les problèmes, à affronter les défis et aussi à créer des produits appréciés. L'intelligence collective d'une entreprise illustre cette capacité qui découle du jeu complexe des interactions individuelles et de la façon dont chacun de ses membres joue son rôle au sein de l'entreprise.

Le savoir et l'expertise sont répartis à l'intérieur d'une entreprise et personne ne peut maîtriser toutes les informations dont le groupe a besoin pour fonctionner efficacement. L'intelligence de l'entreprise elle-même traduit la circulation opportune et efficace de tous ces éléments d'information et leur traitement par les intéressés.

Toute entreprise est « cybernétique », c'est-à-dire qu'elle module son activité en fonction des flux d'information continuels et mêlés qu'elle brasse. La théorie des systèmes nous enseigne que, dans un environnement marqué par des changements permanents et une compétition acharnée, c'est l'entité qui peut assimiler le plus gros volume d'informations, et répondre le plus rapidement, le plus créativement et le plus souplement, qui est la plus adaptée.

Ce principe s'applique aussi bien au plus petit commerçant qu'à la firme planétaire. Il montre le rôle crucial de l'intégration des flux d'informations par une entreprise : ce sont eux qui décident de sa viabilité. C'est ce que certains appellent le « capital intellectuel » d'une entreprise : ses brevets, ses méthodes, les compétences de ses gestionnaires, sa maîtrise des technologies, l'expérience commerciale accumulée avec ses clients, ses fournisseurs, ses partenaires.

La somme de ce que tous les membres d'une entreprise savent et savent faire contribue dans une large mesure à sa compétitivité — à condition que ce savoir soit bien utilisé.

OPTIMISER L'INTELLIGENCE DE L'ENTREPRISE

Les agents de maintenance qui réparaient les photocopieuses Xerox perdaient un temps énorme. C'est du moins ce qui est apparu quand Xerox a analysé leurs méthodes de travail.

Ils ont découvert que ces techniciens passaient une bonne partie de leur temps les uns avec les autres au lieu d'assister leurs clients. Ils se rencontraient régulièrement à l'entrepôt de pièces détachées et échangeaient des histoires sur leur travail en buvant un café.

Dans un esprit d'efficacité optimale, ces « pauses » constituaient une évidente perte de temps. Pourtant ce n'était pas l'avis de John Seely Brown, le directeur des études scientifiques de Xerox. Brown avait infiltré un consultant parmi les agents de maintenance et celui-ci avait conclu que ces pauses n'étaient pas du temps perdu mais contribuaient au contraire beaucoup à l'efficacité et à la qualité de leur travail.

Comme l'explique J. S. Brown, « les agents de maintenance ne doivent pas se contenter de réparer des machines mais aussi mettre au point des techniques pour les réparer encore plus efficacement ».

C'est dans leurs conversations que ces techniciens échangent et élaborent leur connaissance du métier. Comme le fait remarquer Brown : « Le vrai génie des entreprises réside dans l'improvisation, l'initiative informelle, imprévisible qui incite les employés les plus modestes à résoudre les vrais problèmes en inventant des méthodes que les grands gestionnaires sont incapables d'imaginer. »

Et c'est le degré d'intelligence émotionnelle d'une entreprise qui détermine sa capacité à optimiser son capital intellectuel et sa productivité. Cette optimisation dépend de l'harmonie des rapports entre ceux qui détiennent les compétences.

La capacité d'une entreprise à dépasser ses concurrents dépend de la qualité de ses relations humaines. Selon Brown : « On ne peut dissocier les compétences du tissu social qui les sous-tend. » Si les employés d'une entreprise ne parviennent pas à bien collaborer, s'ils manquent d'initiative, de solidarité ou de toute autre compétence émotionnelle, leur performance collective en pâtira inévitablement.

Cette nécessité d'une coordination harmonieuse et d'une diffusion aussi large que possible du savoir à l'intérieur d'une entreprise a conduit certaines d'entre elles à créer un nouveau poste, celui de directeur de la formation, dont le travail consiste à gérer la circulation des flux de connaissances et d'informations dans une entreprise. Encore faut-il se garder de réduire l'intelligence d'une entreprise à ses bases de données et à son expertise technique. Malgré la confiance toujours croissante dans l'information technologique, il ne faut pas perdre de vue qu'elle est utilisée par des êtres humains. Les entreprises feraient bien d'inclure dans la mission de leurs directeurs de la formation l'optimisation de l'intelligence émotionnelle collective.

DES ENTREPRISES ÉMOTIONNELLEMENT INTELLIGENTES

• « Nous sommes une entreprise de télécommunications qui réalise un chiffre d'affaires de 60 milliards de francs par an, mais notre ancien PDG était très autocratique et il nous a laissé un groupe émotionnellement très mal en point, me confie ce vice-président. Nous essayons maintenant de réparer les dégâts, d'améliorer l'intelligence émotionnelle globale, avec l'espoir de doubler notre chiffre d'affaires. »

• « Nous venons de traverser une période de changements radicaux et il va y en avoir encore beaucoup d'autres, me confie ce directeur d'une compagnie aérienne européenne. Nos employés ont un immense besoin de confiance, et nos responsables doivent montrer plus d'empathie et de compréhension, nous devons tous améliorer notre sens du "nous". Bref, toute la compagnie a besoin d'une communication émotionnellement intelligente. »

• « Notre culture d'entreprise est au départ une culture industrielle, m'explique ce responsable d'une entreprise spécialisée dans les technologies de pointe. Nous voulons construire une atmosphère de confiance, d'ouverture et de coopération qui permette aux gens de gérer leurs émotions d'une manière franche et honnête. Mais nous observons que beaucoup de nos cadres ne sont tout simplement pas émotionnellement compétents. Nous avons tous des progrès à faire sur ce plan. »

De plus en plus d'entreprises s'engagent dans cette quête d'une plus grande intelligence émotionnelle, qu'elles utilisent ou non ce terme. L'intelligence émotionnelle collective d'une entreprise n'est pas une question secondaire, laissée à l'appréciation de chacun. Elle est lourde de graves conséquences.

L'argument peut-être le plus décisif en faveur des avantages économiques de l'intelligence émotionnelle se trouve dans les données rassemblées par l'économiste Jack Fitz-Enz, de l'institut Saratoga. Depuis 1986, cet institut a collationné des données émanant de presque six cents entreprises réparties dans plus de vingt secteurs industriels qui reflètent leurs stratégies et leurs pratiques internes. Les enquêteurs de l'institut ont sélectionné des entreprises très performantes et ont recherché leur dénominateur commun ; ils ont identifié les pratiques suivantes dans leur gestion des « ressources humaines » :

- équilibre entre les aspects financiers et humains dans la philosophie de l'entreprise ;
- engagement collectif en faveur d'une stratégie simple ;
- esprit d'initiative pour stimuler les progrès dans les performances individuelles ;
- communication ouverte et construction active de la confiance avec tous les employés ;
- construction de relations à l'intérieur comme à l'extérieur de l'entreprise qui garantissent un avantage compétitif ;
- coopération, solidarité, échange des informations ;
- innovation, prise de risque, apprentissage collectif ;
- passion pour la compétition et volonté de s'améliorer sans relâche.

Cette liste est intéressante parce qu'on y retrouve de claires similitudes entre ces pratiques organisationnelles et les compétences émotionnelles qui caractérisent les professionnels d'exception. La volonté de résultat a, par exemple, été décrite dans le chapitre 6. Il en va de même pour l'innovation, l'aptitude à la prise de risques, la coopération, la construction de relations, la communication ouverte, la fiabilité, l'initiative, l'engagement : nous avons vu dans les chapitres précédents comment chacune de ces compétences émotionnelles constitue un ingrédient qui annonce une performance exceptionnelle chez les individus. Les compétences d'une entreprise peuvent, elles aussi, se répartir en trois catégories :

- les capacités cognitives : savoir tirer le meilleur parti de ses connaissances ;
- l'expertise technique ;
- la gestion des ressources humaines qui exige des compétences émotionnelles et humaines.

Mais à quoi ressemble une entreprise émotionnellement intelligente ? Pour le comprendre, examinons le cas d'Egon Zehnder International, un chasseur de têtes international.

UNE ÉQUIPE PLANÉTAIRE

Victor Lowenstein était placé devant un dilemme, un dilemme global. La Banque mondiale qui venait de créer un poste de vice-président lui avait demandé de pourvoir ce poste, et son terrain de chasse était... la planète entière. Le candidat idéal devait bien sûr posséder une expertise financière de très haut niveau. Comme la Banque mondiale essayait de se diversifier, il valait mieux éviter les candidatures américaines, une nationalité déjà surreprésentée dans la banque. Mais les bureaux de Lowenstein, partenaire associé d'Egon Zehnder International, sont installés au beau milieu de Manhattan.

Sans se laisser démonter, Lowenstein a appelé les cabinets d'Egon Zehnder en Europe, mais aussi de Hong Kong, du Japon, de Singapour et d'Australie.

Ceux-ci lui ont envoyé un vingtaine de profils de candidats possibles. Il a demandé à ce que les huit personnalités les plus prometteuses soient sondées par les responsables d'Egon Zehnder de ces différents pays afin de vérifier qu'elles possédaient bien les compétences techniques requises, ce qui permit d'en éliminer deux de plus.

« Outre les compétences professionnelles, poursuit Lowenstein, la personne recherchée devait posséder des qualités personnelles et des compétences qui s'harmoniseraient avec l'environnement unique de la Banque mondiale — et comme j'étais celui que ses responsables avaient chargé de cette mission, c'était à moi de proposer le choix final. »

Lowenstein décida donc de parcourir le monde pour évaluer les six derniers candidats en lice pour le poste.

« La Banque mondiale est une communauté très collégiale, explique Lowenstein : le collaborateur recherché devait être capable de travailler en équipe, de prendre des décisions consensuelles, de collaborer : pas question de jouer la prima donna. L'un des candidats était, par exemple, un banquier d'investissement, agressivement ambitieux, visant ostensiblement la première place. Son profil, inadéquat pour ce poste, a été rapidement écarté. »

Le personnage finalement choisi, un Néerlandais, associé majoritaire d'un très important cabinet d'audit, était l'un des deux candidats qui réunissaient, selon Lowenstein, les qualités requises — expertise et alchimie personnelle — pour s'intégrer avec une efficacité optimale dans l'institution. Encore fallait-il pouvoir disposer d'un réseau mondial pour le dénicher.

... UN POUR TOUS : LES CONDITIONS ÉCONOMIQUES D'UNE COLLABORATION SANS ARRIÈRE-PENSÉES

Une coopération sans faille des collaborateurs du monde entier, tel est le mot d'ordre chez Egon Zehnder International. Mais la raison essentielle pour laquelle ce cabinet peut instaurer un travail planétaire si efficace réside dans une caractéristique imposée dès le début de son existence : les collaborateurs du monde entier sont considérés comme appartenant à une seule équipe et sont tous payés sur la base de la performance globale du cabinet. La centaine d'associés d'EZI se répartissent les gratifications selon une règle de péréquation uniforme. La commission annuelle de chacun est calculée de la même façon, que sa contribution aux profits de la société ait été considérable ou minime. La plupart des cabinets de chasseurs de têtes calculent les commissions en panachant les critères (mondial, national et individuel) mais ce n'est pas le cas chez EZI : « La force de notre cabinet, c'est que nous refusons le concept de star. »

Cette uniformité dans le calcul des rémunérations et la répartition du pouvoir engendre un état d'esprit « Tous pour un, un pour tous », à l'opposé de celui qui règne dans ce métier où les chasseurs de têtes se comportent en général comme des chasseurs de primes, et où les recruteurs, quand leurs candidats sont acceptés, sont rémunérés au pourcentage du salaire du poste pourvu.

Comme me le confiait l'un de ces chasseurs de têtes d'un cabinet concurrent : « J'accumule informations et contacts, parce que mes gratifications sont aussi calculées sur la base de mon carnet d'adresses. Si je trouve un candidat "brûlant" en essayant de pourvoir un poste, je cache l'information pour pouvoir l'utiliser moi-même plus tard au lieu de la partager avec un collègue. Je ne sais même pas si je travaillerai avec le même cabinet dans un an, pourquoi devrais-je révéler mes tuyaux ? »

« La différence fondamentale entre notre cabinet et les autres est que nous nous trouvons tous sur le même bateau, explique Lowenstein. Plus nous collaborons, plus nous sommes efficaces et plus vite nous pouvons passer à la mission suivante. »

« Pourquoi travaillons-nous si bien ensemble ? Parce que nous avons dissocié la performance de la rémunération, affirme Zehnder. Ici, personne n'est évalué sur la base de son volume de facturation. C'est pour cette raison qu'un associé allemand prendra le temps d'aider un associé japonais et c'est aussi important que de trouver un nouveau client. Peu importe à qui revient le mérite de la réussite, puisque tout le monde se partage également les bénéfices. Et les cabinets qui perdent de l'argent reçoivent autant de commissions que ceux qui dégagent les plus gros profits. Je ne veux pas de star, je veux que chacun aide tous les autres à devenir des stars. »

LA VOLONTÉ DE RÉSULTAT

Cette approche du travail d'équipe est payante. Egon Zehnder International est le cabinet de chasseurs de têtes le plus rentable du monde. Et sa rentabilité ne cesse d'augmenter.

En 1995, le revenu annuel net moyen de chacun des consultants des vingt cabinets similaires les plus performants du monde était d'environ 3 millions de francs. Chez EZI les consultants gagnent en moyenne 5,5 millions de francs par an, ce qui signifie que la productivité de leur société est supérieure de 60 % à celle des autres cabinets analogues. En 1997, le revenu des consultants d'EZI avait franchi la barre des 6 millions annuels.

Comme nous l'avons vu dans le chapitre 3, plus un travail est complexe, plus une fonction est hiérarchiquement élevée et plus grand est l'impact de la performance professionnelle sur la rentabilité de l'entreprise. D'où la nécessité d'une sélection extrêmement rigoureuse, qui se traduit en gains de valeur ajoutée souvent considérables. Comme le souligne Claudio Fernandez-Araoz, un consultant argentin d'EZI : « Il arrive souvent que les performances médiocres d'une entreprise nous conduisent à rechercher un nouveau PDG. Quand il prend ses fonctions, si la recherche a été effectuée avec rigueur, les résultats ne tardent pas à s'améliorer spectaculairement. »

Et cette amélioration spectaculaire ne concerne pas seulement la productivité, les ventes et l'abaissement des coûts, mais aussi les compétences « douces », le moral, la motivation des employés, la qualité de leur coopération, et se traduit par un regain d'adhésion des collaborateurs les plus doués et une rotation modérée des effectifs de l'entreprise.

S'APPUYER SUR L'INTÉGRITÉ

Zehnder lui-même a contribué à l'introduction de la recherche de responsables de haut niveau dans l'industrie européenne, où son cabinet demeure le cabinet de recrutement numéro 1 dans ce domaine. Dans les années cinquante, peu de temps après avoir obtenu sa maîtrise de gestion à Harvard, Zehnder a intégré le cabinet Spencer et Stuart et créé les filiales de Zurich, de Londres, de Francfort et de Paris.

L'intégrité est un indice de la culture d'une société, une valeur qu'illustre, par exemple, le changement d'attitude que Zehnder a instauré quand il a fondé son propre cabinet en 1964.

« Je n'aimais pas le système où l'on était payé au pourcentage sur le salaire annuel du poste qu'on cherchait à pourvoir et où l'on n'était payé que si l'on dénichait quelqu'un que le client embauchait, explique Zehnder. Cela entraînait une pression pour proposer des candidats qui demandent le plus haut salaire, qu'ils soient ou non les plus qualifiés pour ce poste, afin d'obtenir les honoraires les plus élevés. »

Zehnder a modifié le système d'honoraires pour garantir que l'adéquation d'un candidat au poste est le seul critère de choix et fait payer à ses clients des honoraires calculés avant tout sur la complexité de la recherche pour un poste donné.

Ces honoraires forfaitaires incitent les consultants à rechercher les candidats les plus qualifiés plutôt que ceux qui seront les mieux payés. Cela signifie aussi que de temps à autre ils « laissent de l'argent sur la table », c'est-à-dire qu'ils coûtent moins cher à leur client qu'une recherche équivalente effectuée par un autre cabinet. Cette perte de revenu est compensée par une confiance accrue des clients et par l'établissement de solides relations à long terme avec ces clients qui sont susceptibles de fournir de multiples missions.

Par ailleurs, le cabinet contrebalance sa quête du profit par des recherches bénévoles pour des œuvres de charité, des hôpitaux, des universités et des gouvernements. « Le mobile financier ne peut constituer la seule finalité de la société », remarque Victor Lowenstein.

Ces activités désintéressées génèrent des bénéfices indirects. En effectuant ces recherches, les consultants du cabinet « font la démonstration de leur compétence personnelle et de leur dévouement au service des autres. Rien n'est plus important pour d'éventuels futurs clients que de voir des professionnels d'exception comme nos collaborateurs travailler dans un esprit purement altruiste ».

EZI ne fait jamais de publicité et les associés de la firme rechignent souvent à faire parler d'eux dans la presse non professionnelle. Mais au lieu des efforts de promotion habituels, les associés et les consultants d'EZI construisent des réseaux de relations et de contacts dans leur travail quotidien grâce à leurs efforts au service de la communauté. Ces consultants sont des hommes de réseaux par excellence.

LE PÉCHÉ CAPITAL

Les relations que le cabinet EZI noue avec ses employés sont empreintes de loyauté. Il arrive cependant que la société doive fermer une filiale quand les profits chutent. Toutefois, au début des années quatre-vingt-dix, alors que les performances de quelques cabinets secondaires laissaient à désirer, la société ne les a pas fermés pour ne pas avoir à licencier, une politique aux antipodes du reste de l'industrie où les licenciements en période de crise sont quasi automatiques.

Comme l'explique un responsable d'EZI : « Les autres cabinets de chasseurs de têtes laissent tomber plein de consultants quand le marché dégringole. Ils essaient parfois aussi de débaucher nos employés, alors que nous ne débauchons jamais chez eux. Comment gardons-nous nos collaborateurs ? Les gens, ici, se disent : “C'est la société la plus agréable où je puisse travailler. Je m'y sens bien.” Les places sont sûres et les gens le savent. »

Mais cette sécurité impose aux collaborateurs de strictes obligations. Car il y a évidemment un danger dans la combinaison de cette quasi-garantie d'emploi et du système de gratifications qui récompense tout le monde de la même façon, nonobstant les efforts spécifiques de chacun. Dans un tel contexte professionnel, le péché capital, c'est évidemment la fainéantise. Comme me le confiait Zehnder : « Le système ne fonctionne que si chacun de nous donne son maximum. Le crime, c'est de tirer au flanc, pas de manquer de réussite si on travaille dur. »

Dans un groupe aussi uni, « la pression des collègues et la gêne » constituent l'aiguillon le plus efficace pour ceux qui n'assument pas leur part du travail. Quand les gens lambinent, ils reçoivent un avertissement : « Je peux dire à quelqu'un qu'il n'est pas assez présent, pas assez investi, qu'il ne rencontre pas assez de clients », explique Zehnder.

S'il n'y a toujours pas de progrès, les collaborateurs sont mis à l'épreuve et leur salaire est revu à la baisse. Par exemple un collaborateur qui a dix ans d'ancienneté sera ramené au niveau d'un collaborateur qui n'en a que cinq, jusqu'à ce qu'il s'améliore. Ce salaire peut être encore abaissé au niveau d'un collaborateur qui n'a que trois ans d'ancienneté, mais on en arrive très rarement là, à cause de ce que chacun des collaborateurs décrit comme une profonde loyauté, et un sens de l'obligation envers tous et envers leur mission commune.

La société est vécue de façon très palpable comme une famille où chacun espère rester. Comme le dit l'un des associés : « Nous savons que nous travaillerons ensemble pendant de nombreuses années, c'est pourquoi nous sommes prêts à investir du temps et des efforts dans la construction de relations professionnelles. »

« Les meilleurs professionnels ne partent pas, confirme Zehnder. Ils restent parce qu'ils adorent la culture maison. Nous formons une grande famille. Nous comprenons les difficultés que peuvent rencontrer nos associés dans leur vie, les crises familiales, les maladies, les soucis concernant les enfants... »

Quand Victor Lowenstein est tombé gravement malade, ce qui a nécessité une intervention chirurgicale d'urgence, ses collègues ont téléphoné tous les jours pour prendre de ses nouvelles. Et quand, lors de la visite médicale précédant l'embauche, on a diagnostiqué un cancer à un consultant canadien qui venait d'être recruté, il a été confirmé quand même dans son poste et est resté salarié durant les trois années de son combat contre la maladie, jusqu'à sa mort.

« Nous sommes tous très attentifs à nos collègues, me confie Fernandez-Araoz. Ce souci concerne aussi l'équilibre entre le travail et la vie privée. La société a beau obtenir les meilleures performances dans son secteur, notre culture décourage quand même les accros du travail, ceux qui ne lèvent jamais le pied et dont l'acharnement ruine tout espoir d'une vie familiale saine. »

« Il y a vingt ou trente ans, les gens étaient prêts à tout sacrifier — famille, vie conjugale, loisirs — à la réussite de leur entreprise, se souvient Zehnder. Mais aujourd'hui cette attitude est une mauvaise réponse. »

L'ambiance familiale de la société découle en partie de la démocratisation du pouvoir. Comme un associé l'explique : « Il n'y a pas de différence entre le sommet et la base. » Ce qui signifie que, quels que soient le titre d'un collaborateur ou son ancienneté dans le cabinet, tout le monde fait plus ou moins le même travail. Ce partage du travail « cimente les relations verticalement d'une manière très forte, tandis que les gratifications et la stabilité d'emploi cimentent les relations horizontalement », explique Philip Vivian, du bureau de Londres. La structure de la société ressemble donc plus à un réseau qu'à une hiérarchie.

UN RADAR HUMAIN

Si les qualités intellectuelles et l'expertise sont cruciales pour les recrutements d'EZI, « l'intelligence émotionnelle est essentielle dans ce que nous faisons », comme le souligne l'un des dirigeants.

Un consultant qui est pressenti par EZI doit passer des entretiens avec vingt, parfois jusqu'à quarante associés du cabinet, de différentes nationalités. Zehnder lui-même rencontre jusqu'à cent cinquante candidats par an. Il ne dispose pas d'un pouvoir de veto particulier mais explique qu'une ou deux fois il a exprimé de vigoureuses objections devant des candidatures qui semblaient très solides.

« Nous avons besoin d'un radar dans ce métier, mais il ne se développe qu'avec l'expérience, remarque Zehnder. Nos collaborateurs s'acquittent tous brillamment de leurs recherches et de leur travail personnel, mais l'intuition se développe en évaluant des candidats. »

Chaque associé, qui rencontre des postulants éventuels, les évalue sous quatre angles principaux. Le premier est purement cognitif : résolution de problèmes abstraits, raisonnement logique et capacités d'analyse. Mais les trois autres capacités jaugées reflètent les compétences émotionnelles :

- la construction de relations : savoir « jouer en équipe », posséder de la confiance en soi, de la présence et du style. Être empathique et savoir écouter. Avoir la capacité de vendre une idée. Montrer maturité et intégrité ;
- la passion du résultat : montrer de grandes capacités d'initiative, d'énergie et un sens de l'urgence qui se reflètent dans les résultats. Posséder un jugement et un bon sens solides. Être indépendant, mû par l'esprit d'entreprise, imaginatif ; avoir un potentiel de dirigeant ;
- les qualités personnelles : posséder les qualités d'ami, de collègue et d'associé. Être honnête et conséquent avec ses valeurs morales. Motivé. Sociable avec un certain brio et un sens de l'humour. Modeste. Avoir une vie personnelle épanouie et des centres d'intérêt en dehors du travail. Comprendre l'entreprise et ses valeurs.

La barre est placée haut et pour de bonnes raisons : « C'est comme d'entrer dans une famille, explique Fernandez-Araoz. Nous devons penser au long terme. »

Zehnder confirme : « Il n'y a de place ici que pour ceux qui seront des membres enthousiastes de la famille. »

Ce n'est pas une rhétorique creuse. Environ 90 % de ceux qui sont engagés comme consultants chez EZI finissent par devenir associés. Le nombre de ceux qui partent est d'environ 3 % (contre 30 % dans le reste de l'industrie) dans un métier où, quand leur carnet d'adresses est assez épais, bon nombre de consultants partent fonder leur propre cabinet.

Zehnder poursuit : « Je rencontre chaque consultant avant qu'il soit engagé. Je veux savoir ce qui est important pour eux. Vont-ils à l'opéra ? Quel genre de livres lisent-ils ? Quelles sont leurs valeurs ? De quoi sont-ils capables pour les défendre ? »

Il y a aussi une motivation personnelle derrière cette attitude professionnelle. Zehnder est sincère :

« Je veux prendre du plaisir à mon travail. Je veux m'entourer de gens avec qui je pourrais dîner pendant le week-end. Dans ma profession, il faut absolument pouvoir faire confiance aux gens avec qui vous travaillez, des gens que je dois encore trouver agréables quand je suis épuisé à trois heures du matin. »

Quelques réflexions finales

NOS ENFANTS ET L'AVENIR DU TRAVAIL

Comment éduquer au mieux les jeunes pour le monde du travail de demain ? Il faut bien entendu repenser les bases de l'éducation : l'intelligence émotionnelle est désormais aussi cruciale pour le futur de nos enfants que le cursus académique traditionnel.

Les parents du monde entier commencent à comprendre la nécessité d'une préparation à l'existence plus globale que celle que la formation scolaire traditionnelle offre aux enfants. Des programmes de formation à l'intelligence émotionnelle voient le jour aux États-Unis et un peu partout dans le monde.

Peut-être trouve-t-on l'approche la plus prometteuse de cette nouvelle démarche dans les initiatives locales qui associent administration, écoles et entreprises dans le but de stimuler l'intelligence émotionnelle des citoyens. L'État de Rhode Island (États-Unis) a, par exemple, mis sur pied un programme destiné à accroître l'intelligence émotionnelle dans des institutions aussi variées que les écoles, les prisons, les hôpitaux et les cliniques psychiatriques.

Les entreprises les plus clairvoyantes comprennent qu'elles aussi ont un rôle à jouer dans la qualité de l'éducation que reçoivent leurs futurs employés. On peut d'ores et déjà imaginer des associations d'entreprises favorisant l'éducation émotionnelle à la fois comme un geste de civisme et comme un investissement pratique. Si les écoles ne réussissent pas à aider les étudiants à maîtriser ces acquis élémentaires pour tout être humain, alors les entreprises devront y remédier quand ces étudiants deviendront leurs employés. Un tel effort concerté sur l'aide à apporter aux écoles pour enseigner ces aptitudes ne pourra qu'aider à améliorer à la fois la qualité des rapports humains dans la vie quotidienne et la prospérité économique.

L'ENTREPRISE DE DEMAIN, UNE COLLECTIVITÉ VIRTUELLE

Plus les entreprises dépendront du talent et de la créativité de travailleurs indépendants, plus l'urgence de l'intelligence émotionnelle se fera sentir. Dès à présent, 77 % des « travailleurs intellectuels » américains disent qu'il leur revient de décider de ce qu'ils ont à faire dans leur travail et qu'ils refusent qu'on le leur dicte.

La popularité croissante du travail à distance renforce cette tendance. L'autonomie ne peut réussir que si elle s'accompagne de maîtrise de soi, de fiabilité et de conscience professionnelle. Et comme les gens travaillent moins « pour l'entreprise » et plus pour eux, l'intelligence émotionnelle sera de plus en plus nécessaire à l'harmonie des relations professionnelles.

Cette nouvelle autonomie des agents économiques laisse entrevoir pour le monde du travail un avenir assez similaire au fonctionnement du système immunitaire : des cellules vagabondes détectent un besoin urgent, se rassemblent spontanément en un réseau serré, un groupe de travail étroitement coordonné pour répondre à cette urgence, et se dispersent ensuite pour redevenir des agents autonomes. Ce mode de fonctionnement se répand déjà dans certains secteurs de l'industrie du spectacle, où une structure se forme pour la durée d'un projet, avant de se disperser. Il se pourrait que ce type d'organisation préfigure l'entreprise de l'avenir.

De telles équipes virtuelles sont particulièrement efficaces parce qu'elles sont dirigées par celui qui a les capacités requises plutôt que par celui qui possède le titre de « dirigeant ».

La question pour nous tous est de savoir si ce nouveau monde du travail deviendra de plus en plus lugubre avec une pression du rendement sans cesse plus forte et une appréhension qui nous ôtera tout sentiment de sécurité de l'emploi et nous empêchera même de goûter aux plaisirs les plus simples, ou si, même en face de cette nouvelle réalité, nous pourrons préserver des relations professionnelles et un rapport au travail captivants et enrichissants.

LE RÉSULTAT FINANCIER

La bonne nouvelle, c'est que l'intelligence émotionnelle peut s'apprendre. Chacun de nous peut ajouter les aptitudes qu'elle englobe à sa trousse d'outils de survie à une époque où la « stabilité de l'emploi » ressemble de plus en plus à une contradiction dans les termes et à un vieux souvenir.

Le fait que les compétences émotionnelles puissent être évaluées et améliorées indique que dans toutes sortes de métiers les exigences professionnelles et donc la productivité peuvent progresser. Pour ce faire, une harmonisation des compétences émotionnelles dans chaque entreprise est nécessaire.

Au niveau individuel, les ingrédients qui composent l'intelligence émotionnelle peuvent être identifiés, évalués et améliorés. Au niveau de l'équipe, il est indispensable d'optimiser les synergies émotionnelles. Au niveau de l'entreprise, il faut réviser les échelles de valeurs pour faire de l'intelligence émotionnelle une priorité, sur les points concrets de l'embauche, de la formation et du développement, de l'évaluation des performances et des promotions.

L'intelligence émotionnelle n'est sans doute pas une baguette magique, ni la garantie qu'on gagnera de nouvelles parts de marché ou que les bénéfices grimperont. La physiologie d'une entreprise est extraordinairement complexe et la solution des problèmes ne saurait dépendre d'une seule intervention, d'une modification unilatérale. Mais une entreprise, c'est d'abord une association d'êtres humains, et si l'on ignore l'ingrédient humain alors on renonce au potentiel optimal de cette collectivité. Dans les années à venir, les entreprises dont les employés coopéreront le mieux dépasseront leurs rivales et c'est pour cette raison que l'intelligence émotionnelle sera de plus en plus vitale.

Outre l'intelligence émotionnelle des entreprises pour lesquelles nous travaillons, le fait de posséder ces aptitudes permet à chacun de nous de vivre en préservant son humanité et sa santé, quel que soit notre secteur d'activité professionnel. Et, avec les transformations prévisibles du monde du travail, ces aptitudes humaines nous aideront non seulement à distancer nos concurrents, à piloter efficacement notre carrière, mais aussi à développer notre plaisir et même notre bonheur dans la vie professionnelle.

Appendice 1

L'intelligence émotionnelle

« L'intelligence émotionnelle » désigne notre capacité à reconnaître nos propres sentiments et ceux des autres, à nous motiver nous-mêmes et à bien gérer nos émotions en nous-mêmes et dans nos relations avec autrui. Elle englobe des aptitudes à la fois distinctes et complémentaires de celles que recouvre l'intelligence scolaire, les capacités purement cognitives que mesure le QI. Beaucoup de gens qui possèdent une forme d'intelligence abstraite manquent d'intelligence émotionnelle et finissent par travailler sous les ordres de personnes qui possèdent des QI inférieurs aux leurs, mais excellent dans les compétences émotionnelles.

Ces deux sortes d'intelligence, l'intellectuelle et l'émotionnelle, traduisent l'activité de zones cérébrales différentes. L'activité intellectuelle se concentre entièrement dans le néocortex, et les activités cérébrales les plus récentes dans l'évolution de l'espèce sont basées dans les régions supérieures du cerveau. Les centres de l'intelligence émotionnelle sont, quant à eux, situés dans les régions inférieures et plus anciennes du cerveau, dans le sous-cortex. L'intelligence émotionnelle englobe ces centres émotionnels et leur coordination avec les centres intellectuels.

Une théorie globale de l'intelligence émotionnelle a été proposée en 1990 par deux psychologues, Peter Salovey, de Yale, et John Mayer, de l'université du New Hampshire.

Salovey et Mayer définissent l'intelligence émotionnelle comme la capacité de réguler et de maîtriser ses propres sentiments et ceux des autres et d'utiliser ces sentiments pour guider nos pensées et nos actes. J'ai repris et adapté leur modèle et j'en propose une version que je trouve particulièrement utile pour saisir l'importance de ces talents dans la vie professionnelle. Mon adaptation comprend cinq compétences émotionnelles et sociales élémentaires :

• La conscience de soi : être toujours conscient de nos sentiments et utiliser nos penchants instinctifs pour orienter nos décisions. S'évaluer soi-même avec réalisme et posséder une solide confiance en soi.

• La maîtrise de soi : gérer nos émotions de façon qu'elles facilitent notre travail au lieu d'interférer avec lui. Être consciencieux et savoir différer une récompense dans la poursuite d'un objectif. Récupérer rapidement d'une perturbation émotionnelle.

• La motivation : utiliser nos envies les plus profondes comme une boussole qui nous guide vers nos objectifs, nous aide à prendre des initiatives, à optimiser notre efficacité et à persévérer malgré déconvenues et frustrations.

• L'empathie : être à l'unisson des sentiments d'autrui, être capable d'adopter leur point de vue et entretenir des rapports harmonieux avec une grande variété de gens.

• Les aptitudes humaines : bien maîtriser ses émotions dans ses relations avec autrui et déchiffrer avec acuité les situations et les réseaux humains. Réagir avec tact. Utiliser ces aptitudes pour persuader, guider, négocier et régler les différends, pour coopérer et animer des équipes.

Appendice 2

Évaluer les compétences des grands professionnels

Il existe deux niveaux de compétence professionnelle et donc deux grandes catégories de modèles d'évaluation des compétences professionnelles : l'une d'elles évalue les compétences minimales requises, celles qui sont nécessaires aux travailleurs pour accomplir leur tâche. La plupart des compétences que j'ai examinées se placent dans cette catégorie.

L'autre modèle d'évaluation professionnelle décrit des compétences « distinctives », les aptitudes qui surclassent les professionnels d'exception par rapport à la moyenne. Ce sont ces compétences que toute personne doit posséder pour accomplir une performance professionnelle hors pair.

Par exemple, un spécialiste en technologies de l'information doit posséder un haut niveau d'expertise technique pour être simplement capable de faire son travail. Une telle expertise est une compétence minimale. Mais les deux compétences qui sont susceptibles de distinguer un professionnel d'exception dans ce domaine sont des compétences émotionnelles : la persuasion et l'influence.

Pour parvenir à une compréhension plus précise de la contribution de l'intelligence émotionnelle à l'excellence, j'ai fait appel à Ruth Jacobs et Wei Chen, deux chercheurs du cabinet Hay-McBer de Boston. Ils ont réanalysé leur propres données brutes provenant d'études de compétences effectuées dans une quarantaine de sociétés pour évaluer le poids relatif d'une compétence donnée chez les professionnels d'exception.

Voici les résultats : dans *27 %* des cas, les professionnels hors pair jouissent de capacités cognitives nettement supérieures aux moyens, mais dans *53 %* des cas ils jouissent aussi de capacités émotionnelles supérieures. En d'autres termes, les compétences émotionnelles sont deux fois plus importantes pour l'excellence que ne le sont l'intellect et l'expertise purs. Cette estimation recoupe mes propres découvertes (*cf.* le chapitre 2).

D'autres études empiriques sur l'excellence professionnelle montrent qu'en général les compétences émotionnelles jouent un rôle bien supérieur dans la genèse d'une performance exceptionnelle que les aptitudes cognitives et l'expertise technique.

Marilyn Gowing, de l'Office américain de gestion du personnel, a supervisé une analyse exhaustive des compétences supposées distinguer les professionnels hors pair des éléments moyens pour presque toutes les fonctions de l'administration fédérale. Robert Buchele, un économiste du travail, a calculé le rapport entre compétence technique et aptitudes aux relations humaines pour des fonctions de tout niveau, des plus modestes aux plus élevées.

Pour les premières, les aptitudes techniques sont plus importantes que les compétences humaines. Mais, à un niveau plus élevé, l'aptitude aux rapports humains compte plus que les aptitudes techniques chez les professionnels d'exception. Et dans les postes de premier plan, plus les intéressés progressent dans leur carrière, plus les aptitudes aux rapports humains (mais pas les compétences techniques) deviennent importantes pour distinguer une performance professionnelle excellente d'une prestation ordinaire.

Appendice 3

Différence sexuelle et empathie

Les femmes ont en général des aptitudes intersubjectives supérieures à celle des hommes, en tout cas dans une culture comme celle des États-Unis, où les filles sont préparées par leur éducation à être plus attentives aux sentiments et à leurs nuances que les garçons.

Cela signifie-t-il que les femmes soient plus empathiques que les hommes ?

C'est souvent vrai, mais ce n'est pas inévitable. La croyance populaire selon laquelle les femmes sont naturellement plus « en phase » que les hommes avec les sentiments d'autrui repose sur une base scientifique, mais il y a deux exceptions notables particulièrement importantes dans la vie professionnelle.

Primo, il n'y a pas de différence entre les sexes dans les cas où les gens essaient de cacher leurs véritables sentiments et, secundo, quand l'épreuve consiste à deviner les pensées inexprimées de quelqu'un avec qui l'on entretient une relation suivie.

En ce qui concerne la différence sexuelle en général : quand on enquête sur des échantillons suffisamment importants, on découvre que les similitudes psychologiques, quelle que soit la faculté examinée, sont beaucoup plus nombreuses que les différences, qui demeurent marginales. On observe, par exemple, que même si en moyenne les femmes ont des aptitudes supérieures à celles des hommes dans certaines compétences émotionnelles, une minorité d'hommes y excellent néanmoins plus que la plupart des femmes, malgré la différence statistique indéniable enregistrée dans l'enquête.

En ce qui concerne l'empathie, pour décider si les femmes l'emportent sur les hommes à cet égard, il faut d'abord s'entendre sur le sens de ce terme. En un premier sens, les femmes, en tout cas dans les cultures occidentales, sont bien en moyenne plus empathiques que les hommes : l'empathie signifie alors éprouver le même sentiment qu'autrui.

Les femmes sont également meilleures que les hommes pour détecter les humeurs fugaces chez les autres, comme le montrent les résultats d'un test mis au point par les professeurs R. Rosenthal et J. Hall. Ils ont découvert que les femmes interprètent mieux que les hommes les expressions faciales et les émotions qu'elles traduisent. Cependant, quand d'autres indices émotionnels interviennent, moins aisés à contrôler que les expressions faciales, cet écart tend à s'annuler.

Les gens contrôlent mieux leurs expressions faciales que le ton de leur voix, le langage de leur corps ou ces « micro-émotions » qui traversent leur visage le temps d'un éclair. Plus les signaux émotionnels sont variés, mieux les hommes interprètent les états intérieurs des autres. La capacité de repérer ces signaux parfois imperceptibles est particulièrement importante dans les situations où les gens ont de bonnes raisons de dissimuler leurs véritables sentiments — un phénomène constant dans le monde des affaires. Et cette différence sexuelle tend à s'annuler dans beaucoup de situations de la vie des affaires, une vente ou une négociation, par exemple, où la plupart des gens ne peuvent s'empêcher de laisser filtrer certains signaux émotionnels.

Et quand il s'agit d'une autre dimension de l'empathie, la capacité de deviner certaines pensées spécifiques de celui qu'on a en face de soi, il apparaît clairement qu'il n'y a plus aucune différence. Cette opération plus compliquée qu'on nomme l'exactitude empathique associe intelligence et affectivité. Il ne s'agit plus cette fois de deviner seulement des émotions à travers des expressions faciales, mais d'évaluer les pensées non exprimées d'une personne, par exemple après une conversation dont on passe le film aux sujets testés. Dans cette tâche, les sujets féminins n'obtiennent pas de meilleurs résultats que leurs homologues masculins.

Une grande enquête sur la différence sexuelle montre que les hommes ont les mêmes aptitudes latentes à l'empathie, mais une motivation moindre que les femmes de se montrer empathiques. Dans la mesure où les hommes tendent à se considérer d'un point de vue « machiste », poursuit cette interprétation, ils seraient moins incités à se montrer réceptifs aux autres, car cette réceptivité pourrait être interprétée comme un signe de « faiblesse ». Comme le souligne W. Ickes, un des meilleurs spécialistes de l'empathie : « Si les hommes paraissent parfois socialement insensibles, cela a sans doute plus à voir avec l'image qu'ils veulent donner qu'avec leur aptitude profonde à l'empathie. »

Appendice 4

Stratégies d'exploitation de la diversité

On a constaté un choc en retour après les premières initiatives bien intentionnées de diversification : on a placé des professionnels provenant de minorités ethniques à des postes de responsabilité avec la conviction qu'ils échoueraient dans leur tâche, échec qui s'explique en partie sans doute par les ravages des préjugés ambiants, comme nous l'avons vu au chapitre 7. Plusieurs approches peuvent nous aider à comprendre le fonctionnement de ces préjugés.

Le psychologue Claude Steele, qui a étudié le pouvoir de nuisance de ces préjugés, en propose une : après avoir analysé la dynamique émotionnelle qui sape la qualité de la performance des membres de ces minorités, il a mis au point un programme de « stratégies de sagesse » qui essaie d'inverser la logique de ce processus. Les résultats sont réconfortants : les étudiants noirs de l'université du Michigan qui ont suivi son programme de dix semaines ont obtenu de bien meilleurs résultats scolaires lors de leur première année que des étudiants noirs qui n'avaient pas suivi ce programme.

Voici quelques-uns des aspects du programme de Steele qui concordent avec les stratégies utilisées par des entreprises pour rendre le lieu de travail accueillant pour des travailleurs de tous horizons :

• Des chefs optimistes : les « tuteurs » ou les chefs de service affirment leur confiance dans le potentiel d'êtres particulièrement vulnérables à l'influence délétère des préjugés ambiants.

• Des défis authentiques : un travail difficile suscite le respect pour le potentiel de celui qui l'assume et lui démontre qu'il n'est pas jaugé à travers les verres déformants d'un stéréotype dévalorisant. Ces défis sont adaptés aux aptitudes de l'intéressé, à sa portée, ni trop exigeants ni trop faciles — pour ne pas renforcer le soupçon le plus intimidant : qu'ils sont au fond incapables de travailler.

• Un apprentissage réhabilité : il s'agit de souligner l'idée que l'expertise et la compétence progressent dans un apprentissage sur le terrain, cela pour contrer le préjugé le plus cruel, à savoir que la capacité intrinsèque d'une personne est limitée par son appartenance à un groupe socioculturel.

• Affirmer le sentiment d'appartenance : les stéréotypes négatifs engendrent un sentiment d'inadaptation (« Je ne suis pas à ma place ici »), qui projette un doute sur l'adéquation de la personne avec le poste qu'elle occupe. Cette affirmation d'appartenance, cependant, doit être fondée sur les vraies capacités de l'intéressé pour ce poste.

• Valoriser des perspectives multiples : la variété des apports culturels est explicitement valorisée dans la culture de l'entreprise. Ce qui indique à ceux qui sont intimidés par les préjugés que, dans cette entreprise, de tels stéréotypes ne sont pas admis.

• Des modèles convaincants : des êtres appartenant au même groupe que ceux que l'on cherche à conforter et qui ont réussi dans ce type de travail transmettent le message implicite que le préjugé intimidant n'est pas un obstacle.

• Construire la confiance en soi, à travers un échange « socratique » : au lieu de réagir par des jugements sur la qualité de la performance professionnelle, un dialogue continu aidera à orienter la personne, avec un contrôle minimal de la qualité de son travail. Ce dialogue renforce la relation avec l'entraîneur en minimisant le coût émotionnel d'échecs initiaux, une stratégie qui permet à l'efficacité de se bâtir progressivement, ce qui est un gage de réussite pour l'avenir.

Appendice 5

Autres problèmes de formation

SUR L'ÉVALUATION DE LA COMPÉTENCE ÉMOTIONNELLE

Aucune technique d'évaluation n'est parfaite. Les auto-évaluations sont souvent biaisées par le désir des intéressés de paraître irréprochables. Et quand il s'agit d'évaluer la compétence émotionnelle se pose la question de savoir si quelqu'un dont la conscience de soi est déficiente est fiable dans l'évaluation de ses forces et de ses faiblesses. Les auto-évaluations sont certes utiles et sincères si les intéressés pensent que les résultats seront utilisés dans leur intérêt, mais, s'ils en doutent, ils deviennent nettement moins fiables.

« L'utilité des auto-évaluations dépend de l'objectif recherché », explique Suzanne Ennis, directrice de la formation des cadres de la BankBoston. Une question décisive à se poser : « Quelle est la position de l'entreprise par rapport à ces informations et comment seront-elles utilisées ? La volonté d'apparaître comme un bon employé ne peut qu'influencer les réponses. »

Comme le dit Ennis : « Quand une auto-évaluation reste confidentielle, entre vous et votre entraîneur, si elle n'est pas connue et conservée par votre entreprise, alors vous serez plus sincère, aussi sincère que vous pouvez l'être, étant donné les limites de votre conscience de vous-même. »

Mais les évaluations effectuées par d'autres personnes présentent d'autres inconvénients : les amitiés personnelles ou les inimitiés dues à des luttes de pouvoir en altèrent souvent l'objectivité.

Il est particulièrement difficile pour les cadres supérieurs du tiers supérieur de la hiérarchie d'obtenir des évaluations sincères, ne serait-ce que parce que le pouvoir qu'ils détiennent constitue un obstacle et, comme nous l'avons vu dans le chapitre 4, le succès lui-même peut parfois susciter une vision narcissique de soi : on se considère comme irréprochable. Les cadres dirigeants sont ainsi souvent coupés de la réalité parce qu'ils sont isolés et parce que leurs subordonnés craignent de les offenser.

Une bonne méthode pour corriger les distorsions inévitables des évaluations consiste à en multiplier les sources.

TESTER LA RÉCEPTIVITÉ DES CANDIDATS AU CHANGEMENT

Le psychologue James Prochaska a défini quatre phases de réceptivité chez les stagiaires qui s'engagent dans une transformation (réussie) du comportement.

• L'inconscience : comme le disait G. K. Chesterton, l'écrivain britannique, « ce n'est pas qu'ils ne voient pas la solution, ils ne voient pas le problème ». À ce stade, les gens ne sont absolument pas prêts. Ils nient avoir besoin du moindre changement. Ils ne voient pas le problème.

• La contemplation : à ce stade, les gens comprennent qu'ils ont besoin de s'améliorer et ont commencé à réfléchir aux moyens à mettre en œuvre. Ils sont ouverts à la discussion sur ce sujet mais pas encore prêts à s'y consacrer à fond. La perspective de la transformation reste abstraite. On attend une sorte de déclic magique, on repousse le moment de commencer. Prochaska remarque qu'il est assez fréquent que les gens se répètent à eux-mêmes pendant des années qu'ils vont changer... un jour.

• La préparation : les gens ont commencé à réfléchir vraiment à la solution, aux moyens de s'améliorer. Ils sont sur le point de s'engager, impatients de passer à l'action. C'est souvent un événement dramatique qui cristallise cette prise de conscience décisive : une discussion avec leur chef de service, une catastrophe dans le travail, une crise dans leur vie personnelle.

• L'action : le changement visible commence. Les gens adoptent leur plan d'action, font les premiers pas et modifient effectivement leur façon d'agir, leurs schémas émotionnels, leur façon de penser à eux-mêmes et toutes les autres facettes d'habitudes émotionnelles très ancrées.

À PROPOS DE LA PRATIQUE

Au niveau neurologique, la culture d'une nouvelle compétence signifie le dépérissement d'une ancienne habitude (un automatisme cérébral) et son remplacement par une nouvelle habitude. Le stade final de la maîtrise d'une compétence est atteint quand le vieil automatisme est supplanté par le nouveau. C'est le moment où le changement de comportement se stabilise, rendant improbable un retour à la vieille habitude.

En général les attitudes profondes qui sous-tendent ces habitudes et les valeurs qui s'y rattachent sont plus difficiles à modifier que les habitudes elles-mêmes. Un préjugé racial est plus difficile à modifier que ce qu'on dit ou fait en présence d'une personne d'un groupe ethnique différent du nôtre. On peut modifier des traits profonds de la personnalité, la volonté de résultat ou l'affabilité, par exemple, mais c'est un processus de longue haleine. Il en va de même pour la construction de capacités aussi ancrées que la conscience de soi, la capacité de gérer les émotions violentes et l'empathie.

Les programmes de formation qui offrent aux gens la possibilité de pratiquer la compétence désirée à travers des mises en situation bien ciblées, des jeux, des jeux de rôles et d'autres méthodes similaires constituent d'excellents exercices d'initiation. Mais le simple fait de prendre part à un exercice ou à un jeu ne signifie pas qu'on est en train d'apprendre. Ces jeux de simulation doivent être couplés à des séances d'explications et de commentaires, de soutien psychologique et à une solide pratique sur le terrain.

La formation assistée par ordinateur, très en vogue dans les programmes de formation, ne peut apporter qu'un soutien limité en ce qui concerne les compétences émotionnelles, elle est généralement plus adaptée à l'apprentissage des compétences techniques qu'au développement des aptitudes aux rapports humains.

« Les gens pensent qu'on peut s'asseoir devant son ordinateur, s'évaluer soi-même et découvrir comment on développe une compétence, observe le psychologue Richard Boyatzis. Mais on ne peut y arriver en dehors d'un cadre relationnel, il est impossible d'apprendre ces compétences seul dans son coin... »

Les technologies intelligentes qui font appel aux systèmes d'apprentissage assistés par ordinateur, à la réalité virtuelle, aux CD-Roms interactifs, etc., et suscitent tant d'enthousiasme aujourd'hui, présentent certes des avantages tangibles de coût, puisqu'ils suppriment le recours à un formateur, et de flexibilité pour leurs utilisateurs, et elles ont certainement leur place dans un programme d'ensemble de formation aux compétences émotionnelles. Mais comme le souligne un psychologue : « La formation assistée avec médias et technologies de pointe a peut-être beaucoup de vertus mais, en ce qui concerne l'intelligence émotionnelle, son efficacité reste assez modeste. »

Remerciements

Les sources intellectuelles de cet ouvrage sont multiples mais une des plus importantes est la série de conversations que j'ai eues au fil des ans avec mon épouse, Tara Bennett-Goleman, après des réunions de travail frustrantes auxquelles nous assistions ensemble — notamment des conseils d'administration. Nous en sortions souvent avec le sentiment perturbant que ces réunions n'étaient pas très productives. Tara a le don de capter les flux émotionnels invisibles qu'échangent les participants à de telles réunions et d'identifier ceux qui accaparent leur attention et leur énergie, au détriment des affaires à régler.

Tara et moi avons commencé à travailler ensemble sur ce qui est finalement devenu *L'Intelligence émotionnelle.* Sa pensée et son travail personnels seront bientôt accessibles dans un ouvrage qu'elle est en train de rédiger. Elle m'a accompagné pas à pas dans l'itinéraire intellectuel dont témoignent mes deux livres sur l'intelligence émotionnelle.

Une autre source d'inspiration essentielle de la pensée qui s'exprime ici est mon ami aujourd'hui décédé, David McClelland, qui a été mon professeur à l'université Harvard. Sa vision profondément originale de la nature de la compétence et sa quête passionnée de la vérité ont tracé la voie que j'ai suivie et une grande partie des intuitions initiales de *L'Intelligence émotionnelle* découle des recherches de David. La disparition de David alors même que j'achevais cet ouvrage m'a plongé dans une profonde tristesse.

De nombreux amis du cabinet Hay-McBer que David avait fondé avec David Berlew (devenu par la suite mon conseil financier) m'ont apporté leur aide : James Burrus, Mary Fontaine, Ruth Jacobs, Jason Goldner et Wei Chen.

Richard Boyatzis, responsable du département de la formation aux fonctions de décision à l'école de management Weatherhead, ancien président de Hay-McBer, collègue de David McClelland et l'un de mes bons amis depuis nos années de doctorat communes à Harvard, m'a apporté une aide considérable. Ses ouvrages *The Competent Manager* (« Le manager compétent ») et *Innovation in Education* (« L'innovation dans l'éducation ») sont des classiques de la compétence émotionnelle et les meilleurs outils pour la cultiver. Richard a généreusement partagé les données qu'il a recueillies sur la compétence au fil des ans, ainsi que la richesse de ses pensées et de ses expériences personnelles. Je suis enchanté de collaborer avec lui dans ma nouvelle aventure, la société de conseil Emotional Intelligence Services.

Lyle Spencer, directeur du département de la recherche et de la technologie chez Hay-McBer, m'a apporté une aide inestimable pour la collation des faits et leur interprétation sur le thème du professionnel d'exception, ses compétences et la valeur de ces professionnels pour les performances d'une organisation. Le livre dont il est le coauteur, *Competence at Work* (« La compétence au travail »), reste une référence indépassée.

Marilyn Gowing, directrice du Centre des ressources humaines et de la formation à l'Office américain de la gestion du personnel, nous a fourni une aide particulièrement précieuse en nous communiquant le contenu de ses recherches innovantes sur le rôle de la compétence émotionnelle dans les performances individuelles et collectives.

Je voue une reconnaissance particulière à mes autres collègues de l'Association pour la recherche sur l'intelligence émotionnelle sur le lieu de travail. À Cary Cherniss, de l'École pour la psychologie appliquée à l'université Rutgers ; à Robert Caplan, professeur de psychologie de l'entreprise à l'université George-Washington ; à Kathy Kram, responsable du programme de formation aux fonctions de décision à l'école de management de l'université de Boston, et à Mary Ann Re, de la direction des ressources humaines de AT & T. Rob Emmerling et Cornelia Roche, entre autres chercheurs de l'association, m'ont fourni une assistance inappréciable en parcourant les publications des chercheurs sur ce sujet. Les étudiants de doctorat du professeur Maurice Elias de l'université Rutgers ont aussi contribué à ce défrichage initial des travaux universitaires.

Je voudrais remercier tout particulièrement l'Institut Fetzer pour le soutien qu'il a apporté au travail de l'association et son intérêt persistant pour toutes les initiatives sur l'intelligence émotionnelle.

Rita et Bill Cleary, Judith Rogers et Therese Jacobs-Stewart, mes collègues à l'Emotional Intelligence Services, ont joué un rôle décisif dans l'élaboration des applications pratiques qui découlent de mes analyses sur l'intelligence émotionnelle dans le monde du travail.

Je reste également le débiteur intellectuel de Claudio Fernandez-Araoz, de l'agence de Buenos Aires d'Egon Zehnder International, ainsi que de son président-directeur général, Daniel Meiland, de son directeur exécutif Daniel Lowenstein, et d'Egon Zehnder lui-même — un pionnier dans la création d'une entreprise émotionnellement intelligente ; tous ont contribué à la réalisation de cette étude.

Parmi ceux qui m'ont généreusement fait profiter des fruits de leur labeur je veux citer Warren Bennis, professeur renommé de gestion d'entreprise à l'université de Californie du Sud ; John Seely Brown, chef des études scientifiques chez Rank Xerox ; Ric Canada, directeur de la formation des cadres dirigeants de l'entreprise dans le secteur cellulaire de Motorola ; Kate Cannon, directrice de la formation des cadres dirigeants pour le département des conseillers financiers d'American Express ; Richard Davidson, directeur du laboratoire pour la neuroscience affective à l'université du Wisconsin ; Margaret Echols et Meg O'Leary, de chez Coopers et Lybrand ; Susan Ennis, directrice du développement pour les cadres dirigeants à BankBoston ; Joanna Foster, de British Telcom ; Howard Gardner, professeur à l'université Harvard ; Robert E. Kelley, de l'université Carnegie-Mellon ; Phil Harkin, président de Linkage ; Judith Hall, psychologue de l'université Northeastern ; Jed Hughes, de Walter V. Clarke Associates ; Linda Keegan, vice-président pour le développement des cadres dirigeants à la Citibank ; Fred Kiehl, président de KRW Associates à

Minneapolis ; Doug Lennick, vice-président d'American Express Financial Advisors ; Mark Loehr, directeur général chez Salomon Smith Barney ; George Lucas, président-directeur général de Lucasfilm ; Paul Robinson, directeur de Sandia National Laboratories ; Deepak Sethi, du groupe Thomson ; Erik Hein Schmidt, président-directeur général de Rangiyung Yeshe Publications ; Birgitta Wistrund, du Parlement suédois ; Nick Zeniuk, d'Interactive Learning Labs ; le Dr Vega Zagier, du Tavistock Institute de Londres ; Shoshana Zuboff, de la Harvard Business School, et Jim Zucco, de Lucent Technology.

Grâce aux recherches approfondies de Rachel Brod, mon assistante, cet ouvrage bénéficie des conclusions les plus récentes en matière d'intelligence émotionnelle. Miranda Pierce, mon assistante en analyse des données, a quant à elle analysé des centaines de modèles de compétence pour évaluer l'influence de l'intelligence émotionnelle dans l'excellence au travail. Robert Buchele, professeur d'économie au Smith College, a conduit une analyse parallèle sur les employés de l'administration fédérale et nous a aussi fourni des données économiques précieuses.

David Berman, conseil en informatique, nous a fait profiter de son expérience en gestion des crises et de ses compétences techniques. Rowan Foster, mon assistant, m'a permis de poursuivre ma vie professionnelle, alors que la rédaction de cet essai accaparait l'essentiel de mon temps.

Ma plus profonde gratitude aux centaines d'hommes et de femmes de sociétés grandes et petites à travers le monde, qui m'ont fait partager leurs expériences, leurs pensées, leurs histoires. Beaucoup d'entre eux sont nommément cités dans ces pages, mais la plupart ne le sont pas. Cet ouvrage leur doit une grande part de ses idées sur ce que signifie travailler avec l'intelligence émotionnelle.

TABLE

Transcontinental
IMPRESSION
IMPRIMERIE GAGNÉ

IMPRIMÉ AU CANADA